宮城学院高等学校

〈収録内容〉

■ 2024年度入試の問題・解答解説・解答用紙・「合否の鍵はこの問題だ!!」、2024年度入試受験用の「出題傾向の分析と合格への対策」は、弊社HP の商品ページにて公開いたします。
■ 平成30年度は、弊社ホームページで公開しております。
本ページの下方に掲載しておりますQRコードよりアクセスし、データをダウンロードしてご利用ください。

解答解説・解答用紙・音声データ配信ページ

※データのダウンロードは 2024 年 3 月末日
※データへのアクセスには、右記のパスワードの なります。 ⇒ 398726
※リスニング問題については最終ページをご覧く 。

〈合格最低点〉

※学校からの合格最低点の発表はありません。

本書の特長

実戦力がつく入試過去問題集

- 問題 …………… 実際の入試問題を見やすく再編集。
- 解答用紙 …… 実戦対応仕様で収録。
- 解答解説 …… 詳しくわかりやすい解説には、難易度の目安がわかる「基本・重要・やや難」の分類マークつき（下記参照）。各科末尾には合格へと導く「ワンポイントアドバイス」を配置。採点に便利な配点つき。

入試に役立つ分類マーク

基本 確実な得点源！
受験生の 90%以上が正解できるような基礎的、かつ平易な問題。
何度もくり返して学習し、ケアレスミスも防げるようにしておこう。

重要 受験生なら何としても正解したい！
入試では典型的な問題で、長年にわたり、多くの学校でよく出題される問題。
各単元の内容理解を深めるのにも役立てよう。

やや難 これが解ければ合格に近づく！
受験生にとっては、かなり手ごたえのある問題。
合格者の正解率が低い場合もあるので、あきらめずにじっくりと取り組んでみよう。

合格への対策、実力錬成のための内容が充実

- 各科目の出題傾向の分析、合否を分けた問題の確認で、入試対策を強化！
- その他、学校紹介、過去問の効果的な使い方など、学習意欲を高める要素が満載！

解答用紙ダウンロード 解答用紙はプリントアウトしてご利用いただけます。弊社ＨＰの商品詳細ページよりダウンロードしてください。トビラのＱＲコードからアクセス可。

リスニング音声ダウンロード 英語のリスニング問題については、弊社オリジナル作成により音声を再現。弊社ＨＰの商品詳細ページで全収録年度分を配信対応しております。トビラのＱＲコードからアクセス可。

UD FONT 見やすく読みまちがえにくいユニバーサルデザインフォントを採用しています。

宮城学院高等学校

▶交通　宮城交通バス，仙台市バス「宮城学院前」下車
成田・明石台線，古川線，愛子線の３方面のスクールバスも運行

〒981-8557　仙台市青葉区桜ヶ丘9-1-1
☎022-279-1331

沿　革

1886年，アメリカ合衆国の宣教師ウィリアム・E・ホーイと押川方義などの日本人キリスト者により，宮城女学校が創立。1911年に高等女学校の認定を受ける。1943年には宮城高等女学校を設立。1946年に宮城学院高等女学校と改称。翌年には宮城学院中学校を設置。1948年には現在の校名となる。宮城学院女子大学大学院，宮城学院女子大学，附属幼稚園を有しており，2016年には創立130周年を迎えた。キリスト教に基づいた女子のための教育を行う東北最大の学園として，高い評価を得ている。

建学の精神

福音主義キリスト教の精神に基づいて学校教育を行い，神を畏れ敬い，自由かつ謙虚に真理を探究し，隣人愛に立ってすべての人の人格を尊重し，人類の福祉と世界の平和に貢献する女性を育成する。

教育課程

グローバル化の進展とともに人々の価値観は多様化。キリスト教養育を土台に一人ひとりの個性を大切にしてきた本校では，総合進学コース（コース内に２年次よりクリエイティブ［CR］，ライフサイエンス［LS］），グローバルコミュニケーションコース，特別進学コースの３コース２専攻という多彩なコースで，多様な進路にきめ細かく対応。

≪コースの種類と特色≫

●特別進学コース（MG 特進）

『部活動後の勉強班で国公立・難関私立大学へ』

学習と課外活動のバランスの取れた学校生活を送りながら，国公立大学や，難関私立大学への進学を目指す。

基礎学力を徹底的に定着させるため，放課後は「スタディモール」でも自主学習を行う。スタディモールでの学習は，クラブ活動を行った後に始まる。クラブ活動などの課外活動と学習とのバランスが取れた学校生活を送りながら，進学準備をサポートする。2024年度より特別進学コースに，ネイティブ教員によるオールイングリッシュで授業を行うグローバル・スカラー選択を設定。大学受験に対応できる力を養いながら，「話す」，「聞く」，「読む」，「書く」の4技能に磨きをかけ，より実用的な英語力を身につけることができる。

※グローバル・スカラー選択は，英語コミュニケーションの授業およびいくつかの選択科目が対象

●総合進学コース（MG 総進）

―クリエイティブ（CR），ライフサイエンス（LS）

『豊富な推薦枠・高大連携で資格取得に有利な大学へ』

学習と課外活動のバランスの取れた学校生活を送りながら，自立した精神を養い，様々な資格が取得できる大学・短大・専門学校への進学を目指す。２年次から，文系のクリエイティブ，理系のライフサイエンスに分かれる。

宮城学院女子大や他の私立大とも連携し，ワークショップや実習など様々な高大連携授業を通して未来の自分を見つけ，地域社会のリーダーを目指す。

●グローバルコミュニケーションコース（GC）

『英語に特色を持つ国内外の大学進学に対応』

ネイティブ教員によるプレゼンテーションやディベート，ライティングの授業など，他コースに比べて英語の授業時間を大幅に確保することで，英語力を総合的に向上。グローバル教育に力を入れる国内大学や海外大学への進学を目指す。

※放課後学習の専門店街「スタディモール」

放課後の学習を専属教員がサポートする「スタディモール」を設置。自学習のみならず，予備校講師による難関大対策セミナーやオンライン講座など様々な学習方法があり，最大20時まで利用可能で，部活動後にも集中して勉強することができる。

施設・設備

ステンドグラスとパイプオルガンを有する礼拝堂や約７万冊を所蔵する図書館，カナダ製の大きなパイプオルガンのある中高講堂，合計６面のテニスコート，バスケットボールコート４面分の２つの大きな体育館など，広大なキャンパスに充実した設備を持つ。また，楽器練習のための防音設備などを完備している。

クラブ活動

●運動班

バスケットボール，バレーボール，陸上競技，テニス，バドミントン，剣道，ソフトテニス

●文化班

演劇，茶道，ハンドベルクワイア，放送，ＹＷＣＡ，アート，オーケストラ(管楽・弦楽)，音楽，かるた，ダンス，自然科学

年間行事

４月／イースター礼拝
５月／運動会
６月／ペンテコステ礼拝
７月／サマーキャンプ
９月／文化祭，創立記念礼拝，記念行事
10月／芸術鑑賞会，スポーツ大会，収穫感謝礼拝，校外研修旅行（２年）
12月／クリスマス礼拝
３月／海外研修

進　路

総合進学コースからの宮城学院女子大学への内部推薦には３回の機会があり，他大学受験と同時に推薦取得が可能。

●主な合格実績(宮城学院女子大以外)

東北大，宮城大，宮城教育大，山形大，秋田大，岩手大，弘前大，東京都立大，筑波大，電気通信大，横浜市立大，静岡県立大，長崎大，上智大，国足基督大，東京理科大，明治大，青山学院大，中央大，法政大，立教大，明治学院大，東京女子大，日本女子大，成蹊大，東洋大，専修大，成城大，獨協大，芝浦工大，玉川大，学習院女子大，フェリス女学院大，順天堂大，立正大，帝京平成大，横浜薬科大，東京農大，桜美林大，松蔭大，神田外語大，多摩美術大，東京造形大，同志社大，関西学院大，北海道医療大，日本赤十字秋田看護大，盛岡大，東北芸術工科大，医療創生大，東北学院大，東北医科薬科大，東北福祉大，東北工業大，東北文化学園大，尚絅学院大，仙台白百合大　他

◎2023年度入試状況◎

学　　科	選抜コース	特別進学コース	グローバルコミュニケーションコース	総合進学コース
募集数	10	60	30	70
受験者数	1/6/5	17/60/38	7/3/5	51/93/76
合格者数	1/3/5	17/57/37	7/3/5	51/93/76

※募集数は，内部進学を含む。
※推薦／Ａ日程／Ｂ日程

過去問の効果的な使い方

① **はじめに**　入学試験対策に的を絞った学習をする場合に効果的に活用したいのが「過去問」です。なぜならば，志望校別の出題傾向や出題構成，出題数などを知ることによって学習計画が立てやすくなるからです。入学試験に合格するという目的を達成するためには，各教科ともに「何を」「いつまでに」やるかを決めて計画的に学習することが必要です。目標を定めて効率よく学習を進めるために過去問を大いに活用してください。また，塾に通われていたり，家庭教師のもとで学習されていたりする場合は，それぞれのカリキュラムによって，どの段階で，どのように過去問を活用するのかが異なるので，その先生方の指示にしたがって「過去問」を活用してください。

② **目的**　過去問学習の目的は，言うまでもなく，志望校に合格することです。どのような分野の問題が出題されているか，どのレベルか，出題の数は多めか，といった概要をまず把握し，それを基に学習計画を立ててください。また，近年の出題傾向を把握することによって，入学試験に対する自分なりの感触をつかむこともできます。
　過去問に取り組むことで，実際の試験をイメージすることもできます。制限時間内にどの程度までできるか，今の段階でどのくらいの得点を得られるかということも確かめられます。それによって必要な学習量も見えてきますし，過去問に取り組む体験は試験当日の緊張を和らげることにも役立つでしょう。

③ **開始時期**　過去問への取り組みは，全分野の学習に目安のつく時期，つまり，9月以降に始めるのが一般的です。しかし，全体的な傾向をつかみたい場合や，学習進度が早くて，夏前におおよその学習を終えている場合には，7月，8月頃から始めてもかまいません。もちろん，受験間際に模擬テストのつもりでやってみるのもよいでしょう。ただ，どの時期に行うにせよ，取り組むときには，集中的に徹底して取り組むようにしましょう。

④ **活用法**　各年度の入試問題を全問マスターしようと思う必要はありません。できる限り多くの問題にあたって自信をつけることは必要ですが，重要なのは，志望校に合格するためには，どの問題が解けなければいけないのかを知ることです。問題を制限時間内にやってみる。解答で答え合わせをしてみる。間違えたりできなかったりしたところについては，解説をじっくり読んでみる。そうすることによって，本校の入試問題に取り組むことが今の自分にとって適当かどうかが，はっきりします。出題傾向を研究し，合否のポイントとなる重要な部分を見極めて，入学試験に必要な力を効率よく身につけてください。

数学

各都道府県の公立高校の入学試験問題は，中学数学のすべての分野から幅広く出題されます。内容的にも，基本的・典型的なものから思考力・応用力を必要とするものまでバランスよく構成されています。私立・国立高校では，中学数学のすべての分野から出題されることには変わりはありませんが，出題形式，難易度などに差があり，また，年度によっての出題分野の偏りもあります。公立高校を含め，ほとんどの学校で，前半は広い範囲からの基本的な小問群，後半はあるテーマに沿っての数問の小問を集めた大問という形での出題となっています。

まずは，単年度の問題を制限時間内にやってみてください。その後で，解答の答え合わせ，解説での研究に時間をかけて取り組んでください。前半の小問群，後半の大問の一部を合わせて50%以上の正解が得られそうなら多年度のものにも順次挑戦してみるとよいでしょう。

英語

英語の志望校対策としては，まず志望校の出題形式をしっかり把握しておくことが重要です。英語の問題は，大きく分けて，リスニング，発音・アクセント，文法，読解，英作文の5種類に分けられます。リスニング問題の有無(出題されるならば，どのような形式で出題されるか)，発音・アクセント問題の形式，文法問題の形式(語句補充，語句整序，正誤問題など)，英作文の有無(出題されるならば，和文英訳か，条件作文か，自由作文か）など，細かく具体的につかみましょう。読解問題では，物語文，エッセイ，論理的な文章，会話文などのジャンルのほかに，文章の長さも知っておきましょう。また，読解問題でも，文法を問う問題が多いか，内容を問う問題が多く出題されるか，といった傾向をおさえておくことも重要です。志望校で出題される問題の形式に慣れておけば，本番ですんなり問題に対応することができますし，読解問題で出題される文章の内容や量をつかんでおけば，読解問題対策の勉強として，どのような読解問題を多くこなせばよいかの指針になります。

最後に，英語の入試問題では，なんと言っても読解問題でどれだけ得点できるかが最大のポイントとなります。初めて見る長い文章をすらすらと読み解くのはたいへんなことですが，そのような力を身につけるには，リスニングも含めて，総合的に英語に慣れていくことが必要です。「急がば回れ」ということわざの通り，志望校対策を進める一方で，英語という言語の基本的な学習を地道に続けることも忘れないでください。

国語

国語は，出題文の種類，解答形式をまず確認しましょう。論理的な文章と文学的な文章のどちらが中心となっているか，あるいは，どちらも同じ比重で出題されているか，韻文(和歌・短歌・俳句・詩・漢詩)は出題されているか，独立問題として古文の出題はあるか，といった，文章の種類を確認し，学習の方向性を決めましょう。また，解答形式は，記号選択のみか，記述解答はどの程度あるか，記述は書き抜き程度か，要約や説明はあるか，といった点を確認し，記述力重視の傾向にある場合は，文章力に磨きをかけることを意識するとよいでしょう。さらに，知識問題はどの程度出題されているか，語句(ことわざ・慣用句など)，文法，文学史など，特に出題頻度の高い分野はないか，といったことを確認しましょう。出題頻度の高い分野については，集中的に学習することが必要です。読解問題の出題傾向については，脱語補充問題が多い，書き抜きで解答する言い換えの問題が多い，自分の言葉で説明する問題が多い，選択肢がよく練られている，といった傾向を把握したうえで，これらを意識して取り組むと解答力を高めることができます。「漢字」「語句・文法」「文学史」「現代文の読解問題」「古文」「韻文」と，出題ジャンルを分類して取り組むとよいでしょう。毎年出題されているジャンルがあるとわかった場合は，必ず正解できる力をつけられるよう意識して取り組み，得点力を高めましょう。

数学

出題傾向の分析と合格への対策

●出題傾向と内容

本年度の出題数は，A日程，B日程ともに大問が4題で小問数が25題であった。

A，B日程ともに第一問はいろいろな分野から9題の小問群。第二問は図形と関数・グラフの融合問題，空間図形，資料の整理，第三問は確率，点の移動とグラフ，第四問は平面図形となっている。中学数学の全範囲からバランスよく出題されている。

問題数が多く，大問の中にはやや難しい問題も混ざっているので，レベルは高い。

✔学習のポイント

基礎力を固めることで応用力もつく。教科書の説明や例題に取り組み，基本的な計算力，定理，考え方を学ぼう。

●2024年度の予想と対策

来年度も，広い範囲からいろいろな問題が小問数にして25題前後が出題されるだろう。

12題前後の小問群では計算問題，因数分解，方程式，確率などが出題されるだろう。いずれも基本的なものであることが予想される。大問は，後半部分にやや難しい形のものが出題される傾向があるが，前半部分に基本的，典型的なものが置かれていて，それが後半部分のヒントになっている。

いずれにしろ，基礎力が重視されているので，まずは教科書内容の徹底的な理解が必要である。

関数・グラフ，図形に関しては，標準レベルの問題集にあたってみるのもよい。

▼年度別出題内容分類表 ……

※A日程をA，B日程をBとする。

出題内容			2019年	2020年	2021年	2022年	2023年
数と式		数の性質	B				
		数・式の計算	AB	AB	AB	AB	AB
		因数分解	AB	AB	AB		B
		平方根	AB	AB	AB	AB	AB
方程式・不等式		一次方程式					
		二次方程式	AB	AB	AB	AB	A
		不等式					
		方程式・不等式の応用	AB	AB	AB	AB	AB
関数		一次関数	AB	AB	AB	AB	AB
		二乗に比例する関数	B	AB	AB	AB	AB
		比例関数	A	AB	A		
		関数とグラフ	AB	AB	AB	AB	AB
		グラフの作成	A				AB
図形	平面図形	角度	AB	A	AB	B	
		合同・相似	AB	AB	AB	A	AB
		三平方の定理	B	AB		AB	AB
		円の性質	AB	AB	B	AB	AB
	空間図形	合同・相似		A		B	
		三平方の定理	AB	A		AB	B
		切断	A				
	計量	長さ	AB	AB	AB	AB	AB
		面積	B	AB	AB	AB	AB
		体積	AB	AB	AB	AB	AB
		証明					AB
		作図				A	
		動点	A				AB
統計		場合の数					AB
		確率	B	AB	AB	AB	AB
		統計・標本調査	AB	B	B		AB
融合問題		図形と関数・グラフ	AB	AB	AB	AB	AB
		図形と確率					
		関数・グラフと確率					
		その他					
その他							

宮城学院高等学校

英語

出題傾向の分析と合格への対策

●出題傾向と内容

本年度は，A日程，B日程とも，リスニング問題，語句補充・選択問題，長文読解問題2題，会話文形式の英作文問題の計5題の出題だった。

リスニング問題は，写真の内容を表す英文を選ぶ問題，会話やまとまった文章を聞き，質問に対する適切な答えを選ぶ問題であった。

長文読解問題は，内容を正しく読み取れているかを問う問題が中心で，語句整序問題，文を補充する問題，語句補充問題，英問英答，指示語などが出題された。

英作文問題は，会話文の流れに合う英文を書く条件英作文問題が出題された。

✔学習のポイント

ややレベルの高い長文読解問題を数多くこなし，基本的な英文法や熟語を身につけながら，英作文の練習をつもう。

●2024年度の予想と対策

来年度も，リスニング，読解問題，英作文問題が重視される傾向になると予想される。

リスニング問題は，教科書レベルの英文を数多く聞く練習が効果的だろう。

読解問題は，文章量は多くないが，内容の正確な理解が求められ，問題の難易度も高めである。英文の内容をしっかりつかめるよう，多くの長文問題をこなすことが重要である。

英作文問題は，基本的な和文英訳問題を数多くこなすことに加え，身近な題材について英語で説明したり，自分の考えを述べる練習をしておく必要がある。

▼年度別出題内容分類表 ••••••

※A日程をA，B日程をBとする。

出題内容		2019年	2020年	2021年	2022年	2023年
話し方・聞き方	単語の発音					
	アクセント					
	くぎり・強勢・抑揚					
	聞き取り・書き取り	AB	A	AB	AB	AB
語い	単語・熟語・慣用句			B	AB	
	同意語・反意語					
	同音異義語					
読解	英文和訳(記述・選択)					
	内容吟味	AB	B	A	AB	AB
	要旨把握	A	B	A		AB
	語句解釈			A	A	A
	語句補充・選択	AB	AB	AB	AB	AB
	段落・文整序		B	B		
	指示語		A	B	AB	AB
	会話文	AB		AB	AB	AB
文法・作文	和文英訳	A	AB	AB	AB	
	語句補充・選択					AB
	語句整序	A	AB	AB	AB	B
	正誤問題					
	言い換え・書き換え	B	A			
	英問英答	AB	AB	B	AB	AB
	自由・条件英作文	A	AB	AB	AB	AB
文法事項	間接疑問文	AB	A		A	B
	進行形		AB			A
	助動詞	AB	A	A	B	A
	付加疑問文					
	感嘆文					
	不定詞	B	AB	AB	AB	A
	分詞・動名詞	A	AB	AB	AB	AB
	比較	B	AB	A	AB	AB
	受動態		B	AB	A	AB
	現在完了	A	A	AB	AB	AB
	前置詞		AB	B	AB	
	接続詞	AB	AB	B	B	
	関係代名詞	AB	AB	AB	AB	

国語

出題傾向の分析と合格への対策

●出題傾向と内容

本年度も，両日程ともに，現代文の読解問題2題，古文の読解問題1題が出題されたのに加え，A日程は敬語，B日程はことわざ・慣用句の独立問題がそれぞれ1題と，計4題の大問構成であった。

現代文の読解問題では，随筆と論説文が採用されており，いずれも指示語の問題や理由を問う文脈把握，内容理解，筆者の考えが問われている。漢字の読み書きや語句の意味なども大問に含まれて出題されている。

古文の読解問題では，主語の把握や口語訳が主な設問内容となっている。

解答形式は記号選択式と記述式が併用されており，記述力も問われている。

学習のポイント

知識問題は，漢字，文の成分，品詞・用法，文学史など幅広く出題されている。いずれの分野もしっかりと学習しておこう。

●2024年度の予想と対策

現代文の読解問題と古文の読解問題を中心とする出題が予想される。

現代文は，随筆であっても論理的な内容の出題が多い。指示内容の把握や接続語の関係といった読解の基本をおさえ，さらに筆者の主張をとらえられるよう，標準レベルの問題集を活用して実力を養っておこう。三十字～五十字程度でまとめられるよう，十分な記述力も養っておきたい。

古文の読解問題では，主語の把握や口語訳などを意識した学習を重ねておきたい。さまざまな作品に触れ，古文を読み慣れておこう。

漢字の読み書きや知識問題は確実に得点できるよう，ふだんから丁寧な学習を心がけよう。

▼年度別出題内容分類表 ……

※A日程をA，B日程をBとする。

出題内容			2019年	2020年	2021年	2022年	2023年
内容の分類	読解	主題・表題	B	AB	B	AB	
		大意・要旨	AB	AB	AB	AB	AB
		情景・心情				A	
		内容吟味	AB	AB	AB	AB	AB
		文脈把握	AB	AB	AB	AB	AB
		段落・文章構成					
		指示語の問題	B	AB	AB	AB	AB
		接続語の問題			B		B
		脱文・脱語補充	AB	A	AB	AB	B
	漢字・語句	漢字の読み書き	AB	AB	AB	AB	AB
		筆順・画数・部首					
		語句の意味	AB	AB	AB	AB	AB
		同義語・対義語					
		熟語			AB	A	B
		ことわざ・慣用句	A	AB	B	AB	B
	表現	短文作成					
		作文（自由・課題）					
		その他					
	文法	文と文節	AB	AB	AB	AB	AB
		品詞・用法	AB	A	A		
		仮名遣い					
		敬語・その他					A
	古文の口語訳		A	AB	AB	AB	AB
	表現技法				AB		
	文学史		B		A		
問題文の種類	散文	論説文・説明文	AB	AB	AB	AB	AB
		記録文・報告文					
		小説・物語・伝記					
		随筆・紀行・日記		AB	AB	A	
	韻文	詩					
		和歌（短歌）				A	
		俳句・川柳					
	古文		AB	AB	AB	AB	AB
	漢文・漢詩						

宮城学院高等学校

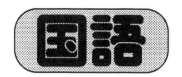

2023年度 合否の鍵はこの問題だ!!

（A日程）

数学　第一問　7，第二問　3，第四問　2

第一問　7　ひし形の対角線が直交する性質と1：2：$\sqrt{3}$の比から，対角線の長さを求められるかがポイントである。

第二問　3（1）　仮平均を利用すると，計算が簡単になることを覚えておきたい。

第四問　2　必要な相似三角形の辺の比を求められるかがポイントである。

◎円と三平方や相似など図形の定理や公式は正しく理解し，使いこなせるようにしておこう。

英語　Ⅲ　問4，Ⅴ　問2

Ⅲ　問4　Yes, it is. の後に省略されている語を補う問題。Yes の使い方を理解することもポイントになる。

That's not true.「それは本当ではない」
— Yes, it is true.「いや，それは本当だ」
　No, it is not true.「はい，それは本当ではない」

　日本語では相手の発言に同意する場合は「はい」，同意しない場合は「いいえ」と言うが，英語では，肯定文には Yes を付け，否定文には No を付けるという決まりがある。そのため，相手の発言が否定文だった場合，それを受けた日本語の「はい」「いいえ」と英語の Yes / No は逆になる。

Ⅴ　問2　会話の流れに合うようにセリフを考えて3文の英語で答える問題。英作文は一般的に配点が高く，合否の鍵となる重要な問題である。また，英作文は，基本的に減点法で採点されるため，知っている単語や簡単な構文を用いて，ミスのない英文を作るよう心がけよう。
　この問題では，地元仙台の誇る七夕祭りについて書くのが理想的である。
　（別解）Our City Sendai is famous for its Tanabata festival. They can write their wishes on a piece of paper called Tanzaku. It will be a nice experience for them in Japan.
「私たちの街，仙台は七夕で有名です。彼らは願い事を短冊と呼ばれる紙に書くことができます。それは彼らにとって日本での良い経験になるでしょう」

国語 ⊟ 問六

★ 合否を分けるポイント

「この世界」の指示内容を答えれば良いと単純に考えてしまってはいけない。筆者が本文全体を通して経済を優先しがちな現代人に向けて問いかけている内容に通じており，この内容を自分の言葉を補って答えられるかどうかが，合否を分けるポイントになる。

★ こう答えると「合格」できない！

指示語の指示内容は直前に書いてあると思い込んで，直前の文「趣味や道楽に見える部分こそが，百姓仕事のいちばんのタカラ」に着目し，この内容をまとめようとしても「この世界」を説明することにはならず「合格」できない。同じ段落の内容全体を把握した上で，「この世界」とはどのような世界のことなのかを考えよう。

★ これで「合格」！

本文では，冒頭で『荘子』に登場する百姓の話を取り上げ，機械に頼る心である「機心」を持つと効率を求める気持ちが強くなり，ゆっくり苗の育ちを見つめ情愛を注ぐ気持ちが衰えるという百姓の言葉を紹介している。この百姓の言葉と効率を求めがちな現代社会の価値観を重ねた問題だ。――線部4の前後の文脈から，「経済しか眼中にない人」が「見えなくなっている」世界とは，『荘子』に登場する百姓の言う世界だと踏まえた上で，同じ段落の「百姓にとっていちばん大切な作物や田畑への情愛」「百姓仕事のいちばんのタカラ」などの言葉を使いたい。また，「経済」と対照的な内容を述べることになるので，「農業」という言葉も使えればなお良い。大切な作物や田畑への情愛を注ぎながら育てる農業の世界，など自分なりの表現を使って「～世界。」に続くようにまとめよう。字数指定はないが，解答欄の大きさから一行二十五字程度と想定して，二行以内におさめれば，「合格」だ！

ダウンロードコンテンツのご利用方法

※弊社 HP 内の各書籍ページより，解答用紙などのデータダウンロードが可能です。

※巻頭「収録内容」ページの下部 QR コードを読み取ると，書籍ページにアクセスが出来ます。（ Step 4 からスタート）

Step 1 東京学参 HP（https://www.gakusan.co.jp/）にアクセス

Step 2 下へスクロール『フリーワード検索』に書籍名を入力

Step 3 検索結果から購入された書籍の表紙画像をクリックし，書籍ページにアクセス

Step 4 書籍ページ内の表紙画像下にある『ダウンロードページ』を

クリックし，ダウンロードページにアクセス

Step 5 巻頭「収録内容」ページの下部に記載されている

パスワードを入力し，『送信』をクリック

解答用紙・+αデータ配信ページへスマホでアクセス！ ⇒

＊データのダウンロードは 2024 年 3 月末日まで。

＊データへのアクセスには，右記のパスワードの入力が必要となります。 ⇒ ●●●●●●

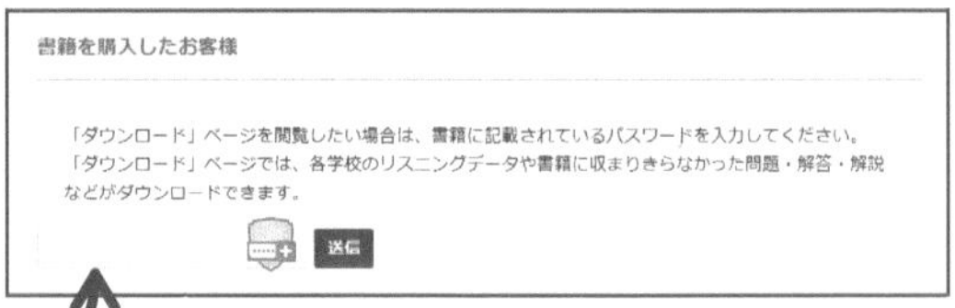

Step 6 使用したいコンテンツをクリック

※ PC ではマウス操作で保存が可能です。

2023年度

★★★★★★★★★★★★★★★★★★★★★★★

入　試　問　題

2023年度

宮城学院高等学校入試問題（A日程）

【数　学】（50分）　＜満点：100点＞

第一問　次の１～８の問いに答えなさい。

1　$-13+5$ を計算しなさい。

2　$8-(-2)^2$ を計算しなさい。

3　$2a^3b^2 \div 6ab$ を計算しなさい。

4　$\sqrt{27}+\sqrt{6}\times\sqrt{2}$ を計算しなさい。

5　２次方程式 $x^2+5x-6=0$ を解きなさい。

6　$S=\frac{1}{2}(a+b)h$ を a について解きなさい。

7　下の図のように，半径３cmの円が，ひし形ABCDのすべての辺に接しています。$\angle ABC=60^\circ$ のとき，影の部分の面積を求めなさい。ただし，円周率は π とします。

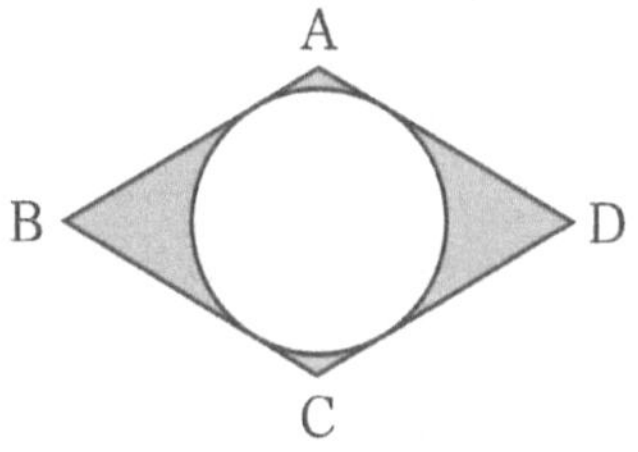

8　２人の姉妹が，母の日のプレゼントを買いに行きました。持っていたお金は２人合わせて8200円でした。２人はプレゼントを買い，姉が2100円，妹が850円支払ったところ，姉の残金と妹の残金の比は２：３になりました。

次の⑴，⑵の問いに答えなさい。

⑴　最初に姉の持っていたお金を x 円，妹の持っていたお金を y 円として，連立方程式をつくりなさい。

⑵　最初に姉妹の持っていたお金は，それぞれいくらですか。

第二問　後の１～３の問いに答えなさい。

1　次のページの図のように，関数 $y=-\frac{1}{3}x^2$ のグラフ上に x 座標が -6 である点A，３である点Bをとり，２点A，Bを通る直線を l とします。

後の⑴～⑶の問いに答えなさい。

⑴　x の変域が $-6\leqq x\leqq 3$ のとき，関数 $y=-\frac{1}{3}x^2$ の y の変域を求めなさい。

⑵　直線 l の式を求めなさい。

⑶　点Aを通り，x軸に平行な直線と関数$y=-\frac{1}{3}x^2$のグラフとの交点のうち，A以外の点をCとします。△ABCと△OABの面積の比を求めなさい。

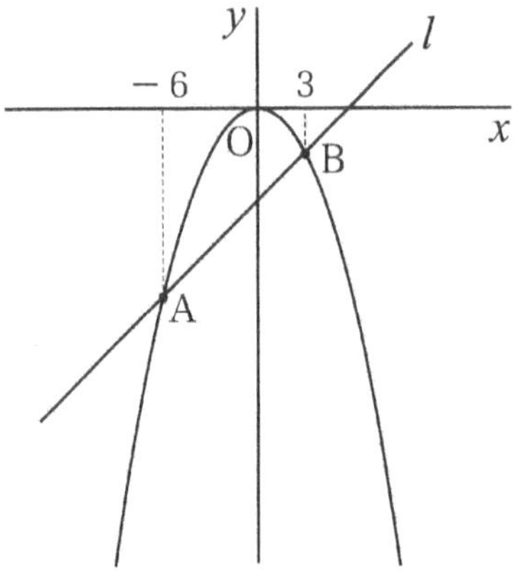

2　右の図のような，AB＝6㎝，BC＝4㎝，∠ACB＝90°の直角三角形ABCがあります。次の⑴，⑵の問いに答えなさい。ただし，円周率をπとします。

⑴　辺ACの長さを求めなさい。

⑵　右の図のように，AC＝OB，∠AOB＝90°となる点Oをとります。OBを軸として△ABCを1回転させてできる立体の体積を求めなさい。

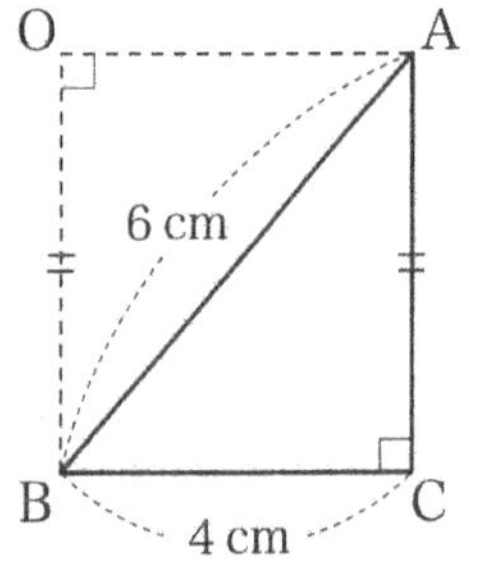

3　右の表は，あるクラスの大縄跳びの練習の記録を度数分布表に整理したものです。

次の⑴，⑵の問いに答えなさい。

⑴　跳んだ回数の平均値を求めなさい。

⑵　25回以上35回未満の階級の相対度数を求めなさい。

階級(跳んだ回数)	度数(記録した回数)
以上　未満	
5 ～ 15	5
15 ～ 25	7
25 ～ 35	16
35 ～ 45	9
45 ～ 55	3
合　計	40

第三問　後の1，2の問いに答えなさい。

1　1，2，3と，○，△，×の目が1つずつ書かれたさいころを投げ，次のルールで下のすごろくのコマを進めます。

～ルール～

・1，2，3の目が出たら，出た目の数だけ進む。
・○，△の目が出たら，奇数回目は2だけ，偶数回目は4だけ進む。
・×の目が出た場合と，同じ目が連続で出た場合はスタートに戻る。

スタート	1	2	3	4	5	6	7	8	9	ゴール

次の⑴，⑵の問いに答えなさい。ただし，どの目が出ることも同様に確からしいものとします

⑴　２回さいころを投げた後にコマがスタートにある場合は何通りありますか。

⑵　３回目はゴールできる可能性があるときのみさいころを投げることができることとします。３回目にさいころを投げることができる確率を求めなさい。

2　下の図のように，周の長さ18㎝の円Ｏの円周上に∠AOB＝120°となるように点Ａ，Ｂを取ります。Ａ，Ｂは図の位置からそれぞれ，毎秒４㎝，毎秒１㎝の速さで時計回りに円周上を動きます。Ａ，Ｂが同時に出発してから，x 秒後の $\overset{\frown}{\mathrm{AB}}$ の長さを y ㎝とします。ただし，$\overset{\frown}{\mathrm{AB}}$ は，つねに180°以下の中心角に対する弧とし，Ａ，Ｂが重なった場合は $y=0$ とします。次の⑴～⑶の問いに答えなさい。

⑴　$x=3$ のときの y の値を求めなさい。

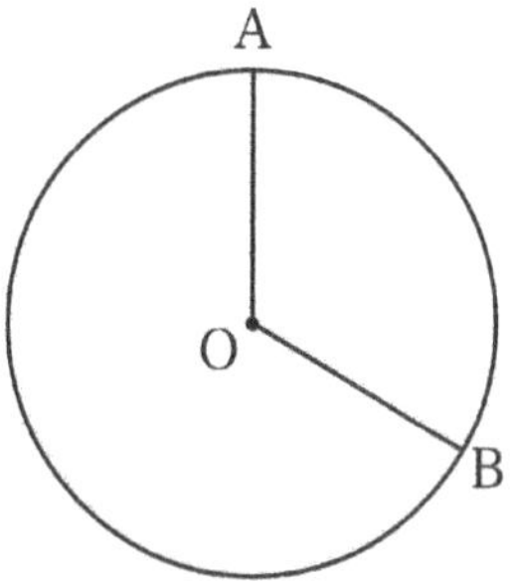

⑵　x と y の関係を表すグラフを，**解答用紙の図にかき入れなさい。**
ただし，$0 \leqq x \leqq 10$ とします。

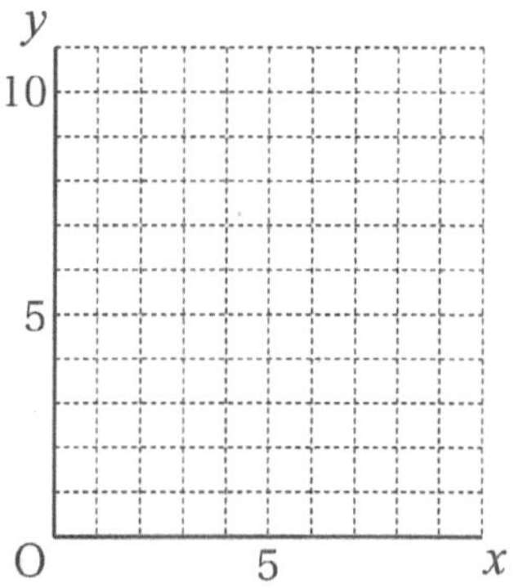

⑶　10秒後以降も同様の動きを続けるとき，最初にＡ，Ｂが同時に出発してからＡが４周する間に，Ａ，Ｂは何回重なりますか。

第四問　図１のような長方形ABCDがあります。辺BC上に点Ｅをとり，点Ａと点Ｅを結びます。また，点Ｂから線分AEに垂線をひき，線分AEとの交点をＦとします。さらに線分BFをＦの方に延長した直線と辺CDとの交点をＧとします。

後の１，２の問いに答えなさい。

1　△ABE∽△BCGであることを証明しなさい。

図Ｉ

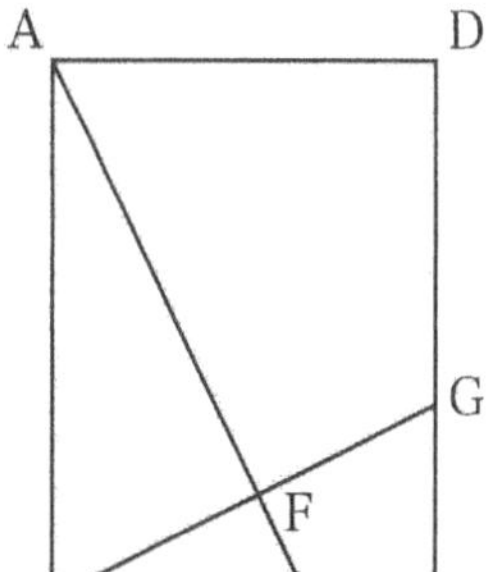

2　図Ⅱは，図Ⅰにおいて，点Dと点F，点Eと点Gをそれぞれ結んだものです。AB＝８㎝，AD＝６㎝，DG＝５㎝のとき，次の⑴～⑶の問いに答えなさい。

⑴　線分ECの長さを求めなさい。

⑵　△EFGの面積を求めなさい。

⑶　線分DFの長さを求めなさい。

図Ⅱ

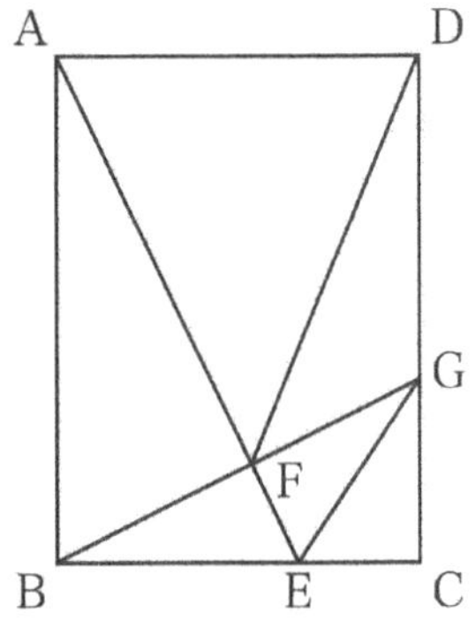

【英　語】（50分）　＜満点：100点＞

※リスニングテストの音声は弊社HPにアクセスの上，
音声データをダウンロードしてご利用ください。

Ⅰ．リスニングテスト：放送の指示に従い，問題に答えなさい。

(Part 1)

1．

2．

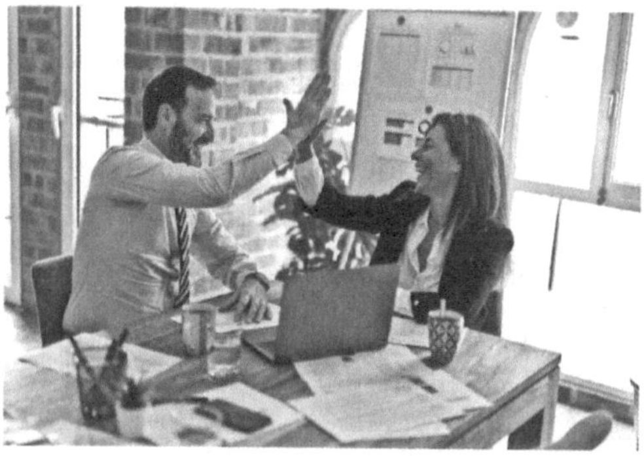

(Part 2)

1．a．I usually go to bed at 10 PM.
　　b．I get out of bed around 9 AM.
　　c．I'm sorry.　I don't have a watch.
　　d．I slept for 9 hours.

2．a．I don't like country music.
　　b．Classical music is my favorite.
　　c．You look like you are tired.
　　d．I can play the piano.

(Part 3)

1．a．Math.　b．Science.　c．English.　d．Social Studies.

2．a．Go to sleep.　b．Make some miso soup.
　　c．See a doctor.　d．Drink some juice.

3．a．Play with some goats.　b．Put on his coat.
　　c．Draw a picture.　d．Go to a farm.

(Part 4)

1．

(1) a．Playing games.　b．Snowboarding.　c．Cooking.　d．Watching TV.

(2) a．Because he can enjoy his hobby.
　　b．Because he likes to cook.
　　c．Because he enjoys the time with his family.
　　d．Because he enjoys the food.

2．

(1) a．15 hours.　b．50 hours.　c．19 hours.　d．90 hours.

⑵ a．In Canada.　b．Over the Atlantic Ocean.
c．In Ireland.　d．Over the Pacific Ocean.

Ⅱ．次の１～５の二人の会話が成立するように，（　）に入る最も適切なものを，それぞれア～エから一つ選び，記号で答えなさい。

1．*A*：How many languages (　　) in Canada?
B：People speak English and French there.
ア．speak　イ．are speaking　ウ．spoken　エ．are spoken

2．*A*：You look busy.　Are you OK?
B：Well, I have a lot of things (　　).
ア．did　イ．done　ウ．to do　エ．doing

3．*A*：This book has many beautiful pictures, doesn't it?
B：Yeah.　Those pictures (　　) the book more attractive.
ア．make　イ．read　ウ．paint　エ．take

4．*A*：Look at the dog!
B：Which dog are you talking about?
A：The dog (　　) over there.
ア．run　イ．runs　ウ．running　エ．ran

5．*A*：Did you see the soccer game last night?
B：Yes, I did.　The game was (　　) than I thought.
ア．more excited　イ．more exciting
ウ．more interested　エ．so interesting

Ⅲ．以下の物語を読んで，後の質問に答えなさい。

Right after you begin middle school, you get judged. Not by other people, but by yourself instead. You are always thinking "How does my hair look?" or "If I answer this history question, how will I look in the classroom?" and most of all, "Am I good enough?"

I made many friends during the first month of school. I always talked to a wide group of individuals. I knew a person who listened to African music, another person who wore pink shoes, and another person who was carrying a very big bright red bag in their hand. I was always trying to be like those people, until I came across a boy who ①**changed me completely**.

His name was Brian. He almost always wore his earphones on his ears, though he heard and answered everything I said. He always wore old shoes that he called "vintage shoes." And he was an active member of Boy Scouts. He was different from everyone else. When someone told him something mean or unkind, he never got angry or sad. He only asked about how they lived their own lives. Something about him always made me nervous but relaxed at the same time. Brian never judged me or said anything about how I looked or what I said. When I look back at that time, it made me nervous because I wasn't used to ②**it**.

When I wasn't with Brian, I was always trying to be the one like everyone else. My grades started to go down, the music I listened to started to give me headaches, and I bought clothes and shoes with the little money I had. I didn't know what else to do. The pressure of middle school destroyed me. ③**It was like I was in a hole and I just kept digging**.

One day, sometime in the middle of the third month of school, I was sitting behind Brian in math class. We were given back the test that we took the day before. It was my worst grade in five years. I was usually a good student. I did not understand what was happening to my grades.

I didn't want anyone to see the test paper, but before I put it into my bag, Brian turned around. He held his test which scored one hundred percent.

"④**That's** because you think too much about what other people think about you," he said to me. I didn't know how to answer.

"What do you mean?"

"I mean you never act like yourself. You always change the song you are listening to when your friend walks by. You never answer questions in class that I'm sure you know."

"That's not true," I lied.

"⑤**Yes, it is.** Just stop worrying about what other people think about you. Don't try to change yourself. You are just fine when you talk to me," he said before turning around to face the blackboard.

I was so shocked and surprised. Did Brian just tell me that I shouldn't try to be a person who was liked by others? I thought at middle school I had to be like others if I wanted to make friends with them. But there Brian was. He was sitting happily in his own little world, with perfect grades and a perfect life. And here I was. I was broken down, with the worst grades, and living a terrible life. I was missing something.

I realized that Brian was right. I took Brian's advice and started to act like (⑥). It was time for me to listen to the music I wanted to listen to, wear the clothes that I wanted to wear, and live my middle school life in my own way. I (⑦) thinking too much about what my other classmates thought of me. I realized that if you are not happy with (⑧), you can't have a happy middle school experience. I realized that I was more than "good enough." ⑨**Finally**.

judge 判断する　most of all 何よりもまず　individual 個人　come across 出会う
completely まったく，完全に　active 活発な　Boy Scouts ボーイスカウト　mean 意地の悪い
relaxed リラックスして　be used to 慣れている　grade 成績　pressure プレッシャー，圧力
dig 掘る　score （～点を）得点する　lie うそをつく　face 向く

問1　下線部② it は何を指しますか。以下から最も適切なものを選び，記号で答えなさい。

ア．an active member of Boy Scouts

イ．Brian never judged me or said anything about how I looked or what I said.

ウ．old shoes that he called "vintage shoes."

エ．something mean or unkind

問2　下線部③ It was like I was in a hole and I just kept digging. とはどういう状態ですか。以下から最も適切なものを選び，記号で答えなさい。

ア．Brian という友達に嫌われないために，自分の言動を Brian に合わせようとしている状態。

イ．意地悪な言葉や不親切な言葉を言われ続けて，もう学校に行くのが嫌になっている状態。

ウ．自分の服装や言動を周囲の人に合わせようとして疲れ果てているのだが，その様な行動を変えられない状態。

エ．自分の好みを追求するために，いくら努力し，お金を出しても，自分では満足できていない状態。

問3　下線部④ that は何を指しますか。以下から最も適切なものを選び，記号で答えなさい。

ア．Brian が数学のテストで満点をとったこと。

イ．主人公が数学のテストでひどい点数をとったこと。

ウ．主人公の学業に何がおこっているのかということ。

エ．クラスで前日の数学のテストが返却されたこと。

問4　下線部⑤ Yes, it is. の後に省略されている語句を補うとどうなりますか。以下から最も適切なものを選び，記号で答えなさい。

ア．Yes, it is true.　　　イ．Yes, it is not true.

ウ．Yes, it is your test.　　エ．Yes, it is yourself.

問5　空所に（⑥），（⑧）のそれぞれに入る最も適切な語を下から選び，記号で答えなさい。同じ記号を使っても構いません。

ア．Brian　　イ．myself　　ウ．yourself　　エ．others

問6　空所⑦に入る最も適切な動詞を下から選び，記号で答えなさい。

ア．kept　　イ．began　　ウ．practiced　　エ．stopped

問7　下線部⑨ Finally に込められた著者の気持ちとして，最も適切なものを以下から選び，記号で答えなさい。

ア．ずっと Brian につきまとわれて嫌だったのだが，やっと別れることができたという嬉しい気持ち。

イ．自分の言動や成績を優等生の Brian に否定されて悔しく感じる怒りの気持ち。

ウ．みんなはずっと早く生き方を見つけていたが，周囲のみんなに比べて自分は最後になったという残念な気持ち。

エ．長い間，みんなに好かれようとして苦しんでいたが，やっとその苦しみから解放されてほっとしている気持ち。

問8　下線部① changed me completely について，何が私をどう変えたのか，後から最も適切なものを選び，記号で答えなさい。

ア．Brian に教えられて，人に合わせようとしてばかりいた自分が自分らしくあるように変わった。

イ．Brian に影響を受けて，Brian のまねをして，ボーイスカウトに入り，古い靴をはくようになった。

ウ．中学に入学して，今まで自信がなかった自分が，周囲の生徒にあわせて行動できるようになった。

エ．中学に入学して，今まで友達の少なかった自分が，多くの友人を持つようになった。

問９　以下の各文から，本文の内容と合っている文を２つ選び，記号で答えなさい。

ア．When "I" was talking with Brian, "I" wasn't trying to "change myself."

イ．Brian acted as he liked because he thought very much about what others think about him.

ウ．"I" tried to act like other classmates because "I" didn't think "I" was good enough.

エ．When "I" was not with Brian, "I" missed him very much and tried to act like him.

Ⅳ．次の英文は，White 先生の英語の授業で If I were the principal of our school というタイトルで，学校生活の改善策を提案するプレゼンテーションを行った時の様子です。「学校を週４日制にする」案を Keiko が発表し，その後 Yumi，Ken，留学生の Christen（クリスティン）がそれぞれの意見を述べています。以下の英文を読み，後の問いに答えなさい。

Keiko :　If I were the principal of our school, I would propose that our students should come to school only 4 days a week and not 5 days a week. The other day, I heard a news that the workers in some Japanese companies can choose to work four days a week, instead of five days a week. Their productivity and their level of happiness have increased. I propose that students come to school only on Monday, Tuesday, Thursday and Friday. They would be happier and healthier.

First, students would be healthier because they can have a rest on Wednesday, in the middle of a week, as well as weekends. As a result, they can concentrate on studying better.

Second, students can spend more time having life-changing experiences such as volunteer activities, field work, short trips and so on. Japanese students are too busy studying at desks to try those activities.

For these reasons, I would suggest a four-day school week in our school. I am sure that students would study harder and feel satisfied with their everyday lives. Thank you for listening.

Ms. White :　Thank you, Keiko. That is a very interesting idea. Does anyone have any questions or opinions? Yumi, what do you think about this idea? Would you like to take 2 or 3 days off a week?

Yumi :　Of course, I would like to have 3 days off. If I could take a day off on Wednesday, I would like to work in a hospital as a volunteer.

I'd like to be a nurse in the future, but I've never had a chance to work as a volunteer because I have always been busy because I have a lot of homework and I'm too tired on the weekends. But if I don't have to come to school on Wednesday, it is easier to do volunteer work on a week day than weekends.

Ms. White : I see. You could have time to experience your future job and decide to be a nurse or not. That's a great idea. How about you, Ken?

Ken : Well, I wish I could have 3 days off a week, but I have some worries. If we came to school only 4 days a week, we would learn less than before at school. How could we compensate for that? Teachers would give us more homework. After all, we would be busy doing our assignments at home during the days off and not be able to do anything else. I don't like that.

Christen : I see your point. Some learning activities need to be done at school and not at home such as science experiments and discussions with classmates. If we had fewer school days, we would lose those experiences. And also, I would rather come to school more days. I can see my friends easily and spend more time with them.

Keiko : Thank you for your opinions, everyone. I understand there are still a lot of points to think about having a 4-day school week. But I still think it is important for students to have more time to use freely. If so, they would have more chances to develop their creativity to solve the world problems in the future.

Ms. White : Well, Keiko's presentation interests us a lot and makes us think about the possibilities of having fewer school days. Thank you for your inspiring presentation, Keiko.

principal 校長　propose 提案する　productivity 生産性　concentrate 集中する
suggest 提案する　compensate 補う　assignment 課題　else 他の　experiment 実験
discussion 討論　would rather ～ むしろ～したい　make us think 私たちに考えさせる
possibility 可能性　inspiring 刺激的な

問１「学校を週４日制にする」に対してそれぞれの立場が賛成（Agree）ならばA，反対（Disagree）ならばDを解答用紙に書きなさい。次にそれぞれの根拠となるものを後のａ～ｄから選び，記号で答えなさい。

		Agree / Disagree	Reason
1	Yumi	(1)	(2)
2	Ken	(3)	(4)
3	Christen	(5)	(6)

ａ．Students could take a rest.

b．Students would get busy doing their homework.

c．Students could spend their time working as volunteers.

d．There are some activities students can work on more easily at school.

問2　Keiko は，この議論の後でクラスメイトの意見を参考にして，改善策を1つ考えました。改善策としてふさわしいものを一つ選び記号で答えなさい。

ア. Wednesday has to be No Homework Day.

イ. Students have to take a rest on Wednesday.

ウ. Students have to work as a volunteer on Wednesday.

問3　次の質問に対する答えを，本文の内容に合うように英語で書きなさい。

1．What happened after some Japanese workers chose to work four days a week?

2．What does Yumi want to do if Wednesday is a day off?

問4　議論に参加したつもりになって以下の問いに英語一文で答えなさい。ただし，本文の意見と同一の意見は書かないこと。

What would you do if you didn't have school on Wednesday?

Ⅴ．次の英文を読み，後の質問に答えなさい。

メイさんとサラさんは同じ中学校に通う生徒です。帰りのバス停で次のような会話をしています。

Mei: Students from Canada will come to our school. I am looking forward to seeing them.

Sarah: I heard about it last week. When will they visit us?

Mei: In March. They arrive at Narita Airport and they go to Kyoto, Osaka, and then Miyagi. We are going to introduce Japanese culture to them. Any ideas?

Sarah: Well, I can make a presentation of Japanese festivals. I joined the Aoba Festival this year. We didn't have it for three years because of covid-19. We could dance Suzume Odori at last. So I will choose to talk about it.

Mei: Wonderful! [　　①　　]

Sarah: Since I was ten. It is one of the traditional dances of Sendai. I belonged to Suzume Odori club in my elementary school. How about you?

Mei: Well, I am going to talk about [②]. [　　③　　]

問1　二人の会話が成立するように本文中の［①］に入る英語を1文書きなさい。

問2　［②］にメイさんが紹介するものの名前を書き，［③］にその理由を3文の英語で書きなさい。

イ　世間では、蜂を飼うことはなんの役にも立たないことだと言っていた

ウ　世間では、蜂は飼うための費用がかからないと言っていた

エ　世間では、蜂を飼うことは危険なので、やめたほうがいいと言っていた

問四　――線部２「蜂あるかぎりつきてちらざりければ」とありますが、蜂は何に付いて離れなかったのですか。本文中から抜き出して答えなさい。

問五　――線部３について、なぜ院は「宗輔が仕えていてよかった」と感心したのですか。説明しなさい。

四

次の会話は、文化祭のバザーでお菓子の販売を担当した中三の佐藤さんとお客さんの会話です。――線部の敬語の使い方の**誤っているもの**を二つ記号で選び、それぞれ正しい表現に直しなさい。

佐藤さん「いらっしゃいませ。何を①いただきますか。」
お客さん「ドーナッツとジュースをください。」
佐藤さん「ドーナッツは三種類あります。どれに②なさいますか。」
お客さん「では、シナモンドーナッツとフレンチクルーラーとオレンジジュースをお願いします。」
佐藤さん「オレンジジュースは売り切れてしまいました。」
お客さん「ではお茶をください。」
佐藤さん「ここで③召し上がりますか。」
お客さん「いえ、持ち帰りで。」
佐藤さん「わかりました。袋は有料になりますが、どうなさいますか。」
お客さん「持っていないので④ご購入します。」
佐藤さん「はい、それでは少々お待ちください。ただいま⑤ご用意いたします。」

のに生きられないんだ。

《Ａさん》この深い悩みは、人間である限りなくなりそうもないね。

《Ｂさん》しかも現実には［　Ⅱ　］という点が皮肉なところだと思うよ。

1　［Ⅰ］に入る適切な表現を考え、十字前後で答えなさい。

2　［Ⅱ］にあてはまるものとして最もふさわしいものを次の中から選び、記号で答えなさい。

ア　自然を重んじる考えは「異端」とみなすような人間が自然を破壊するようになる

イ　自然へのあこがれが強いので、効率を重んじる人の方が「異端」と見られてしまう

ウ　社会が経済を優先するゆえに、自然の側に立つ人の方が「異端」と見られてしまう

エ　経済優先の考えは「異端」だとして人間社会が自然の流れに合わせるようになる

三　次の古文を読み、後の問いに答えなさい。

（注1）京極太相国《きやうごくだいしやうこく》、蜂を飼はるる事、1世、以《もつ》て益無き事と称す。而《しか》るに五月の比《ころ》、鳥羽殿に於《お》いて蜂の栖《す》、ⅰ俄《には》かに落ちて、（注2）御前に多く①飛び散りければ、人々も（注3）刺《さ》されじとて②にげさわぎけるに、相国、御前に枇杷《びわ》の有りけるを一総《ひとふさ》とりて、（注4）ことつめにて皮《かは》を③むきて、さしあげられたりければ、2蜂あるかぎりつきてちらざりければ、付きながら共の人をⅱ召し、（注5）やはら給ひけり。3（注6）院も、「賢く宗輔が候《さぶ》らひて」と仰せられて、（注7）感ぜしめ御しけり。

（『古事談《こじだん》』による）

（注1）京極太相国……藤原宗輔《ふじわらのむねすけ》（蜂を飼っていることで有名であった）
（注2）御前に……鳥羽上皇の前に
（注3）人々も刺されじとて……人々も刺されないようにと
（注4）ことつめ……箏《こと》を弾くための爪
（注5）やはら給ひけり……そっと渡したそうだ
（注6）院……鳥羽上皇
（注7）感ぜしめ御しけり……感心なさったそうだ

問一　══線部①～③の主語としてふさわしいものを後から選び、それぞれ記号で答えなさい。

ア　京極太相国　イ　蜂　ウ　院　エ　人々

問二　〰〰線部ⅰ～ⅱの語句の本文中の意味として最もふさわしいものを次の中から選び、それぞれ記号で答えなさい。

ⅰ　俄かに

ア　急に　イ　静かに　ウ　変に　エ　大げさに

ⅱ　召し

ア　叱り　イ　助け　ウ　誉め　エ　呼び

問三　――線部1「世、以て益無き事と称す」の解釈として最もふさわしいものを後の中から選び、記号で答えなさい。

ア　世間では、はちみつを売っても儲《もう》からないと言っていた

す。だからこそ、なおさら自然に生きたいと思い、悩むのです。その(注7)度《ど》し難い人間を抱きかかえて導いてくれるものこそが、自然なのです。自然に生きたいと思う心と「機心」は、いつも自分の中でぶつかりeカットウします。だからこそ、5自然の側についた思想家がいつの時代も求められてきたのです。その思想とはいつも(注8)異端にならざるをえないのはしかたがないのです。

（宇根《うね》　豊《ゆたか》『農は過去と未来をつなぐ』による）

（注1）荘子……古代中国の思想家。『荘子』はその思想をまとめた書物

（注2）ハネツルベ……井戸から水をくみ上げるための道具

（注3）スプリンクラー…畑や庭に水をまく装置

（注4）道楽……楽しみ

（注5）資本主義……自由にお金をかせいで生活を豊かにしていくことをみとめる考え方

（注6）灌水……水をまくこと

（注7）度し難い……どうしようもない

（注8）異端……正しい流れから外れている存在

問一　══線部ａ～ｅのカタカナは漢字に直し、漢字は読みを答えなさい。

問二　〰〰線部①・②の本文中の意味として最もふさわしいものを次の中から選び、それぞれ記号で答えなさい。

①　度外視

ア　問題にしないこと　　イ　あてにしないこと

ウ　はかりしれないこと　　エ　認めないこと

②　眼中にない

ア　必要としない　　イ　考えない

ウ　興味がない　　エ　重要視しない

問三　――線部1について、ここで学者が言っている「無駄なこと」とは具体的にはどのようなことですか。本文中の言葉を使って分かりやすく説明しなさい。

問四　――線部2について、現代において「スプリンクラーで水をかける」ことは、二〇〇〇年前の『荘子』の話の中の何に当たりますか。本文中の※の部分の言葉を使って簡潔に答えなさい。

問五　――線部3について、現代社会が「『機心』を歓迎する」とはどういうことですか。最もふさわしいものを次の中から選び、記号で答えなさい。

ア　機械にできることかどうかを見分ける心が求められること。

イ　機械をうまく使いこなす技術を持つ人が喜ばれること。

ウ　機械と自然を調和させる知恵が大切にされること。

エ　機械を使って効率的に仕事をすることを重んじること。

問六　――線部4について、「この世界」とはどのような世界のことですか。本文中の言葉を使って答えなさい。

問七　次の対話は、――線部5で筆者が述べていることについて話し合ったものです。後の1、2の問いに答えなさい。

《Ａさん》「自然の側に立つ思想家がいつの時代も求められてきた」とあるけれど、荘子はその一人なんだね。

《Ｂさん》人間は［　Ⅰ　］から、自然に生きたいと思う

うか。農業技術では、同じ量の水をむらなくかけるなら、作物は同じように育つと主張するでしょう。だからスプリンクラーを使うほうが労働時間がaタンシュクされて、百姓は楽になり、ほかの仕事ができるので、生産性が上がるから、こちらのほうがすぐれた技術だと言うでしょう。

それに対して、ジョウロで水をかけている百姓はこう反論するでしょう。

「そういう理屈もあるだろうが、スプリンクラーを使うとそれに頼り、効率を求める気持ちが強くなって、ゆっくり苗の育ちを見つめ、情愛を注ぐ気持ちが衰えるのが怖いからしないんだ」

しかし、3現代社会は「機心」を歓迎し、ほめたたえ、ジョウロをバカにします。「趣味や道楽(注4)ならいいけど、プロの世界では通用しない」と断定します。たしかに、現代社会をおおっている価値観はそういうものです。こういう気持ちを国民が共有しなければ、経済成長は達成できません。(注5)資本主義も発達しませんし、分業もできません。

百姓はスプリンクラーを製作できませんから、購入しなければなりません。購入するためには、おカネを余計にb稼がなくてはなりません。おカネを余計に稼ぐためには、スプリンクラーを導入して、労働時間を節約して、その時間でほかの仕事をして、余計に収入を増やさなければなりません。こうして、自給は壊れていくのです。

荘子の時代には資本主義もありませんでしたし、近代化という考え方もありませんでしたが、自給が壊れはじめていたのでしょう。荘子は「生まれながらの心」という言葉を使っています。東洋では、生まれたばかりのころの心がいちばん豊かで、年を経るごとに、汚れて衰えていくという考えがあります。ようするにカネ儲《もう》けしたい、偉くなりたい、楽になりたい、などという欲望が強くなって、汚れていくと考えたのです。そうなってはいけないという知恵でしょう。

ところが現代では、欲望は肯定され、欲望をあおることまでcショウレイされています。近代化は正しいのです。田んぼに行かなくてもコンピューター制御(注6)で灌水《かんすい》される技術が研究されていますし、遺伝子組換えで本来はもちえない性質を作物にもたせようとしています。作物が喜ぶのではなく、人間の欲望が喜ぶからです。

それにしても、カネ儲《もう》けの気持ちがdウスい百姓仕事を、「趣味じゃあるまいし」とか「道楽でするならいいが」と言って軽んじるのは、最近の傾向です。ホビー農業、趣味農業という言葉まで生まれています。経営感覚がない、経営を①度外視しているという意味ですが、おカネになる世界を大事にするのはけっこうですが、おカネにならない世界をこんなにバカにするとわが身を苦しめることになるのではないでしょうか。

百姓にとっていちばん大切な作物や田畑への情愛を、おカネに直結しない行為だからといって、趣味・道楽の世界に追放したら、百姓仕事には何が残るのでしょうか。百姓仕事の中のおカネにならない、趣味や道楽に見える部分こそが、百姓仕事のいちばんのタカラでしょう。経済しか②眼中にない人には、4この世界が見えなくなっているのです。さびしい限りです。

ところで、もう一度荘子にもどってみましょう。二〇〇〇年前と同じ問題で百姓が悩みつづけているのは、おかしいと思いませんか。二〇〇〇年のうちにこれは解決できなかったのでしょうか。できなかったのです。これからもたぶん解決できないまま、また二〇〇〇年がたつでしょう。なぜなら、人間とは自然のままに生きたくても、生きられないからで

して視聴率が下がってしまうから。

イ　絶えず興味を引き続けるわかりやすい番組にしないと簡単にチャンネルを変えられてしまうから。

ウ　多くの視点を取り入れた番組作りは、取材するテレビ関係者の負担の増加につながってしまうから。

エ　解決の難しい問題を取り上げることで、実際よりも暗い社会のイメージが作られてしまうから。

問八　――線部6について、「今の状況」はどんな点で「過剰」なのですか。「今の状況」の具体的内容にふれながら説明しなさい。

問九　――線部7に「忍耐力」とありますが、次の対話は、筆者の述べている忍耐力について話し合ったものです。［Ⅰ］にあてはまる言葉を八字で、［Ⅱ］にあてはまる言葉を二字で、それぞれ本文中から抜き出して答えなさい。

《Ａさん》筆者のいうように、最近視聴者が忍耐力を失ってきていることは確かだね。

《Ｂさん》僕も複雑で［　Ⅰ　］をじっくり考えるのが苦手だから、すぐにチャンネルをかえてしまうよ。

《Ａさん》筆者の言う忍耐力とは、時間をかけて考える力と言い直せそうだね。

《Ｂさん》考える過程を大切にしないで［　Ⅱ　］を急いでしまうことが問題なんだね。

二　次の文章を読み、後の問いに答えなさい。

二〇〇〇年前の中国に（注1）荘子《そうし》という人がいました。蝶《ちょう》になる夢を見た荘子が夢から覚めて、ひょっとすると人間であるほうが夢で、蝶であるのが現実ではないかと疑う話などが有名です。このように荘子はおもしろい話をいっぱいつくっています。それをおさめたのが『荘子《そうじ》』という本です。その中にすごい百姓が登場します。

あるとき、学者が村を通りかかったら、年寄りの百姓がせっせと畑の作物に甕《かめ》で水をかけていました。甕が空になると、水がわき出る井戸の底まで降りていって、水を汲《く》んで登ってきてかけています。しばらく眺めていた学者はたまりかねて声をかけます。

「そこのお百姓よ、1さっきから見ているととても無駄なことをしているようだ。井戸の底まで降りていかずに、（注2）ハネツルベという道具を使えばかんたんに水を汲むことができて、仕事も何百倍もはかどるでしょう。」

するとお百姓は笑って答えます。

「それぐらいは、私も知らぬではないが、そういう機械を使うと、機械に頼る心（機心《きしん》）が生じて、生まれながらの心が失われ、作物の心がわからなくなり、よく育たなくなるから使わないのだ」

※

学者はすごすごと退散します。

2これを現代におきかえて考えてみましょう。畑の野菜の苗に（注3）スプリンクラーで水をかけるのと、ジョウロでやるのとでは、どう違うのでしょ

ぶつぶつと文句を言っているし、要するに何なの？　と結論を性急に求めてしまう。テレビをつけても、しょっちゅうスマホをながめている。面白くないと、すぐにリモコンでザッピング(注6)をし始める。やれやれだ。

（松原《まつばら》耕二《こうじ》『本質をつかむ聞く力』による）

(注1) 真珠湾攻撃……太平洋戦争の発端となった、一九四一年に日本軍がハワイの真珠湾を攻撃した事件
(注2) 前衛的な……時代に先がけている
(注3) タブー……禁止されていること
(注4) スキャンダラスな…評判を落とすような
(注5) 強迫観念……自分の意志では打ち消せない心の中の不安
(注6) ザッピング……次々にチャンネルを換えること

問一　＝＝線部a～eのカタカナは漢字に直し、漢字は読みを答えなさい。

問二　――線部①・②の本文中の意味として最もふさわしいものを次の中から選び、それぞれ記号で答えなさい。

①　羽目を外す
ア　経験不足のために適切な判断ができないこと
イ　不誠実で人の気持ちを考えない行動をとること
ウ　注意力がなく簡単なことでも失敗すること
エ　調子に乗って限度を越えた行いをすること

②　類いまれな
ア　おそるべき　　イ　極めて優れた
ウ　めったにない　　エ　興味深い

問三　――線部1「それ」の指す内容として最もふさわしいものを次の中から選び、記号で答えなさい。
ア　テレビ放送が始まる　　イ　戦争が終わる
ウ　ラジオ放送が始まる　　エ　戦争が始まる

問四　――線部2について、「意欲的な実験」とは本文中では具体的にどのようなことを指していますか。最もふさわしいものを次の中から選び、記号で答えなさい。
ア　視聴者を逃がさないために多くの視聴者が見たいと思う番組を作ること。
イ　未知の世界を切り開くような科学的発見をするために努力すること。
ウ　それまでに作られたことのない新しい表現を用いた映像作品を作ること。
エ　迫力のある映像を生み出すために、あえて大がかりな装置を使うこと。

問五　――線部3について、「文化の担い手としての意識」とほぼ同じ内容を持つ部分を、ここより前の部分から二〇字で抜き出して答えなさい。

問六　――線部4「面倒な説明なしに、わかってもらえるもの」とは、どのようなものだと筆者は考えていますか。具体例を挙げながら説明しなさい。

問七　――線部5について、「複雑なもの、わかりにくいものが排除されていく」のはなぜですか。最もふさわしいものを後の中から選び、記号で答えなさい。
ア　子どもが理解するには難しすぎる内容だと教育的にもよくないと

とりひとり違うけれど、誰もが持っている共通項もある。たとえば好き嫌いはあっても、食事をしない人はない。そう考えると、グルメ番組がこれだけたくさんあるのもうなずけるだろう。

恋愛はどうだろう。こちらも好みは多様だけれど、多くの人が自分のこととして興味を抱けるテーマに違いない。かくして恋愛ドラマから、カップルを誕生させるバラエティーまで、恋愛を盛りこんだ番組がない日はないほどだ。

そう考えてくると、多くの人の興味を引き付けられるのは、人間の「本能」や「感情」に訴える要素が含まれる番組と言えるのではないだろうか。ニュース番組でも強烈なキャラクターを持つ容疑者がいれば、それほど大きな事件でなくても、多くの時間をさいて映像を見せることになる。あるいはスキャンダラス(注4)なc愛憎劇も、ワイドショーのかっこうのネタだ。

4面倒な説明なしに、わかってもらえるもの。

これこそテレビの大好物なのだ。

テレビのチャンネルを変えるとき、みんなはリモコンを使うよね。昔、まだリモコンがなかったときは、わざわざテレビのそばまで行って、チャンネルを変えていた。とすると面倒だから、あまりチャンネルを変えようとしない。ところが、リモコンだと指先ひとつだから、退屈ならすぐにチャンネルを変えるようになる。しかも今やテレビの視聴率は一分おきに数字が出て、グラフとして表すようになっているから、どうしたら一瞬たりとも興味を逃がさない作りにするかを、常にテレビマンは考えなければならないと言ってもいい。一種の強迫観念(注5)のように。

5そうすると複雑なもの、わかりにくいものが排除されていくのは、自然な流れだろう。

もちろん例外はある。複雑な深いテーマに果敢にdイドむ意欲的な番組もある。しかし限られた予算と時間、限られた人手のなかで視聴率という結果を出すためには、わかりにくいものには背を向けがちだ。そしてもし取り上げるなら、途中の面倒なプロセスはやめて、結論だけ示していく。これはこうだからこう、くらいなら視聴者はついてきてくれるかもしれない。池上彰さんがこれだけ引っ張りだこなのは、複雑に見えるものを「要するにこれは、こういうことだ」と、平易な言葉で説明する②類いまれな能力の持ち主だからだ。

最近、ニュース番組を見てもバラエティー番組を見ても、画面に文字がたくさん出てくる。テレビの用語で文字スーパーと言うんだけど、耳で聞けばわかるものも重ねて文字スーパーを出す。それも色とりどりの大きな文字で。

テレビだけに集中している人は少ない、どうせ何かしながら見ているのだから、音と文字の両方があったほうがわかりやすいと思う人もいるだろう。でも個人的な意見を言わせてもらうと、6今の状況は過剰だと思う。

わかりにくいものはeサけて、シンプルなものを取り上げる。しかもさらに親切にも音だけでなく、大きな文字も出していく。視聴者ができるだけ考えなくてもすむように、おせっかいなまでに親切心を発揮しているように見える。

そしてそれに慣れてくると、7視聴者も忍耐力を失っていく。複雑なものには耳をかさず、結論だけを求めるようになってくる。ぼく自身も例外ではない。説明がわかりにくかったりするとテレビ画面に向かって

【国　語】（五〇分）〈満点：一〇〇点〉

一 次の文章を読み、後の問いに答えなさい。

ひとり暮らしの人は別にして、たぶんみなさんの家にテレビはあるんじゃないかな。今はテレビが当たり前の生活になっているけれど、放送が始まったのはもうずっと前、まだ戦後と呼ばれていた時代のことだ。1それまで国民の情報源はラジオだった。人々はラジオを通して真珠湾(注1)攻撃を知り、戦争に負けたことを知った。

もちろん戦後もラジオ放送は続いた。戦争の後遺症で日々の暮らしもままならない中、ラジオは情報源であると同時に、生活にa潤いを与える娯楽でもあったんだ。ラジオは映像がないため、音がすべてだ。だから人々は聞き漏らすまいと、自然と神経を集中することになる。家族がみんなでラジオのそばに集まる光景が、当時は日本中で見られたんだ。

ところが一九五三年に音声だけでなく、映像も届けられるテレビ放送がスタート。ラジオは次第にお茶の間の主役の座をテレビにbユズることになる。

2始まったばかりの文化に豊かな才能が流れ込み、意欲的な実験が繰り返されるのは歴史の常だ。ドキュメンタリーの分野では作り手のメッセージをぶつける熱いものや、実験的、前衛的(注2)な手法をとりいれた作品がたくさん生まれたし、ドラマやバラエティーもタブー(注3)をあえて破ろうとしているかのような自由さがあった。何より作り手たちのなかに、自分たちは時代をつくっているという使命感が強烈にあったのだと思う。

ところが子どものうちは少々①羽目を外してても多めに見てもらえるけれど、大人になったら社会の目がうるさくなるように、テレビはその影響力を増すにつれ、お行儀よく振る舞うことを求められるようになった。

かくして3テレビは文化の担い手としての意識をだんだんと失っていく。そしてそれと共存するかのように、ニュースとスポーツ、ドラマとバラエティーというメニューをそろえた大衆娯楽を提供する一大産業となり、テレビ局同士で激しい視聴率競争を繰り広げることになる。さらにはインターネットといった新しいメディアが誕生すると、どうしたらテレビに客を引きつけられるのか、どうしたら視聴者を逃がさないか、もっと言えばどうしたらチャンネルを変えられないかという意識を、作り手はより強く持つようになっていく。

そうすると、何が起きるのか。

一部の人間だけが興味を持つものではなく、できるだけ多くの視聴者が見たいものを放送しようとするようになるだろう。そのほうがいいに決まってる。一部の人だけが興味を持つものよりも、多くの人が見たいと思う普遍性をもつ番組のほうがいい。そう考える人もいると思う。

でも、ものごとにはいつも別の顔がある。この場合でいえば、多くの視聴者が見たいと思うものを放送しようとすることの持つ、もうひとつの側面だ。

多くの視聴者が見たいものとはなんだろう。人間はひとりひとり違う。生まれ育った環境も、何に興味を持っているかも、どれだけの理解力を持っているかという知的水準も、誰一人同じではない。

そんな状況で出来るだけ多くの人に見てもらうには、どうすればいいだろう。

一番簡単なのは、人間が持つ共通の要素を盛り込むことだ。人間はひ

MEMO

大切なことはメモしておこうネ！

2023年度

宮城学院高等学校入試問題（B日程）

【数　学】（50分）　＜満点：100点＞

第一問　次の１～８の問いに答えなさい。

1　$9-15$ を計算しなさい。

2　$-\frac{14}{15}\div\left(-\frac{7}{6}\right)$ を計算しなさい。

3　$2xy^2\times 8x^2\div 4y$ を計算しなさい。

4　$\frac{6}{\sqrt{2}}-\sqrt{8}$ を計算しなさい。

5　$4a^2-4ab+b^2$ を因数分解しなさい。

6　$a=\frac{1}{5}$，$b=-\frac{2}{3}$ のとき，$2(4a-3b)-3(a-b)$ の値を求めなさい。

7　下の図のように，半径６㎝の円の周上に４つの頂点をもつ四角形ABCDがあります。点Bと点Dを結びます。∠ADB＝30°，∠DBC＝60°のとき，影の部分の面積を求めなさい。ただし，円周率はπとします。

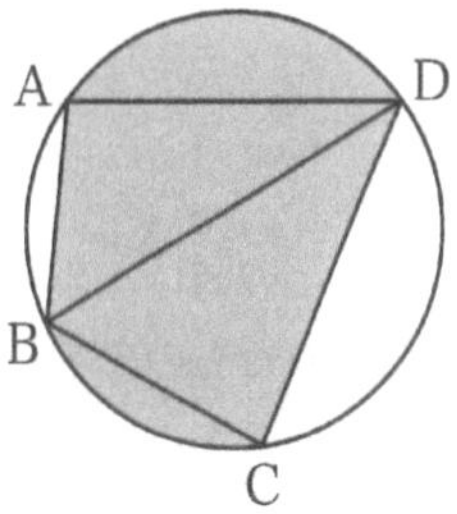

8　ある博物館の入館料は，中学生３人と大人２人で3300円でした。また，中学生35人と大人１人では，中学生が団体割引で２割引きになり，14900円でした。

次の⑴，⑵の問いに答えなさい。

⑴　中学生１人の入館料をx円，大人１人の入館料をy円として，連立方程式をつくりなさい。

⑵　この博物館の中学生１人，大人１人の入館料を求めなさい。

第二問　後の１～３の問いに答えなさい。

1　次のページの図のように，関数$y=-\frac{1}{4}x^2$のグラフ上にx座標が-4である点Aをとり，点Aを通る直線をlとします。

次の⑴～⑶の問いに答えなさい。

⑴　点Aのy座標を求めなさい。

⑵　直線lと直線$y=-x$が平行であるとき，直線lの式を求めなさい。

⑶　⑵のときの直線lとy軸との交点をBとします。また，y軸上に点Cをとります。△ABCの

面積が８となるときの直線ＡＣの式をすべて求めなさい。

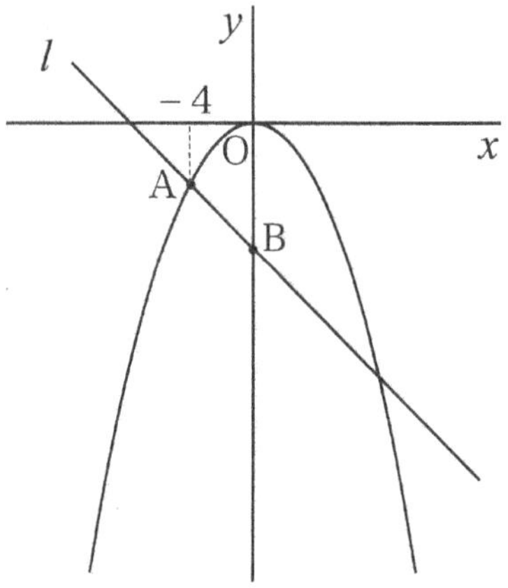

2　右の図は，ある立体の展開図です。円の半径は６㎝で，おうぎ形の中心角は270°です。

次の⑴，⑵の問いに答えなさい。ただし，円周率はπとします。

⑴　おうぎ形の半径を求めなさい。

⑵　この立体の体積を求めなさい。

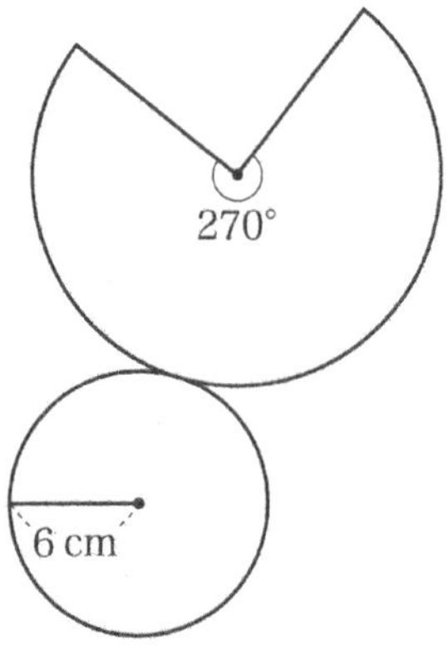

3　下の図は，ある中学校の３年生27人の数学と英語のテストの得点の分布のようすを箱ひげ図に表したものです。

次の⑴，⑵の問いに答えなさい。

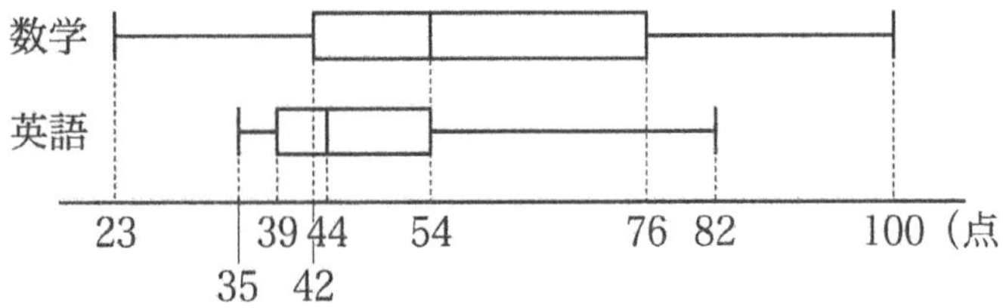

⑴　数学の得点の範囲と四分位範囲を求めなさい。

⑵　箱ひげ図から読みとれることとして正しいものをア～エからすべて選び，記号で答えなさい。

ア　数学の得点も英語の得点も54点以上の生徒は10人以上いる。

イ　数学の得点が23点以上42点以下の生徒の人数と，英語の得点が35点以上39点以下の生徒の人数は等しい。

ウ　数学の得点の四分位範囲は英語の得点の四分位範囲より大きい。

エ　数学の得点の中央値は54点である。

第三問　次の１，２の問いに答えなさい。

1　ＡさんとＢさんそれぞれが表に[1]，[2]の番号が書かれた２枚のカードを裏返しにして同時に１枚引きます。引いたカードにより次のルールですごろくのコマを進めます。

～ルール～

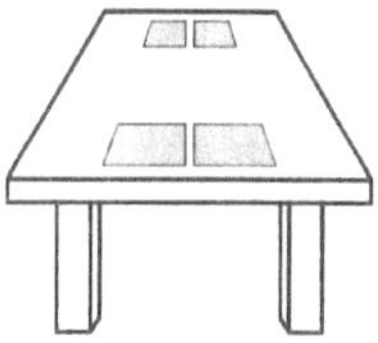

ア　ＡさんとＢさんの引いたカードの番号を比べて，大きい番号が書かれたカードを引いた方が，その番号の数だけ進む。
イ　Ａさんは[1]のカードを引いたら１だけ進む。
ウ　Ｂさんは[2]のカードを引いたら１だけ進む。
エ　毎回，ア，イ，ウの合計だけ進むものとする。

次の⑴，⑵の問いに答えなさい。ただし，[1]と[2]のどちらのカードを引くことも同様に確からしいものとします。

⑴　１回目終了後に，２人の進んだ差が１となる場合は何通りありますか。

⑵　２回目終了後に，２人の進んだ差が３となる確率を求めなさい。

2　右の図のような，すべての辺が４㎝の正四角錐《すい》があります。点Ｐは四角形ABCDの辺上を毎秒１㎝の速さで，点Ａを出発してＢ，Ｃを通り，Ｄまで動きます。

次の⑴～⑶の問いに答えなさい。

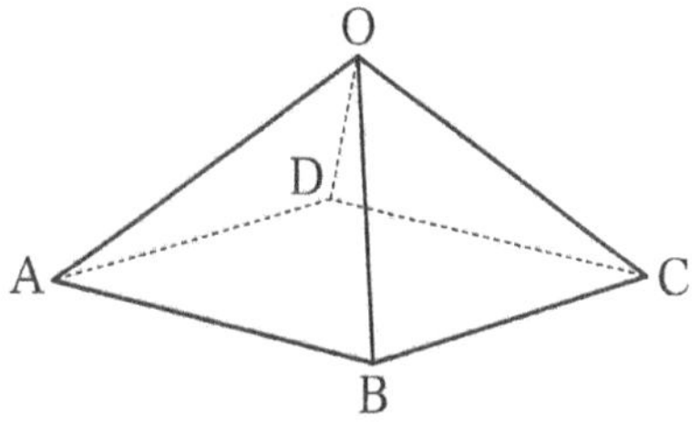

⑴　△OABの面積を求めなさい。

⑵　点Ｐが点Ａを出発してから x 秒後の△PDAの面積を y ㎠とします。このとき，x と y の関係を表すグラフを**解答用紙の図にかき入れなさい**。

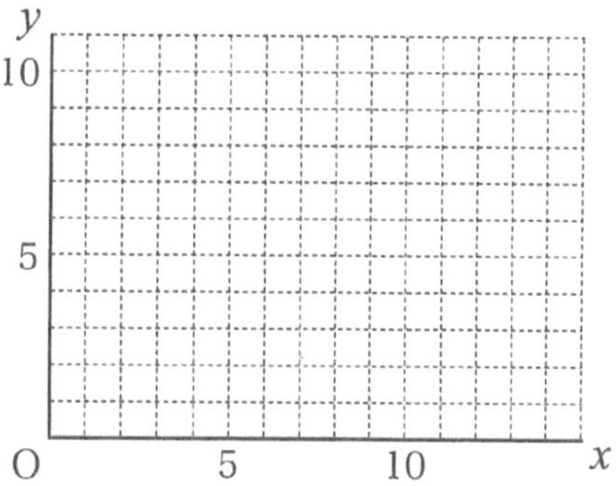

⑶　△OABと△PDAの面積が等しくなるのは，点Ｐが点Ａを出発してから何秒後かすべて求めなさい。

第四問　図Ⅰのような，線分ABを直径とする円の円周上に，AC<BCとなる点Ｃをとります。また，円周上にBC＝DCとなる点Ｂと異なる点Ｄをとります。さらに，点Ｃから線分BDに垂線をひき，線分BDとの交点をＥとします。

後の１，２の問いに答えなさい。

1　△ABC∽△BCEであることを証明しなさい。

図Ⅰ

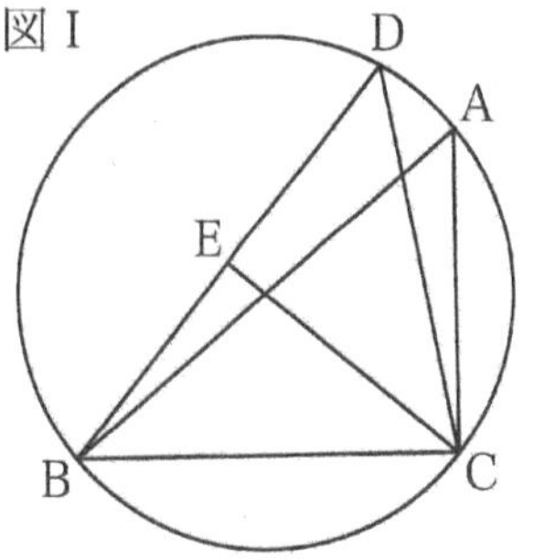

2　図Ⅱは，図Ⅰにおいて，線分CAをＡの方に延長した直線と，線分BDをＤの方に延長した直線との交点をＦとしたものです。

AC＝６㎝，BC＝８㎝のとき，次の⑴～⑶の問いに答えなさい。

⑴　線分ABの長さを求めなさい。

⑵　線分AFの長さを求めなさい。

⑶　点Ａと点Ｄを結びます。△FDAの面積を求めなさい。

図Ⅱ

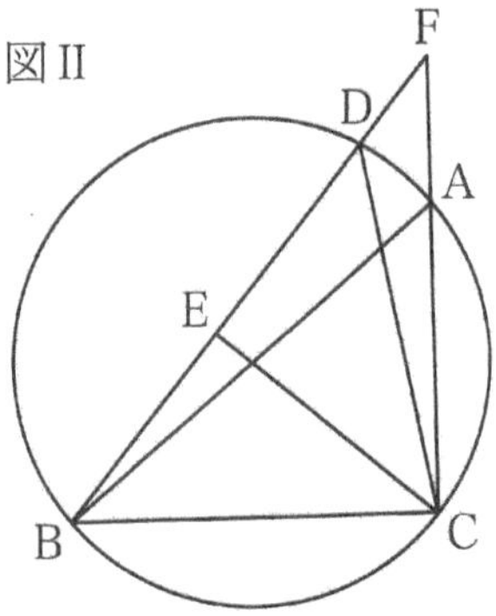

【英　語】（50分）　＜満点：100点＞

※リスニングテストの音声は弊社HPにアクセスの上，
音声データをダウンロードしてご利用ください。

Ⅰ．リスニングテスト：放送の指示に従い，問題に答えなさい。

(Part 1)

1．

2．

(Part 2)

1．a．I did when I was 6 years old.　b．I ride my bicycle to school.
　c．I will learn to do it soon.　d．I ride it for 30 minutes every day.

2．a．It will be nice.　b．It was cold last weekend.
　c．The weather is hot in summer.　d．I like the sound of rain.

(Part 3)

1．a．A doctor.　b．A helper.　c．A police officer.　d．A businessman.

2．a．Coffee.　b．Tea.　c．Sugar.　d．Juice.

3．a．At school.　b．At 5 o'clock.
　c．At the tennis court.　d．Later.

(Part 4)

1．

⑴ a．Because of the food they eat.　b．Because they live in large groups.
　c．Because they are bright pink.　d．We don't know.

⑵ a．It is very old.　b．It is healthy.
　c．It is friendly.　d．It is happy.

2．

⑴ a．A mountain.　b．A tree.　c．The Eiffel Tower.　d．Mt Fuji.

⑵ a．You should visit Paris.
　b．You should climb the Eiffel Tower.

c．You should take an umbrella.
d．You should be careful of pickpockets.

Ⅱ．次の１～５の二人の会話が成立するように，（　）に入る最も適切なものを，それぞれア～エから一つ選び，記号で答えなさい。

1．*A*：Do you know Kiwi?
B：Yes. It's a bird (　　) in New Zealand.
ア．live　イ．living　ウ．lived　エ．has lived

2．*A*：Can you come to the party this evening?
B：I wish I (　　), but I have an exam tomorrow.
ア．can　イ．can't　ウ．could　エ．couldn't

3．*A*：Someone has to play the piano in the chorus contest next month. Who plays it the best in this class?
B：Mary. No other student plays it as (　　) as she does.
ア．good　イ．better　ウ．best　エ．well

4．*A*：I can't wait to see the soccer game this evening, Mom.
B：You have to finish (　　) your homework before that.
ア．do　イ．doing　ウ．to do　エ．done

5．*A*：I will visit Sapporo next week.
B：Wonderful. Sapporo is (　　) for its snow festival.
ア．know　イ．knew　ウ．known　エ．knowing

Ⅲ．次の英文は，あるラジオ番組で紹介されたお便りです。英文を読み，後の問いに答えなさい。

This is a true story and I really want to share it with you.

This happened a few days before Christmas two years ago. We were practicing hymns that we were going to sing on Christmas eve at the church. The church was full of Christmas decorations. Of course, there was a big Christmas tree and we put lots of presents for the children under the tree. The presents were usually toys and every year ①**they** looked forward to getting a present on Christmas day.

When we finished our singing practice, it was almost 9 o'clock at night. We turned off the lights and went out of the church. As my friend and I were talking in front of the church, we saw a car slowly approaching. When the driver saw us, he seemed surprised and suddenly drove off. It was strange but my friend and I said nothing about it. [A]. While I was walking home, I kept thinking about the car that we just saw. I was worried because the church's door was always open. I decided to go back to check that everything was ok.

When I got to the church, I saw the same car by the church and I also noticed that the lights in the church were on. I got scared and didn't know what to do next, but I wanted to know who the driver was and what he was doing inside the church.

I slowly opened the door and went into the church. [B]. What should I do if it was someone dangerous who had a gun in his hands? Then I heard two people talking in a really low voice. It was not just the driver but there was someone with him! I kept walking slowly to see what they were doing.

I walked across the room and finally saw two people near the Christmas tree. However, I had to get a little closer to see what they were doing by the tree. Were they trying to steal the presents that we prepared for the children? As I moved to see them, my hand hit something and made a noise. [C]. They heard the noise and turned around. I finally saw their faces. It was the driver and his wife. I knew them. They were members of my church.

They were holding very big plastic shopping bags, and they were filled with new toys. I imagined that they had to pay a lot of money to buy them. Then I understood ②**what they were really doing**.

The woman looked embarrassed. She said, "Please, don't tell anyone." [D].

This woman and her husband were in their forties. I knew a little about them. They had no children. They could never have children.

"The children were going to be so happy to get those new toys on Christmas," I thought. "And the woman and her husband would be so glad to see the happy children." On my way home, I notice that tears were running down from my eyes.

share 共有する　hymn 讃美歌　church 教会　decoration 飾り　approach 近づく
drive off （車が）走り去る　strange 奇妙な　get scared 怖くなる　low voice 小さな声
steal 盗む　be filled with ～ ～でいっぱいだ　embarrassed 当惑して
in one's forties （年齢が）40代

問1　下線部①が示す内容として最も適切なものを，次のア～エから1つ選び，記号で答えなさい。

ア．hymns　イ．lots of presents　ウ．toys　エ．the children

問2　次の質問に，本文の内容に合うように英語で答えなさい。

Why did the writer decide to go back to the church?

問3　[A]～[D]に入る最も適切な文を下から選び，記号で答えなさい。

ア．I walked really slowly because I didn't want to make any noise
イ．I stopped moving but it was too late
ウ．We said good-bye to each other and left the church
エ．I nodded without saying a word and left　※nod うなずく

問4　下線部②の具体的内容を日本語で説明しなさい。

Ⅳ．次の英文は，高校生の陽子（Yoko），隆（Takashi），ケイト（Kate），マイク（Mike）が世界の貧しい国々への支援について，英語の授業で意見を述べたときの様子です。以下の英文を読み，後の問題に答えなさい。

Yoko :　People in poor countries do not have enough daily supplies. First of all, they cannot get enough food. They do not have enough clothes and comfortable houses, either. They are having a hard time just because they don't have enough to live. Japan also has various problems, but we buy a lot of things and sometimes throw them away without using them. Why don't we send them to poor countries? It may be a good idea to send preserved foods, used clothes, stationery, and so on.

Takashi : I think that's a good idea. Often they don't have things which we usually have here in Japan. However, we don't know what they really want, so why don't we start fundraising, collect money, and send it? Then they can use that money to buy things which they really need. They don't have much cash income. They can't improve their current situation without money. Fundraising is not difficult to do. If we want to do it, we can start right away.

Kate : Like Takashi says, I think it is necessary to collect money through fundraising. However, even if you send some money to the poor countries and people there buy things that they need at that time, they will lose that money soon. And if they run out of money, their situation will return to its original state. So, first of all, I think it is important to improve their **infrastructure**. Many of poor counties do not have enough electricity, drinking water, and gas. I think the water problem is serious. It seems that getting safe and clean drinking water is not easy in poor countries. In some countries, women have to walk to a well a few kilometers away, get water, and then bring the water back home. It takes a couple of hours. We cannot live without water, and I think it is important to get safe water not far from home. So it would be better to use the money collected from the fundraising to build a well. If you can get water nearby, women don't have to spend time getting water, and maybe they can use that time to do some work and earn money.

Mike : I think the most important thing for them is to receive a good education. I heard that literacy rates are very low in poor countries. If you can't read, you can't understand information clearly or get a job. So I think that, first, people in poor countries should go to school to learn and get knowledge. If they receive a good education, they will start to think about what they want to learn and what kind of job they will get in the future. So how about using the money collected from the fundraising to set up schools? Let's start to collect money and use it for local people to earn their own income. Then we can help them build a school. If they can always make some money, I think they can send their children to school.

fundraising 募金　cash income 現金収入　current situation 現在の状況

original state　元の状況　　education　教育　　literacy rates　識字率

問１　４人の生徒の主張のポイントとして，最も適切なものを選択肢から選び，記号で答えなさい。

Yoko －（　　　）　Takashi －（　　　）　Kate －（　　　）　Mike －（　　　）

ア．To set up a school.

イ．To build wells.

ウ．To send preserved foods to poor countries.

エ．To collect money through fundraising and send it to poor countries.

問２　下線部 infrastructure の例を日本語で３つ書きなさい。

問３　次の質問に対する答えを，本文の内容に合うように英語で書きなさい。

1．Why does one of the four students think they should send things that they don't use anymore to poor countries?

2．Why is it important for people in poor countries to receive a good education?

問４　次の英文は，４人の意見を聞いたクラスメートが書いた感想です。以下の文を読んで，問題に答えなさい。

All of them have good ideas. It is clear that people in poor countries need some help. And if we want to help them and do something for them, we need money. So maybe we should get some money through fundraising first. However, I think just giving them money is not enough. They have to know ①[**their lives / they / make / how / better**] **themselves**. I think that especially Mike's idea is great. If they want to get jobs, they need to read and write to work. So I think the most important thing is (②).

1．下線部①の［　］内の語句を，文脈に合った意味の通った文になるように並べかえなさい。

2．②に入る最も適切な語を，本文から一語抜きだして書きなさい。

Ⅴ．次の英文を読み，後の質問に答えなさい。

サラさんとメイさんは同じ中学校に通う生徒です。週末が終わり登校してすぐに次のような会話をしています。

Sarah:　How was your weekend?

Mei:　It was good. I went to the airport to pick up my brother, Taku.

Sarah:　Where did he stay?

Mei:　He was back from Germany. He bought lots of souvenirs in Europe.

Sarah:　How nice! Why did he go there?

Mei:　He studied politics. So he has been learning about the Political System of the EU.

Sarah:　Wow. It sounds difficult. Did he stay only in Germany?

Mei:　No. He stayed in several countries. That's why he has many souvenirs.

Sarah:　I see. By the way, [　　　①　　　]

Mei:　Never. But I want to study abroad because [　　　②　　　]

問１　二人の会話が成立するように本文中の [①] に入る英語を１文書きなさい。

問２　メイさんになったつもりで，会話が成り立つように，[②] にその理由を３文の英語で書きなさい。

3

性に

痛い目に

身の丈に

イ　他の誰にもまねできないくらいに
ウ　飛びかかる虎から逃げられないでいると
エ　虎に立ち向かおうとすればするほど

問四　――線部2「天もあはれと思ひ給ひける」とありますが、天はなぜこのように思ったのか、理由を説明しなさい。

問五　――線部3「虎口の難」について、ここでの「難」と同じ意味で「難」が使われている熟語として最もふさわしいものを次の中から選び、記号で答えなさい。

ア　難色　　イ　難問　　ウ　非難　　エ　災難

問六　次の会話は、この文章を読んだ感想を語り合っているものです。内容の理解として**ふさわしくない**ものをア～エの中から一つ選び、記号で答えなさい。

ア《Aさん》自分は虎に食べられてもいいからお父さんを助けてください、という子どもの気持ちに感動した。
イ《Bさん》親を大切に思う子どもの気持ちは、人間でも虎でも同じなんだなあと思った。
ウ《Cさん》天、つまり神さまがあわれに思って子どもの祈りを聴いてくれるなんて素敵だな。
エ《Dさん》昔の人は、このようなお話を通して「孝行」の大切さを学んだんだろうね。

四　次の各問いに答えなさい。

問一　次の会話は、幼なじみで運動部に所属しているXさんとYさんのやり取りです。ことわざ（太字部分）の使い方が**ふさわしくない**ものをア～キの中から**二つ**選び、記号で答えなさい。

ア　Xさん「この前の試合、また負けちゃったけど、**七転び八起き**の精神で、これからもがんばるよ。」
イ　Yさん「偉いね。僕はどんなにがんばっても**骨折り損のくたびれもうけ**という気がして、練習する気になれないよ。」
ウ　Xさん「そんなことないよ。**勝ってかぶとの緒《お》をしめよ**って言うじゃないか」
エ　Yさん「そうか、**ちりも積もれば山となる**ともいうし、まずは小さな努力を積み重ねてみるか。」
オ　Xさん「そうそう、**案ずるより産むが易《やす》し**さ。あれこれ考えるより、行動に移した方がいい。」
カ　Yさん「それにしても君は、小さい頃からがんばり屋だったよね。**三つ子の魂百まで**とはよく言ったものだ。」
キ　Xさん「実際、性格は幼いころの短い間に作られてしまうものらしいね。まさに**石の上にも三年**だね。」

問二　後の1～3の□にはそれぞれ同じ言葉が入ります。ひらがな二字で答えなさい。

1
悪態を□
核心を□
盲点を□

2
跡形も□
突拍子も□
とてつも□

問五 [B] にあてはまる言葉として最もふさわしいものを次の中から選び、記号で答えなさい。

ア 支配者　イ 市民　ウ 奴隷　エ 子供

問六 ――線部2に「おもしろい話」とありますが、次の対話は、この話について話し合ったものです。後の1、2の問いに答えなさい。

《Aさん》どこの国かわらないけれど、「南の国」の人と日本の商社マンが対話している情景が目に浮かぶね。
《Bさん》「[Ⅰ]」という問いに、老後にのんびり過ごすためだと日本人が答えるというのもリアルな感じ。
《Aさん》そこで「南の国」の人が「われわれは最初からそうしている」と言ったというオチも、確かにおもしろい。
《Bさん》この笑い話を読むと、日本人のように[Ⅱ]ことにどれだけ意味があるのかと考えさせれるね。

1 [Ⅰ]に入る言葉を、十字以内で本文中から抜き出して答えなさい。

2 [Ⅱ]にふさわしい表現を考えて、五字以上十字以内で答えなさい。

問七 [C]にあてはまる表現を十～十五字以内で考えて答えなさい。

三 次の古文を読み、後の問いに答えなさい。

(注1)楊香《やうきやう》は一人の父を持てり。ある時、父とともに山中へ行きしに、たちまち荒き虎にあへり。楊香、父の命を失はんことを恐れて、虎を①追ひ去らんとし侍《はべ》りけれども、1かなはざるほどに、(注2)天の御あはれみを頼み、「こひねがはくは、わが命を虎に与へ、父を助けて給へ」と、こころざし深くして祈りければ、さすが2天もあはれと思ひ給ひけるにや、今まで、Ⅰたけきかたち(注3)にて、②取り食はんとせしに、虎、にはかに(注4)尾をすべて、逃げ退《しりぞ》きければ、父子《ふし》ともに、3虎口《ここう》の難をまぬがれ、Ⅱつつがなく家に帰り侍るとなり。これ、ひとへに、孝行のこころざし深さ故《ゆゑ》に、かやうの(注5)奇特《きどく》をあらはせるなるべし。（『御伽草子《おとぎぞうし》集』による）

(注1) 楊香……………人名
(注2) 天………………神さま
(注3) かたち…………姿
(注4) 尾をすべて……尾をすぼめて両足の間に入れて
(注5) 奇特……………とても不思議なできごと

問一 ══線部①・②の主語として最もふさわしいものを次の中から選び、それぞれ記号で答えなさい。

ア 楊香　イ 父　ウ 天　エ 虎

問二 〰〰線部Ⅰ・Ⅱの本文中における意味として最もふさわしいものを次の中から選び、それぞれ記号で答えなさい。

Ⅰ たけき
ア 大きな　イ 立派な
ウ 荒々しい　エ 力強い

Ⅱ つつがなく
ア 急いで　イ 無事に
ウ 喜んで　エ 元気に

問三 ――線部1「かなはざるほどに」の解釈として最もふさわしいものを後の中から選び、それぞれ記号で答えなさい。

ア 虎を追い払うことができないでいると

先ほど『君たちはどう生きるか』という本との関わりで、大きな視点から見ることが大切なのだということを言いましたが、たとえば欲望に振りまわされている自分を見つめ直すこともその一つだと言えるでしょう。差別や偏見で苦しむ人々や、内戦などのために生きる術《すべ》を失ったり、命を落としたりした人々のことを考えることもとても大切なことです。それも大きな視点から見ることの一例になるでしょう。

このような問題について考えるときに浮かびあがってくるのは、そもそもわたしたちは何のために生きているのか、という根本の問いです。あるいは何をめざして生きていけばよいのでしょうか。

2かなり以前、わたしがまだ大学に籍を置いていた頃でしたが、おもしろい話を耳にしたことがあります。出所は不明ですが、かなり広く知られていた話でした。ある日本の商社員が、どこか遠い南の国に行って、けんめいに働いていたら、現地の人から「なぜ毎日そんなに②あくせくと働くのか」と尋ねられたという話です。それに対して、「よい成績を残し、昇進して、お金を貯めるためだ」と答えると、「お金を貯めてどうするのか」と尋ねられます。「退職後、どこか風景の美しいところに土地を買って、別荘でも建てる」と答えますと、さらに「そうしてどうするのか」と問われます。「そこでハンモックでもつってゆっくり昼寝をする」と答えると、現地の人が、「われわれは最初からそうしている」と答えたという笑い話です。

わたしたちであれば、「何のために働くのか」という問いを出されたとき、どう答えるでしょうか。みなさんもぜひ自分自身の問題として考えてみてください。

この問いや、「何をめざして生きていけばよいのか」という問いは、あらためて考えてみると、なかなかむずかしい問いで簡単には答を見つけることができません。ただ、誰であれ、自分の人生が意味のあるものであることを願うのではないでしょうか。人生を終えるときに、自分の人生は［　C　］と言えたら、どんなによいでしょう。それは容易ではないかもしれませんが、できればそういう人生を歩んでみたいと思います。

（藤《ふじ》田《た》正勝《まさかつ》『はじめての哲学』による）

問一　═線部a～eのカタカナは漢字に直し、漢字は読みを答えなさい。

問二　～線部①・②の本文中における意味として最もふさわしいものを次の中から選び、それぞれ記号で答えなさい。

①　グローバル化
ア　平和を求める世界の人々の考えが統一されること
イ　世界中の人々の生活が同じように改善されること
ウ　地球の自然がどこにおいても破壊されていること
エ　様々な活動が地球規模で行われるようになること

②　あくせくと
ア　目先の事にとらわれ、心の余裕がない様子で
イ　予定通りに事が進まず、いらいらした様子で
ウ　時間にゆとりがない中、非常に慌てた様子で
エ　失敗は絶対に許されないと、緊張した様子で

問三　［A］にあてはまる言葉を本文中から五字～十字で抜き出して答えなさい。

問四　――線部1について、「大きな落とし穴」とはどのようなものですか。簡潔に説明しなさい。

　先ほど、自分を中心にしてものごとを見ているだけでは、その本質が見えなくなってしまうと言いましたが、もちろん、自分を中心にしてものごとを見ること自体が悪いわけではありません。それは非常に大切なことです。動物の子であれ、人間の子であれ、赤ん坊は生まれてすぐに母親のお乳を求めます。生きようとする意欲に満ちています。この自分のなかからわきあがってくる意欲がわたしたちの成長を支えています。少し大きくなれば、子どもは言葉を覚えることにとても大きな興味を示します。小学校に入学したときのことを覚えているでしょうか。子どもはそこで学ぶものに大きな関心を示し、次々に吸収し、自分の世界を広げていきます。やがてスポーツでも音楽でも、少しでもうまくなりたい、少しでも力をつけたいと考えるようになります。このよりよいものをめざす向上心がわたしたちを支えています。

　わたしたちはわたしたちのなかにある［　A　］に衝《つ》き動かされ、さまざまなことに取り組みます。さまざまなことにチャレンジし、自分の可能性を実現し、自分の世界を広げていきます。それは社会に出てからも変わりません。芸術の道に進んだ人は、自分の作品を通して、できるだけ多くの人に感動を与えたいと思うでしょう。農業にa携わる人は、より品質の高いものを消費者に届けたいと努力しますし、会社に入って営業に携わる人はより多くの製品を販売して成績をあげたいと考えます。このようにして自分自身が、そして家族が豊かな生活を送れるようにがんばります。また自分の作品や仕事を通して社会にbコウケンしたいと考えます。

　このように日々努力することはとても尊いことです。しかし1ここに一つの大きな落とし穴が待ちうけています。わたしたちの生きる意欲が、欲望に変わってしまう可能性があるのです。生きる上でさしあたって必要でないものでも、目の前にあればそれを手に入れたい、それだけでなく、できるだけ多くのものを手に入れたいと思うようになっていきます。欲望の特徴は、いったんその対象になっているものを手に入れても、すぐにより多くのものを、より大きなものを追い求めようとする点にあります。欲望はいったん刺激されると、かぎりなく大きくなっていきます。わたしたちは欲望の連鎖のなかに簡単にはまり込んでしまうのです。

　欲望の連鎖のなかにはまり込んでしまうと、頭のなかが欲望追求のことでいっぱいになって、自分自身の中身が空っぽになってしまいますし、他の人をcカエリみる余裕もなくなってしまいます。要するに欲望の［　B　］になってしまうのです。自分を（あるいは自分だけを）中心にしてものごとを見ることの負の面がここに現れてきます。

　それはわたし一人だけの問題ではありません。現代は①グローバル化の時代です。欲望の追求が世界d規模でなされています。なりふりかまわない利益追求で富を得る人とそうでない人のあいだに格差が生まれています。あるいは利益の獲得をめぐって対立するグループのあいだに争いが生まれたりしています。自分の利益を守るために、自分のグループ以外の人たちを非難したり、排斥《はいせき》したり、あるいは攻撃したりすることも多くなっています。そのような対立や争いの結果、世界のあちこちで貧困や飢餓《きが》、eハクガイなどで苦しむ人が増えています。

　いま世界ではそういったことが大きな問題になっています。わたしたちはここで立ちどまって考えなければならないと思います。

めます）

問五　――線部2について、「『リアル』の断片」とは、具体的にはどのようなことを指していますか。ふさわしくないものを次の中から一つ選び、記号で答えなさい。

ア　日焼けが色あせるひまもないほどの試合が続くということ。
イ　漂白剤では日に焼けた肌は白くならないということ。
ウ　プロとして世界中を飛び回り戦っていること。
エ　強い日差しの中で試合をしたり練習したりしていること。

問六　――線部3「こうした扱い方」とは、何をどのように扱っていることを指していますか。わかりやすく説明しなさい。

問七　［D］にあてはまる言葉として最もふさわしいものを次の中から選び、記号で答えなさい。

ア　糸口　　イ　原因　　ウ　動機　　エ　影響

問八　――線部4「差別を考える文化」とありますが、次の対話は、これについて話し合ったものです。後の1、2の問いに答えなさい。

《Aさん》差別は、ただ謝罪して終わりにすべきものではなく、なぜ差別は起こるのかを深く考えるきっかけにすべきものなんだね。
《Bさん》今回は特に「笑い」にひそむ差別について考えるきっかけになる話だった。
《Aさん》そもそも［　Ⅰ　］ことから生じる「笑い」と「差別」の関係なんて、深く考えたことなかったな。
《Bさん》「笑い」があるとき、そこに必ず差別があるわけではないんだ。［　Ⅱ　］、そこを考えなければならないんだね。

1　［Ⅰ］に入る言葉を、本文中から十字以内で抜き出して答えなさい。
2　［Ⅱ］にあてはまるものとして最もふさわしいものを次の中から選び記号で答えなさい。

ア　どんな笑いにもそれ自体には罪はないのか、それともよくない笑いも存在するのか
イ　差別には果たして笑うことが許されるものと、そうでないものがあるのか
ウ　差別とは関係のない笑いと差別から来る笑いには、どのような違いがあるのか
エ　笑いから差別を完全に取り去るために、メディアのすべきことは何か

問九　――線部5について、「こうした〝残念〟な状況」とはどのような状況ですか。次の［＊］にふさわしい内容を考えて三十字以内で答えなさい。

評論家たちに深くじっくりと差別について考える姿勢がなく、
［　＊　］状況。

二　次の文章を読み、後の問いに答えなさい。

この「どのように生きるか」という問いは、哲学にとっても非常に大きな問題の一つです。そしてむずかしい問題です。簡単に答には行きあたりません。

か。人の身体をからかうことから生じるこうした笑いとは、いったいどのような次元やcスイジュンでの笑いといえるのだろうか。はたしてそれは②洗練された笑いといえるだろうか、等々。

まだ他にも問がわいてきます。〝なぜ、どのように、あることが差別だと見られ聞かれ認められるのか〟そのことが「差別」ではなく「笑い」として感じ取られる世界があるとして、その世界はいったいどのようにできあがっているのだろうか。これをじっくりと考える過程で、私たちは差別を単に謝罪し反省するだけの出来事ではなく、たとえば「笑い」と「差別」との関係という日常文化にとっても重要なテーマを考え直すきっかけでもあることがわかり、「差別を考える」とはどのような営みであるのかを実感できるのです。

「差別を考える文化」を創造するうえで、とても興味深く、刺激的な出来事が、日常さまざまな場面で起こっています。ただそうした出来事に対して、きまり切ったように通俗的な倫理や道徳次元をあてはめて処理してしまうとても〝残念〟なマスメディアの現状があります。

例えば、政治家の差別発言を批判するマスメディアや評論家たちの姿も〝残念〟のdキワみと言えます。彼らは政治家が「差別発言」をすれば、取り上げ盛んに批判します。でも彼らが批判するのは、ネタとして「発言」が〝鮮度〟を保っているあいだだけです。少しでも〝鮮度〟が落ちたなと思うと、「発言」を取り上げるのをやめ、別の視聴者の関心をひきそうな話題に移っていきます。つまり彼らは、差別発言の〝賞味期限〟を敏感に察知しながら、日々の仕事に勤《いそ》しんでいるだけです。発言の背後にある「決めつけ」や「思い込み」のどこがどのように問題であるのか、e偏った知の背景に何があるのかなど、発言を手がかりに、より深くじっくりと「差別を考える」姿勢を感じることはありません。5私たちの日常には、「差別を考える」文化創造を妨げるこうした〝残念〟な状況が満ちています。

（好井《よしい》裕明《ひろあき》『他者を感じる社会学　差別から考える』による）

（注１）事象……………目に見える形で現れた事柄
（注２）ハーフ…………それぞれ異なる人種や民族の両親から生まれた人
（注３）醸成……………時間をかけて徐々に作り出すこと

問一　══線部ａ～ｅのカタカナは漢字に直し、漢字は読みを答えなさい。

問二　〰〰線部①・②の本文中における意味として最もふさわしいものを次の中から選び、それぞれ記号で答えなさい。

①　いなして
ア　うまくかわして　　イ　つよくはねかえして
ウ　しっかり吸収して　　エ　ゆっくり考えて

②　洗練された
ア　はっきりと表現された　　イ　美しくかざられた
ウ　いっそう高められた　　エ　より美化された

問三　Ａ ～ Ｃ にあてはまる接続詞として最もふさわしいものを次の中から選び、それぞれ記号で答えなさい。
ア　つまり　　イ　あるいは　　ウ　だから　　エ　ところで
オ　しかし

問四　──線部１について、筆者が「したたかで面白い」と思ったテニスプレーヤーの「切り返し」にあたる部分を本文中から三十字以内で抜き出し、その最初と最後の五字を答えなさい。（句読点を字数に含

【国　語】（五〇分）〈満点：一〇〇点〉

一　次の文章を読み、後の問いに答えなさい。

「差別を考えるため」には、差別とされる事象(注1)それ自体をじっくりと読み解き、どこが問題で、どうすれば問題を解決しさらに前に進めるのかなどを自由に語れるような、もっとタフでしなやかな日常や文化を創造していく必要があります。ただ残念ながら、今私たちの日常には差別をじっくりと考えていく〝余裕〟がまだできていないのも事実です。

たとえば私は、こんな記事が新聞に載ったことを記憶しています。関西の女性漫才コンビがハーフ(注2)の女子テニスプレーヤーを取り上げたネタが差別的だという内容です。詳細は新聞記事だけからは正確にはわかりませんが、彼女は肌が黒く、漂白剤を使えば、より日本人らしくなるのに、というaタグイの内容で、それがハーフである彼女を侮蔑《ぶべつ》し差別的だということでした。私は1ネタそのものよりも、テニスプレーヤーの見事な切り返しのほうが、したたかで面白いなと思っていました。彼女は、漂白剤よりも、これ以上日焼けしないような日焼け止めが必要だよとネタの差別性をb軽やかに①いなしてしまったからです。

「私の肌が黒いのはあたりまえだよ。私はプロ選手だし常に勝つために世界中転戦し、強い日差しのなかで試合をしたり練習したりしている。こうした厳しい日程をこなしながらの日常でしっかり日焼けもするし、肌の色があせるひまもない、[A]ほんとにそんなすごい薬や化粧品があるのなら、ぜひ日焼け止めをくださいな、あるはずもないけど」と言わんばかりに、2自分が生きている「リアル」の断片さえも想像できていない漫才コンビの不勉強さと笑いを誘いだす根っこにあるネタの薄っぺらな差別性を、彼女は軽やかに笑い飛ばしました。さらに自分をネタにするのであれば、こうするとより笑えるジョークにできるよと、漫才コンビに向けて、教えてあげています。

[B]新聞に掲載された記事では、漫才コンビが謝罪し二度とこのようなことはしないと反省したと伝えているだけです。これでは記事を読んだ多くの私たちは「あぁ、差別しちゃったのだな、でもそれを認めて謝罪し反省しているから、もういいじゃないか」とそれ以上この出来事について考えるのをやめてしまうでしょう。[C]差別とは誰かに指摘されたら謝罪し反省すべき〝問題〟であり、反省すればそれでおしまいという扱い方になっています。いくら世の中で起こる差別的な事象を数多くニュースとして伝えられるとしても、3こうした扱い方を繰り返しているだけでは、「差別を考える文化」は決して日常に醸成(注3)《じょうせい》されることなどありません。

差別をしてしまった人がどのように申し訳ないと思い、どのように反省していったのかをできるだけ詳しく問い直し、その答えについて豊かに想像することで4「差別を考える文化」は少しずつ作られていくと、私は考えています。

例えば、次のような「差別を考える」[D]があります。

どのようにして漂白剤というジョークを考え出したのだろうか。笑う対象となったプロ選手はなぜ「日本人」らしくないと考えたのだろうか。なぜ肌の色を〝漂白〟することで「日本人」になれるのだろうか。いったい「日本人」とはどのようなものだとイメージしているのだろうか。なぜ〝漂白剤〟で肌を脱色することが、笑いを誘うのだろうか。このジョークが人を笑わせるとして、人はどこにおかしさを感じているのだろう

A日程

2023年度

解　答　と　解　説

《2023年度の配点は解答欄に掲載してあります。》

＜数学解答＞

第一問　1　-8　　2　4　　3　$\frac{1}{3}a^2b$　　4　$5\sqrt{3}$　　5　$x=-6,\ 1$　　6　$a=\frac{2S}{h}-b$

7　$24\sqrt{3}-9\pi$（cm^2）　　8　（1）　$x+y=8200,\ 3x-2y=4600$

（2）　姉4200円，妹4000円

第二問　1　（1）　$-12 \leqq y \leqq 0$　　（2）　$y=x-6$　　（3）　△ABC：△OAB＝2：1

2　（1）　$2\sqrt{5}$（cm）　　（2）　$\frac{64\sqrt{5}}{3}\pi$（cm^3）　　3　（1）　29.5（回）　　（2）　0.4

第三問　1　（1）　11通り　　（2）　$\frac{1}{18}$　　2　（1）　3（cm）　　（2）　解説参照　　（3）　3回

第四問　1　解説参照　　2　（1）　2（cm）　　（2）　$\frac{14}{5}$（cm^2）　　（3）　$\frac{2\sqrt{305}}{5}$（cm）

○推定配点○

各4点×25　　計100点

＜数学解説＞

第一問　（正負の数，単項式の除法，平方根，2次方程式，等式の変形，平面図形，方程式の利用）

基本　1　$-13+5=-(13-5)=-8$

基本　2　$8-(-2)^2=8-4=4$

基本　3　$2a^3b^2 \div 6ab=\frac{2a^3b^2}{6ab}=\frac{1}{3}a^2b$

基本　4　$\sqrt{27}+\sqrt{6}\times\sqrt{2}=3\sqrt{3}+2\sqrt{3}=5\sqrt{3}$

基本　5　$x^2+5x-6=0$　　$(x+6)(x-1)=0$　　$x=-6,\ 1$

基本　6　$S=\frac{1}{2}(a+b)h$　　$\frac{1}{2}(a+b)h=S$　　$a+b=\frac{2S}{h}$　　$a=\frac{2S}{h}-b$

重要　7　対角線ACとBDとの交点をO，円Oと辺ABとの接点をPとすると，△AOPと△ABOは内角が30°，60°，90°の直角三角形だから，OP＝3より，$OA=\frac{2}{\sqrt{3}}OP=2\sqrt{3}$，$OB=\sqrt{3}OA=6$　　よって，求める影の部分の面積は，$\frac{1}{2}\times(2\sqrt{3}\times2)\times(6\times2)-\pi\times3^2=24\sqrt{3}-9\pi$（$cm^2$）

8　（1）　題意より，$x+y=8200$…①　　$(x-2100):(y-850)=2:3$より，$3(x-2100)=2(y-850)$　$3x-2y=4600$…②

（2）　①×2＋②より，$5x=21000$　　$x=4200$　　これを①に代入して，$y=4000$　　よって，姉4200円，妹4000円

第二問　（図形と関数・グラフの融合問題，図形の計量，度数分布表）

基本　1　（1）　$x=0$のときyの最大値は$y=0$　　$x=-6$のときyの最小値は$y=-\frac{1}{3}\times(-6)^2=-12$　　よって，yの変域は，$-12 \leqq y \leqq 0$

基本　(2)　A$(-6,\ -12)$　$y=-\frac{1}{3}x^2$に$x=3$を代入して，$y=-\frac{1}{3}\times3^2=-3$　よって，B$(3,\ -3)$ 直線ℓの式を$y=ax+b$とすると，2点A，Bを通るから，$-12=-6a+b$，$-3=3a+b$　この連立方程式を解いて，$a=1$，$b=-6$　よって，$y=x-6$

(3)　C$(6,\ -12)$　また，D$(0,\ -6)$とすると，$\triangle ABC=\frac{1}{2}\times\{6-(-6)\}\times\{-3-(-12)\}=54$ $\triangle OAB=\triangle OAD+\triangle OBD=\frac{1}{2}\times6\times6+\frac{1}{2}\times6\times3=27$　よって，$\triangle ABC:\triangle OAB=54:27=2:1$

基本　2　(1)　$AC=\sqrt{6^2-4^2}=2\sqrt{5}$(cm)

基本　(2)　求める立体の体積は，長方形OACBと△OABを線分OBを軸として1回転させてできる円柱と円錐の体積の差に等しいから，$\pi\times4^2\times2\sqrt{5}-\frac{1}{3}\times\pi\times4^2\times2\sqrt{5}=\frac{64\sqrt{5}}{3}\pi$(cm^3)

重要　3　(1)　平均値は，仮平均＋{(階級値－仮平均)×度数}の総和÷総度数で求められる。仮平均を30回とすると，$30+\{(-20)\times5+(-10)\times7+0\times16+10\times9+20\times3\}\div40=30+\frac{-20}{40}=29.5$(回)

(2)　求める相対度数は，$\frac{16}{40}=0.4$

第三問　(場合の数，確率，点の移動とグラフ)

1　(1)　題意を満たすのは，2回同じ目が出る場合が6通り，2回目のみに×の目が出る場合が5通りあるから，全部で6＋5＝11(通り)

(2)　題意を満たすのは，(1回目，2回目)＝(3，○)，(3，△)のとき，7のマスにいる場合であるから，求める確率は，$\frac{2}{36}=\frac{1}{18}$

2　(1)　$x=0$のとき，$y=18\times\frac{120}{360}=6$　$x=3$のとき，Aは$4\times3=12$，Bは$1\times3=3$動くから，$y=12-(6+3)=3$

(2)　AがBに追いつくのは，$6\div(4-1)=2$(秒後)　その後，AはBを1秒間に3cmずつ離していき，半周の9cm離すのは，$9\div3=3$(秒後)　その後，AはBに1秒間に3cmずつ近づくから，3秒後に追いつき，以下，繰り返す。よって，xとyの関係を表すグラフは図のようになる。

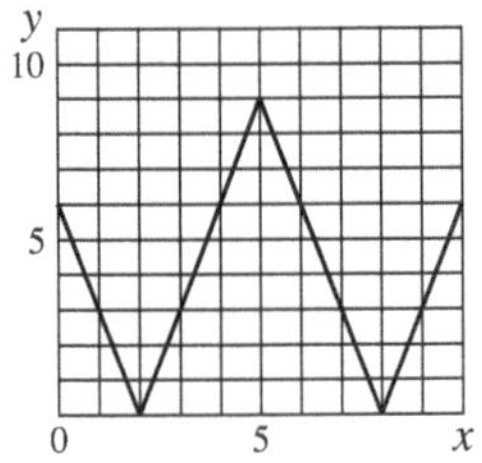

(3)　Aが4周するのにかかる時間は$18\times4\div4=18$(秒)　AとBが重なるのは，グラフより，2，8，14，…秒後だから，3回。

第四問　(平面図形)

基本　1　△ABEと△BCGにおいて，仮定より，∠ABE＝∠BCG＝90°…①　∠AFB＝90°より，∠BAE＝90°－∠ABF…②　∠ABE＝90°より，∠CBG＝90°－∠ABF…③　②，③より，∠BAE＝∠CBG…④　①，④より，2組の角がそれぞれ等しいから，△ABE∽△BCG

基本　2　(1)　△ABE∽△BCGより，相似比は，BE：CG＝AB：BC＝8：6＝4：3　CG＝DC－DG＝8－5＝3　よって，$BE=\frac{4}{3}CG=4$より，EC＝BC－BE＝6－4＝2(cm)

重要　(2)　2組の角がそれぞれ等しいから，△ABF∽△BEF　相似比は，AB：BE＝8：4＝2：1　よって，$AF:FE=2BF:\frac{1}{2}BF=4:1$　$\triangle BEF=\frac{1}{4+1}\triangle ABE=\frac{1}{5}\times\frac{1}{2}\times8\times4=\frac{16}{5}$　$\triangle BEG=\frac{1}{2}\times4\times3=6$　よって，$\triangle EFG=6-\frac{16}{5}=\frac{14}{5}$(cm^2)

重要　(3)　Fから辺ADにひいた垂線をFHとする。2組の角がそれぞれ等しいから，△ABE∽△FHA
相似比は，AE：FA＝5：4　　よって，$AH=\frac{4}{5}EB=\frac{16}{5}$，$FH=\frac{4}{5}AB=\frac{32}{5}$　　$DH=6-\frac{16}{5}=\frac{14}{5}$
したがって，$DF=\sqrt{DH^2+FH^2}=\sqrt{\left(\frac{14}{5}\right)^2+\left(\frac{32}{5}\right)^2}=\frac{2\sqrt{305}}{5}$ (cm)

★ワンポイントアドバイス★
出題構成が変わったが，難易度に大きな変化はない。標準レベルの問題があらゆる分野から出題されている。基礎をしっかり固めておこう。

<英語解答>

Ⅰ　Part 1　1　c　　2　d　　Part 2　1　b　　2　b　　Part 3　1　c　　2　c　　3　c
Part 4　1　(1)　b　　(2)　b　　2　(1)　a　　(2)　d
Ⅱ　1　エ　　2　ウ　　3　ア　　4　ウ　　5　イ
Ⅲ　問1　イ　　問2　ウ　　問3　イ　　問4　ア　　問5　⑥　イ　　⑧　ウ　　問6　エ
問7　エ　　問8　ア　　問9　ア，ウ
Ⅳ　問1　(1)　A　　(2)　c　　(3)　D　　(4)　b　　(5)　D　　(6)　d　　問2　ア
問3　1　Their productivity and their level of happiness increased.　　2　She would like[wants] to work in a hospital as a volunteer.　　問4　I would go shopping with my friends.
Ⅴ　問1　How long have you been doing suzume odori?　　問2　②　Tanabata
③　(例)　I want to show them some pictures of the festival. They will be happy to see the pictures of the beautiful streamers. They may want to wear a yukata when they see the pictures of people in a yukata.

○推定配点○
Ⅰ　各2点×11　　Ⅱ　各2点×5　　Ⅲ　各3点×11　　Ⅳ　問1・問2　各2点×7
問3・問4　各3点×3　　Ⅴ　問1　3点　　問2　9点　　　計100点

<英語解説>

Ⅰ　(リスニング)

Part 1　問題用紙にある写真について英語で説明が放送されます。それぞれの写真を最も適切に説明しているものを選びなさい。

1. a. The man is checking the time.
   b. The man is using his phone.
   c. The man is holding a camera.
   d. The man is looking at photographs.
2. a. They are making breakfast.
   b. They work for a long time.
   c. The office is crowded.
   d. They are happy.

1. a「男性は時間を確認している」
   b「男性は電話を使っている」
   c「男性がカメラを持っている」
   d「男性は写真を見ている」
2. a「彼らは朝食を作っている」
   b「彼らは長時間働く」
   c「そのオフィスは人が多い」
   d「彼らは喜んでいる」

Part 2　英語で質問の文が放送されます。それぞれの質問に対し，最も適切な答を選びなさい。

1. What time do you wake up on weekends?
2. What kind of music do you like?

1.「あなたは週末，何時に起きますか」
   a「私はふだん午後10時に寝ます」
   b「私は午前9時頃ベッドから出ます」
   c「申し訳ありません。私は腕時計を持っていません」
   d「私は9時間寝ました」
2.「あなたはどんな種類の音楽が好きですか」
   a「私はカントリーミュージックが好きではありません」
   b「クラシック音楽が私のお気に入りです」
   c「あなたは疲れているように見えます」
   d「私はピアノが弾けます」

Part 3　対話とそれに対する質問が放送されます。答として最も適切なものを選びなさい。

1. A：Did you finish your summer homework?
   B：Almost. I still have to write an essay for English.
   A：You better hurry. You have to turn it in on Tuesday.
   B：I know. I only have 3 days!
   Question：What subject does he need to do homework for?
2. A：You don't look well. Are you ok?
   B：I have a headache. I think I'm sick.
   A：You should go to the hospital.
   B：I think you are right.
   Question：What will the person probably do soon?
3. A：What will you paint a picture of?
   B：I'm going to paint a picture of goats.
   A：Why will you paint goats?
   B：They are my favorite animal.
   Question：What is he going to do?

1. A：夏休みの宿題を終えた？／B：ほとんどね。まだ英語の作文を書かないといけない。／A：急いだほうがいいわ。火曜日に提出しないといけないのよ。／B：知っているよ。3日しかない！
   質問：「彼は何の教科の宿題をする必要があるか」
   a「数学」　b「理科」　c「英語」　d「社会」
2. A：体調がよくなさそう。大丈夫？／B：頭痛がする。具合が悪いと思う。／A：病院に行くべきよ。／B：君の言う通りだね。

質問：「その人はおそらく何をするか」

a 「寝る」

b 「味噌汁を作る」

c 「医師の診察を受ける」

d 「ジュースを飲む」

3. A：あなたは何の絵を描くの？／B：ヤギの絵を描くつもりだよ／A：どうしてヤギの絵を描くの？／B：僕の大好きな動物なんだ。

質問：「彼は何をするつもりか」

a 「ヤギと遊ぶ」

b 「コートを着る」

c 「絵を描く」

d 「農場に行く」

Part 4 英語で短い物語とその内容についての2つの質問が放送されます。質問に対する答として最も適切なものを選びなさい。

1. My favorite season is winter. I have some reasons I like it the most. First of all, my hobby is snowboarding. It is the best sport! I love to ride down the mountain very fast on my snowboard. However, you need snow to go snowboarding! Another reason is my favorite dishes are usually made in winter. I love to eat hot pot or curry on a cold day. Lastly, I really like spending time with my family during the new year's holiday. We play games together, watch TV specials, and eat lots of food! It is a very relaxing and fun time. So, this is why winter is my favorite season.

Question 1：What is his hobby?

Question 2：Which is not the reason he likes winter?

2. In 1932, American Pilot Amelia Earhart became the first woman to fly across the Atlantic Ocean alone. She left from a small town in Canada and 15 hours later she arrived at Ireland. She received a medal from the President for completing this goal. Later in 1932, she became the first woman to fly alone all the way across America. This trip took 19 hours, which was longer than her flight across the Atlantic Ocean! She also started a group called the Ninety Nines, which helped women become pilots. In 1939 she tried to fly all the way around the world. However, over the Pacific Ocean her plane disappeared. No one knows what happened to Amelia Earhart.

Question 1：How long did it take Amelia Earhart to fly across the Atlantic Ocean?

Question 2：Where did Amelia Earhart's plane disappear?

1. (全訳) 私の大好きな季節は冬だ。冬が一番好きな理由はいくつかある。第1に，私の趣味はスノーボードだ。それは最高のスポーツだ！ 私はスノーボードで山を高速で滑り降りるのが大好きだ。でもスノーボードに行くには雪が必要だ。もう1つの理由は，私の大好きな料理がふつう冬に作られるからだ。私は寒い日に温かい鍋やカレーを食べるのが大好きだ。最後に，私はお正月休みに家族と一緒に過ごすことがとても好きだ。私たちは一緒にゲームをしたり，テレビの特番を見たり，たくさんの食べものを食べたりする。とてもリラックスして楽しい時間だ。こういうわけで冬は私の大好きな季節だ。

(1) 「彼の趣味は何か」

a 「ゲームをすること」
b 「スノーボードをすること」
c 「料理」
d 「テレビを見ること」
(2) 「彼が冬を好む理由ではないものはどれか」
a 「趣味を楽しむことができるから」
b 「料理をすることが好きだから」
c 「家族と一緒の時間を楽しむから」
d 「食事を楽しむから」

2. (全訳) 1932年,アメリカのパイロット,アメリア・イアハートは大西洋を単独飛行した初の女性となった。彼女はカナダの小さな町から出発し,15時間後にアイルランドに到着した。彼女はこのゴールを達成したことで大統領からメダルを受け取った。その後の1932年に,彼女はアメリカ横断単独飛行をした初の女性になった。この旅は19時間かかり,大西洋横断飛行よりも長かった。彼女はまた,ナインティ・ナインズと呼ばれる団体を立ち上げ,女性がパイロットになるのを支援した。1939年,彼女は世界一周飛行を試みた。しかし太平洋上で彼女の飛行機が消えてしまった。アメリア・イアハートに何が起きたか,誰も知らない。
(1) 「アメリア・イアハートは大西洋横断飛行にどのくらい時間がかかったか」
a 「15時間」 b 「50時間」 c 「19時間」 d 「90時間」
(2) 「アメリア・イアハートの飛行機はどこで消えたか」
a 「カナダで」
b 「大西洋上で」
c 「アイルランドで」
d 「太平洋上で」

基本 Ⅱ (語句補充・選択:受動態,不定詞,分詞,比較)

1 A:カナダではいくつの言語が話されていますか。/B:そこでは人々は英語とフランス語を話します。 受動態〈be動詞+過去分詞〉「~される」の文。

2 A:忙しそうですね。大丈夫ですか。/B:やるべきことがたくさんあります。 to do は「やるべき」の意味で things を修飾する形容詞的用法の不定詞。

3 A:この本にはたくさんの美しい写真がありますね。/B:ええ。それらの写真がその本をより魅力的にします。 〈make +目的語+形容詞〉「~を…にする」

4 A:あの犬を見て!/B:どの犬のことを言っているの?/A:向こうを走っている犬よ。 形容詞的用法の現在分詞句 running over there が dog を後ろから修飾する。

5 A:昨夜のサッカーの試合を見た?/B:うん,見たよ。試合は僕が思ったよりもワクワクした。than 「~よりも」があるので比較級にする。exciting 「(もの・ことが人にとって)ワクワクする」

Ⅲ (長文読解問題・物語文:指示語,語句解釈,語句補充・選択,内容一致)

(全訳) 中学校が始まるとすぐに,あなたは判定される。他の人によってではなく,自分自身によって。あなたは「僕の髪型はどう見える?」とか「この歴史の問題に答えたら,僕はクラスでどう見える?」とか,そしてとりわけ「僕は十分にイケてる?」と常に考えている。

僕は学校の最初の1か月にたくさんの友人を作った。僕はいつも幅広い層の人々に話しかけた。僕はアフリカンミュージックを聞く人,ピンク色の靴を履く人,ものすごく大きくて真っ赤なバッグを持っている人などと知り合いになった。僕はいつもそういう人々のようになろうと努力していた。①僕を完全に変えてしまう少年と出会うまで。

彼の名前はブライアンだった。彼はほとんどいつも耳にイヤホンをしていた。僕が言ったことは全て聞こえて返事したけれども。彼は自分で「ビンテージシューズ」と呼んでいる古い靴をいつも履いていた。そして彼はボーイスカウトの熱心なメンバーだった。彼は他の誰とも違っていた。誰かが彼に意地悪なことや不親切なことを言った時も，彼は決して怒ったり悲しんだりしなかった。彼は彼らに自分の人生をどう生きるのか，ということだけ尋ねた。彼に関しては，何かがいつも僕を不安にさせ，同時に安心もさせた。ブライアンは決して僕を判定しなかったし，僕の見た目や僕が言ったことについて何も言わなかった。その当時を振り返ると，僕は②それに慣れていなかったので不安になったのだ。

僕はブライアンと一緒にいなかった時は，常に他のみんなと同じようになろうとした。僕の成績は下がり始め，僕が聞く音楽は頭痛がするようになり，僕はなけなしのお金で服や靴を買った。僕は他にどうしたらよいのかわからなかった。中学校のプレッシャーが僕を破壊した。③それはまるで僕が穴の中にいて，どんどん掘り続けているようだった。

ある日，学校の3か月目の中旬に，僕は数学のクラスでブライアンの後ろに座っていた。僕たちは前日に受けたテストを返された。それは5年間で最悪の点数だった。僕はたいてい出来の良い生徒だった。僕は自分の点数に何が起きているのかわからなかった。

僕は誰にもテスト用紙を見られたくなかった，しかし僕がそれをカバンに入れる前に，ブライアンが振り返った。彼は100点の自分のテストを持っていた。

「④それは君が，他の人が君についてどう思うかを気にしすぎているからだ」と彼は僕に言った。僕は何と答えるべきかわからなかった。

「どういう意味？」

「君は全然自分らしくふるまっていない，という意味だよ。君は友達が通りかかると，自分が聞いている音楽をいつも変える。君は授業で答えがわかる問題にも決して答えない」

「それは本当じゃない」と僕は嘘をついた。

「⑤いや，本当だよ。他の人が君のことをどう思うかについて，思い悩むのをやめろよ。自分自身を変えようとするな。君は僕と話す時，すごくいいじゃないか」と，彼は姿勢を戻して黒板を向く前に，言った。

僕はとてもショックを受け，驚いた。ブライアンは僕に，他人から好かれる人になろうとするべきではない，と言ったのか？　僕は，中学では友達を作りたければ他の人と同じようにしなければならないと思っていた。でもそこにはブライアンがいた。彼は自分だけの小さい世界に満足して座っていて，完璧な成績，完璧な生活をしていた。そしてここには僕がいた。僕は傷つき，成績は最悪，ひどい生活をしていた。僕は何かを見失っていた。

僕はブライアンが正しいと実感した。僕はブライアンの助言を受け入れ，⑥自分らしく行動し始めた。僕は自分が聞きたい音楽を聴き，自分が着たい服を着て，自分のやり方で中学校生活を送るようになった。僕は他のクラスメートたちが僕についてどう思うのかについて気にしすぎるの⑦をやめた。僕は，⑧自分自身に満足していないと，幸せな中学校の体験が持てないということに気づいた。僕は自分が「十分イケてる」以上の存在だと気づいた。⑨ようやく。

問1　下線部②の直前の文の内容を指すのでイが適切。

やや難　問2　下線部③を含む段落参照。主人公は自分の服装や言動を周囲の人に合わせようとして心が折れていたが，他にどうすべきかわからず，他人に合わせる行動をし続けていた。

問3　下線部④の直前の段落の第1文より，ブライアンは主人公の数学のテストを見たとわかる。そのうえで「それ(＝ひどい成績)は君が他人を気にしすぎているからだ」と言った。

やや難 問4　下線部⑤の直前の文のThat's not true.「それは本当ではない」を受け，Yes, it is true.「いいや，それは本当だ」となる。日本語では相手の発言を否定する場合は「いいえ」と言うが，英語では，肯定文には常にYesを用いるため，この場合のYesは「いいえ」と訳す。

問5　⑥も⑧も「自分自身」を表す語を入れる。⑥の文の主語はIなのでmyselfを入れる。⑧の部分の主語はyouなのでyourselfを入れる。このyouは一般論を述べる時の主語として使われるものである。

問6　stop ~ing「~するのをやめる」

やや難 問7　finallyは「やっと，とうとう」という意味。主人公はみんなが自分をどう思うかを気にして，周囲に合わせていたが，それをやめ，自分らしさを取り戻した。

問8　文章全体の内容から，アが適切。

問9　ア「僕はブライアンと話している時，自分を変えようとはしなかった」(○)　イ「ブライアンは自分の好きなように行動した，なぜなら彼は他人が自分をどう思うかについて非常に気にしていたからだ」(×)　ウ「僕は他のクラスメートたちのように行動しようとした，なぜなら僕は自分が十分にイケてないと思ったからだ」(○)　エ「僕はブライアンと一緒にいなかった時，彼を非常に恋しく思って彼のように行動しようとした」(×)

Ⅳ　(会話文読解問題：要旨把握，内容吟味，英問英答，条件英作文，助動詞)

(全訳)　ケイコ　　　：もし私が私たちの学校の校長なら，生徒たちは週に5日ではなく週に4日だけ登校すればよいと提案します。先日私は，いくつかの日本企業では従業員が週に5日ではなく週に4日働くことを選択できる，というニュースを聞きました。彼らの生産性と幸福度は上昇しました。私は生徒たちが月曜，火曜，木曜，金曜に学校に来ることを提案します。彼らはもっと幸せで健康になるでしょう。

第1に，生徒たちはもっと健康になります，なぜなら週末だけでなく週の真ん中の水曜日に休めるからです。結果として彼らは勉強にもっと集中できます。

第2に，生徒たちはボランティア活動，フィールドワーク，短期旅行のような，人生を変える経験をする時間がより多く持てます。日本の学生たちは机で勉強するのが忙しすぎてそのような活動をやってみることができません。

これらの理由により，私は私たちの学校で週4日制を提案します。生徒たちはより熱心に勉強し，毎日の生活に満足すると私は確信しています。ご清聴ありがとうございました。

ホワイト先生：ありがとう，ケイコ。それはとても興味深い考えですね。誰か質問や意見はありますか。ユミ，この考えについてどう思いますか。あなたは週に2，3日休みがほしいと思いますか。

ユミ　　　　：もちろん，私は3日間の休みがほしいです。もし水曜日に休みが取れるなら，私はボランティアとして病院で働きたいです。私は将来看護師になりたいけれど，今までにボランティアとして働く機会がありませんでした。宿題がたくさんあるからいつも忙しく，週末には疲れすぎているからです。でももし水曜日に学校に来なくてもよいなら，週末よりも平日にボランティア活動をするほうが簡単です。

ホワイト先生：なるほど。あなたは将来の職業を体験する時間を持つことができ，看護師になるかならないか決めることができますね。それは素晴らしい考えです。ケン，あなたはどうですか。

ケン　　　　：えーと，週に3日休みがあればいいなと思いますが，いくつか心配があります。もし週に4日しか学校に来なかったら，以前よりも学校で学ぶことが少なくなるでしょう。それをどうやって補うことができるのでしょうか。先生たちは僕たちに宿題をもっと出すでしょう。結局，休みの間も家で課題をして忙しくなり，他のことができなくなるでしょう。僕はそれは嫌です。

クリスティン：あなたの言うことがわかるわ。理科の実験やクラスメートとの討論のように，いくつかの学習活動は家ではなくて学校でする必要がある。登校日が少ないと，そういう経験を失ってしまうわ。それに，私はむしろもっと多く学校に来たい。友達に楽に会えるし，彼らと一緒にもっとたくさんの時間が過ごせるわ。

ケイコ　　　：みなさん，意見をありがとう。週4日制にすることについて考えるべき点がまだたくさんあるとわかりました。でも，私は今でも，生徒たちにとって自由に使える時間をもっと持つことが大切だと思います。もしそうなら，彼らは将来の世界的な問題を解決するために自分たちの創造性を発展させる機会が増えると思います。

ホワイト先生：ケイコのプレゼンテーションは大変興味深く，登校日を少なくする可能性について考えさせられます。ケイコ，刺激的なプレゼンテーションをありがとう。

重要 問1　1　ユミの発言第1文より，週4日制に賛成(A)で，理由は第2文よりc。　2　ケンの発言参照。週4日制に対する心配を述べているので反対(D)，理由はケンの発言第5文よりb。　3　クリスティンの発言から，ケンに同調しているとわかる。また，むしろ学校に多く来たいとも言っているので，反対(D)。理由はクリスティンの発言第2文よりd。

問2　ケンは週4日制にすると宿題が増えてしまい，家で勉強をたくさんすることになると心配している。この対策として，ア「水曜日は『ノー・宿題デー』としなくてはならない」が適切。

重要 問3　1「日本人従業員が週に4日働くことを選択した後，何が起きたか」「彼らの生産性と幸福度は上昇した」　ケイコの最初の発言の第3文をそのまま抜き出して答えればよい。　2「もし水曜日が休みなら，ユミは何をしたいか」「ボランティアとして病院で働きたい」　ユミの発言の第2文を参照し，主語をSheに変えて答える。

重要 問4「もし水曜日に学校がなければ，あなたは何をしますか」（解答例の訳）「私は友達と買い物に行くでしょう」　助動詞would「～するだろう」を使って答える。解答例の他にI would practice the piano.「ピアノの練習をする」やI would play tennis.「テニスをする」などもよい。

V　（会話文読解問題：条件英作文，現在完了，進行形）

（全訳）　メイ：カナダから生徒たちが私たちの学校に来るよ。私は彼らに会うのを楽しみにしているわ。

サラ：私は先週それについて聞いたわ。彼らはいつ来る予定なの？

メイ：3月よ。彼らは成田空港に到着し，京都，大阪へ行って，それから宮城に来る。私たちは彼らに日本文化を紹介することになっているの。何かアイデアある？

サラ：私は日本の祭りについてプレゼンテーションできるわ。私は今年青葉まつりに参加したの。コロナのせいで3年間なかったわね。私たちはついにすずめ踊りが踊れたわ。だから私はそれについて話そうと思う。

メイ：素晴らしい！　①あなたはどのくらいすずめ踊りをしているの？

サラ：10歳の頃からよ。それは仙台の伝統的な踊りの1つよ。私は小学校のすずめ踊り部に入っていたの。あなたは？

メイ：(解答例)私は②七夕について話すわ。③私は彼らにそのお祭りの写真を何枚か見せたい。美しい吹き流しの写真を見て彼らは喜ぶでしょう。浴衣を着ている人々の写真を見ると彼らは浴衣を着たいと思うかもしれないわ。

重要 問1　サラがSince I was ten.「10歳から」と答えていることから，継続を表す現在完了進行形で

「あなたはどのくらいの期間，すずめ踊りをしていますか」とする。How long ～「どのくらいの期間～」

やや難 問2　日本文化を紹介する文として，地元仙台の七夕祭りについて書くと書きやすいだろう。また，彼らは3月に来るので，3月の行事としてひな祭りもよいだろう。

★ワンポイントアドバイス★

Ⅱの長文読解問題は，昨年度に引き続き，中学生の思春期の心情をテーマにした文章が出題されている。

＜国語解答＞

一　問一　a　うるお(い)　b　譲(る)　c　あいぞう　d　挑(む)　e　避(けて)
問二　①　エ　②　ウ　問三　ア　問四　ウ　問五　自分たちは時代をつくっているという使命感　問六　(例)　グルメ番組や恋愛ドラマなど，人間の本能や感情に訴える要素を含むもの。　問七　イ　問八　(例)　テレビのニュースやバラエティ番組において，耳で聴くだけで十分わかる内容にもかかわらず色とりどりの大きな文字スーパーを画面に映している点。　問九　Ⅰ　わかりにくいもの　Ⅱ　結論

二　問一　a　短縮　b　かせ(が)　c　奨励　d　薄(い)　e　かっとう
問二　①　ア　②　ウ　問三　(例)　井戸の底まで降りて行って水を汲み，登ってきては畑の作物にかけるということを繰り返していること。　問四　ハネツルベで井戸の水を汲むこと　問五　エ　問六　(例)　作物や田畑への情愛をもって百姓仕事にたずさわる農業の世界　問七　1　(例)　「機心」を持ってしまう　2　ウ

三　問一　①　イ　②　エ　③　ア　問二　i　ア　ii　エ　問三　イ
問四　枇杷　問五　(例)　普段から蜂を飼い，蜂の扱い方を知っている宗輔のおかげで，誰も刺されずにすんだから。

四　記号　①　正しい表現　ご注文なさいますか
記号　④　正しい表現　購入します

○推定配点○
一　問一～問三・問九　各2点×10　他　各4点×5　二　問一・問二・問七　各2点×9　他　各4点×4　三　問一・問二・問四　各2点×6　他　各4点×2　四　各3点×2(各完答)　計100点

＜国語解説＞

一　(論説文―大意・要旨，内容吟味，文脈把握，指示語の問題，漢字の読み書き，語句の意味)

問一　a　他の訓読みは「うる(む)」。音読みは「ジュン」で，「湿潤」「潤沢」などの熟語がある。
b　音読みは「ジョウ」で，「謙譲」「譲渡」などの熟語がある。　c　愛することと憎むこと。
d　音読みは「チョウ」で，「挑戦」「挑発」などの熟語がある。　e　音読みは「ヒ」で，「避暑」「不可避」などの熟語がある。

問二　①　「はめ(を)はず(す)」と読む。　②　「たぐ(いまれな)」と読む。

基本 問三　直前の文の「今はテレビが当たり前の生活になっているけれど，放送が始まったのは」に着

目する。「テレビ放送が始まる」まで「国民の情報源はラジオだった」とわかる。直前の文はテレビ放送について述べているので，他の選択肢はふさわしくない。

問四　——線部2の「始まったばかりの文化」はテレビ放送のことで，「意欲的な実験」は同じ段落の「実験的，前衛的な手法」を指している。この「実験的，前衛的な手法」を「それまでに作られたことのない新しい表現」と言い換えているウが最もふさわしい。アの「多くの視聴者が見たい」やイの「科学的発見」，エの「大がかりの装置」については述べていない。

問五　テレビが「だんだんと失っ」たものは何か。直前の段落に「テレビはその影響力を増すにつれ，お行儀よく振る舞うことを求められるようになった」とあり，その前の段落にテレビ放送が始まった頃は「自由さがあった」「作り手たちのなかに，自分たちは時代をつくっているという使命感が強烈にあった」と説明している。ここから，「文化の担い手としての意識」とほぼ同じ内容を持つ部分を，指定字数を参考に抜き出す。

やや難　問六　——線部4「面倒な説明なしに，わかってもらえるもの」は，直前の段落の「人間の『本能』や『感情』に訴える要素が含まれる番組」によって得られるもので，前で「恋愛を盛りこんだ番組」と「グルメ番組」の例を挙げている。「どのようなもの」と問われているので，「～もの。」に続く形で，この内容をまとめる。

問七　——線部5に「そうすると」とあるので，前に理由が書かれている。直前の段落の「退屈ならすぐにチャンネルを変える……どうしたら一瞬たりとも興味を逃がさない作りにするか」から，イにあるように「チャンネルを変えられてしまうから」だとわかる。直前の段落に，アの「教育的にもよくない」，ウの「テレビ関係者の負担の増加」，エの「暗い社会のイメージが作られてしまうから」という内容は書かれていない。

やや難　問八　筆者が「過剰」だと思うテレビの「今の状況」について述べている部分を探す。直前の段落に「最近，ニュース番組を見てもバラエティー番組を見ても……耳で聞けばわかるものも重ねて文字スーパーを出す。それも色とりどりの大きな文字で」とあり，この内容を「～点。」につなげて説明する。

重要　問九　——線部7の「忍耐力を失っていく」ことについて，直後の文で「複雑なものには耳をかさず，結論だけを求めるようになってくる」と同様の内容を述べている。この内容を踏まえて《Bさん》の会話を見ると，[Ⅰ]には，《Bさん》の苦手な「複雑なもの」があてはまる。ただし，八字という指定字数に合わないので，直前の段落の「わかりにくいもの」を抜き出す。同じ最終段落で「説明がわかりにくかったりすると……結論を性急に求めてしまう」と説明を加えており，ここから[Ⅱ]にあてはまる言葉を抜き出す。

二　**(論説文一大意・要旨，内容吟味，文脈把握，指示語の問題，漢字の読み書き，語句の意味)**

問一　a　長さを縮めて短くすること。　b　音読みは「カ」で，「稼働」などの熟語がある。　c　ある事柄を良いと人にすすめること。　d　音読みは「ハク」で，「薄氷」や「軽薄」などの熟語がある。　e　心の中で相反する欲求や感情がもつれ合い，迷うこと。

問二　①「どがいし」と読む。　②「がんちゅう(にない)」と読む。

問三　直前の段落の「年寄りの百姓がせっせと畑の作物に甕で水をかけ……甕が空になると，水がわき出る井戸の底まで降りていって，水を汲んで，登ってきてかけ」ることを，「無駄なこと」としている。この言葉を使って，「～こと。」に続く形で説明する。

問四　「ジョウロでやる」のは自らの身体を使うのに対し，「スプリンクラーで水をかける」のは「スプリンクラー」という機械に頼ることである。『荘子』の話の中では，ハネツルベという機械で水を汲むことに当たる。

やや難　問五　「『機心』を歓迎する」について，同じ段落で「こういう気持ちを国民が共有しなければ，経済成長は達成できません。資本主義も発達しませんし，分業もできません」と述べた後，直後の段落で「スプリンクラーを導入して，労働時間を節約して，その時間で他の仕事をして，余計に収入を増やさなければなりません」と説明を加えている。この内容に「機械を使って効率的に仕事をすることを重んじる」とあるエが最もふさわしい。アの「見分ける心」やイの「技術を持つ人が喜ばれる」，ウの「機械と自然を調和させる知恵」については書かれていない。

問六　「経済しか眼中にない人」が「見えなくなっている」世界とは，どのような世界か。同じ落落の「百姓にとっていちばん大切な作物や田畑への情愛」という言葉を使って，「～世界。」に続くように自分の言葉を補ってまとめる。

重要　問七　Ⅰ　《Bさん》の言葉に「自然に生きたいと思う」とあるので，同様の表現がある直前の文の「自然に生きたいと思う心と『機心』は，いつも自分の中でぶつかり」に注目する。ここから，人間には「機心」がある，という意味の表現が入る。　Ⅱ　後の注釈から，「異端」は，「正しい流れから外れている存在」という意味であることを確認する。――線部5では，「自然の側に立つ思想家」が「異端」と見られてしまうと述べており，直前の文でその理由は「機心」にあるとしている。「機心」は経済的な効率を求めて機械に頼ることなので，「社会が経済を優先する」と言い換えているウがあてはまる。アの「自然を破壊する」とは本文では述べていない。イの「効率を重んじる人の方が『異端』」やエの「経済優先の考えは『異端』」は，本文の内容とは逆になっている。

三　(古文―文脈把握，語句の意味，文と文節，口語訳)

〈口語訳〉　京極太相国が，蜂を飼っていらっしゃることを，世間では，蜂を飼うことはなんの役にも立たないことだと言っていた。ところが五月の頃，鳥羽殿で蜂の巣が，急に落ちて，鳥羽上皇の前にたくさん飛び散ったので，人々も刺されないようにと逃げ惑っていたが，相国は，庭に枇杷がなっていたのを一房取って，琴の爪で皮を剥いて，高く掲げられたので，蜂はみんな(枇杷に)付いて離れなかったので，(相国は蜂を)付けたままお供の者を呼び，そっと渡したそうだ。鳥羽上皇も，「都合よく宗輔がいて(良かった)」と仰せになられて，感心なさったそうだ。

問一　①　前に「蜂の栖，俄に落ちて」とあるので，「飛び散」ったのは，イの「蜂」。　②　刺されないように「にげさわ」いだのは，エの「人々」。　③　「枇杷の有りけるを一総とりて，ことつめにて皮をむ」いたのは，アの「京極太相国」。

問二　i　「俄か」は，突然，急に，という意味。　ii　直後の「やはら給ひけり」はそっと渡したそうだという意味なので，「共の人を」呼んだのだとわかる。

問三　京極太相国が蜂を飼っている事について，世間はどう考えているのかを述べている部分である。「益無き事」とあるので，利益が無いと解釈しているものを選ぶ。

問四　直前の「相国，御前に枇杷の有りけるを一総とりて，ことつめにて皮をむきて，さしあげられたりければ」に着目する。蜂が付いて離れなかったのは「枇杷」の実である。

やや難　問五　普段から蜂を飼っていた京極太相国のおかげで，鳥羽院の人々が蜂に刺されずにすみ，鳥羽院は感心している。京極太相国の名前が「宗輔」であることを確認した上で，この内容を「～から。」に続く形でまとめる。

四　(敬語・その他)

①　「いただく」は謙譲語。「お客さん」の動作なので，「ご注文なさいますか」や「召し上がりますか」などの尊敬語を使う。　④　「ご～する」は尊敬語。自分の動作なので，「購入します」と尊敬語を使うのが正しい。

★ワンポイントアドバイス★

筆者の考えや要約，人物の心情などを，自分なりの言葉を補ってまとめる練習を重ねておこう。

B日程

2023年度

解　答　と　解　説

《2023年度の配点は解答欄に掲載してあります。》

＜数学解答＞

第一問　1　-6　2　$\frac{4}{5}$　3　$4x^3y$　4　$\sqrt{2}$　5　$(2a-b)^2$　6　3

7　$18\pi+18\sqrt{3}$（cm^2）　8　（1）　$3x+2y=3300$，$28x+y=14900$

（2）　中学生500円，大人900円

第二問　1　（1）　$y=-4$　（2）　$y=-x-8$　（3）　$y=-4$，$y=-2x-12$

2　（1）　8（cm）　（2）　$24\sqrt{7}\pi$（cm^3）　3　（1）　範囲77点，四分位範囲34点

（2）　ウ，エ

第三問　1　（1）　2通り　（2）　$\frac{1}{4}$　2　（1）　$4\sqrt{3}$（cm^2）　（2）　解説参照

（3）　$2\sqrt{3}$，$12-2\sqrt{3}$（秒後）

第四問　1　解説参照　2　（1）　10（cm）　（2）　$\frac{14}{3}$（cm）　（3）　$\frac{392}{75}$（cm^2）

○推定配点○

各4点×25　計100点

＜数学解説＞

第一問（正負の数，単項式の乗除，平方根，因数分解，式の値，平面図形，方程式の利用）

基本　1　$9-15=-(15-9)=-6$

基本　2　$-\frac{14}{15}\div\left(-\frac{7}{6}\right)=\frac{14}{15}\times\frac{6}{7}=\frac{4}{5}$

基本　3　$2xy^2\times8x^2\div4y=\frac{2xy^2\times8x^2}{4y}=4x^3y$

基本　4　$\frac{6}{\sqrt{2}}-\sqrt{8}=3\sqrt{2}-2\sqrt{2}=\sqrt{2}$

基本　5　$4a^2-4ab+b^2=(2a)^2-2\times2a\times b+b^2=(2a-b)^2$

6　$2(4a-3b)-3(a-b)=8a-6b-3a+3b=5a-3b=5\times\frac{1}{5}-3\times\left(-\frac{2}{3}\right)=1+2=3$

重要　7　円の中心をOとする。円周角の定理より，$\angle AOB=2\angle ADB=2\times30°=60°$，$\angle COD=2\angle DBC=2\times60°=120°$だから，$\angle AOD+\angle BOC=360°-60°-120°=180°$　ここで，$\triangle OAB$は1辺6cmの正三角形で，$\triangle COD=\triangle OAB=\frac{1}{2}\times\frac{\sqrt{3}}{2}\times6\times6=9\sqrt{3}$　よって，影の部分の面積は，$\pi\times6^2\times\frac{1}{2}+9\sqrt{3}\times2=18\pi+18\sqrt{3}$（$cm^2$）

8　（1）　題意より，$3x+2y=3300$…①　$35x\times(1-0.2)+y=14900$より，$28x+y=14900$…②

（2）　②×2－①より，$53x=26500$　$x=500$　これを②に代入して，$28\times500+y=14900$　$y=900$　よって，中学生500円，大人900円

第二問 (図形と関数・グラフの融合問題，空間図形，箱ひげ図)

基本 1 (1) $y=-\frac{1}{4}x^2$に$x=-4$を代入して，$y=-\frac{1}{4}\times(-4)^2=-4$

基本 (2) 直線ℓの式を$y=-x+b$とすると，点Aを通るから，$-4=-(-4)+b$　$b=-8$　よって，$y=-x-8$

(3) B$(0,\ -8)$　$\triangle ABC=\frac{1}{2}\times BC\times 4=2BC$　$2BC=8$　$BC=4$　よって，点Cのy座標は，$-8\pm4=-4,\ -12$　したがって，直線ACの式を$y=a_1x-4$とすると，点Aを通るから，$-4=-4a_1-4$　$a_1=0$　よって，$y=-4$　また，直線ACの式を$y=a_2x-12$とすると，点Aを通るから，$-4=-4a_2-12$　$a_2=-2$　よって，$y=-2x-12$

基本 2 (1) おうぎ形の半径を$r$cmとすると，$2\pi r\times\frac{270}{360}=2\pi\times6$　$r=6\times\frac{4}{3}=8$(cm)

重要 (2) 円錐の高さを$h$cmとすると，$h=\sqrt{8^2-6^2}=2\sqrt{7}$　よって，円錐の体積は，$\frac{1}{3}\pi\times6^2\times2\sqrt{7}=24\sqrt{7}\pi$(cm^3)

基本 3 (1) 範囲は，100−23＝77(点)　四分位範囲は，76−42＝34(点)

(2) ア　数学の得点の中央値は54点だから，54点以上の生徒は10人以上いるが，英語の得点の第3四分位数は54点だから，54点以上の生徒は10人以上いない。　イ　数学も英語も最小値以上第1四分位数以下の人数は7人以上いるが，等しいとは限らない。　ウ　四分位範囲は，数学は34点，英語は，54−39＝15(点)だから，正しい。　エ　正しい。

第三問 (場合の数，確率，点の移動とグラフ)

1 (1) 2人のカードの組み合わせは，(A，B)＝(1，1)，(1，2)，(2，1)，(2，2)の4通りで，それぞれ順に，Aが1進む，Aが1進みBが2＋1＝3進む，Aが2進む，Bが1進むとなるから，2人の進んだ差が1となるのは2通り。

(2) 題意を満たすのは，1回目が(1，1)で2回目が(2，1)の場合，1回目が(2，1)で2回目が(1，1)の場合，1回目が(1，2)で2回目が(2，2)の場合，1回目が(2，2)で2回目が(1，2)の場合の4通りであるから，求める確率は，$\frac{4}{4\times4}=\frac{1}{4}$

重要 2 (1) △OABは1辺の長さが4cmの正三角形だから，その高さは$\frac{\sqrt{3}}{2}\times4=2\sqrt{3}$　よって，面積は，$\frac{1}{2}\times4\times2\sqrt{3}=4\sqrt{3}$(cm^2)

(2) $0\leqq x\leqq4$のとき，$y=\triangle PDA=\frac{1}{2}\times AP\times AD=\frac{1}{2}\times x\times4=2x$　$4<x\leqq8$のとき，$y=\frac{1}{2}\times4\times4=8$　$8<x\leqq12$のとき，$y=\triangle PDA=\frac{1}{2}\times DP\times AD=\frac{1}{2}\times(12-x)\times4=-2x+24$　よって，xとyの関係を表すグラフは図のようになる。

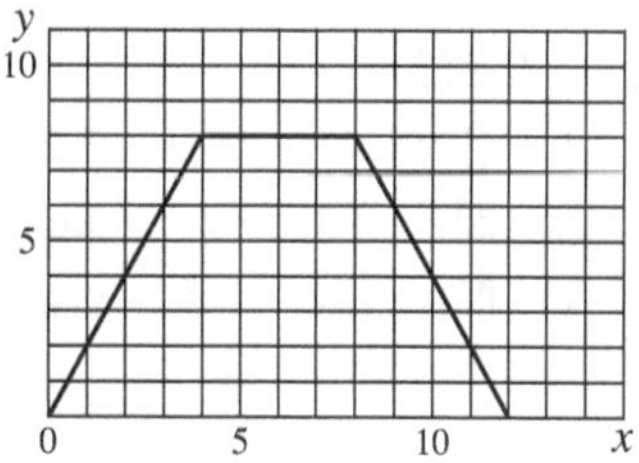

(3) $0\leqq x\leqq4$のとき，$2x=4\sqrt{3}$　$x=2\sqrt{3}$　$8<x\leqq12$のとき，$-2x+24=4\sqrt{3}$　$x=12-2\sqrt{3}$

第四問 (平面図形)

基本 1 △ABCと△BCEにおいて，仮定より，∠ACB＝∠BEC＝90°…①　円周角の定理より，∠BAC＝∠BDC…②　CB＝CDより，∠CBE＝∠BDC…③　②，③より，∠BAC＝∠CBE…④　①，④より，2組の角がそれぞれ等しいから，△ABC∽△BCE

基本 2 (1) $AB=\sqrt{AC^2+BC^2}=\sqrt{6^2+8^2}=10$(cm)

重要 (2) 2組の角がそれぞれ等しいから，$\triangle BCE \backsim \triangle BFC$　よって，$\triangle ABC \backsim \triangle BFC$　$\triangle ABC$の3辺の比は3：4：5だから，BC：CF＝3：4より，$CF=\frac{4}{3}BC=\frac{32}{3}$　よって，$AF=CF-CA=\frac{32}{3}-6=\frac{14}{3}$(cm)

重要 (3) ABは直径だから，$\angle ADB=90°$より，$\angle ADF=90°$　2組の角がそれぞれ等しいから，$\triangle FDA \backsim \triangle FCB$　よって，$AD=\frac{3}{5}AF=\frac{14}{5}$，$DF=\frac{4}{5}AF=\frac{56}{15}$より，$\triangle FDA=\frac{1}{2}\times\frac{14}{5}\times\frac{56}{15}=\frac{392}{75}$($cm^2$)

★ワンポイントアドバイス★
出題構成や難易度はほぼA日程と変わらない。時間配分を考えながら，できるところからミスのないように解いていこう。

＜英語解答＞

Ⅰ Part 1　1 c　2 a　Part 2　1 a　2 a　Part 3　1 c　2 b　3 c
Part 4　1 (1) d　(2) b　2 (1) c　(2) d

Ⅱ 1 イ　2 ウ　3 エ　4 イ　5 ウ

Ⅲ 問1 エ　問2 To check that everything was ok.　問3 A ウ　B ア　C イ　D エ　問4 子供たちを喜ばせるためにクリスマスのプレゼントを置いていた。

Ⅳ 問1 Yoko ウ　Takashi エ　Kate イ　Mike ア　問2 電気，飲料水，ガス
問3 1 Because people in poor countries do not have enough to live.　2 Because if they receive a good education, they will start to think about what they want to learn and what kind of job they will get in the future.　問4 1 how they make their lives better　2 education

Ⅴ 問1 have you been to any foreign countries?　問2 (例) (1文目) I want to be a CA in the future.　(2文目) I will need to be able to speak foreign languages.　(3文目) I will have to know more about the culture there, too.

○推定配点○
Ⅰ 各2点×11　Ⅱ 各2点×5　Ⅲ 問2・問4 各4点×2　他 各3点×5
Ⅳ 問1 各3点×4　問2 各2点×3　問3 各4点×2　問4 1 4点　2 3点
Ⅴ 問1 3点　問2 9点　計100点

＜英語解説＞

Ⅰ (リスニング)

Part 1 問題用紙にあるそれぞれの写真について英語で説明が放送されます。それぞれの写真を最も適切に説明しているものを選びなさい。

1. a. The woman is going to bed.
   b. The dog is working hard.

c. The dog is sleeping.
d. The woman is playing with the dog.

2. a. There are many people on the train.
b. The people are waiting for the bus.
c. The door is open.
d. People are looking out the window.

1. a 「女性が寝ようとしている」
b 「犬が一生懸命働いている」
c 「犬が寝ている」
d 「女性が犬と遊んでいる」

2. a 「電車には多くの人がいる」
b 「人々がバスを待っている」
c 「ドアが開いている」
d 「人々が窓の外を見ている」

Part 2 英語で質問の文が放送されます。それぞれの質問に対し，最も適切な答を選びなさい。

1. When did you learn to ride a bicycle?
2. What will the weather be like today?

1. 「あなたはいつ自転車に乗れるようになりましたか」
a 「6歳の時に乗れるようになりました」
b 「私は自転車に乗って学校に行きます」
c 「私はすぐに乗れるようになります」
d 「私は毎日30分間乗ります」

2. 「今日の天気はどのようになりますか」
a 「良い天気になります」
b 「先週末は寒かったです」
c 「夏は暑いです」
d 「私は雨の音が好きです」

Part 3 対話とそれに対する質問が放送されます。質問に対する答として最も適切なものを選びなさい。

1. A：Is your dad a businessman?
B：No. He is a police officer.
A：Wow, that is a very important job.
B：Yes. He likes to help people.
Question：What is his father's job?

2. A：Are you drinking coffee?
B：No. This is tea. I think coffee is too bitter.
A：Have you tried it with sugar?
B：No. I try not to eat sugar.
Question：What is he having?

3. A：Hey, do you want to play tennis later?
B：Sure! Although I am not very good!
A：Me, neither! Let's meet at 5 o'clock at the tennis court.

B：See you then!
Question：Where will they meet?

1. A：あなたのお父さんはビジネスマン？／B：いや。警察官だよ。／A：わあ，とても重要な仕事ね。／B：うん。父は人を助けるのが好きなんだ。
質問：「彼の父親の仕事は何か」
a 「医者」
b 「ヘルパー」
c 「警察官」
d 「ビジネスマン」

2. A：コーヒーを飲んでいるの？／B：いや。これはお茶だよ。コーヒーは苦すぎると思う。／A：砂糖を入れてみたことはある？／B：ない。僕は砂糖を食べないようにしているんだ。
質問：「彼は何を飲んでいるか」
a 「コーヒー」
b 「お茶」
c 「砂糖」
d 「ジュース」

3. A：ねえ，後でテニスをしたい？／B：もちろん！ 僕はあまり上手じゃないけど。／A：私もよ！ テニスコートで5時に会いましょう。／B：じゃあその時ね。
質問：「彼らはどこで会うか」
a 「学校で」
b 「5時に」
c 「テニスコートで」
d 「後で」

Part 4 英語で短い物語とその内容についての2つの質問が放送されます。質問に対する答として最も適切なものを選びなさい。

1. Flamingos are big pink birds that usually stand on one leg. Scientists don't know why flamingos like to stand on one leg, but they do know why they are pink. Flamingos start as white or gray, but their color changes to pink because of the food they eat. If a flamingo becomes healthier, it becomes more pink. The word flamingo comes from a word that means the color of fire. Flamingos are very friendly animals, and they can live in groups of 1000 birds. By living together, they can be safe from other animals. A flamingo also lives for about 20 to 30 years.
Question 1：Why do flamingos like to stand on one leg?
Question 2：What does it mean if a flamingo is bright pink?

2. Last year I went to Paris for the first time. It was so beautiful and just like the pictures I had seen and the movies I had watched. Although it rained for the first two days, it didn't matter! It was more romantic! Of course, I went up the Eiffel Tower. There were so many steps and it was very hard to climb. Unfortunately, when I came down, someone stole my wallet. If you ever go to Paris, you should be careful of pickpockets!
Question 1：What did he climb?
Question 2：What advice did he give?

1. (全訳) フラミンゴはふつう片足で立つ，大型でピンク色の鳥だ。科学者たちはなぜフラミンゴが片足立ちを好むのかわからないが，なぜピンク色なのかは知っている。フラミンゴは最初は白またはグレーだが，彼らが食べるエサのせいで色がピンクに変わる。フラミンゴは健康になればなるほど，ピンク色になる。フラミンゴという語は火の色を意味する単語から由来している。フラミンゴはとてもフレンドリーな動物で，1000羽の集団で生活することもある。一緒に生活することによって彼らは他の動物から安全でいられる。また，フラミンゴは20～30年生きる。

(1) 「なぜフラミンゴは片足で立つことを好むのか」
a 「食べるエサのため」
b 「大きな集団で生活するため」
c 「鮮やかなピンク色のため」
d 「わからない」

(2) 「フラミンゴが鮮やかなピンク色だと，それは何を意味するか」
a 「大変高齢である」
b 「健康である」
c 「フレンドリーである」
d 「幸せである」

2. (全訳) 昨年私はパリに初めて行った。そこはとても美しく，今までに見た写真や映画のようだった。最初の2日間は雨が降ったが，それは問題にならなかった！ さらにロマンチックだった！ もちろん，私はエッフェル塔に登った。非常にたくさんの段があり，登るのはとても大変だった。運の悪いことに，私が下りている時に誰かが私の財布を盗んだ。もしあなたがパリに行くことがあれば，スリに気を付けたほうがよい！

(1) 「彼はどこに登ったか」
a 「山」
b 「木」
c 「エッフェル塔」
d 「富士山」

(2) 「彼はどんなアドバイスをしたか」
a 「パリに行ったほうがよい」
b 「エッフェル塔に登ったほうがよい」
c 「傘を持っていったほうがよい」
d 「スリに気をつけたほうがよい」

基本 Ⅱ (語句補充・選択：分詞，仮定法，比較，動名詞，受動態)

1 A：キーウィを知っている？／B：うん。ニュージーランドに住んでいる鳥だよ。 形容詞的用法の現在分詞句 living in New Zealand が bird を後ろから修飾する。

2 A：今晩のパーティーに来られる？／B：行けたらいいんだけど，明日テストがあるんだ。 I wish I could.「できたらいいんだけど(できない)」

3 A：来月の合唱コンクールで誰かがピアノを弾かないといけない。このクラスで誰が一番上手に弾ける？／B：メアリーよ。彼女ほど上手に弾ける生徒は他にいないわ。 as … as ～「～と同じくらい…」 well「上手に」

4 A：母さん，僕は今晩のサッカーの試合を見るのが待ちきれないよ。／B：あなたはその前に宿題をやり終わらないといけないわよ。 finish ～ing「～するのを終わらせる」

5 A：僕は来週札幌に行くよ。／B：素敵ね。札幌は雪まつりで知られているわ。 be known for ～「～で知られている」

Ⅲ　(長文読解問題・エッセイ：指示語，英問英答，文補充・選択，内容吟味)

(全訳)　これは実話であり，私は心からそれをあなた方と共有したいと思います。

これは2年前のクリスマスの数日前に起きました。私たちは教会でクリスマスイブに歌うことになっている讃美歌を練習していました。教会はクリスマスの飾りつけでいっぱいでした。もちろん大きなクリスマスツリーがあり，私たちはツリーの下に子供たちへのプレゼントをたくさん置きました。プレゼントはふつうおもちゃで，毎年①彼らはクリスマスにプレゼントをもらうことが楽しみでした。

私たちが歌の練習を終えた時，もう夜の9時頃でした。私たちは電気を消し，教会から出ました。友人と私が教会の前を歩いていた時，1台の車がゆっくりと近づいてくるのが見えました。運転手は私たちを見ると驚いた様子で突然走り去ったのです。奇妙でしたが，友人も私もそれについて何も言いませんでした。[A]私たちはお互いにさようならと言って教会を離れました。私は家まで歩いている間，さっき見た車についてずっと考えていました。教会のドアはいつも開いていたため，私は不安でした。私は全て問題ないか確認するために戻ることにしました。

私が教会に着くと，教会の横に同じ車を見つけ，教会内の電気がついていることにも気づきましいた。私は怖くなり，次に何をすべきかわかりませんでしたが，私はあの運転手は誰なのか，そして教会の中で何をしているのか知りたいと思いました。

私はゆっくりとドアを開けて教会に入りました。[B]私は物音を立てたくなかったので，本当にゆっくりと歩きました。もし手に銃を持った危険人物だったら私はどうすればよいの？　その時2人の人物が声をひそめて話しているのが聞こえました。あの運転手だけでなく，誰かが彼と一緒にいた！　私は彼らが何をしているのか見るために，ゆっくりと歩き続けました。

私は部屋を横切り，ついにクリスマスツリーの近くの2人の人物を見ました。しかし私は彼らがツリーの横で何をしているのか見るためにもう少し近づく必要がありました。彼らは私たちが子供たちのために用意したプレゼントを盗もうとしているの？　私が彼らを見ようと動いた時，私の手が何かにあたり，音がしました。[C]私は動きをとめましたが手遅れでした。彼らは物音を聞いて振り向きました。ついに私は彼らの顔を見ました。それはあの運転手とその妻でした。私は彼らを知っていました。彼らは私の教会のメンバーだったのです。

彼らは非常に大きなレジ袋を持っていて，それは新しいおもちゃでいっぱいでした。彼らはそれらを買うためにたくさんのお金を払わなければならなかっただろう，と私は思いました。そして私は②彼らが実際に何をしていたか理解しました。

女性は当惑している様子でした。彼女は「どうか誰にも言わないでください」と言いました。[D]私は何も言わずにうなずき，出て行きました。

この女性と夫は40代でした。私は彼らについて少し知っていました。彼らには子供がいませんでした。子供ができなかったのです。

「子供たちはクリスマスにあれらの新しいおもちゃをもらってとても喜ぶだろう」と私は思いました。「そしてあの女性と夫は，喜んでいる子供たちを見てとてもうれしくなるだろう」　家へ帰る途中，私は涙が目から流れているのに気付きました。

問1　下線部①の前の文の the children を指す。

問2　「なぜ筆者は教会に戻ろうと決心したのか」「全て問題ないか確認するために」　第3段落最終文に I decided to go back to check that everything was ok. とある。この to check 以下を答えればよい。

問3　全訳下線部参照。

重要　問4　解答例の他に「子供たちのために自分たちが買ったプレゼントを，クリスマスツリーの下に置いていた」などもよいだろう。

Ⅳ　**(会話文読解問題：要旨把握，英問英答，語句整序，間接疑問，語句補充)**

(全訳)　陽子　：貧しい国の人々は十分な日用品がありません。まず，彼らは十分な食べ物が得られません。十分な衣服や快適な家もありません。彼らは生きるために十分に持っていないというだけで苦労しています。日本にも様々な問題がありますが，私たちはたくさんのものを買うし，使わずに捨てることもあります。それらを貧しい国に送ったらどうでしょう？　保存食，古着，文具などを送るのは良いアイデアかもしれません。

隆　　：それは名案だと思う。僕たちが日本でふつう持っている物を，彼らはしばしば持っていない。でも僕たちは彼らが本当にほしい物を知らないので，最初に募金をしてお金を集めて，それを送るのはどうだろう？　そうすれば彼らは本当に必要な物を買うためにそのお金を使うことができる。彼らは現金収入があまりない。彼らはお金がなければ自分たちの現在の状況を改善することができない。募金は難しくない。僕たちがやりたいと思えば，すぐに始めることができる。

ケイト：隆が言うように，募金を通じてお金を集めることは必要だと思う。しかしたとえあなたが貧しい国にお金を送って，そこの人々がその時に必要な物を買っても，彼らはそのお金をすぐに失ってしまう。そしてもしお金が尽きたら，彼らの状況は元の状態に戻ってしまう。だから，まず彼らのインフラを改善することが大切だと思うわ。貧しい国の多くの人は十分な電気，飲料水，ガスなどを持っていない。水の問題は深刻だと思う。安全できれいな飲料水を手に入れることは貧しい国では簡単ではないみたい。いくつかの国では，女性が数km離れた井戸まで歩いて水を手に入れ，その後その水を家まで持って帰らなくてはならない。それには数時間かかる。私たちは水がないと生きられないから，家から遠くないところで安全な水を手に入れることが重要だと思う。だから井戸を建設するために募金で集められたお金を使うほうがいいかもしれないわ。近くで水が手に入れば，女性は水を得るために時間をかける必要がないし，もしかしたら彼女たちはその時間を使って仕事をしてお金を稼げるかもしれない。

マイク：僕は彼らにとって最も重要なことは良い教育を受けることだと思う。貧しい国では識字率がとても低いらしいね。もし字が読めないと，情報をきちんと理解したり職を得たりすることはできない。だから僕は，まず，貧しい国の人々は学んで知識を得るために学校に行くべきだと思う。もし彼らが良い教育を受ければ，彼らは自分たちが何を学びたいのか，そして将来どんな種類の仕事を得るのかについて考えるようになるだろう。だから募金から集められたお金を学校建設のために使うのはどうだろう？　お金を集め始めよう，そしてそれを使って現地の人々が自分たちの収入を稼げるようにしよう。そうすれば僕たちは彼らが学校を建設するのを助けることができる。もし彼らが常にお金を稼げるようになれば，子供たちを学校に行かせることができると思う。

重要　問1　陽子ーウ「保存食を貧しい国に送る」　隆ーエ「募金を通じてお金を集め，それを貧しい国に送る」　ケイトーイ「井戸を作る」　マイクーア「学校を設立する」

問2　infrastructure「インフラ，基盤」とは，人々の社会生活を支える基盤となる設備や制度のことをいう。具体的には次の文でelectricity「電気」，drinking water「飲料水」，gas「ガス」が挙げられている。

やや難　問3　1「4人の生徒のうちの1人は，なぜ自分たちがもう使わない物を貧しい国に送るべきだと考えているのか」(解答例の訳)「なぜなら彼らは生きるために十分に持っていないから」　陽子の発言の第4文を参照して答える。　2「貧しい国の人々にとって良い教育を受けることが重要なのはなぜか」（解答例の訳）「なぜなら，もし彼らが良い教育を受ければ，彼らは自分たちが何を学びたいのか，そして将来どんな種類の仕事を得るのかについて考えるようになるから」 マイクの発言の第5文参照。

重要 問4 「彼らは皆，良いアイデアを持っている。貧しい国の人々が助けを必要としているのは明らかだ。そして私たちが彼らを助けて彼らのために何かをしたいと思うなら，お金が必要だ。だから私たちは最初に募金を通じてお金を得るべきかもしれない。しかし彼らにお金を渡すだけでは十分ではないと思う。彼らは自分たちで，①自分の生活をもっと良くする方法を知らなければならない。私は特にマイクのアイデアが素晴らしいと思う。彼らが職を得たいと望むなら，働くために読み書きが必要だ。だから最も重要なことは②教育だと思う」

1 間接疑問で〈疑問詞＋主語＋動詞〉の語順にする。〈make ＋目的語＋形容詞〉「～を…にする」

2 マイクの発言の第1文より education「教育」を抜き出す。

Ⅴ （会話文読解問題：条件英作文，現在完了）

（全訳） サラ：週末はどうだった？

メイ：良かったよ。私は兄のタクを迎えに空港に行ったの。

サラ：彼はどこにいたの？

メイ：ドイツから帰ってきたのよ。ヨーロッパでお土産をたくさん買ってくれた。

サラ：わあ，素敵ね！ どうしてそこへ行ったの？

メイ：兄は政治学を学んだの。それでEUの政治システムについて学んでいるわ。

サラ：へえ。難しそうね。ドイツにだけ滞在したの？

メイ：いいえ，複数の国にいたわ。そういうわけでたくさんのお土産があるの。

サラ：なるほど。ところで，①あなたはどこか外国に行ったことがある？

メイ：一度もない。でも私は留学したいわ，なぜなら(解答例の訳)②将来キャビンアテンダントになりたいから。私は外国語を話せるようになる必要があるでしょう。向こうの文化についても知らなくてはならないわ。

問1 経験を尋ねる現在完了の疑問文にする。have been to ～「～へ行ったことがある」 Have you ever visited any foreign countries?「あなたは今までに外国を訪問したことがありますか」でもよい。

重要 問2 空所の直前で I want to study abroad, because「外国留学したい，なぜなら」と言っているので，留学の理由として適切な将来の夢や学びたいことを述べる。

★ワンポイントアドバイス★

Ⅳの会話文読解は貧しい国への支援がテーマになっている。英語力だけでなく，社会問題への関心を問われる難度の高い問題である。

＜国語解答＞

一　問一　a　類　　b　かろ(やか)　　c　水準　　d　極(み)　　e　かたよ(った)
問二　①　ア　　②　ウ　　問三　A　ウ　　B　オ　　C　ア　　問四　（最初）漂白剤より　（最後）が必要だよ　　問五　イ　　問六　（例）差別的な事象を謝罪すべき問題としてとらえ，反省すればすむものとして扱っていること。　　問七　ア　　問八　1　人の身体をからかう　　2　ウ　　問九　（例）差別発言の〝賞味期限〟がいつまでかを考えながら批判している

二　問一　a　たずさ(わる)　　b　貢献　　c　顧(みる)　　d　きぼ　　e　迫害
問二　①　エ　　②　ア　　問三　生きようとする意欲　　問四　（例）生きる意欲が欲望に変わってしまうというもの。　　問五　ウ　　問六　1　何のために働くのか
2　（例）あくせくと働く　　問七　（例）生きるかいのあったものだ

三　問一　①　ア　　②　エ　　問二　Ⅰ　ウ　　Ⅱ　イ　　問三　ア
問四　（例）子が自分の命を虎に与えてもよいから父を助けてくださいと祈ったため。
問五　エ　　問六　イ

四　問一　ウ・キ　　問二　1　つく　　2　ない　　3　あう

○推定配点○
一　問一・問三　各1点×8　　問二　各2点×2　　他　各4点×7　　二　問一　各1点×5
問二　各2点×2　　他　各4点×6　　三　問一・問二・問五　各2点×5　　他　各4点×3
四　各1点×5　　計100点

＜国語解説＞

一　**（論説文一大意・要旨，内容吟味，文脈把握，指示語の問題，接続語の問題，脱文・脱語補充，漢字の読み書き，語句の意味）**

問一　a　同じ種類のもの。　b　他の訓読みは「かる(い)」。　c　物事の価値を決めるときの基準　d　音読みは「キョク」「ゴク」で，「極致」「極意」などの熟語がある。　e　音読みは「ヘン」で，「偏重」「人偏」などの熟語がある。

問二　①「いなす」は，攻撃を簡単にあしらうこと。　②「せんれん(された)」と読む。

問三　A「しっかり日焼けもするし，肌の色があせるひまもない」という前から当然予想される内容が，後に「ほんとにそんなすごい薬や化粧品があるのなら，ぜひ日焼け止めをくださいな」と続いているので，順接の接続詞があてはまる。　B「彼女は軽やかに笑い飛ばしました」「漫才コンビに向けて，教えてあげています」という前に対して，後で「新聞に掲載された記事では，漫才コンビが謝罪し……反省したと伝えているだけ」と予想とは反する内容を述べているので，逆接の接続詞があてはまる。　C　前の「『あぁ，差別しちゃったのだな，でもそれを認めて謝罪し反省しているから，もういいじゃないか』とそれ以上この出来事について考えるのをやめてしまう」という前を，後で「差別とは誰かに指摘されたら謝罪し……反省すればそれでおしまい」と言い換えているので，説明の接続詞があてはまる。

問四　ここでの「切り返し」は，自分に向けられた攻撃にうまく反撃することを意味している。直後で「彼女は，漂白剤よりも，これ以上日焼けしないような日焼け止めが必要だよとネタの差別性を軽やかにいなしてしまった」と説明しており，ここから適当な部分を抜き出す。

基本　問五　「リアル」は現実のこと。前の「私はプロ選手だし常に勝つために世界中転戦し，強い日差しのなかで試合をしたり練習したりしている。こうした厳しい日程をこなしながらの日常でしっ

かり日焼けもするし，肌の色があせるひまもない」というテニスプレーヤーの会話に，イの内容はふさわしくない。他の選択肢については，テニスプレーヤーが「リアル」として語っている。

やや難 問六　「扱い方」という語に着目する。同じ段落で「差別とは誰かに指摘されたら謝罪し反省すべき〝問題〟であり，反省すればそれでおしまいという扱い方」と具体的に説明しており，この内容を，——線部3の直前にある「差別的な事象を」に続ける形で簡潔にまとめる。

問七　前に「例えば，次のような」とあるので，直後の段落の内容が「差別を考える」何になるのかを考える。「どのようにして……考え出したのだろうか」「なぜ……考えたのだろうか」「どのようなものだとイメージしているのだろうか」などの問いかけは，人が「差別を考える」きっかけとなるものである。きっかけという意味を表す言葉があてはまる。

重要 問八　1　本文で取り上げている差別はハーフの女子テニスプレーヤーの肌の色に関するもので，「どのようにして」で始まる段落で「人の身体をからかうことから生じるこうした笑い」と表現している。ここから適当な言葉を抜き出す。　2　前の《Aさん》の「『笑い』と『差別』の関係」を受けているので，「笑い」と「差別」の関係について述べているものを選ぶ。アとイは「笑い」と「差別」の関係について述べていない。エの「メディア」について述べるものでもない。

やや難 問九　「『差別を考える』文化創造を妨げる」評論家たちの状況とは，どのような状況か。直前の「彼らは，差別発言の〝賞味期限〟を敏感に察知しながら，日々の仕事に勤しんでいるだけ……発言を手がかりに，より深くじっくりと『差別を考える』姿勢を感じることはありません」という説明の前半部分をまとめる。

二　**(論説文ー文脈把握，脱文・脱語補充，漢字の読み書き，語句の意味)**

問一　a　音読みは「ケイ」で，「携行」「連携」などの熟語がある。　b　役立つように力を尽くすこと。「貢」の他の音読みは「ク」で，「年貢」という熟語がある。　c　音読みは「コ」で，「回顧」「顧客」などの熟語がある。　d　物事の大きさ。「模」の他の音読みは「モ」で，「模様」「模倣」などの熟語がある。　e　弱い立場の者を苦しめること。

基本 問二　①「グローバル」は地球的な規模であること。　②　同じ文の「けんめいに」に通じる意味を選ぶ。

問三　「わたしたちはわたしたちのなかにある」何に「衝き動かされ」て「さまざまなことに取り組」んでいるのか。直前の文に「よいものをめざす向上心」とあるが，指定字数に合わない。同様の内容を述べている部分を探すと，前に「わきあがってくる意欲」，さらにその前の文に「生きようとする意欲」とあり，この二つのうち，より具体的な言葉を抜き出す。

問四　——線部1の「大きな落とし穴」について，直後の文で「わたしたちの生きる意欲が，欲望に変わってしまう可能性がある」と説明している。「どのようなものですか」と問われているので，この内容を「～もの。」に続く形でまとめる。

問五　同じ文の冒頭に「要するに」とあるので，前の「頭のなかが欲望追求のことでいっぱいになって，自分自身の中身が空っぽになってしま」うことを，「欲望の［B］」と表現しているとわかる。自分が空っぽになって欲望の言いなりになるという意味になる言葉があてはまる。

重要 問六　1　一つ後の文以降で「おもしろい話」について書かれており，そこで現地の人から「なぜ毎日そんなにあくせくと働くのか」「お金を貯めてどうするのか」と問われているが，いずれも指定字数に合わない。同様の内容を述べている部分を探すと，直後の段落に「『何のために働くのか』という問い」とある。ここから，適当な言葉を抜き出す。　2　直前に「日本人のように」とあるので，「どこか遠い南の国」での「日本人」の行動を探す。「なぜ毎日そんなにあくせくと働くのか」という表現を参考に指定字数に合うようにまとめる。

やや難 問七　筆者は「人生を終えるときに」自分の人生はどうだったと言えたらよいと言っているのか。

直前の文の「自分の人生が意味のあるものであることを願うのではないでしょうか」に注目し，生きる意味があるものであった，生きるかいのあるものであった，などとまとめる。

三 (古文一大意・要旨，文脈把握，語句の意味，熟語，文と文節，口語訳)

〈口語訳〉 楊香には一人の父がいた。ある時，(楊香が)父といっしょに山の中へ行った時に，たちまち荒々しい虎に会った。楊香は，父の命が失われることを恐れて，虎を追い払おうとしたが，できないでいると，神さまのお慈悲を頼って，「ひたすらお願いするには，私の命を虎に与え，父をお助けください」と，誠意をもって祈ったので，やはり神さまも気の毒にお思いになられたのだろうか，今まで荒々しい姿で，取って食おうとしていたのに，虎は，急に尾をすぼめて，逃げ去ってしまったので，父子ともに虎に食われる災難から逃れ，無事に家に帰ったということだ。これも，ひとえに，(子の)親孝行の気持ちが深かったためで，このようなとても不思議な出来事が現れたのであろう。

問一 ① 「父の命を失はんことを恐れて」「虎を」追い払おうとしたのは，アの「楊香」。
② 「今まで，たけきかたちにて」，父子を「取り食はん」としていたのは，エの「虎」。

問二 Ⅰ 「猛し」と書く。父子を食べようとする「虎」の様子に相応しい意味を選ぶ。 Ⅱ 虎に食べられそうになっていた父子が「家に帰」る場面であることから，意味を判断する。

問三 「かなはざる」は望みがかなわなかった，という意味になる。直前の「虎を追ひ去らんとし侍りけれども」かなわなかった，という文脈から考える。

問四 直前の「『こひねがはくは，わが命を虎に与へ，父を助け給へ』と，こころざし深くして祈りければ」に着目する。子が自分の命を虎に与えてもよいから父の命は助けてくださいと誠意をこめて祈ったからだとわかる。この内容を簡潔にまとめる。

問五 「虎口の難」は，非常に危険な災難という意味。アとイは，難しい，ウは責めるという意味で使われている。

重要 問六 イの《Bさん》の「人間でも虎でも同じ」ことが読み取れる内容はない。

四 (ことわざ・慣用句)

問一 試合に負けているので，敵に勝っても油断してはいけないという意味のウ「勝ってかぶとの緒をしめよ」の使い方はふさわしくない。キの「性格は幼いころの短い間に作られてしまう」に，我慢強く辛抱すれば成功するという意味の「石の上にも三年」の使い方はふさわしくない。

基本 問二 1 順に，ののしる，本質的な部分を指摘する，人が気づかず見落としている点を攻める，という意味になる。 2 「跡形」は「あとかた」，「突拍子」は「とっぴょうし」と読む。
3 ここでの「性」は，「しょう」と読む。「身の丈」は「み(の)たけ」と読む。

★ワンポイントアドバイス★

脱語補充の問題では，正答だと思った内容を空欄にあてはめて読み返してみることでミスを防ぐことができる。

MEMO

大切なことはメモしておこうネ！

2022年度

★★★★★★★★★★★★★★★★★★★★★★★

入　試　問　題

2022年度

宮城学院高等学校入試問題（A日程）

【数　学】（50分）　＜満点：100点＞

〔1〕 次の計算をしなさい。

(1) $(-3)^3-2\times(-5^2)$

(2) $(-2)\div\frac{14}{3}-\frac{12}{5}\times\left(-\frac{25}{42}\right)$

(3) $18a^3b^2\div\left(-\frac{3}{7}a^2b\right)\div(-14ab^3)$

(4) $\frac{2x-y}{3}-\frac{x-3y}{4}$

(5) $\frac{2\sqrt{5}}{\sqrt{2}}-\frac{4}{\sqrt{10}}-\frac{\sqrt{2}}{\sqrt{5}}$

(6) $(-3x+y)^2-9(x+y)(x-y)-10y^2$

〔2〕 次の問に答えなさい。

(1) 面積が16cm^{2}である三角形の底辺を$x$cm，高さを$y$cmとするとき，yをxの式で表しなさい。

(2) 2次方程式 $2x^2+2x-5=0$ を解きなさい。

(3) 関数$y=-2x^2$について，xが-2から4まで増加したときの変化の割合を求めなさい。

(4) $x=\sqrt{3}+\sqrt{2}$，$y=\sqrt{3}-\sqrt{2}$のとき，x^2-y^2 の値を求めなさい。

(5) 底面の半径が6cm，母線の長さが9cmの円錐の表面積を求めなさい。ただし，円周率はπとします。

(6) 3枚の硬貨を投げるとき，2枚が表で1枚が裏になる確率を求めなさい。

〔3〕 ある学校の昨年の生徒数は400人で，今年の生徒数は昨年に比べて男子が10%減り，女子が20%増えたので，全体で26人増えました。

次の問に答えなさい。

(1) 今年の男子の人数をx人，女子の人数をy人として，連立方程式をつくりなさい。

(2) 今年の男子，女子の人数をそれぞれ求めなさい。

〔4〕 次のページの図のように，四角形ABQPが正方形になるように関数$y=ax^2$のグラフ上に2点A，B，x軸上に2点P，Qをとります。また，関数$y=ax^2$のグラフ上にx座標が-3の点Cをとります。AQ$=4\sqrt{2}$のとき，次の問に答えなさい。ただし，円周率はπとします。

(1) aの値を求めなさい。

(2) 直線AQとy軸との交点をDとするとき，点Dのy座標を求めなさい。

(3) 直線BCの式を求めなさい。

(4) △ACQと△BCQの面積比を，もっとも簡単な整数の比で表しなさい。

(5) 直線BCと y 軸との交点をEとするとき，四角形DEBQを y 軸を軸として１回転させてできる立体の体積を求めなさい。

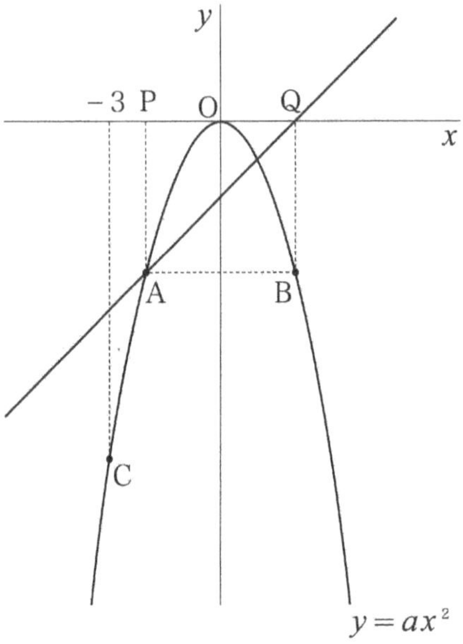

〔５〕 下の図において，２つの円O_1，O_2は１点Ｐで，２つの円O_2，O_3は１点Ｑで，２つの円O_3，O_1は１点Ｒで接しています。また，直線 ℓ は，３点Ａ，Ｂ，Ｃでそれぞれ円O_1，O_2，O_3に接しています。円O_1の半径が９で，円O_3の円周の長さが 8π であるとき，次の問に答えなさい。ただし，円周率は π とします。

(1) 円O_3の半径を求めなさい。

(2) 線分ACの長さを求めなさい。

(3) 円O_2の半径を r として，線分ABの長さを r を用いて表しなさい。

(4) 円O_2の半径 r を求めなさい。

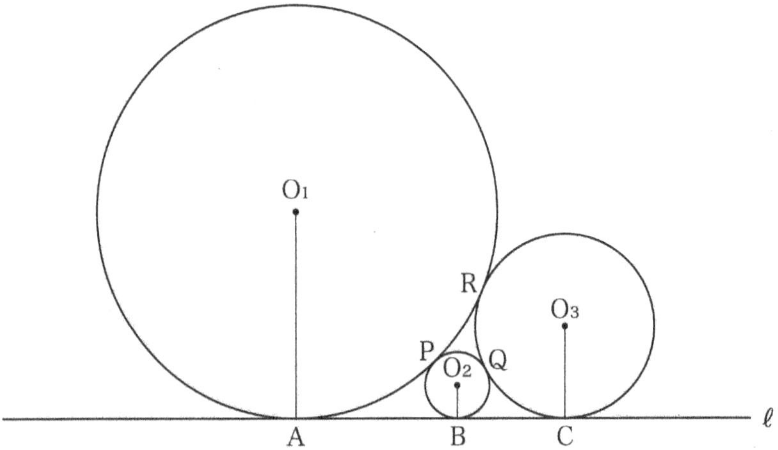

〔6〕 下の図のように，底面が1辺6㎝の正六角形で高さが$3\sqrt{3}$㎝の正六角柱を3つの頂点P，Q，Rを通る平面で切ってできる2つの立体のうち，大きい方の立体をVとします。

次の問に答えなさい。

(1) Vは何面体か答えなさい。

(2) Vの立面図，平面図を完成させなさい。

(3) Vの体積を求めなさい。

(4) Vの表面積を求めなさい。

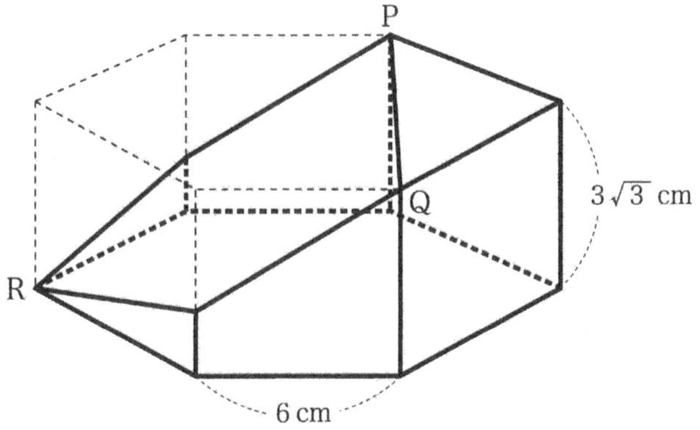

【英　語】（50分）　＜満点：100点＞　　※リスニングテストの音声は弊社HPにアクセスの上，音声データをダウンロードしてご利用ください。

Ⅰ．リスニングテスト：放送の指示に従い，問題に答えなさい。

(Part 1)

1.

2.

(Part 2)

1．a．I went to a movie.
　　b．I will go shopping for shoes.
　　c．I will eat at a restaurant this Monday.
　　d．I like watching soccer on Saturdays.

2．a．I think it was exciting.
　　b．I went to the movie theater by subway.
　　c．I like watching scary movies.
　　d．The movie was about a dog.

(Part 3)

1．a．They will stay home and study.
　　b．They will go to the aquarium.
　　c．They have to go to school.
　　d．They won't do anything.

2．a．Because the medicine made him sleepy.
　　b．Because it is late at night.
　　c．Because he was wrong.
　　d．Because he has a headache.

3．a．How to cook.　　b．How to make videos.
　　c．How to use Youtube.　　d．How to find a job.

(Part 4)

1．

(1)　a．Jimmy Wales and Larry Sanger.
　　b．Volunteers from all over the world.
　　c．Teachers and doctors.
　　d．American people.

(2)　a．2.　　b．Over 2,000.　　c．Over 300.　　d．Over 500.

2．

(1)　a．In 2024.　　b．They are using it now.

　　c．Later this year.　　d．They won't use it.

(2)　a．Shibusawa Eiichi.　　b．A businessman.

　　c．New designs.　　d．Tokyo Station.

Ⅱ．以下は，Mike さんのクリスマスの思い出についての文章です。英文を読んで，後の質問に答えなさい。

My cousin had a big birthday party every year. I never missed it, because his birthday is in December just before Christmas, so the party was always like having two parties at the same time. But the party when I was in the seventh grade was the one which I still can't forget.

For some reason that year, my mom said she was planning to take my two younger sisters and me for a picture with Santa Claus at the nearby shopping mall. It was in the afternoon on the day of my cousin's party that night. Taking a picture with Santa Claus! I was too old for it. It may be good in first or second grade, but seventh? I didn't see why we were taking this foolish picture. Though my little sisters were happy about it, I didn't like ① **the idea** at all. I was sure that my mom knew my feelings too, but she told me that taking the picture was something my youngest sister really wanted. I still didn't want to, but I finally agreed. "Well, if it makes ② **her** happy... Santa, here we come."

We drove to the mall together. Taking the picture was easy. It was no problem. But the real problem came that night at my cousin's party.

There were many people at the party, because my aunt invited some of my cousin's friends. I was older than all of them and I had to keep the image of being the oldest. Seventh grade was a big deal, and I wanted to be sure they all knew it. So, I was really surprised and angry, when I found that my mom had the picture with her. She was telling everyone about it and was going to show it to them!

Before she could do that, I asked her to go out of the room with me. We went into the hall. "Mom," I said, "please! I don't want anyone to see that picture. ③ **Please stop talking about it**, okay?"

"Why, Mike?" she said. "It's so cute, and it means so much to your sister. I thought you also wanted to show it around."

I looked into the picture in her hand. I was in the picture with Santa Claus! I was even smiling!

When my mom found that I was almost going to cry, she said, "Well, anyway. We don't have to show it if you don't want to. I want you to keep it with you now. Keep it in your pocket. I'll wait for you to decide."

Now I'm sure that my mom didn't realize it then, but giving me the time to decide was the best way to show that she trusted me. But at the time, I didn't think ④ **so**. I kept thinking about the picture while they were blowing out the candles and opened the boxes of Christmas presents.

My sisters were enjoying the party. They looked really happy with their grandpa. I got angry when I saw them. They never knew my whole day was ruined by that picture. Should I show the terrible thing or not? What should I do if my cousin and her friends laughed at me? What should I do if they stopped thinking I was cool?

I looked at the picture (⑤) again. I saw my sisters' happy faces in the picture. Their eyes were shining. They were proud of the picture. And now, the picture was (⑥).

I still remember how I felt when I decided to show it to everyone. I was really afraid. I will never forget how I felt when I took out the picture from my pocket and showed it to my cousin and other people at the party. I remember how proud I felt when I got over myself. Most of all, I remember the smile on my mom's face, and the joy on my sisters' faces.

I lost the picture long ago, but I wish I still had it. It was the first step for me to (⑦). That night, I put someone else's feelings over mine. That night, I learned "being a grown-up" does not mean "being cool." To be a grown-up, it is not important to be "cool." It is important to decide something by myself when it is really difficult to decide. It is also important to decide what I should do, and at the same time think about how other people are feeling. It is more important to get over the things which I am not good at. Most of all, it is the most import to be "(⑧)."

cousin いとこ　shopping mall ショッピングモール　a big deal 重大なこと　hall 廊下
ruin だいなしにする　most of all まず第一に，何よりも　grown-up 大人

問1 下線部① "the idea" の内容について，最も適切なものを選び，記号で答えなさい。

ア．ショッピングモールでいとこの誕生日パーティーを開くこと。

イ．ショッピングモールでサンタクロースに写真をとってもらうこと。

ウ．ショッピングモールで妹と一緒にサンタクロースと写真を撮ること。

エ．いとこの誕生日パーティーで妹と一緒にサンタクロースと写真を撮ること。

問2 下線部② "her" は誰を指しますか。下から選び，記号で答えなさい。

ア．Mike's cousin　イ．Mike's youngest sister

ウ．Mike's mother　エ．Mike's cousin's friend

問3 下線部③について，以下の質問の答えとして最も適切なものを選び，記号で答えなさい。

Why did Mike want his mother to stop talking about the picture?

ア．Because Mike thought the picture was not cute.

イ．Because Mike was afraid that he looked too old.

ウ．Because Mike's mother thought the picture was not cute.

エ．Because Mike was afraid that he looked like a little child.

問4　下線部④ "so" の示す内容を下から選び，記号で答えなさい。

ア．母が自分を信用していないこと。

イ．母が自分を信用してくれていること。

ウ．写真に自分がかわいらしく写っていること。

エ．母が自分の気持ちを理解していないこと。

問5　（⑤）と（⑥）には同じ語句が入ります。最も適切な語句を下から選び，記号で答えなさい。

ア．in my hand　　イ．in my sister's hand

ウ．in my mother's bag　　エ．in my cousin's hand

問6　（⑦）に入る最も適切な語句を下から選び，記号で答えなさい。

ア．be a Santa Clause　イ．feel afraid　ウ．grow up　エ．take a picture

問7　（⑧）に入る最も適切な語（句）を下から選び，記号で答えなさい。

ア．me　イ．in a photo　ウ．like my sisters　エ．Santa Clause

問8　本文の内容と一致するものを下から2つ選び，記号で答えなさい。

ア．Mike was really happy when he went to the shopping mall with his family.

イ．Mike was really surprised and angry because his mother was going to show the picture to everyone at the party.

ウ．Mike did not show the picture to anyone at the party.

エ．Mike felt proud when he found that showing the picture made his mother and his sisters happy.

オ．Mike found that to be a grown-up, it is very important to be cool.

Ⅲ．次の英文を読み，後の質問に答えなさい。

One night I was working late in my room at home. Suddenly I saw something in front of me. It was a photo falling to the floor. ①**I (see / to / it / where / fell / looked up)** down from, and then I laughed at myself because I knew there was only the ceiling above me and the photo couldn't fall from there.

I finished my work at midnight. I was sleepy. Before I went to bed, I remembered about the photo. I picked it up and looked at it. I never saw it beforc. ②(**Keep**) photos wasn't my hobby. ③**In the picture, there was a little girl, and a boy and (like / the mother / looked / who / a lady)**. They were all smiling. Though I didn't know who they were, it was a very nice picture and I liked it very much. I looked around my room again and (　ア　) where this picture came from. ④**I (tired / think / too / to / about / was / it) and decided to sleep**.

The next day, the young lady who lived across the street got married in her backyard. The small party looked lovely. I went over to congratulate her. To my surprise, she told me that she ⑤(**grow**) up in my house, but she moved out when her mother died ten years ago. Her aunt lived just across the street, so she moved to her house. She said that she always wanted to (イ) my house to see the place one more time. I invited her and her relatives and friends right then and we all walked across the street and went into my house.

She told us about her happy memories with her family when we were walking around the house. Suddenly she (ウ) sad. I asked her, "Are you o.k.?" She told me that she remembered her mother, Nancy, who died ten years ago. I didn't know what to say.

Suddenly she cried out, "Oh, my God! Where did you get this picture? It's my mother and my brother, and me!" She said that it was a picture ⑥(**take**) during a family trip. I told her that it fell to the floor from somewhere last night, but I didn't know where it came from. I gave the picture (⑦) her. "The picture wants to be with you," I said. The picture (エ) her so glad.

Now, sometimes, when I leave the house, I say, "Bye, Nancy. Take care (⑧) the house for me until I get back, okay?"

ceiling 天井　get married 結婚する　congratulate お祝いする

to my surprise 私が驚いたことには　relative 親戚

問１ 下線部①，③，④が，それぞれ次の日本文の意味になるように，（ ）内の語句を並べかえなさい。

①「私はそれがどこから落ちてきたかを見るために上を見上げた」

③「写真には，少女と少年と母親に見える女性が写っていた」

④「私はあまりにも疲れていて，それについて考えることができなかった，そして眠ることにした」

問２ ②，⑤，⑥の（ ）内の語を適切な形で書きなさい。

問３ （ア）～（エ）に入る適切な語を下の語群から選び，記号で答えなさい。

語群：a．made　b．wondered　c．looked　d．come　e．visit

問４ （⑦）と（⑧）にそれぞれ適切な前置詞を入れなさい。

Ⅳ．次の英文を読み，後の質問に答えなさい。

今日は2021年の夏休み明けの初日です。ユイさんとハナさんはこの中学校の３年生です。Belleさんはこのクラスにいる留学生です。Belleさんとユイさんが教室で話していると，ハナさんが登校してきました。

Yui : Hi, Hana! Long time no see!

Hana : Hi, Yui and Belle. How have you been during the summer vacation?

Belle : Oh, I had to stay home because of covid-19, and I just kept watching the Olympic and Paralympic Games.

Hana : What game did you enjoy watching?

Belle : [① **車いすラグビーの試合** (the wheelchair rugby game) **が一番面白かった**

わ。］ The players moved so fast in wheelchairs. When I broke my leg last year, I used a wheelchair. ［② 車いすを使ったことある？］ It is very difficult just to go straight or turn right or left. But when they got a ball from another player, they moved to the goal through the other players. ［③ ときどき，彼らは他の選手にぶつかられたの。］ It was so exciting. They were so cool.

Hana : How about you, Yui? What sport did you enjoy in the Olympic or Paralympic Games?

Yui : I enjoyed ［ ④ ］. ［ ⑤ ］

Belle : Yeah, I thought so, too. It was really amazing.

問1 ①～③の日本語を英語に直しなさい。

問2 ［④］にユイさんが楽しんだスポーツの名前を書き，［⑤］に，なぜ，そのスポーツが楽しかったのかを3文の英語で書きなさい。

ア　ほんの一文だけでも売ってもうけたかったということ。
イ　たった一文で売ろうとは思わなかったということ。
ウ　たとえ一文なしになっても売らなかったということ。
エ　わずか一文足りないとしても売らなかったということ。

問四　——線部3について、この蜜柑は、一袋につきいくらの値段がつく計算になりますか。最もふさわしいものを次の中から選び、記号で答えなさい。

ア　一文　イ　十両　ウ　百両　エ　千両

問五　この文章は、落語「千両蜜柑」のもとになったお話です。このお話のおもしろさはどのような点にあると思いますか。わかりやすく説明しなさい。

四　次のことわざの意味として最もふさわしいものを後から選び、それぞれ記号で答えなさい。

1　雨降って地固まる
2　焼け石に水
3　灯台下暗し
4　情けは人のためならず
5　のれんに腕押し

ア　悪いことの上にさらに悪いことが重なること
イ　思いがけない幸運が舞い込むこと
ウ　いくら力を入れても手ごたえがないこと
エ　もめごとのあと、かえってよい状態になること
オ　身近なことは、かえってわかりにくいということ
カ　人に親切にすると、そのうち自分に返ってくるということ
キ　余計なことをして、かえって災いを招くこと
ク　努力や援助が少なく、役に立たないこと

三　次の文章を読んで、後の問いに答えなさい。

(注1)分限な者の息子、照りつづく暑さにあたり(注2)大煩ひ。なんでも食事ａ進まねば、(注3)打寄つて、(注4)「何ぞ望みはないか」との苦労がり。「何にも食いたうない。(注5)そのうち、(注6)ひいやりと蜜柑《みかん》なら食ひたい」(注7)との好み。(注8)安い事とｂ買いにやれど、六月の事なれば、１いかな事なし。ここに須田町に、たつた一つあり。一つで(注9)千両、２(注10)一文《もん》ぶつかいても売らず。もとより(注11)大身代《おおしんだい》の事なれば、それでもよいとて千両に買い、「さあ、(注12)あがれ」と出せば、息子うれしがり、枕軽く起上り、３皮をむいた所が、十袋あり。(注13)にこ〳〵と七袋食ひ、「いやもふ、うまふて、(注14)どふもいへぬ。これは(注15)お袋様へ上げて給《た》も」と、残る三袋、(注16)手代に渡せば、手代、その三袋を受取つて、(注17)みちから欠落《かけおち》。

（『安永期小咄本集《あんえいきこばなしほんしゅう》』より）

(注1)　分限……金持ち
(注2)　大煩ひ……大病にかかった
(注3)　打寄つて……集まって
(注4)　「何ぞ望みはないか」との苦労がり……「何かほしいものはないか」と心配した
(注5)　そのうち……そうではあるが
(注6)　ひいやりと……ひやりと冷たい
(注7)　との好み……と望んだ
(注8)　安い事……かんたんなこと
(注9)　千両……この当時のお金の単位。一両は現在の約四万円にあたる。
(注10)　一文……当時のお金の最小単位。
(注11)　大身代……大金持ち
(注12)　あがれ……めしあがれ
(注13)　にこ〳〵……〳〵は繰り返しを表す。「にこにこ」と読む。
(注14)　どふもいへぬ……何とも言いようがない
(注15)　お袋様へ上げて給も……お母さまへさし上げてください
(注16)　手代……使用人
(注17)　みちから欠落……途中で持ち逃げした

問一　＝＝線部ａ・ｂの主語は誰ですか。最もふさわしいものを次の中から選び、それぞれ記号で答えなさい。

ア　八百屋　　イ　息子　　ウ　分限な者　　エ　お袋様
オ　手代

問二　――線部１「いかな事なし」の意味として最もふさわしいものを次の中から選び、記号で答えなさい。

ア　全く見つからない
イ　簡単にはできない
ウ　聞いたこともない
エ　できないことはない

問三　――線部２「一文ぶつかいても売らず」とはどのようなことですか。その説明として最もふさわしいものを次の中から選び、記号で答えなさい。

に、長い年月を生き延びてこられたのか。簡単にいえば、お互いに助け合ってきたからです。近年さまざまな研究によって明らかにされていますが、人間の根本的な特性は利他的なのです。人間本来の利他性、すなわち他の人のためになることを進んでやる特性があったから人類は生き延びてこられたということです。

　にもかかわらず長い間、人間は利己的な生き物であると言われてきました。人間が利己的だと言われ始めたのは、およそ二百五十年前、産業革命(注3)以後です。産業革命後にできた社会、いわゆる「産業社会」は、それまでなかったものを次から次へと作り続けていく社会です。それまで自分の力で畑をタガヤ(e)し、馬や牛の力で物を動かしていた人間が、蒸気の力で蒸気機関車を作り、電気を発明して生活を便利にし、ガソリンの力で空まで飛べるようになりました。

　しかしその一方で、地球の資源がどんどん消費され、化石燃料を燃やすことにより、地球の温暖化が進んでしまった。人類が長い歴史を生きてきた地球そのものが、破壊され始めているのです。

（門脇厚司《かどわきあつし》「社会力育てが教育と社会を救う」より）

（注1）視座……ものを見る姿勢、視点。
（注2）ホモ・サピエンス……人間を表す動物分類学上の学名。
（注3）産業革命……十八世紀半ば以降イギリスから始まりヨーロッパに拡大した、技術革新による産業・経済・社会の大改革。

問一　══線部ａ～ｅのカタカナの部分は漢字に直し、漢字には読みがなをつけなさい。

問二　〰〰線部①・②の本文中の意味として最もふさわしいものを次の中から選び、それぞれ記号で答えなさい。

①　勘定
　ア　運命
　イ　予想
　ウ　結論
　エ　計算

②　平穏
　ア　おだやかなこと
　イ　やさしいこと
　ウ　何もないこと
　エ　冷静なこと

問三　――線部１について、「そうでない人」とはどのような人のことですか。本文中の語を用いて簡潔に答えなさい。

問四　［Ａ］に入る言葉として最もふさわしいものを次の中から選び、記号で答えなさい。
　ア　その社会にいかに適応するかが人間の成長にとって重要な意味を持ちます
　イ　その社会に適応するのは人間の成長の在り方として望ましくはありません
　ウ　その社会に適応することで社会をより良くしていくことができるでしょう
　エ　その社会にいつまでたっても適応できないならば大人とはいえないのです

問五　――線部２について、筆者はどのような願いをもってこのような問いを投げかけているのですか。わかりやすく説明しなさい。

問六　［Ｂ］に入る言葉として最もふさわしいものを次の中から選び、記号で答えなさい。
　ア　米寿　　イ　傘寿　　ウ　卒寿　　エ　喜寿

問七　――線部３について、人類社会を「持続可能な社会」にするためには、どのようなことが必要だと筆者は考えていますか。本文全体の主旨を踏まえて、わかりやすく説明しなさい。

　みなさんには自分の生涯にわたる広い視座(注1)を持って、自分は二〇八〇年ころまで生きることになる、と考える癖をつけてもらいたい。自分が生きている間に世界や日本はどうなるのかを常に考えられるようにしてほしいのです。

　私はまもなく［Ｂ］です。七十七歳のことですね。あと五年くらいであの世へ行ってしまうかもしれない年齢になっていますので、私が生きている間は、この社会が大きく変化することはないと思っていますが、みなさんが生きていくこれからの社会は間違いなく大きく変わります。そのことを想定して、どんなことを心がけたらいいのか、どんな能力をつけたらいいか、よく考えていただきたい。

　社会力のある人は具体的にどんな人か。まず、誰とでもコミュニケーションできる、他の人と協力しながら物事を成し遂げることができる、という人間です。それから他の人の身になって、物事を考えることができる人。この二つが重要です。

　そういう人は他人を思いやることができる。思いやりのある人も、社会力のある人です。「思いやる」とはどういうことでしょうか。まず「思い」とは、誰かがc辛い目にあったとか悲しんでいることを知ったら、その人の辛さや悲しみをできるだけ和らげてあげたい、軽くしてあげたいと心のなかで「思う」ことです。一方「やる」とは、そういう思いを行動に移すことです。こうすれば悲しさを和らげられると思うことを、実際に行うこと。つまり「思いやりのある人」とは、他の人のために何とかしてあげたいという「思い」を実際に行動に移せる人のことです。こうした人こそ社会力のある人と言えます。

　それから常に前向きにものごとに取り組む人、想像力と創造力のある人、社会の一員である自覚を持った人。さらに社会をうまく運営していくことに積極的に関わる意欲のある人、広い視野から社会の動きを判断できる人でもあります。

　さらに言えば、自分の行動が他人や社会にどう影響するかを考えながら行動できる人も社会力のある人です。こういう人は相当高いレベルの社会力を持った人といえますが、もっと社会力が高くなると、自分がどう行動するかによって、地球の裏側に住んでいる人にどんな影響を与えることになるかまで考えながら、毎日の行動を決めることができるようになります。さらには、いまこの地球上で生きている人びとのことだけでなく、明日生まれる赤ちゃんのこと、これからこの地球にどんどん生まれてくる多くの人びとのことを考えながら、自分がどう行動したら、この人たちのためになるかを判断して行動できるようにもなります。私が考える社会力のある人とは、このような人のことです。

　なぜいま社会力を育てる必要があるのか。3これまで十万年続いた人類社会を、これからも持続可能な社会にするためです。

　私たちホモ・サピエンス(注2)がd唯一の人類の種となったのは、いまから十万年前といわれています。十万年と言われてもどれほど長いかピンとこないでしょう。君たちが学校に来て勉強する制度、すなわち学制が始まったのは明治五年（一八七二年）のことです。つまり今日まで続く教育制度が始まったのが、わずか百五十年ほど前のことです。百五十年というのも長く感じますが、十万年はその六六七倍（七百倍近く）です。そのくらい人類の歴史は長いのです。

　もちろん十万年の間、地球の環境が②平穏だったわけではありません。厳しい寒冷期も水の少ない乾燥期もありました。ではなぜ人類は滅びず

るため。

ウ　一週間がすでに始まっているということを、具体的に表現するため。

エ　具体的な曜日を入れて下の句をひきしめ、生き生きした感じを出すため。

問七　Ｃの歌の上の句「君と食むものはなんでもおいしくて」を、Ｄの歌で「君と食む三百円のあなごずし」に変えたのは、どのような喜びを表現するためですか。最もふさわしいものを次の中から選び、記号で答えなさい。

ア　恋人と落ち着いた雰囲気の中で食事ができるのは、フランス料理ではなくて日本料理の店にしたからこそだという喜び。

イ　ふつうなら行かないような高級な寿司屋を訪れることができたのも、自分たちが今恋をしているからだという喜び。

ウ　特に高くないあなごずしも相手と一緒に食べるとおいしく感じられることで、恋をしていることを実感させられた喜び。

エ　高級な料理を食べた時ではなく、ふつうの料理を一緒に食べた時のほうが思い出深い経験になることを知った喜び。

問八　［Ⅱ］にあてはまる三字の語を本文中から抜き出して答えなさい。

問九　——線部５について、短歌の「三十一文字」が「自由なもの」であるとはどういうことですか。わかりやすく説明しなさい。

［二］　次の文章は、高校生に向けて行われた講演をもとにしたものです。これを読んで、後の問いに答えなさい。

「社会力」という言葉を聞いたことはありますか。実はこれは私がつくり広めた言葉です。今日はこの「社会力」についてお話しします。

「社会力」と似た言葉に「社会性」があります。この二つはどう違うのでしょう。「社会性」は、いまの社会に適応しているかどうかをいう言葉です。うまく適応している人は社会性がある、[1]そうでない人は社会性がないと言われます。世界中で使われている言葉です。

これに対して、人と人がつながっていい関係をつくり、お互い協力して社会を良くしていく力を、私は「社会力」と呼んでいます。社会力は、他者との違いを越えて良い関係をつくれる資質のことです。これをきちんと[a]ソナえることが教育の目的でなければならないし、そうすることで社会そのものを変えることができると考えています。

いまある社会が問題を[b]カカえている駄目な社会だとしたら、［Ａ］。ですから、社会性ではなく、より良い社会をつくる力である社会力を育てることが、教育本来の目的でなければならない。私はそう言いつづけてきました。

みなさんはこれから大きな社会の変化を経験することになります。いま十五歳の君たちが八十歳まで生きるとしたら、二〇八〇年くらいまで生きる[①]勘定になります。では[2]二〇八〇年の社会はどうなっているか、考えたことはありますか。みなさんが考えていることは、高校を卒業したらどこかいい大学に入って、卒業していい会社に入ってやりがいのある仕事がしたい、くらいかな？せいぜい五年か十年くらい先までのことでしょうか。

私には二人の孫がいます。ひとりは二歳、もうひとりは四歳です。この子たちがあと八十年生きるとしたら、二一〇〇年くらいまで生きることになる。ひょっとすると二十二世紀に入っているかもしれません。

と。もし、無制限に文字を使ってよいとしたら、選択をする必要もなく「ふうわりとふたり並んで歩く春の道」で片づいてしまう。が、その過程では、右で私のくぐりぬけたような、言葉に関する思いや考えは、生まれてこないだろう。三十一文字は、言葉を選ぶ作業を通して、私たちに言葉というものを、よくよく考えさせてくれるしくみでもあるのだ、と思う。

（俵《たわら》万《ま》智《ち》『短歌をよむ』より）

（注1）縦罫……縦書き。
（注2）三十一文字……短歌を構成する各句の字数「五・七・五・七・七」の合計三十一文字のこと。
（注3）でこぼこ……筆者はこの文章よりも前のところで、なめらかさの足りない言葉やぎくしゃくしたリズム、不自然な言葉など、手直しが必要に感じられる部分のことを「でこぼこ」と呼んでいる。
（注4）恋とこそ知れ……恋だとわかる
（注5）昭和枯れすすき……昭和四十九（一九七四）年にヒットした歌謡曲。
（注6）語弊がある……表現が不適切で誤解をまねくおそれがある

問一　══線部a～eのカタカナの部分は漢字に直し、漢字には読みがなをつけなさい。

問二　――線部1「言葉のかけら状態」とは、どのようなことですか。最もふさわしいものを次の中から選び、記号で答えなさい。
ア　内容を思いついてはいるが、歌としてのまとまりがない状態。
イ　思いついた単語が、意味不明な状態でばらばらに並んでいる状態。
ウ　意味のつながりもなく、なんとなく単語が並べられている状態。
エ　歌を構成する単語だけが、作者の意図なしにただ並んでいる状態。

問三　――線部2について、作品をよりよくするために「いろいろとつけ加えたり、言葉を入れ加えたり」する作業を意味する言葉として最もふさわしいものを次の中から選び、記号で答えなさい。
ア　清書　イ　訂正　ウ　推敲《すいこう》　エ　初校

問四　Ｉ　に最もふさわしい四字熟語を次の中から選び、記号で答えなさい。
ア　空前絶後　イ　完全無欠　ウ　前途多難　エ　一目瞭然

問五　――線部3・4の「心の揺れ」とはどのようなものですか。最もふさわしいものを次の中から選び、記号で答えなさい。
ア　日々生活の中で目にするものへの驚きや動揺。
イ　短歌を生み出すもととなる日常の小さな感動。
ウ　何気ない日々の中で生まれるふとした疑問。
エ　自信の持てない歌を公表することへの迷い。

問六　A・Bの歌について、次の各問いに答えなさい。
1　Aの歌で「待つ」となっていたのを、Bの歌で「会う」に変えた理由を説明しなさい。
2　Bの歌で、Aの歌の下の句「始まる一週間と思えり」を「始まっている月曜の朝」に変えたのはなぜですか。最もふさわしいものを次の中から選び、記号で答えなさい。
ア　具体的な時間帯を入れることで、歌全体をわかりやすくするため。
イ　曜日を具体的に表現し、約束の日までの日数がわかるようにす

のフランス料理店で食事をしたって、そういう感慨は湧かないだろう。もちろん、君と食べるフランス料理はおいしい。それも「なんでも」のうちである。が、感動をつきつめてゆくと、フランス料理はさほど重要ではないことがわかってくる。

いわゆる高級なごちそうでないもので、君と食べたからこそおいしいと思われた具体的な食べ物、を私は探した。おでん、焼き鳥、ラーメン……むむっ、結構ある。が、イメージとしてちょっと侘《わび》しすぎる。(注5)昭和枯れすすきじゃないんだから。

そこで思いついたのが「あなごずし」。なかなか楽しい感じも出る素材ではないだろうか。が、決して高級な寿司《すし》店で握ってもらったようなあなごではないことを示すために、値段も具体的につけることにした。

D　君と食む三百円のあなごずしそのおいしさを恋とこそ知れ

さきほどのは、「朝」という時間が加わることによって生きた例だったが、季節を加えることもよくある。

ふうわりとふたり並んで歩く道　誰からも見られたいような午後

この気分は、なんとしても春だった。春であることを入れたい。そこで次のように直してみる。

ふうわりと［Ⅱ］歩く春の道　誰からも見られたいような午後

並ぶ、という言葉があるんだから「ふたり」は削っても意味的には大丈夫。一人で並ぶことはできないし、下の句からして、三人以上ということもありえない。結局歌集には、この形でシュウロクした。

が、今あらためて比べてみると、「ふうわり」「ふたり」の「ふ」の響きあいというのも、この歌の雰囲気にあっていて悪くない。これを残したまま、さらに「はる」を加えられれば「は」音も響きに参加して、いっそういい感じになるのではないだろうか。

並ぶ、があるから、ふたりを消しても大丈夫と考えた。ならば逆転して、ふたりを生かして、並ぶを消すことも可能なわけだ。ふたりで歩いていて、前と後ろになって進むというのは、あまりない。

ふうわりとふたりで歩く春の道　誰からも見られたいような午後

どうだろうか？　なかなかのアイデアだと思ったのだが、実行してみると意外とそれほどでもない。確かに、ハ行音の響きはいいのだけれど。

何度も読みかえして、比べてみた。こういう場合、口ずさんでみるのもいい方法だ。と、わかってきたことがある。

「並んで」という言葉から「ふたり」を想像するほうが、「ふたり」から「並んで」を想像するよりも、はるかに素敵なのだ。押しつけがましくなくて、かえって想像力がシゲキされる。やはり歌集に入れたものがベストかな、と思った。

こうして言葉を入れかえたり、つけ加えたり、ということを実際にしてみると、三十一文字というのは、案外自由なもんだなと感じられる人が多いのではないだろうか。わりとどうにでもなる、と言うと語弊(注6)があるかもしれないが、日本語の豊かさをもってすれば、キュウクツどころか、逆に迷うぐらいの選択肢が出てくるのである。

そして選択をするということは、よりよい表現に近づけるというこ

【国　語】（五〇分）〈満点：一〇〇点〉

一　次の文章を読んで、後の問いに答えなさい。

私は、いつも縦罫《たてけい》(注1)のメモ帳を持ち歩いていて、あっと思ったときにメモをする。その場でぴたっと三十一文字(注2)になっていることも、たまにはあるけれど、たいていは[1]言葉のかけら状態か、なんとなく三十一文字に近い状態、といったところ。そこから出発して、[2]いろいろとつけ加えたり、言葉を入れかえたり、ということも、そのメモ帳のうえで行っている。だから、古いメモ帳をひっぱり出してくると、一首が完成するまでに歩んだ道のりというのは、［　Ｉ　］。そのなかから、完成一歩手前というものをピックアップしてみよう。

A　金曜の六時に君を待つために始まる一週間と思えり

はじめにメモ帳に記した言葉のかけらは「約束の金曜六時の一点に」だった。このあとに下の句を続けようとしたのだが、どうもうまくつながらない。そこであきらめて頭からやり直し、右のようにしてみた。

金曜日の六時に約束をした。そのことが一週間のはじめから嬉しい。月、火、水、木……これから始まる日々は、すべて金曜日の六時という一点に向かっているように感じられる。それが[3]心の揺れである。

一つめの「でこぼこ」(注3)は、「待つ」という言葉。私はたいてい早めにでかけるので、約束をした場合は待つことが多い。それで自然とこういう表現になったのだが、なにか消極的な感じがしなくもない。よし、ここは「会う」にしよう。「会う」のほうが、そこに向かっていく勢いも感じられる。

二つめの「でこぼこ」は、どうも下の句に、いまひとつしまりがないようで気になる。金曜の六時という具体的な数字が、上の句をひきしめているのに対して、下の句はタラタラッと流れる感じだ。たしかに思ったことそのままなのだけれど、もう少し生き生きとさせられないものか。

そこで考えついたのが、金曜と同じく、具体的な曜日を使おうということ。何時とまでは限定できないけれど「月曜の朝」とすれば、始まりの爽やかさを「朝」によって強調することもできる。

というわけで、完成品は次のようになった。

B　金曜の六時に君と会うために始まっている月曜の朝

「具体的に」ということは、かなり重要なポイントだ。もう一つ別の例を。

C　君と食《は》むものはなんでもおいしくてそのおいしさを恋とこそ知れ(注4)

君とならば何を食べてもおいしい、というのが[4]心の揺れだ。それを素直に表現した。が、読んでいるほうとしては「なんでもっていったって、ほんとになんでも？たとえば、どんなもの？」と思ってしまう。作者としては「なんでも」であることが重要なのだけれど、そこを具体的なもので、しかもできれば[a]象徴的なもので、示さなくては、歌はぼやけたままである。

よくよく考えてみると、君とならばなんでもおいしいわ、と感動する場面というのは、どちらかというと、いわゆるごちそうではないものを食べているときである。それなのにおいしいから感動するわけで、一流

MEMO

大切なことはメモしておこうネ！

2022年度

宮城学院高等学校入試問題（B日程）

【数　学】（50分）　　＜満点：100点＞

〔1〕 次の計算をしなさい。

(1) $-(-4)^2\times(-2)-(-6^2)\div(-3)$

(2) $-\frac{3}{10}-\left(-\frac{6}{7}\right)\div\left(-\frac{20}{21}\right)$

(3) $6a^2b^3\div 2ab^2\times\left(\frac{4}{3}ab\right)^2$

(4) $\frac{-2x+5y}{6}-\frac{-3x+7y}{8}$

(5) $-\frac{\sqrt{50}}{3}+\sqrt{18}-\frac{5}{\sqrt{8}}$

(6) $6x(3x-4y)-(3x+4y)^2$

〔2〕 次の問に答えなさい。

(1) 等式 $m=\frac{a-3b}{2}$ を b について解きなさい。

(2) 2次方程式 $3x^2-4x-1=0$ を解きなさい。

(3) 右の図で，$\angle x$ の大きさを求めなさい。

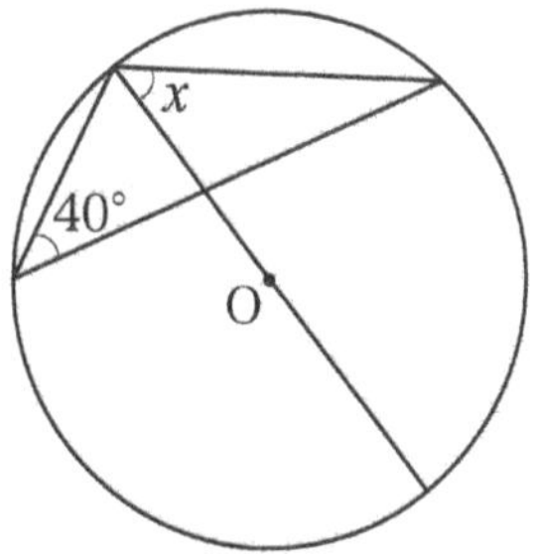

(4) 半径12cm，弧の長さ10πcmのおうぎ形の中心角の大きさを求めなさい。ただし，円周率はπとします。

(5) 関数 $y=2x^2$ の x の変域が $-2\leqq x\leqq 4$ のとき，y の変域を求めなさい。

(6) AさんとBさんの2人で1回だけじゃんけんをするとき，勝ち負けが決まる確率を求めなさい。

〔3〕 周囲が3900mの池のまわりを，AさんとBさんがそれぞれ一定の速さで歩きます。同じところを同時に出発して，反対方向にまわると30分後にはじめて出会います。また，同じ方向にまわると，AさんがBさんを2時間10分後にはじめて追い抜きます。

次のページの問に答えなさい。

(1)　Aさんの歩く速さを時速$x$km，Bさんの歩く速さを時速$y$kmとして連立方程式をつくりなさい。

(2)　AさんとBさんのそれぞれの速さは時速何kmですか。

〔4〕　右の図のように，関数$y=ax^2$のグラフ上に異なる3点A，B，Cをとります。直線$y=3$が2点A，Cを通り，△AOCと△ABCの面積比が1：3，AO：AC＝$1:\sqrt{2}$のとき，次の問に答えなさい。ただし，円周率はπとします。

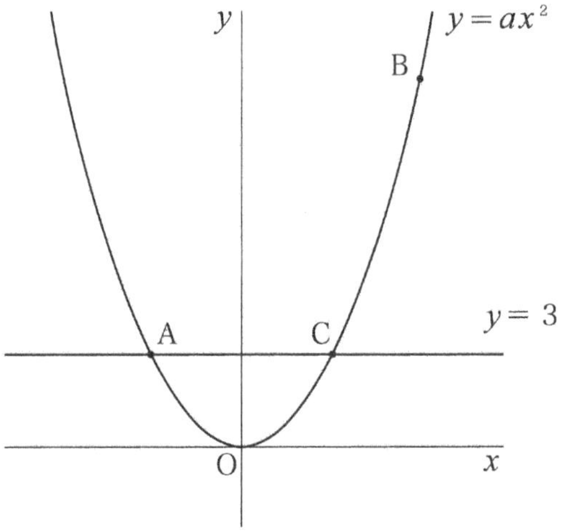

(1)　△AOCはどんな三角形ですか。

(2)　点Aの座標を求めなさい。

(3)　aの値を求めなさい。

(4)　直線ABの式を求めなさい。

(5)　四角形ABCOを直線ABを軸として1回転させてできる立体の体積を求めなさい。

〔5〕　下の図のように，半径が4の円Oの中に同じ半径の6つの円O_1，O_2，O_3，O_4，O_5，O_6が入っています。

次の問に答えなさい。ただし，円周率はπとします。

(1)　$\angle O_2O_1O_3$の大きさを求めなさい。

(2)　円O_1の半径を求めなさい。

(3)　線分O_1O_3の長さを求めなさい。

(4)　影の部分の面積を求めなさい。

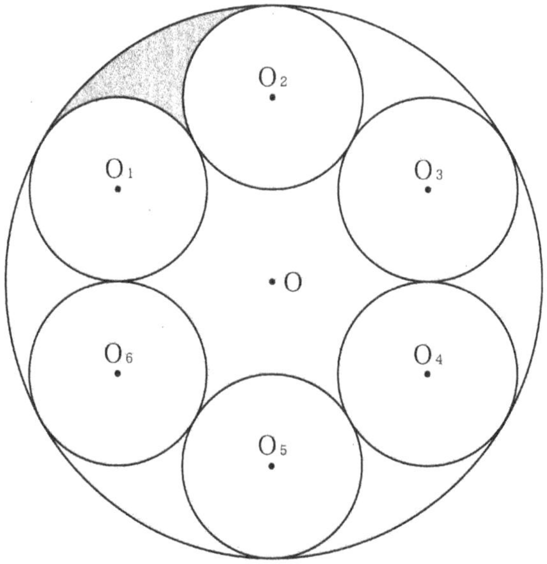

〔６〕 下の図のような縦６㎝，横８㎝，高さ６㎝の直方体で，線分BEを３等分する点をＰ，Ｑ，線分ＣＨを３等分する点をＲ，Ｓとし，辺AD，BC，FG，EHの中点をそれぞれＴ，Ｕ，Ｖ，Ｗとします。８点Ｔ，Ｐ，Ｑ，Ｗ，Ｓ，Ｒ，Ｕ，Ｖを頂点とする立体について，次の問に答えなさい。

⑴ この立体の辺の数を求めなさい。

⑵ 六角形PQWSRUの面積を求めなさい。

⑶ この立体の体積を求めなさい。

⑷ この立体の表面積を求めなさい。

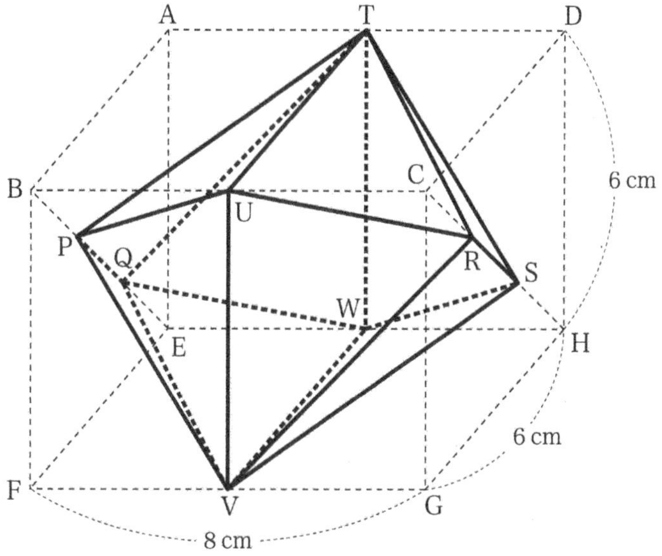

【英　語】（50分）　＜満点：100点＞　**※リスニングテストの音声は弊社HPにアクセスの上，音声データをダウンロードしてご利用ください。**

Ⅰ．リスニングテスト：放送の指示に従い，問題に答えなさい。

(Part 1)

1.

2.

(Part 2)

1．a．I will go home by bus.
　　b．I rode my bicycle.
　　c．It took 30 minutes to come to school.
　　d．I come to school at 8:00 a.m.

2．a．I like going to cafes.
　　b．I drink water when I'm thirsty.
　　c．Yes.　Do you have tea?
　　d．My water bottle is empty.

(Part 3)

1．a．At 5 o'clock.
　　b．At 3 o'clock.
　　c．They aren't going to the airport.
　　d．Soon.

2．a．Because he wants to get something to drink.
　　b．Because he needs to ride the bus.
　　c．Because he will make a phone call.
　　d．Because he wants to buy some bread.

3．a．French.　b．Spanish.　c．Japanese　d．Russian.

(Part 4)

1．

(1)　a．Two.　b．Twelve.　c．Twenty.　d．Twenty-two.

(2)　a．A gold medal.
　　b．Tickets to the opening ceremony.
　　c．The national flag.
　　d．Their national uniforms.

2．

(1)　a．1974 km.

　　b．940 km.

　　c．17 km.

　　d．2.5 billion km.

(2)　a．In Seoul.

　　b．In London.

　　c．In Tokyo.

　　d．In New York City.

Ⅱ．次の英文を読んで，後の質問に答えなさい。

[1] It was midnight somewhere over the Arctic. Claudia was the only one who wasn't sleeping on the plane. Her dad was sleeping beside her and Claudia was angry with him. If he didn't get a new job in Norway, she didn't have to say goodbye to her best friends and leave her cute rabbit, Crumpet.

[2] "It's just for a year," he said, but she felt like it was forever. Yes, her grandmother can visit, but Crumpet cannot fly on a plane and her friends may forget her. Her mom said Claudia could stay with her and her stepfather, but Claudia loved her little family of two, she and her father. They spent time together playing board games, looking at stars at night, and visiting the library every weekend.

[3] She was looking sadly out of the window. Now everything was dark and she got bored. She ate some chocolate cookies. Then the plane started shaking because of the strong wind and she heard a small voice behind her.

[4] Claudia looked over the seat. A girl around her age was also not sleeping and biting her nails. Her eyes were as big as moons. "I'm scared of flying," she said with a little voice. "Looking out of the window helps." Claudia pulled up her blind and hoped that they could see some stars or something interesting.

[5] There was a flash of bright green light. Claudia's mouth fell open and she dropped her packet of cookies. The other girl smiled and sat up. "It's the aurora − the Northern Lights." The aurora spread through the night like emeralds. "In Norway, our old stories say that the lights come from the armor of Vikings riding horses across the sky, but the Finnish myth is my favorite," the girl said. "They call the aurora the fire fox and believe that the foxes ran across the sky so fast that their tails got shiny and lit up the night."

[6] "It's wonderful," Claudia said, looking out of the window. She started to imagine stories and said, "It looks like a sea of shinning fireflies!" The other girl laughed and said, "Or a wizard painting the night with magic!" "Or fairies dancing through the sky in shiny dresses," Claudia said and put her arms on the

seat back. The other girl didn't realize the plane was shaking any more.

[7] "Cabin crew, take your seats for landing," the pilot said. The Northern Lights went away. When the plane went down, she saw a city. "Tromso," the other girl said happily. This is my home." Claudia picked up her chocolate cookies and gave the packet to the girl. "It's going to be my home this year, too. I'm Claudia," she said a little shyly. "Astrid," the other girl said and she took some cookies. "Will you be going to the international school?" Claudia nodded and felt nervous again. Astrid looked at her. "That's the school I go – everyone is really nice. Do you want to come to my house before school starts? I can tell you all about it. My mom makes the best hot chocolate and we can go skiing in the forest behind my house."

[8] Claudia smiled back. ①**It** sounded magical. "Yes, please!" She began to think that maybe this year wouldn't be so bad after all.

the Arctic：北極　Norway：ノルウェー　stepfather：継父　behind ～：～の後ろ　bite：かむ
nail：爪　flash：閃光，きらめき　aurora：オーロラ　emerald：エメラルド
the armor of Vikings：バイキングのよろい　myth：神話　fox：きつね　lit：明るくした
firefly：ほたる　wizard：魔法使い　fairy：妖精　Cabin crew：ご搭乗の皆様　landing：着陸
Tromso：トロムソ（ノルウェー北部の都市）　nod：うなずく　nervous：緊張した

問１　次の質問に英語で答えなさい。

1．How long will Claudia stay in Norway?

2．What did Claudia see when she pulled up the blind for a girl behind her?

問２　次の質問の答えとして最もふさわしいものを選び，記号で答えなさい。

1．Why was Claudia angry with her father?

ア．Because her father was sleeping well while she could not sleep on the plane.

イ．Because she had to move to Norway for her father's new job.

ウ．Because her friends forgot her.

エ．Because she wanted to stay with her mother but she had to live with his father.

2．Why did a girl behind Claudia make a small voice?

ア．Because she wanted to talk to Claudia.

イ．Because she wanted to have some chocolate cookies.

ウ．Because she was talking in her sleep.

エ．Because the plane started shaking.

問３　段落[8]の下線部① It が指す内容として最もふさわしいものを選び，記号で答えなさい。

ア．Astrid の母親が作ってくれるホットチョコレート

イ．魔法使いが魔法で夜を染めること

ウ．飛行機が飛行場に着陸する音

エ．Astrid が Claudia の友達になりそうなこと

問4　本文の内容に合うものには○を，合わないものには×を書きなさい。

ア．Claudia had to say good-bye to her friends to go to Norway.

イ．Claudia found that she was not the only one who wasn't sleeping on the plane.

ウ．Astrid was relaxed by talking with Claudia.

エ．Claudia made friends in Norway before she left her hometown.

問5　Claudia の気持ちの流れの順として［ア］～［エ］に入る最もふさわしいものを１～６から選び，数字で答えなさい。同じ数字を何度用いてもかまいません。

段落1 [angry] → 段落3 [sad] → ［ ア ］ → 段落5 [イ] →
→ 段落6 [excited] → 段落7 [ウ] → ［ エ ］ → 段落8 [happy]

１. sleepy　２. boring　３. bored　４. surprising　５. surprised　６. nervous

Ⅲ．次の英文を読んで，後の質問に答えなさい。

How Did The Red Cross Start?

In 1859, a Swiss man named Henry Dunant went to Italy on business. At the time, there was a war in Italy. The French and Italian armies were fighting the Austrian army. On the evening of June 24, 1859, Dunant arrived in the town of Solferino. He got there just after a big battle near the town that day. There were thousands of wounded soldiers left on the battlefield. But nobody was there to take care [①] them. Dunant was shocked.

Dunant asked the people of the town to help the wounded soldiers. And he started volunteer work with them. Later, he wrote a book ②(**call**) *A memory of Solferino*. In it, he explained what happened after that battle. ③ **He also talked about (do / what / in the future wars / help / to / to) wounded soldiers.** One of his ideas was that every country should have a group of volunteers to help the wounded people. ④ **Another one of his ideas was that (protect / should / to / there / be / international treaties) these volunteers.**

In 1863, Dunant and four other Swiss men founded the International Committee of the Red Cross. A year later, in 1864, the Red Cross ⑤(**hold**) an international conference in Geneva, Switzerland. There, twelve countries signed the first Geneva Convention. This international treaty decided rules for the protection of wounded soldiers, doctors, nurses, and volunteers in a war. It also introduced a symbol for doctors, nurses, and volunteers: a red cross on a white background.

By now, Dunant was famous [⑥] the founder of the Red Cross. He was working very hard to introduce the Red Cross all over the world. But there was one problem: He didn't have time for his own business. His business was losing money. Dunant had to stop ⑦(**work**) for the Red Cross. After that, and for many years, he was forgotten. In 1895, however, a journalist rediscovered Dunant and wrote about him. Dunant became famous again. Finally, in 1901, he won the first Nobel Peace Prize for ⑧(**found**) the Red Cross.

The symbol of the Red Cross is a red cross on a white background. Also, Muslim countries use a red crescent [⑨] a cross. A crescent looks like half-moon. Today, 186 countries are part of the International Red Cross and Red Crescent movement. When there is a war or a disaster anywhere in the world, Red Cross or Red Crescent volunteers try to help the wounded and other people [⑩] need help. It all started 150 years ago on the battlefield of Solferino with one great man, Henry Dunant.

business：仕事　army：軍隊　Solferino：ソルフェリーノ（イタリア北部にある都市）　battle：戦い
wounded：怪我をした　treaty：条約　Committee：委員会
Geneva：ジュネーブ（スイス西部の都市）　Switzerland：スイス　sign：調印する
Convention：条約・協定　the Nobel Peace Prize：ノーベル平和賞　Muslim：イスラム教徒の

問1 [①]，[⑥]，[⑨]，[⑩] に入る最も適切な語（句）を下のア～エからそれぞれ選び，記号で答えなさい。

①	ア in	イ for	ウ at	エ of
⑥	ア of	イ with	ウ as	エ about
⑨	ア instead of	イ because of	ウ in front of	エ as for
⑩	ア which	イ whose	ウ who	エ how

問2 下線部②，⑤，⑦，⑧の（ ）内の動詞を適切な形に直しなさい。

問3 下線部③，④が次の日本文と同じ意味になるように，[ ] 内の語句を並べ替えなさい。

③ 「彼はまた，怪我をした兵士を助けるために，未来の戦争において何をすべきかについて話した。」

④ 「彼のもう一つの考えは，こうしたボランティアの人々を守るために，国際条約があるべきだというものであった。」

Ⅳ．次の英文を読み，後の質問に答えなさい。

以下は2021年秋の中学３年生ユミさんとアメリカ人留学生Kateさんの会話です。

Kate: You like watching baseball, don't you? This year, baseball fans all over the world got excited about Shohei Otani!

Yumi: Of course we did! Shohei Otani was just great this season. He plays baseball really well not only as a batter, but also a pitcher. And, he hit so many home runs! I think he is one of the best baseball players in the world.

Kate: I agree. ①[実は私，自分が10歳のころから彼を知ってるの。] I like his smile. He is cute. Also, his personality is so great. He always tries to be nice to his fans. And when he finds trash, he always picks it up. ②[そうするのは簡単ではないわ。] I hope that he will be the MVP in the American League this year.

Yumi: I hope so, too. But there is another player who may be the MVP in the American League. His name is Vladimir Guerrero. He has hit the most home runs this season in the League. ③[彼は大谷と同じくらい人気なのよ。] Otani went across the ocean to America. And in the new and difficult environment, he tried very hard. So I really want him to be the MVP. He is always humble and tries to thank anyone who helps him. I don't say, "Thank you" so often like him. How about you? Did you say "Thank you" to anyone recently?

Kate: Yes, I did. [④].

Yumi: Wow! That is a good experience.

personality 人格　pickup ～ を拾う　MVP 最優秀選手

the American League アメリカのプロ野球リーグの一つ　humble 謙虚な　recently 最近

問1 ①～③の日本語を英語に直しなさい。

問2 [④] に, "Thank you." と言った時についての, Kate さんのセリフを3文の英語で書きなさい。

問三　――線部3の現代語訳として最もふさわしいものを次の中から選び、記号で答えなさい。

ア　泥棒があの大釜をもっていくとは絶対誰も思わないだろう。

イ　あの大釜がこんなところにあるとは決して思わないだろう。

ウ　あの大釜の中に隠れていることには決して気づかないだろう。

エ　泥棒が盗んでいくとはあの大釜も全く思わなかっただろう。

問四　――線部4について、盗人が「あとも見ず、逃げ」だのはなぜですか。その理由として最もふさわしいものを次の中から選び、記号で答えなさい。

ア　古い大釜が動いたので、妖怪が変化していたずらしていると思ったから。

イ　大釜を運んでいる途中で出会った別の泥棒がとても強そうに見えたから。

ウ　盗みをはたらいたので神仏のばちが当たると思って恐ろしくなったから。

エ　何も入っていないと思った大釜が突然動き出したのでこわくなったから。

問五　――線部5で男はなぜ「家までとられた」と思ったのですか。わかりやすく説明しなさい。

四　次の各文の――線部の文節と文節の関係を後から選び、それぞれ記号で答えなさい。（同じ記号を二度使ってもかまいません。）

1　それ以来、彼はいっそう勉強をがんばるようになった。

2　しんしんと雪が　つもって　いる。

3　その日は、私しか教室にいなかった。

4　その絵には、明るさと　力強さが　ある。

5　間に合うように、急いで　歩く。

ア　主語・述語の関係　　イ　修飾・被修飾の関係

ウ　並立の関係　　エ　補助の関係

ア　外国人が日本人を見下げて使っていた「和」を、自分からすすんで使うようになってしまったこと。
イ　日本人が良い意味で使うようになった「和」を、西洋から遅れている日本を指す言葉にしてしまったこと。
ウ　本来は良い意味だった「和」を、外国人を差別する「倭」と同じ意味で使うようになってしまったこと。
エ　もともと日本人を見下す言葉だった「倭」を、良い意味で使えばよいと考えるようになったこと。

2　「卑下しはじめた」とは、具体的にはどのようなことですか。わかりやすく説明しなさい。

問四　――線部2について、次の1・2に答えなさい。

1　「和の残骸」の具体的な内容を示す部分を本文中から十字以内で抜き出しなさい。

2　「本来の和」とはどのようなもののことですか。筆者の考えをわかりやすく説明しなさい。

問五　――線部3「西洋文明の産物」の具体的内容を示す部分を本文中から十字以内で抜き出しなさい。

問六　――線部4について、「谷崎が生きたあの時代特有の悩みや嘆き」とはどのようなものですか。わかりやすく説明しなさい

三

次の文章を読んで、後の問いに答えなさい。

田舎のひとり者の所へ、盗人がはいつて、大方(注1)持つてゆく。亭主つくぐ〱(注2)思ふやう(注3)、「盗人は大ぜい、おれは一人。[1]所詮《しょせん》かなふまじ。もはや[2]道具もみなになりたれば、おれをしばつて、『金をだせ〱(注4)』と、大方せめるだろう。ムヽさいわい〱(注5)、[3]あの大釜は、よも心がつくまい」と、大釜の中へはいつて、蓋《ふた》をして、中に寝入つてゐる(注6)。かくとは知らず、どろぼう二人、さしになひに(注7)大釜をかつぎ出し、さつ〱(注8)と行きけるが、中では背をこごめて居たせいやら、寝入つてゐて、ぐつと伸びをする。「これはかなわぬ」と、[4]盗人あとも見ず、逃げ行く。やがて釜のうちで目をさまして、そつと蓋を明けて見れば、星だらけ。「南無三宝《なむさんぼう》(注9)、[5]家までとられた」。

（『安永期小咄本集《あんえいきこばなしほんしゅう》』より）

（注1）大方……ほとんど
（注2）つくぐ〱……ぐ〱は繰り返しを表す。「つくづく」と読む。
（注3）思ふやう……思うことには
（注4）金を出せ〱……（注2）と同じ。「金を出せ金を出せ」と読む。
（注5）さいわい〱……（注2）と同じ。「さいわいさいわい」と読む。
（注6）寝入つてゐる……眠り込んでいる
（注7）さしになひに……前後で肩にかついで
（注8）さつ〱……（注2）と同じ。「さっさっ」と読む。
（注9）南無三宝……仏に救いを求める時にとなえる言葉。

問一　――線部1「所詮かなふまじ」とありますが、これは具体的にはどのようなことですか。わかりやすく説明しなさい。

問二　――線部2「道具もみなになりたれば」の意味として最もふさわしいものを次の中から選び、記号で答えなさい。

ア　道具もすべて取られてしまったので
イ　道具もすべてかくしてしまったので
ウ　盗んだ道具もすべて安物だったので
エ　盗んだ道具も仲間にすべて分けたので

洋風の料理の中に日本料理が一皿あっても何の問題もない。白人の中に日本人がいても、あるいは逆に有色人の中に白人がいても少しも目障りではない。

畳の間や和服や和食そのものが和なのではなく、こうした異質なもののなごやかな共存こそが、この国で古くから和と呼ばれてきたものなのである。少し見方を変えるだけで、この国の生活や文化の中で今も活発に働く本来の和が次々にみえてくる。

（注1）『陰翳礼讃《いんえいらいさん》』の中で谷崎は西洋文明がもたらした電気やガラスやタイルが和風の住宅にはそぐわないと嘆いた。全体とのうつりが悪く、木に竹を接《つ》いだようだというのである。もし、和風の住宅というものを江戸時代以前に完成した日本住宅というふうに固定したものとして考えるなら、たしかにそうかもしれない。しかし、そのような和は、そもそも異質なもの同士を調和させるという和の力が生み出したものであり、それは近代という西洋化の時代の中で固定され、偶像とされた和の残骸にすぎない。

もし、本来の和というものの上に立って、もう一度eナガめ直していれば、谷崎は電気やガラスやタイルが和風住宅にそぐわないと嘆く必要はなかっただろう。むしろ、それら3西洋文明の産物は和風の住宅にとって歓迎すべき異質のもの、やがて調和するはずの相容れないものとして谷崎の前に現われたにちがいない。木と竹だからだめなのではなく、木と竹だからこそおもしろいのだ。

こうみてくると、4『陰翳礼讃』に書かれている谷崎の悩みや嘆きは、実は谷崎が生きたあの時代特有の悩みや嘆きであったことがわかる。『陰翳礼讃』が書かれたのは昭和八年（一九三三年）のことだが、日本の近代化がはじまった明治維新から七十年近くが過ぎたこの時代、人々はすでに近代化された日本に暮らしていた。そうした環境の中で江戸時代以前の日本とその産物は失われた和として郷愁の対象になりはじめていた。『陰翳礼讃』はまさにそのような時代に書かれ、谷崎という一人の作家を通してその時代がとりつかれていた過去の日本への郷愁を色濃く反映させることになってしまったのではなかったか。

（長谷川《はせがわ》櫂《かい》『和の思想』より）

（注1）『陰翳礼讃』……一九三三年に刊行された、谷崎潤一郎（一八八六〜一九六五）の随筆集。

問一　═══線部a〜eのカタカナの部分は漢字に直し、漢字には読みがなをつけなさい。

問二　〰〰線部①・②の本文中の意味として最もふさわしいものを次の中から選び、それぞれ記号で答えなさい。

①　幅を利かせ
　ア　勢力を拡大して
　イ　うまく立ち回って
　ウ　広く認められて
　エ　深く浸透して

②　ダイナミックな
　ア　騒がしい
　イ　機械的な
　ウ　躍動感のある
　エ　安定感のある

問三　――線部1について、次の1・2に答えなさい。

1　「皮肉なこと」とはどのようなことを指しますか。最もふさわしいものを次の中から選び、記号で答えなさい。

ア　急がば回れ　　イ　犬も歩けば棒に当たる
ウ　石の上にも三年　　エ　石橋をたたいて渡る

問七　――線部4について、「じつは違う」とありますが、本当のところ生徒はどのようなことをしているのですか。わかりやすく説明しなさい。

問八　――線部5について、「変化していくこと」はなぜ「大切」なのですか。筆者の科学をめぐる考えを踏まえて、わかりやすく説明しなさい。

二　次の文章を読んで、後の問いに答えなさい。

明治時代になって、西洋化が進むと江戸時代以前の日本の文化とその産物をさして和と呼ぶようになった。着物を和服といい、畳の間を和室というのがそれである。この新しい意味の和は進んだ西洋に対して遅れた日本という[a]卑下の意味を含んでいた。

歴史を振り返ると、はるか昔、中国の人々が貢物《みつぎもの》を捧《ささ》げにきた日本人をからかいと[b]侮蔑をこめて倭《わ》と呼んだ。それをある天才が一度は和という誇り高い言葉に書き替えたにもかかわらず、その千年後、[1]皮肉なことに今度は日本人みずから自分たちの築いてきた文化を和と呼んで卑下しはじめたことになる。この新しい意味の和は近代化が進むにつれて[c]ジョジョに[①]幅を利かせ、今や本来の和は忘れられようとしている。

身のまわりを見わたせば、近代になってから私たちが和と呼んできたものはみな生活の隅っこに押しこめられてしまっている。現代の日本人はふだん洋服を着て、洋風の食事をし、洋風の家に住んでいる。ふつうの人にとって和服は特別のときに引っ張り出して着るだけである。和食といえば、すぐ鮨《すし》や天ぷらを思い浮かべるが、鮨にしても天ぷらにしても、多くの人にとって、むしろ、ときどき食べにゆくものにすぎない。和室はどうかといえば、一戸建てにしろマンションにしろ一室でも畳の間があればいいほうである。こうして片隅に押しこめられ、ふつうの日本人の生活からかけ離れてしまったものが和であるなら、私たち日本人はずいぶんあわれな人々であるといわなければならない。

ところが、この国には太古の昔から異質なものや対立するものを調和させるという、いわば[②]ダイナミックな運動体としての和があった。この本来の和からすれば、このような現代の生活の片隅に追いやられてしまっている和服や和食や和室などはほんとうの和とはいえない。たしかにそれは本来の和が生み出した産物にはちがいないが、不幸なことに近代以降、固定され、偶像とあがめられた和の化石であり、残骸《ざんがい》にすぎないということになる。

では、異質なもの、対立するものを調和させるという本来の和は現代において[d]ショウメツしてしまったか。決してそんなことはない。それは今も私たちの生活や文化の中に脈々と生きつづけているのだが、[2]私たちは和の残骸を懐かしがってばかりいるものだから、本来の和が目の前にあるのに気づかないだけなのだ。

近代化された西洋風のマンションの中に一室だけ残された畳の間。ふつうその畳の間だけを和の空間と呼ぶのだが、本来の和はそれとは別のものである。むしろ西洋化された住宅の中に畳の間が何の違和感もなく存在していること、これこそ本来の和の姿である。同じようにパーティで洋服の中に和服の人が立ち交じっていようと何の不思議もない。逆に結婚披露宴で和服の中に洋服の人がいても違和感はない。あるいは、西

することさえできません。

　ここまでお話した科学的に考えることの利点は、考え方がスッキリすることです。できるだけ要素に分けて最短距離で結論に到達するわけですから、物事がうまくいかなくても納得しやすいですしね。また、説明した際に共感を得やすくなります。そして、騙《だま》されにくくなる。これは後でくわしく話します。

　欠点は、シンプルに考えすぎて面白くない結論にeオチイりやすいことです。それに夢のない、②世知辛《せちがら》い結論を出してしまいがちです。もうひとつの欠点は、断定的になりがちであることです。しかし、これは気をつけておけば、なんとか抑えられます。できるだけ科学的に考えて、さらに断定的にならないようにすることが大切ですね。

　科学も、結局は人の営みなのです。科学の考え方は特殊だと思われがちですが、そんなことはない。普段の生活に応用可能なことがたくさんあります。

（仲《なか》野《の》徹《とおる》「科学とはなにか？」より）

（注１）カール・ポパー……イギリスの哲学者（一九〇二～一九九四）。

（注２）トーマス・クーン……アメリカの哲学者、科学者（一九二二～一九九六）。

問一　＝＝線部ａ～ｅのカタカナの部分は漢字に直し、漢字には読みがなをつけなさい。

問二　〜〜線部①・②の意味として最もふさわしいものを次の中から選び、それぞれ記号で答えなさい。

①　あくまでも
- ア　少なくとも
- イ　いつまでも
- ウ　どこまでも
- エ　悪くても

②　世知辛い
- ア　遠慮のない
- イ　意地の悪い
- ウ　計算高い
- エ　心苦しい

問三　［Ａ］・［Ｂ］に入る語として最もふさわしいものを次の中から選び、それぞれ記号で答えなさい。

［Ａ］……ア　再現　イ　集中　ウ　混乱　エ　継続

［Ｂ］……ア　積極的　イ　現実的　ウ　合理的　エ　帰納的

問四　――線部１ついて、「このこと」とはどのようなことを指しますか。本文中の言葉を用いて簡潔に説明しなさい。

問五　――線部２「健全な好奇心を持って疑う」ことが含まれている具体例として**ふさわしくないもの**を次の中から一つ選び、記号で答えなさい。

ア　天気予報では晴れると言っていたが、念のため傘も持っていこうか。

イ　あの人は意地の悪い人だから、きっと助けてくれないのではないか。

ウ　先生であっても間違わないとは限らないから、再度確認した方がよくないか。

エ　賞味期限まで三日あるが、気温も高いので早めに食べたほうがよくないか。

問六　――線部３について、ここで言われている「転ばぬように足元を見る」とほぼ同じ意味を表すことわざを次の中から一つ選び、記号で答えなさい。

す（笑）。

　しかし、科学でさえ、これまでの説が正しいとは限らない。パラダイムが転換したり、反証によってひっくり返ってしまったりする。科学でさえそうなのですから、実生活ではさらにa沢山そういったことがあります。そこで大切なのは人とちょっと違う考え方をすることの重要性です。

　ビタミンＣの発見でノーベル賞を取ったハンガリー人のセント＝ジェルジ・アルベルトが発見について格言を残しています。発見とはなにか。「誰もが見たことがあるものをじっくりとb見据えて、誰も考えたことのない事を考えてみること」だというのです。みんなが同じように見ているものを、違う見方で考える。そうすることが発見の近道です。

　つぎは、できるだけ単純に考えること。cフクザツな現象に出会ったときにさまざまな単位に分けて考えることが大事です。

　日々悩んでいることあれば、何を悩んでいるのかを箇条書きにしていき、ひとつひとつをどう解決するかを考えたほうが早い。物事はできるだけ、要素に分けて考えることが大切です。

　何度もお話ししますように、科学の仮説は立てられた時点では正しいかどうか、わかりません。それならば、より単純に考えたほうがいいだろう。基本的な物事はできるだけ単純に割り切っていきましょうというのが科学者の基本的な態度です。

　つぎは、必ずしもうまくいかない可能性があると常に頭に入れておくことです。もし上手くいかなかったとしても、素直に受け入れる。

　そして、慎重かつ大胆に考える。間違いが無いように細心の注意を払う。しかし、それだけでは全く面白くありませんよね。だから、夢を持って行動することが大切です。この実験は成功するかわからないけれども、成功したら非常に面白いなと考える。その結果が常識をひっくり返すことだってあるわけですから。

　これから、皆さんはさまざまなことを新しく始めていくでしょう。そこでは、3転ばぬように足元を見ることも大事ですが、同時に夢見ることも重要なのです。

　つぎに、同じ興味を持っている人と話し合うことが科学的思考には欠かせません。自分の頭だけで考えていては限界があります。まず皆さんには、ぜひ文章を書くdクセをつけてほしい。頭で考えているとなんとなく正しいように思えることでも、文章にしてみると理屈が通っていない場合はよくあります。文章にすることで論理的思考が身に付いていくのです。

　そのうえで、他の人と話し合うことで、自分の考えを整理していくことができます。4生徒が先生と話していると、先生から教えてもらっているかのように思えますが、じつは違う。対話は、一方的に教えてもらうのではなく、自分の考えを整理していくことなのです。

　これができたら、さまざまな情報を元に自分で考えて自分なりの意見を出すことができるようになる。「あいつはよく考えを変える」と悪口を言う人がいますが、それは間違っている。私は一貫性のある人のほうが、むしろ頭が悪いと思います。

　人と話し合って少しずつ良くしていく、より高いレベルにしていく。5考えが一貫して変化しないよりも、そうして変化していくことのほうが大切だと思います。そのためには、専門であろうが、専門外であろうが自分の頭で考えて自分の言葉で話すことができなければ、人と対話

【国　語】（五〇分）〈満点：一〇〇点〉

一　次の文章は、高校生に向けて行われた科学をめぐる講演をもとにしたものです。これを読んで、後の問いに答えなさい。

科学とはいったい何でしょう。辞書には「観察や実験など経験的手続きにより実証されたデータを論理的・数理的処理によって一般化した法則的・体系的知識。また、個別の専門分野に分かれた学問の総称。物理学・化学・生物学などの自然科学が科学の典型であるとされるが、同様の方法によって社会科学、心理学・言語学などの人間科学もある」と書かれています。

では自然科学とは何でしょうか。「自然界に属する諸現象を取り扱い、その法則性を明らかにする学問」とあります。この「法則性を明らかにする」ことが重要です。

つまり、科学は「経験的手続きによって実証された法則的・体系的なものであり「法則性を明らかにする」」。もうひとつ、私が加えるとすると、「世界のあり方を理解する」。大変かっこいいではありませんか（笑）。

さまざまな実験や観察によって得られるあるデータを、単称言明といいます。科学において最も大切なのは「方法的・体系的知識」あるいは「法則性を明らかにする」ことです。さまざまなデータすなわち単称言明を集めることで一般的にいえるようになった仮説や法則を普遍言明といいます。しかし、そうして出てきた法則は必ずしも正しいとは限りません。そこで、もしこの法則が正しいとしたら、次にこうした実験をすると、このような結果が出るのではないかと考えて、確かめる。これが　A　可能性です。

実験で確かめてみると、やはり正しかった。すると普遍言明はもう一段正しくなりますね。検証を繰り返していくことによってより正しく法則性を見つけていくわけです。これを　B　な証明といいます。

ただし科学の世の中はそれで済むわけではありません。検証の繰り返しだけでは不十分で「反証可能性」がより大切なのです。

科学哲学者のカール・ポパー（注1）は、この「反証可能性」が科学にとって非常に大事であるということを示しました。反証が可能かどうかによって、ある仮説が正しいか正しくないかを確かめることが出来るのです。

反証可能性とは別に、トーマス・クーン（注2）による「パラダイム転換説」があります。ある時代に多くの人々が信じている考えを「パラダイム」といいます。

昔は天動説のパラダイムでみんな生きていて、最高の知識人たちでさえ信じていました。1このことが示すように、パラダイムは必ずしも正しいと限りません。ある時点まで科学は①あくまでも仮説です。みんなが信じているからといって完全に正しいかはわからない。そのように考えていたほうがいいのです。

科学的に考える上で最も重要なことはなんでしょうか。それは、2「健全な好奇心をもって疑う」ことだと考えています。健全な好奇心は科学にとって何より大事ですし、普段の生活においても非常に大切です。なにかを言われたからといって、本当のことだと思い込まない。でも、これはバランスが難しく、あまり疑いすぎると性格が悪くなりま

A日程

2022年度

解　答　と　解　説

《2022年度の配点は解答欄に掲載してあります。》

＜数学解答＞

〔1〕 (1) 23　(2) 1　(3) $\frac{3}{b^2}$　(4) $\frac{5x+5y}{12}$　(5) $\frac{2\sqrt{10}}{5}$　(6) $-6xy$

〔2〕 (1) $y=\frac{32}{x}$　(2) $x=\frac{-1\pm\sqrt{11}}{2}$　(3) -4　(4) $4\sqrt{6}$　(5) $90\pi\,\mathrm{cm}^2$

(6) $\frac{3}{8}$

〔3〕 (1) $x+y=426$, $\frac{100}{90}x+\frac{100}{120}y=400$

(2) 男子　162人，女子　264人

〔4〕 (1) $a=-1$　(2) -2　(3) $y=x-6$　(4) 4：5

(5) 16π

〔5〕 (1) 4　(2) 12　(3) $6\sqrt{r}$　(4) $\frac{36}{25}$

〔6〕 (1) 九面体　(2) 右図　(3) $315\mathrm{cm}^3$

(4) $90+129\sqrt{3}\,\mathrm{cm}^2$

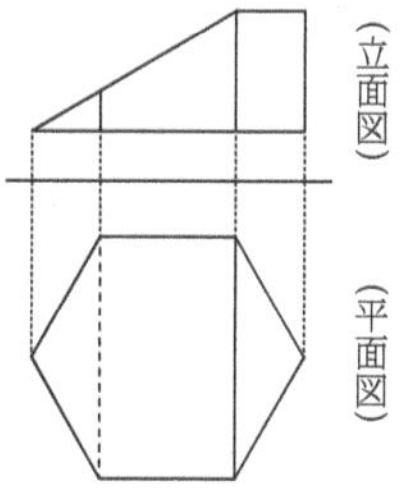

○推定配点○

〔1〕～〔4〕　各4点×19　〔5〕・〔6〕　各3点×8　計100点

＜数学解説＞

基本 〔1〕 (正負の数，式の計算，平方根)

(1) $(-3)^3-2\times(-5^2)=-27-2\times(-25)=-27+50=23$

(2) $(-2)\div\frac{14}{3}-\frac{12}{5}\times\left(-\frac{25}{42}\right)=-2\times\frac{3}{14}+\frac{2\times5}{1\times7}=-\frac{3}{7}+\frac{10}{7}=1$

(3) $18a^3b^2\div\left(-\frac{3}{7}a^2b\right)\div(-14ab^3)=\frac{18a^3b^2\times7}{3a^2b\times14ab^3}=\frac{3}{b^2}$

(4) $\frac{2x-y}{3}-\frac{x-3y}{4}=\frac{4(2x-y)-3(x-3y)}{12}=\frac{8x-4y-3x+9y}{12}=\frac{5x+5y}{12}$

(5) $\frac{2\sqrt{5}}{\sqrt{2}}-\frac{4}{\sqrt{10}}-\frac{\sqrt{2}}{\sqrt{5}}=\sqrt{10}-\frac{2\sqrt{10}}{5}-\frac{\sqrt{10}}{5}=\frac{2\sqrt{10}}{5}$

(6) $(-3x+y)^2-9(x+y)(x-y)-10y^2=9x^2-6xy+y^2-9(x^2-y^2)-10y^2=-6xy$

基本 〔2〕 (文字と式，2次方程式，関数，式の値，空間図形，確率)

(1) $\frac{1}{2}xy=16$　$xy=32$　$y=\frac{32}{x}$

(2) $2x^2+2x-5=0$　解の公式を用いて，$x=\frac{-2\pm\sqrt{2^2-4\times2\times(-5)}}{2\times2}=\frac{-2\pm\sqrt{44}}{4}=\frac{-1\pm\sqrt{11}}{2}$

(3) $\frac{-2\times4^2-\{-2\times(-2)^2\}}{4-(-2)}=\frac{-32+8}{6}=-4$

(4) $x^2-y^2=(x+y)(x-y)=\{(\sqrt{3}+\sqrt{2})+(\sqrt{3}-\sqrt{2})\}\{(\sqrt{3}+\sqrt{2})-(\sqrt{3}-\sqrt{2})\}=2\sqrt{3}\times2\sqrt{2}=$

$4\sqrt{6}$

(5)　円錐の側面積は，$\pi\times9\times6=54\pi$　　よって，円錐の表面積は，$\pi\times6^2+54\pi=90\pi$ (cm^2)

(6)　3枚の硬貨の表裏の出方は，(表，表，表)，(表，表，裏)，(表，裏，表)，(裏，表，表)，(表，裏，裏)，(裏，表，裏)，(裏，裏，表)，(裏，裏，裏)の8通りで，このうち，2枚が表で1枚が裏になるのは，下線の3通りだから，求める確率は，$\frac{3}{8}$

[3]　(連立方程式の利用)

(1)　今年の男子の人数をx人，女子の人数をy人とすると，今年の生徒数について，$x+y=400+26$より，$x+y=426$…①　　昨年の生徒数について，$\frac{100}{90}x+\frac{100}{120}y=400$…②

(2)　②×3.6より，$4x+3y=1440$…③　　①×4−③より，$y=264$　　これを①に代入して，$x+264=426$　　$x=162$　　よって，男子は162人，女子は264人

[4]　(図形と関数・グラフの融合問題)

重要　(1)　正方形ABQPの対角線だから，$AQ=\sqrt{2}AB=4\sqrt{2}$より，$AB=4$　　よって，点Bのx座標は$\frac{4}{2}=2$となり，$BQ=AB=4$より，B(2，−4)　　$y=ax^2$は点Bを通るから，$-4=a\times2^2$　　$a=-1$

基本　(2)　A(−2，−4)　　直線AQの式を$y=x+b$とすると，点Aを通るから，$-4=-2+b$　　$b=-2$　よって，$y=x-2$より，点Dのy座標は−2

基本　(3)　$y=-x^2$に$x=-3$を代入して，$y=-(-3)^2=-9$　　よって，C(−3，−9)　　直線BCの式を$y=mx+n$とすると，2点B，Cを通るから，$-4=2m+n$，$-9=-3m+n$　　この連立方程式を解いて，$m=1$，$n=-6$　　よって，$y=x-6$

重要　(4)　AQ//CBより，△ACQ：△BCQ＝AQ：CB＝{2−(−2)}：{2−(−3)}＝4：5

重要　(5)　E(0，−6)　　線分ABとy軸との交点をFとすると，△ODQ≡△FEB　　よって，求める立体の体積は，長方形OFBQをy軸を軸として1回転させてできる円柱の体積に等しい。したがって，$\pi\times2^2\times4=16\pi$

[5]　(平面図形の計量)

基本　(1)　円O_3の半径をxとすると，$2\pi x=8\pi$　　$x=4$

重要　(2)　O_3から線分O_1Aにひいた垂線をO_3Hとすると，$O_1O_3=9+4=13$，$O_1H=9-4=5$より，$AC=O_3H=\sqrt{13^2-5^2}=12$

(3)　O_2から線分O_1Aにひいた垂線をO_2Iとすると，$O_1O_2=9+r$，$O_1I=9-r$より，$AB=O_2I=\sqrt{(9+r)^2-(9-r)^2}=\sqrt{36r}=6\sqrt{r}$

(4)　(3)と同様にして，$BC=\sqrt{(4+r)^2-(4-r)^2}=\sqrt{16r}=4\sqrt{r}$　　AB＋BC＝ACだから，$6\sqrt{r}+4\sqrt{r}=12$　　$10\sqrt{r}=12$　　$\sqrt{r}=\frac{6}{5}$　　よって，$r=\left(\frac{6}{5}\right)^2=\frac{36}{25}$

[6]　(空間図形の計量)

基本　(1)　正六角柱の面の数は8で，切断面の数の1が増えるので，立体Vは九面体である。

基本　(2)　立体Vの投影図は右のようになる。

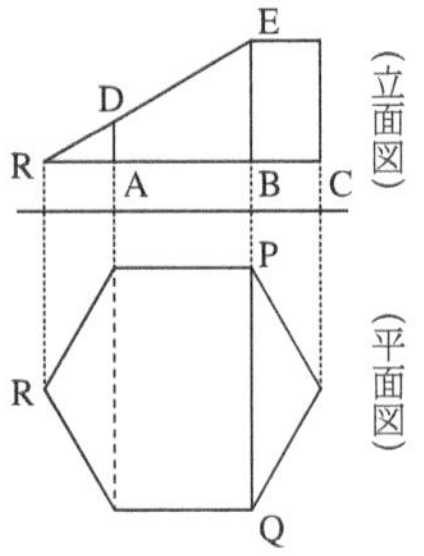

重要　(3)　右の図のように，A～Eをとる。1辺の長さがaの正三角形の高さは$\frac{\sqrt{3}}{2}a$で表せるから，$PQ=\frac{\sqrt{3}}{2}\times6\times2=6\sqrt{3}$　　RA＝BC＝3，AB＝6より，AD：BE＝RA：RB＝3：(3＋6)＝1：3だから，$AD=\frac{1}{3}BE=\frac{1}{3}\times$

$3\sqrt{3}=\sqrt{3}$　立体Vの体積は，四角錐と四角柱と三角柱の体積の和に等しいから，$\frac{1}{3}\times\sqrt{3}\times 6\sqrt{3}\times3+\frac{1}{2}\times(\sqrt{3}+3\sqrt{3})\times6\times6\sqrt{3}+\frac{1}{2}\times6\sqrt{3}\times3\times3\sqrt{3}=18+216+81=315$(cm³)

重要 (4)　$RD=\sqrt{3^2+(\sqrt{3})^2}=2\sqrt{3}$，$DE=2RD=4\sqrt{3}$より，切断面の面積は，$\frac{1}{2}\times6\sqrt{3}\times2\sqrt{3}+6\sqrt{3}\times4\sqrt{3}=18+72=90$　もとの正六角柱の側面部分の面積は，$\left(\frac{1}{2}\times6\times\sqrt{3}+\frac{1}{2}\times\left(\sqrt{3}+3\sqrt{3}\right)\times6+6\times3\sqrt{3}\right)\times2=(3\sqrt{3}+12\sqrt{3}+18\sqrt{3})\times2=66\sqrt{3}$　底面部分の面積は，1辺6cmの正三角形7個分の面積に等しく，$\frac{1}{2}\times6\times\frac{\sqrt{3}}{2}\times6\times7=63\sqrt{3}$　よって，立体Vの表面積は，$90+66\sqrt{3}+63\sqrt{3}=90+129\sqrt{3}$(cm²)

★ワンポイントアドバイス★

出題構成，難易度に大きな変化はない。図形分野のいろいろな問題を解いて，公式や定理の使い方をマスターしておこう。

＜英語解答＞

Ⅰ　Part 1　1　c　2　c　Part 2　1　b　2　a　Part 3　1　b　2　d　3　a
　Part 4　1　(1)　b　(2)　c　2　(1)　a　(2)　d

Ⅱ　問1　ウ　問2　イ　問3　エ　問4　イ　問5　ア　問6　ウ　問7　ア
　問8　イ，エ

Ⅲ　問1　①　looked up to see where it fell　③　a lady who looked like the mother
　④　was too tired to think about it　問2　②　Keeping　⑤　grew　⑥　taken
　問3　ア　b　イ　e　ウ　c　エ　a　問4　⑦　to　⑧　of

Ⅳ　問1　①　The wheelchair rugby games were [game was] the most interesting.
　②　Have you ever used a wheelchair?　③　They were sometimes hit by other players.　問2　(例)　④　judo　⑤　Mr. and Ms. Abe both won the gold medals. They are brother and sister. They are very cool.

○推定配点○

Ⅰ　各2点×11　Ⅱ　各3点×9　Ⅲ　問1　各4点×3　他　各2点×9
Ⅳ　問1　各5点×3　問2　④　1点　⑤　5点　計100点

＜英語解説＞

Ⅰ　(リスニング)

Part 1　問題用紙にあるそれぞれの写真について英語で説明が放送されます。それぞれの写真を最も適切に説明しているものをa，b，c，dから選びなさい。

1. a. The girl meets her mother.
　b. The girl is talking to the robot.
　c. The girl is touching the robot.

d. The robots are coming for us.

2. a. She is unhappy.

b. She pours milk into a glass.

c. She puts on glasses.

d. She is wearing a mask.

1. a. 「少女が母親を出迎える」

b. 「少女がロボットに話しかけている」

c. 「少女がロボットを触っている」

d. 「ロボットが私たちのために来てくれる」

2. a. 「彼女は不満である」

b. 「彼女はコップに牛乳を注ぐ」

c. 「彼女はメガネをかける」

d. 「彼女はマスクを着けている」

Part 2　英語で質問の文が放送されます。それぞれの質問に対し，最も適切な答えをa，b，c，dから選びなさい。

1. What will you do this weekend?

2. How did you like the movie?

1. 「あなたは今週末に何をしますか」

a. 「私は映画に行きました」

b. 「私は靴を買いに行きます」

c. 「私は今度の月曜日にレストランで食事します」

d. 「私は毎週土曜日にサッカーを見るのが好きです」

2. 「その映画はどうでしたか」

a. 「それはとてもワクワクしたと思います」

b. 「私は地下鉄で映画館に行きました」

c. 「私は怖い映画を見るのが好きです」

d. 「その映画は犬についての話でした」

Part 3　対話とそれに対する質問が放送されます。質問に対する答えとして最も適切なものを，a，b，c，dから選びなさい。

1. A：What are you doing on Saturday?

B：I don't have any plans. I'll stay home and study.

A：Do you want to come with me to the aquarium?

B：Yes, that sounds fun!

Question：What will they do on Saturday?

2. A：What is wrong?

B：I have a really bad headache.

A：Do you want to take some medicine?

B：No, I think I will just go to sleep.

Question：Why will he go to sleep?

3. A：What job do you want to have in the future?

B：I want to be a Youtuber.

A：Really? What will you make videos about?

B：I want to show people how to make Japanese food.

Question：What does he want to teach people to do?

1. A：土曜日に何をする？／B：予定は何もないよ。家にいて勉強するよ。／A：水族館に一緒に行きたい？／B：うん，それは楽しそう！

質問：「彼らは土曜日に何をするか」

a. 「家にいて勉強する」

b. 「水族館に行く」

c. 「学校に行かなくてはならない」

d. 「何もしない」

2. A：どうしたの？／B：本当にひどい頭痛がする。／A：薬を飲みたい？／B：いや，ただ寝に行くよ。

質問：「どうして彼は寝に行くのか」

a. 「薬のせいで眠くなったから」

b. 「夜遅いから」

c. 「彼が間違っていたから」

d. 「頭痛がするから」

3. A：将来，何の仕事がしたい？／B：ユーチューバーになりたい。／A：本当？　何について動画を作るの？／B：和食の作り方を見せたいよ。

質問：「彼は人々に何をするのを教えたいか」

a. 「料理の仕方」

b. 「動画の作り方」

c. 「ユーチューブの使い方」

d. 「仕事の見つけ方」

Part 4　英語で短い物語とその内容についての2つの質問が放送されます。質問に対する答えとして最も適切なものを，a，b，c，dから選びなさい。物語は2つあります。

1. Wikipedia is a website where you can find information on many different subjects. Wikipedia was started in 2001 by two men named Jimmy Wales and Larry Sanger from America. Their dream was to make the best website for finding and learning information. All the information on the Wikipedia website is written by volunteers from all over the world. Right now you can find information on Wikipedia in over 300 languages!

Question 1：Who writes the information on Wikipedia?

Question 2：How many languages can you find information in on Wikipedia?

2. Did you know that Japan is making a new 10,000 yen note? They started printing them in 2018 and they will start using them in 2024. On the front of the money will be the famous Japanese businessman, Shibusawa Eiichi. On the back of the money, there will be a picture of Tokyo Station. The new 10,000 yen will have many new designs to help people use it. Japan also started making new 5,000 and 1,000 yen notes in 2019.

Question 1：When will they start using the new money in Japan?

Question 2：What is on the back of the money?

1. （全訳） ウィキペディアは様々な事柄について情報を見つけられるウェブサイトだ。ウィキペディアは2001年にアメリカ出身の2人の男性，ジミー・ウェールズとラリー・サンガーによって開始された。彼らの夢は情報を見つけて学ぶのに最適なウェブサイトを作ることだった。ウィキペディアのサイト上のすべての情報は世界中のボランティアによって書かれている。現在，ウィキペディアでは300以上の言語で情報を見つけることができる！

(1)「誰がウィキペディアで情報を書くか」

a.「ジミー・ウェールズとラリー・サンガー」

b.「世界中のボランティア」

c.「教師と医師」

d.「アメリカ人」

(2)「ウィキペディアではいくつの言語で情報を見つけることができるか」

a.「2つ」　b.「2,000以上」　c.「300以上」　d.「500以上」

2. (全訳)　あなたは日本が新しい1万円札を製造していることを知っていただろうか。2018年に印刷し始めて，2024年に使い始める予定だ。そのお金の表には有名な日本の実業家，渋沢栄一が載っている。そのお金の裏には東京駅の絵が載る。その新しい1万円札には，人々がそれを使うのに役立つ新しいデザインがたくさんある。日本は新しい5千円札と千円札も2019年に製造し始めた。

(1)「日本ではいつ新しいお金を使い始めるか」

a.「2024年」

b.「彼らは今，それを使っている」

c.「この後，今年中に」

d.「彼らはそれを使わないだろう」

(2)「そのお金の裏には何があるか」

a.「渋沢栄一」　b.「実業家」　c.「新しいデザイン」　d.「東京駅」

Ⅱ　(長文読解問題・エッセイ：語句解釈，指示語，内容吟味，英問英答，語句補充・選択，内容一致)

(全訳)　僕のいとこは毎年盛大な誕生日パーティを開いた。僕は一度も欠席しなかった，なぜなら彼の誕生日は12月でクリスマスの直前だったので，そのパーティはいつも2つのパーティを同時に開くようなものだったからだ。しかし僕が7年生の時のパーティは，今でも忘れられないものだった。

その年は何らかの理由で，母が僕の2人の妹と僕を近くのショッピングモールへサンタクロースと一緒の写真を撮るために連れて行くつもりだと言った。それは夜に僕のいとこのパーティがある日の午後のことだった。サンタクロースと一緒に写真を撮る！　僕はそれにはもう年齢が上すぎた。1，2年生の頃なら良いかもしれないが，7年生で？　どうしてこんなバカみたいな写真を撮るのか，僕はわからなかった。僕の妹たちはそれを喜んでいたが，僕は①その案が全く気に入らなかった。母は僕の気持ちをわかっていると僕は確信していたが，母は僕に写真を撮ることは一番下の妹が本当に望んでいることだと言った。僕はそれでもやりたくなかったが，最終的には同意した。「それが②彼女を喜ばせるなら…　サンタの奴，今から行くぞ！」

僕たちは車で一緒にモールへ行った。写真を撮ることは簡単だった。それは問題なかった。しかし本当の問題は，その夜，僕のいとこのパーティで起きた。

パーティにはたくさんの人がいた，なぜならおばがいとこの友達を何人か招待したからだ。僕は彼らみんなより年上で，最年長というイメージを保たなくてはならなかった。7年生というのは重大なことだから，僕は彼ら全員にそれをわからせたかった。だから，僕は母がその写真を持ってきていることに気づいた時にとても驚き，腹を立てた。母はそのことについてみんなに話し，それを彼らに見せようとしていた！

母がそうする前に，僕は母に僕と一緒に部屋から出るように頼んだ。僕たちは廊下に行った。「母さん」と僕は言った。「お願い！　僕は誰にもあの写真を見てほしくない。③お願いだから，そのことについて話すのをやめて，わかった？」

「どうして？　マイク」と母は言った。「すごくかわいいでしょう，それは妹にとってとても大切なことなのよ。あなたもそれを見せたがっていると思ったわ」

僕は母の手にある写真を見た。僕がサンタクロースと一緒に写真に写っていた！　しかも僕は笑っていた！

母は僕が泣き出しそうなことに気づくと，言った。「じゃあ，とにかく。あなたが望まないなら，見せる必要はないわ。私はあなたにそれを持っていてほしい。ポケットにいれておいて。私はあなたが決めるのを待つわ」

母はその時気が付いていなかったと思うが，僕に決める時間を与えるというのは母が僕を信頼していることを示す最善の方法だった。でもその時は，僕は④そう思わなかった。僕は彼らがろうそくを吹き消したりクリスマスプレゼントの箱を開けたりしている間，その写真について考え続けた。

妹たちはパーティを楽しんでいた。彼女たちはおじいちゃんと一緒にいられて本当にうれしそうだった。僕は彼女たちを見た時に腹が立った。彼女たちは僕の1日があの写真で台無しにされたことを全く知らなかった。僕はあのひどいものを見せるべきか，見せないべきか。僕のいとこや彼女の友達たちが僕を笑ったら，僕はどうすればいいのか。彼女たちが僕を格好いいと思わなくなったら，僕はどうすればいいのか。

僕は⑤自分の手の中の写真を再び見た。写真の中には妹たちのうれしそうな顔が見えた。彼女たちの目は輝いていた。彼女たちはその写真を誇らしく思っていた。そして今，その写真は⑥僕の手の中にあった。

僕は今でも，それをみんなに見せると決めた時にどう感じたかを覚えている。僕は本当に怖かった。僕がパーティでその写真をポケットから取り出して，いとこや他の人々に見せた時にどう感じたか，僕は決して忘れないだろう。僕は自分自身を克服してどんなに誇らしく感じたか，覚えている。何よりも，母の顔に浮かんだ微笑みと妹たちの顔に浮かんだ喜びを覚えている。

僕はその写真をずっと昔になくしたが，今でも持っていたらよかったのにと思う。それは僕にとって⑦大人になる第1歩だった。その夜，僕は自分の気持ちよりも他者の気持ちを尊重した。その夜，僕は「大人になること」は「格好いいこと」ではないと学んだ。大人になるためには「格好いい」ことは重要ではない。決めるのが本当に難しい時に，自分で何かを決めることが重要なのだ。自分が何をすべきかを決め，同時に他の人がどう感じているか考えることが重要だ。自分が得意でないことを克服することは，さらに重要だ。何よりも，「⑧自分」になることが最も重要だ。

問1　第2段落第1文および第3文より，ウが適切。

問2　下線部②の2つ前の文参照。一番下の妹がサンタと写真を撮りたがっていた。

やや難　問3　「なぜマイクは母親にその写真について話すのをやめてほしいのか」　エ「マイクは自分が幼い子供のように見えるのを恐れていたから」　第2段落第4，5文参照。マイクはサンタと一緒に写真を撮ることを低学年向けの幼稚なことだと思い，嫌がっていた。

やや難　問4　下線部④の直前の文の she trusted me を指す。

問5　マイクの母は写真をマイクに渡したので，今はマイクが写真を持っている。

問6　grow up「成長する，大人になる」　下線部⑦の2つ後の文に “being a grown-up”「大人になること」とあるのに着目する。

やや難　問7　最終段落には，大人になるために重要なことが述べられている。文脈より，to be “me”「自分になること」は「自己を確立すること」だと解釈できる。

問8　ア「マイクは家族とショッピングモールへ行った時，とてもうれしかった」（×）　イ「母がパーティでその写真をみんなに見せようとしたので，マイクはとても驚いて腹を立てた」（○）　ウ「マイクはパーティでその写真を誰にも見せなかった」（×）　エ「マイクは写真を見せることが母親と妹たちを喜ばせたとわかり，誇らしく思った」（○）　オ「マイクは大人になるためには格好いいことがとても大切だとわかった」（×）

Ⅲ　（長文読解問題・物語文：語句整序，不定詞，間接疑問，関係代名詞，語形変化，動名詞，時制，分詞，語句補充・選択，前置詞，熟語）

（全訳）　ある夜，私は自宅の自室で遅くに仕事をしていた。突然，私の目の前に何かが見えた。1枚の写真が床へ落ちていった。①私はそれがどこから落ちてきたかを見るために上を見上げた。そしてそれから自分自身を笑った，なぜなら私の上には天井しかなく，写真がそこから落ちてくるはずがないとわかっていたからだ。

私は仕事を真夜中に終えた。とても眠かった。寝る前に私はあの写真を思いだした。私はそれを拾い上げ，見た。私はそれを今までに見たことがなかった。写真②を保管しておくことは私の趣味ではなかった。③写真には，少女と少年と母親に見える女性が写っていた。彼らはみな微笑んでいた。私は彼らが誰なのか知らなかったが，それはとても良い写真で私はとても気に入った。私は再び部屋を見回し，この写真がどこから来たのかと(ア)不思議に思った。④私はあまりにも疲れていて，それについて考えることができなかった，そして眠ることにした。

翌日，通りの向かいに住む若い女性が自宅の裏庭で結婚式をした。その小さなパーティは素敵だった。私は彼女をお祝いするために出向いた。私が驚いたことに，彼女は私の家で⑤育ったが，10年前に母親が亡くなった時に引っ越したのだと言った。彼女のおばが通りの真向かいに住んでいたので，彼女はおばの家に移った。彼女はその場所をもう1度見るために私の家(イ)を訪問したいとずっと思っていたと言った。私はその場ですぐに彼女と彼女の親戚・友人たちを招待し，私たちはみな通りを渡り，私の家の中に入った。

彼女は家の中を歩き回っている間，家族との幸せな思い出について私たちに語った。突然彼女は悲しそうに(ウ)見えた。私は彼女に「大丈夫？」と尋ねた。彼女は10年間に亡くなった母親のナンシーを思い出した，と私に言った。私は何と言ったらよいかわからなかった。

突然彼女が叫んだ。「まあ，なんてこと！　この写真をどこで手に入れたのですか？　それは母と兄と私です！」　それは家族旅行中に⑥撮影された写真だと彼女は言った。私は彼女に，それは昨晩どこかから床に落ちてきて，それがどこから来たのかわからない，と言った。私はその写真を彼女⑦にあげた。「その写真はあなたと一緒にいたいのよ」と私は言った。その写真は彼女をとても喜ばせた。

今は時々，家を出る時に，私は「じゃあね，ナンシー。私が帰ってくるまで家の世話をよろしくね」と言う。

重要　問1　①　まず動詞の looked up「上を見上げた」を置き，to see「見るために」と続け，間接疑問で where it fell とする。　③　a lady「女性」の後ろに主格の関係代名詞 who を置く。who looked like the mother「母親のように見える」が lady を後ろから修飾する。　④〈too … to ＋動詞の原形〉「とても…なので～できない」

問2　②　動名詞 ~ing にする。Keeping photos「写真を保管しておくこと」が文全体の主語になる。　⑤　過去形にする。grow up「育つ」 grow － grew － grown　⑥　過去分詞 taken にして，taken during a family trip「家族旅行中に撮影された」が picture を後ろから修飾する。

問3　（ア）〈wonder ＋間接疑問〉「～かと不思議に思う」（イ）　visit「～を訪問する」 come

は前置詞 to が必要になる(come to my house としなくてならない)のでここでは不適。
(ウ) 〈look +形容詞〉「~に見える」 (エ) 〈make +目的語+形容詞〉「~を…にする」
問4 ⑦ 〈give +物+ to +人〉「(物)を(人)にあげる」 ⑧ take care of ~「~の世話をする」

Ⅳ (長文読解問題・会話文:和文英訳,比較,現在完了,受動態,条件英作文)

(全訳) ユイ:こんにちは,ハナ! 久しぶり!

ハナ:こんにちは,ユイ,ベル。夏休みの間,どうだった?

ベル:私は新型コロナウイルスのため,家にいなくてはいけなかった。それでオリンピックとパラリンピックの試合を見続けただけだったわ。

ハナ:何の試合を見て楽しんだ?

ベル:①車いすラグビーの試合が一番面白かったわ。選手たちは車いすに乗ってすごい速さで動いた。私は去年脚を骨折して車いすを使ったの。②車いすを使ったことある? 直進したり右や左に曲がったりするだけでもすごく難しいの。でも彼らは他の選手からボールを受け取ると,他の選手たちの間を通ってゴールへ向かった。③ときどき,彼らは他の選手にぶつかられたの。すごくドキドキした。彼らはとても格好良かった。

ハナ:ユイ,あなたはどう? オリンピックやパラリンピックで何の試合を楽しんだ?

ユイ:(解答例) 私は④柔道を楽しんだわ。⑤男女の阿部選手が2人とも金メダルを獲得した。2人は兄と妹よ。彼らはとても格好いいわ。

ベル:うん,私もそう思った。本当に素晴らしかったね。

問1 ① 主語の game「試合」を単数で使った場合はbe動詞を was,複数形で使った場合は were にする。interesting「面白い」を最上級 the most interesting にする。 ② 〈Have you ever +過去分詞?〉「あなたは~したことがありますか」 ③ 「彼らは時々ぶつかられた」は受動態で They were sometimes hit とする。この hit は hit「~にぶつかる」の過去分詞。「他の選手に」は by other players とする。

やや難

重要 問2 自分が好きなスポーツや部活等で取り組んでいるスポーツについて書くとよいだろう。be interested in ~「~に興味がある」や〈want to +動詞の原形〉「~したい」などの表現が使える。

★ワンポイントアドバイス★

Ⅱの長文読解問題は,サンタクロースと一緒に写った写真を恥ずかしいと思う,7年生(中学1年生)の筆者の気持ちを考えながら読もう。

<国語解答>

一 問一 a しょうちょう b わ(かない) c 収録 d 刺激 e 窮屈
問二 ア 問三 ウ 問四 エ 問五 イ 問六 1 (例) 「待つ」よりも「会う」の方が,積極性や約束の「金曜の六時」に向かっていく勢いを表現できるから。
2 エ 問七 ウ 問八 並んで 問九 (例) 三十一文字という制限の中にあっても,短歌をよりよい表現に近づけるための言葉の選択肢はたくさんあるということ。

二 問一 a 備(える) b 抱(えて) c つら(い) d ゆいいつ e 耕(し)
問二 ① エ ② ア 問三 (例) 今の社会にうまく適応していない人 問四 イ
問五 (例) 自分が生きている間に世界や日本はどうなるのかを常に考えられるようにして

ほしい，という願い。　問六　エ　問七　(例)　人間が本来持っている利他性によって人々が互いに助け合い，他の人のためになることを進んで行うようになること。

三　問一　a　イ　b　ウ　問二　ア　問三　エ　問四　ウ　問五　(例)　蜜柑三袋にすぎないのに，それを預けられた手代が，まるで三百両を手にしたかのような気持ちになって，それを自分のものにしようと思った点。

四　1　エ　2　ク　3　オ　4　カ　5　ウ

○推定配点○

一　問一～問四　各2点×8　他　各4点×6　二　問一・問二・問六　各2点×8　他　各4点×4　三　問一・問四　各2点×3　他　各4点×3　四　各2点×5　計100点

＜国語解説＞

一　(随筆・短歌一大意・要旨，情景・心情，内容吟味，文脈把握，脱文・脱語補充，漢字の読み書き，語句の意味，熟語)

問一　a　抽象的な概念を具体的な事物によって表現すること。「象」の他の音読みは「ゾウ」。b　音読みは「ユウ」で，「湧水」などの熟語がある。　c　作品を載せること。「録」を使った熟語には，他に「記録」「登録」などがある。　d　生体に反応を起こさせること。「刺」の訓読みは「さ(す)」で，「激」の訓読みは「はげ(しい)」。　e　空間にゆとりがなく自由に動けないこと。「窮」の訓読みは「きわ(める)」。

問二　――線部1の「言葉のかけら」について，直後の段落に「はじめにメモ帳に記した言葉のかけらは『約束の金曜六時の一点に』だった」とある。この「約束の金曜六時の一点に」にふさわしいものを選ぶ。イ「意味不明」ではなく，ウ「意味のつながり」がないものではない。作者がメモをしたものなので，「作者の意図なしに」とあるエもふさわしくない。

基本　問三　唐の詩人賈島が，「僧は推す月下の門」という詩の「推す」を「敲く」にすべきかどうか迷ったという故事からできた言葉が最もふさわしい。アはきれいに書き直す，イは間違いを直す，エは仮に印刷したものと原稿を比べて誤りを正す一回目のこと。

問四　同じ文の「古いメモ帳」で，「一首が完成するまでに歩んだ道のり」がどのようであるのかを考える。I を含む文の冒頭に理由を表す「だから」とあるので，前の内容に注目する。「言葉のかけら状態……から出発して，いろいろとつけ加えたり，言葉を入れかえたり，ということも，そのメモ帳のうえで行っている」とあるので，一目見ただけではっきりわかるという意味を表す四字熟語を選ぶ。

問五　――線部3の直前の「それ」は，直前の文の「金曜日の六時に約束をした。そのことが一週間のはじめから嬉しい……すべて金曜日の六時という一点に向かっているように感じられる」ことを指示している。この心情と――線部4の前「君とならば何を食べてもおいしい」とに共通しているものは，イの「日常の小さな感動」である。アの「動揺」やウの「疑問」，エの「迷い」は，この作者の心情にふさわしくない。

やや難　問六　1　作者は作品に感じた違和感を「でこぼこ」と表現し，「一つめの」で始まる段落で「一つめの『でこぼこ』は，『待つ』という言葉」と述べ，その後で「待つ」を「会う」に変えた理由を述べている。「待つ」は「なにか消極的な感じがしなくもない」と，「『会う』のほうが，そこに向かっていく勢いも感じられる」という内容を簡潔にまとめて，「～から。」で結ぶ。

2　「始まる一週間と思えり」を「始まっている月曜の朝」と具体的な表現に変えた理由を述べている部分を探す。「二つめの『でこぼこ』は」で始まる段落に「金曜の六時という具体的な数字が，上の句をひきしめているのに対して，下の句はタラタラッと流れる感じ」「もう少し生き生きとさせられないか」とあり，ここから理由を読み取る。アの「歌全体をわかりやすくするため」，イの「約束の日までの日数がわかるようにするため」，ウの「一週間がすでに始まっているということを具体的に表現するため」とは書かれていない。

問七　Cの歌は，「君とならば何を食べてもおいしい」と恋をしているときの喜びを詠んだものである。作者は「『なんでも』であることが重要なのだけれど，そこを具体的なもので，しかもできれば象徴的なもので，示」すために「三百円のあなごずし」に変えたとある。「恋をしていることを実感させられた喜び」とあるウがふさわしい。アやイは「三百円」という表現に合わない。作者は今恋をしていることを実感しているので，「思い出深い経験」とあるエもふさわしくない。

問八　直後の文「並ぶ，という言葉があるんだから『ふたり』は削っても意味的には大丈夫。」に着目する。直す前の歌の「ふたり並んで」という表現から「並んで」を抜き出す。

重要　問九　作者は，短歌の「三十一文字」について，直後で「わりとどうにでもなる……日本語の豊かさをもってすれば，キュウクツどころか，逆に迷うぐらいの選択肢が出てくる」，最終段落で「そして選択をするということは，よりよい表現に近づけるということ」と述べている。「自由なもの」を「迷うぐらいの選択肢がある」と説明してまとめる。

二　**(論説文―大意・要旨，文脈把握，指示語の問題，脱文・脱語補充，漢字の読み書き，語句の意味)**

問一　a　音読みは「ビ」で，「備考」「装備」などの熟語がある。　b　他の訓読みは「だ(く)」「いだ(く)」。　c　他の訓読みは「から(い)」。「辛」の音読みは「シン」で，「辛抱」「辛辣」などの熟語がある。　d　ただ一つであること。「唯」の他の音読みは「イ」で，「唯唯諾諾」という熟語がある。　e　音読みは「コウ」で，「農耕」などの熟語がある。

問二　①　「かんじょう」と読む。　②　「へいおん」と読む。

問三　――線部1の「そう」は，前の「うまく適応している人」を指示している。「そうでない人」を問われているので，うまく適応していない人と答える。何に適応していないのかを加えてまとめる。

問四　筆者は，一つ前の段落で「いまの社会に適応しているかどうか」という意味の「社会性」という言葉を挙げている。［A］の直後の文で「社会性ではなく」と言っているので，「駄目な社会」に「適応」するのは良くない，という意味合いの言葉が入る。「その社会に適応するのは……望ましくありません」と言い換えているイがふさわしい。直後の文に「社会性ではなく」とあるので，「適応」の重要性を述べるアとウはふさわしくない。エの「大人」かどうかについて，筆者は論じていない。

やや難　問五　――線部2は，筆者が高校生に自分が生きている間の社会を考えたことはあるかと問うものである。筆者の「願い」について書かれている部分を探すと，一つ後の段落に「みなさんには自分の生涯にわたる広い視座を持って，自分は二〇八〇年ごろまで生きることになる，と考える癖をつけてもらいたい。自分が生きている間に世界や日本はどうなるのかを常に考えられるようにしてほしいのです」とある。この後半の文の表現を用いて，「～という願い。」に続くように簡潔に説明する。

問六　直後の文の「七十七歳」に当たる言葉が入る。アは八十八歳，イは八十歳，ウは九十歳。

重要　問七　――線部3の「持続可能」は，人類が滅びずに生き延びていくことをいっている。一つ後の段落で「なぜ人類は滅びずに，長い年月を生き延びてこられたのか。簡単にいえば，お互いに助け合ってきたからです」と筆者の考えを述べ，その後で「人間の本来の利他性，すなわち他の人のためになることを進んでやる特性があったから人類は生き延びてこられた」と続けている。この内容を簡潔にまとめる。

三 **(古文—主題・表題，内容吟味，文脈把握，文と文節，口語訳)**

〈口語訳〉　金持ちの者の息子が，照り続く暑さにあたって大病にかかった。どうしても食事が進まないので，(家の者が)集まって，「何かほしいものはないか」と心配した。(息子は)「何にも食べたくない。そうであるが，ひやりと冷たい蜜柑なら食べたい」と望んだ。(金持ちの者は)かんたんなことと買いにやったが，六月の事なので，全く見つからない。その時須田町に，たった一つ(蜜柑が)あった。一つで千両，一文足りなくても売らないよ。もともと大金持ちであったので，それでよいと千両で買って，「さあ，めしあがれ」と(息子に)差し出せば，息子はうれしがって，軽く起き上がり，(蜜柑の)皮をむいたところ，十袋あった。(息子は)にこにこと(笑いながら)七袋を食べ，「いやもう，うまくて，何とも言いようがない。これはお母さまへさし上げてください」と，残った三袋を，使用人に渡すと，使用人は，その三袋を受け取って，途中で持ち逃げした。

問一　a 「暑さにあたり大煩ひ」して，「食事」が進まないのは，イの「息子」。　b 「蜜柑なら食ひたい」という息子の望みを聞いて，蜜柑を買いに行かせたのは，ウの「分限な者」。

問二　「いかな」は，どうしても，という意味。どうしてもない，という意味合いのものを選ぶ。

問三　八百屋が，蜜柑一つで千両，と言った後に続けて言っていることから考える。「ぶつ」は強めて言う言葉で，「かいても」は「欠いても」と考える。

問四　蜜柑「一つで千両」で，「皮をむいた所が，十袋」というのであるから，一袋は百両。

やや難　問五　本文最後の「残る三袋，手代に渡せば，手代，その三袋を受取って，みちから欠落。」に着目する。蜜柑三袋を預けられた手代が「欠落」した理由から，このお話のおもしろさを読み取る。手代は，蜜柑三袋を預けられ，まるで三百両を手にしたかのような気持ちになって，持ち逃げしたのである。「どのような点」と問われているので，「〜点。」の形でまとめる。

四 **(ことわざ・慣用句)**

選択肢のアは「泣きっ面に蜂」，イは「棚からぼた餅」，キは「やぶをつついて蛇を出す」ということわざの意味となる。

★ワンポイントアドバイス★

本文中の言葉を用いてまとめる設問が多い。設問で問われていなくても，指示語の内容や筆者の考えを自分なりの言葉でまとめる練習を重ねておくことが大きな力となる。

B日程

2022年度

解答と解説

《2022年度の配点は解答欄に掲載してあります。》

＜数学解答＞

〔1〕 (1) 20　(2) $-\dfrac{6}{5}$　(3) $\dfrac{16}{3}a^3b^3$　(4) $\dfrac{x-y}{24}$　(5) $\dfrac{\sqrt{2}}{12}$
(6) $9x^2-48xy-16y^2$

〔2〕 (1) $b=\dfrac{a-2m}{3}$　(2) $x=\dfrac{2\pm\sqrt{7}}{3}$　(3) 50度　(4) 150度　(5) $0\leqq y\leqq 32$
(6) $\dfrac{2}{3}$

〔3〕 (1) $\dfrac{30}{60}x+\dfrac{30}{60}y=3.9$，$\dfrac{130}{60}x-\dfrac{130}{60}y=3.9$　(2) Aさんの時速4.8km，Bさんの時速3km

〔4〕 (1) OA＝OCの直角二等辺三角形　(2) A$(-3,\ 3)$　(3) $a=\dfrac{1}{3}$　(4) $y=x+6$
(5) $90\sqrt{2}\pi$

〔5〕 (1) 30度　(2) $\dfrac{4}{3}$　(3) $\dfrac{8\sqrt{3}}{3}$　(4) $\dfrac{40}{27}\pi-\dfrac{16\sqrt{3}}{9}$

〔6〕 (1) 18　(2) $32\sqrt{2}$ cm²　(3) 128cm³　(4) $48\sqrt{5}+8\sqrt{17}$cm²

○推定配点○
〔1〕～〔4〕 各4点×19　〔5〕・〔6〕 各3点×8　計100点

＜数学解説＞

基本 〔1〕 (正負の数，式の計算，平方根)

(1) $-(-4)^2\times(-2)-(-6^2)\div(-3)=-16\times(-2)-(-36)\div(-3)=32-12=20$

(2) $-\dfrac{3}{10}-\left(-\dfrac{6}{7}\right)\div\left(-\dfrac{20}{21}\right)=-\dfrac{3}{10}-\left(-\dfrac{6}{7}\right)\times\left(-\dfrac{21}{20}\right)=-\dfrac{3}{10}-\dfrac{9}{10}=-\dfrac{6}{5}$

(3) $6a^2b^3\div 2ab^2\times\left(\dfrac{4}{3}ab\right)^2=\dfrac{6a^2b^3\times 16a^2b^2}{2ab^2\times 9}=\dfrac{16}{3}a^3b^3$

(4) $\dfrac{-2x+5y}{6}-\dfrac{-3x+7y}{8}=\dfrac{4(-2x+5y)-3(-3x+7y)}{24}=\dfrac{-8x+20y+9x-21y}{24}=\dfrac{x-y}{24}$

(5) $-\dfrac{\sqrt{50}}{3}+\sqrt{18}-\dfrac{5}{\sqrt{8}}=-\dfrac{5\sqrt{2}}{3}+3\sqrt{2}-\dfrac{5\sqrt{2}}{4}=\dfrac{-20\sqrt{2}+36\sqrt{2}-15\sqrt{2}}{12}=\dfrac{\sqrt{2}}{12}$

(6) $6x(3x-4y)-(3x+4y)^2=18x^2-24xy-(9x^2+24xy+16y^2)=9x^2-48xy-16y^2$

基本 〔2〕 (等式の変形，2次方程式，角度，平面図形，関数，確率)

(1) $m=\dfrac{a-3b}{2}$　$2m=a-3b$　$3b=a-2m$　$b=\dfrac{a-2m}{3}$

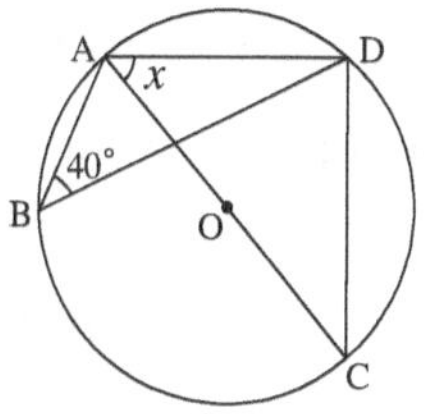

(2) $3x^2-4x-1=0$　解の公式を用いて，
$x=\dfrac{-(-4)\pm\sqrt{(-4)^2-4\times3\times(-1)}}{2\times3}=\dfrac{4\pm\sqrt{28}}{6}=\dfrac{2\pm\sqrt{7}}{3}$

(3) 右の図のように，A～Dをとると，ACは直径だから，∠ADC＝90°
$\overset{\frown}{\mathrm{AD}}$の円周角だから，∠ACD＝∠ABD＝40°　よって，∠x＝180°－

$90°-40°=50°$

(4)　中心角の大きさを$x°$とすると，$2\pi\times12\times\frac{x}{360}=10\pi$　　$x=360\times\frac{10}{24}=150$

(5)　yの最小値は，$x=0$のとき$y=0$　　yの最大値は，$x=4$のとき$y=2\times4^2=32$　　よって，$0\leqq y\leqq32$

(6)　手の出し方は，$3\times3=9$(通り)　　このうち，あいこはグー，チョキ，パーの3通りあるから，勝ち負けが決まる確率は，$\frac{9-3}{9}=\frac{2}{3}$

［3］（連立方程式の利用）

(1)　反対方向にまわると30分後に出会うことから，$\frac{30}{60}x+\frac{30}{60}y=3.9$…①　　同じ方向にまわると2時間10分＝130分後に追い抜くことから，$\frac{130}{60}x-\frac{130}{60}y=3.9$…②

(2)　①より，$x+y=7.8$…③　　②より，$x-y=1.8$…④　　③＋④より，$2x=9.6$　　$x=4.8$　　これを③に代入して，$y=3$　　よって，Aさんの速さは時速4.8km，Bさんの速さは時速3km

［4］（図形と関数・グラフの融合問題）

基本　(1)　放物線はy軸に関して対称だから，OA＝OC　　また，AO：AC＝1：$\sqrt{2}$だから，△AOCはOA＝OCの直角二等辺三角形である。

基本　(2)　線分ACとy軸との交点をDとすると，AD＝DO＝3　　よって，A(−3，3)

基本　(3)　$y=ax^2$は点Aを通るから，$3=a\times(-3)^2$　　$a=\frac{1}{3}$

重要　(4)　点Bから直線$y=3$にひいた垂線をBEとすると，OD：BE＝△AOC：△ABC＝1：3　　BE＝3OD＝3×3＝9　　よって，点Bのy座標は3＋9＝12　　$y=\frac{1}{3}x^2$に$y=12$を代入して，$12=\frac{1}{3}x^2$　　$x^2=36$　　$x>0$より，$x=6$　　よって，B(6，12)　　直線ABの式を$y=mx+n$とすると，2点A，Bを通るから，$3=-3m+n$，$12=6m+n$　　この連立方程式を解いて，$m=1$，$n=6$　　よって，$y=x+6$

重要　(5)　F(0，6)とする。求める立体の体積は，△BCFと正方形AOCFを直線ABを軸として1回転させてできる円錐と円柱の体積の和に等しい。$BF=\sqrt{(6-0)^2+(12-6)^2}=6\sqrt{2}$，$AF=CF=\sqrt{(3-0)^2+(3-6)^2}=3\sqrt{2}$より，$\frac{1}{3}\pi\times(3\sqrt{2})^2\times6\sqrt{2}+\pi\times(3\sqrt{2})^2\times3\sqrt{2}=90\sqrt{2}\pi$

［5］（平面図形の計量）

基本　(1)　六角形$O_1O_2O_3O_4O_5O_6$は正六角形だから，$\angle O_1O_2O_3=120°$より，$\angle O_2O_1O_3=(180°-120°)\div2=30°$

基本　(2)　点O_1を通る円Oの直径をABとすると，AB＝4×2＝8　　円O_1の半径をrとすると，$AO_1=BO_4=r$，$O_1O=OO_4=2r$　　よって，$r+2r+2r+r=8$　　$6r=8$　　$r=\frac{4}{3}$

重要　(3)　1辺の長さがaの正三角形の高さは$\frac{\sqrt{3}}{2}a$で表せるから，$\triangle OO_1O_2$の高さは$\frac{\sqrt{3}}{2}\times\frac{4}{3}\times2=\frac{4\sqrt{3}}{3}$　　よって，$O_1O_3=\frac{4\sqrt{3}}{3}\times2=\frac{8\sqrt{3}}{3}$

重要　(4)　円Oと円O_2との接点をC，円O_1と円O_2との接点をDとすると，影の部分の面積は，おうぎ形OACの面積から，$\triangle OO_1O_2$とおうぎ形O_1ADとおうぎ形O_2DCの面積の和をひいて求められる。よって，その面積は，$\pi\times4^2\times\frac{60}{360}-\left\{\frac{1}{2}\times\frac{8}{3}\times\frac{4\sqrt{3}}{3}+\pi\times\left(\frac{4}{3}\right)^2\times\frac{120}{360}\times2\right\}=\frac{8}{3}\pi-\left(\frac{16\sqrt{3}}{9}+\right.$

$\frac{32}{27}\pi\Big)=\frac{40}{27}\pi-\frac{16\sqrt{3}}{9}$

〔6〕（空間図形の計量）

基本 (1)　この立体は12個の三角形の面からなるから，辺の数は$3\times12\div2=18$

重要 (2)　BE//UW//CH　　$UW=BE=\sqrt{2}AB=6\sqrt{2}$，$RS=PQ=\frac{1}{3}BE=2\sqrt{2}$　　PR⊥(平面UVWT)で，線分PRとUWとの交点をXとすると，$PX=RX=\frac{1}{2}BC=4$　　六角形PQWSRUの面積は，台形PQWUの面積の2倍に等しいから，その面積は，$\frac{1}{2}\times(2\sqrt{2}+6\sqrt{2})\times4\times2=32\sqrt{2}$(cm^2)

重要 (3)　$TV=AF=BE=6\sqrt{2}$　　TV⊥(六角形PQWSRU)より，求める立体の体積は，六角錐T－PQWSRUの体積の2倍に等しいから，その体積は，$\frac{1}{3}\times32\sqrt{2}\times\frac{6\sqrt{2}}{2}\times2=128$(cm^3)

重要 (4)　PT，QTは縦4cm，横4cm，高さ2cmの直方体の対角線の長さに等しいから，$PT=QT=\sqrt{4^2+4^2+2^2}=6$　　線分PQの中点をYとすると，$PY=\frac{1}{2}PQ=\sqrt{2}$より，$TY=\sqrt{6^2-(\sqrt{2})^2}=\sqrt{34}$　よって，$\triangle TPQ=\frac{1}{2}\times2\sqrt{2}\times\sqrt{34}=2\sqrt{17}$　　PUは縦2cm，横4cm，高さ2cmの直方体の対角線の長さに等しいから，$PU=\sqrt{2^2+2^2+4^2}=2\sqrt{6}$　　線分PUの中点をZとすると，$PZ=\frac{1}{2}PU=\sqrt{6}$より，$TZ=\sqrt{6^2-(\sqrt{6})^2}=\sqrt{30}$　　よって，$\triangle TPU=\frac{1}{2}\times2\sqrt{6}\times\sqrt{30}=6\sqrt{5}$　　求める立体の表面積は，△TPU8個分と△TPQ4個分の面積の和に等しいから，その表面積は，$6\sqrt{5}\times8+2\sqrt{17}\times4=48\sqrt{5}+8\sqrt{17}$(cm^2)

★ワンポイントアドバイス★

出題構成や難易度はほぼA日程と変わらない。時間配分を考えながら，できるところからミスのないように解いていこう。

<英語解答>

Ⅰ　Part 1　1　b　　2　a　　Part 2　1　b　　2　c　　Part 3　1　d　　2　a　　3　d
Part 4　1　(1)　a　　(2)　c　　2　(1)　b　　(2)　c

Ⅱ　問1　1　She will stay there for a year.　　2　She saw a flash of bright green light. [She saw the aurora.]　　問2　1　イ　　2　エ　　問3　エ　　問4　ア　○　　イ　○　　ウ　○　　エ　×　　問5　ア　3　　イ　5　　ウ　6　　エ　5

Ⅲ　問1　①　エ　　⑥　ウ　　⑨　ア　　⑩　ウ　　問2　②　called　　⑤　held　　⑦　working　　⑧　founding　　問3　③　what to do in the future wars to help
④　there should be international treaties to protect

Ⅳ　問1　①　Actually I have known him since I was ten years old.
②　It is not easy to do so.　　③　He is as popular as Otani.
問2　(例)　It was very difficult for me to come into Japan because I had to stay at a hotel near the airport. I was lonely because I had no one to talk with in Japan.

When a teacher of this school gave me a call and said I could come here in a few days, I said " Thank you, " from my heart.

〇推定配点〇

Ⅰ　各2点×11　　Ⅱ　問1～問3　各3点×5　　他　各2点×8　　Ⅲ　問3　各3点×2
他　各2点×8　　Ⅳ　問1　各5点×3　　問2　10点　　　計100点

＜英語解説＞

Ⅰ　（リスニング）

Part 1　問題用紙にあるそれぞれの写真について英語で説明が放送されます。それぞれの写真を最も適切に説明しているものをa，b，c，dから選びなさい。

1. a. The two kangaroos are swimming.
   b. The kangaroos are at the beach.
   c. Two kangaroos are in the ocean.
   d. People look at kangaroos in the zoo.
2. a. The people are working on the computer.
   b. The people are working outside.
   c. The people are having coffee.
   d. The people are watching TV.

1. a. 「2頭のカンガルーが泳いでいる」
   b. 「カンガルーたちがビーチにいる」
   c. 「2頭のカンガルーが海にいる」
   d. 「人々が動物園でカンガルーを見る」
2. a. 「人々がコンピュータで仕事をしている」
   b. 「人々が外で仕事をしている」
   c. 「人々がコーヒーを飲んでいる」
   d. 「人々がテレビを見ている」

Part 2　英語で質問の文が放送されます。それぞれの質問に対し，最も適切な答えをa，b，c，dから選びなさい。

1. How did you come to school?
2. Do you want something to drink?

1 「あなたはどうやって学校に来ましたか」
   a. 「私はバスで家に帰るつもりです」
   b. 「私は自転車に乗りました」
   c. 「学校に来るのに30分かかりました」
   d. 「私は朝8時に登校します」

2. 「あなたは何か飲み物がほしいですか」
   a. 「私はカフェに行くのが好きです」
   b. 「私はのどが渇いた時，水を飲みます」
   c. 「はい。お茶はありますか」
   d. 「私の水筒は空です」

Part 3　対話とそれに対する質問が放送されます。質問に対する答えとして最も適切なものを，a,

b，c，dから選びなさい。

1. A：When do you have to be at the airport?
B：My flight leaves at 5 o'clock.
A：OK. So we should be there by 3.
B：Yes, we have to leave soon.
Question：When will they leave for the airport?

2. A：Can I borrow some money?
B：Sure. How much do you need?
A：Just 150 yen. I'm really thirsty and I want to buy some tea.
B：Here you are. You don't have to return it.
Question：Why does he want to borrow money?

3. A：Can you speak any foreign languages?
B：Yes, I speak Chinese, Spanish, Japanese, and French.
A：Wow! That is a lot!
B：Yes. I like to travel all over the world.
Question：Which language does he NOT speak?

1. A：君は何時に空港にいなくてはいけないの？／B：私のフライトは5時発よ。／A：わかった。それなら3時までにそこにいなくてはいけないね。／B：ええ，もうすぐ出発しないと。
質問：「彼らはいつ空港に出発するか」
a. 「5時に」
b. 「3時に」
c. 「彼らは空港に行かない」
d. 「まもなく」

2. A：お金をすこし借りられる？／B：いいわよ。どのくらい必要なの？／A：150円だけ。本当にのどが渇いていてお茶を買いたいんだ。／B：はい，どうぞ。返さなくていいよ。
質問：「どうして彼はお金を借りたいのか」
a. 「何か飲み物を買いたいから」
b. 「バスに乗る必要があるから」
c. 「電話をかけるつもりだから」
d. 「パンを買いたいから」

3. A：何か外国語が話せる？／B：うん，僕は中国語，スペイン語，日本語，フランス語を話すよ。／A：わあ！　それはたくさん！／B：うん。僕は世界中を旅するのが好きなんだ。
質問：「彼が話さないのはどの言語か」
a. 「フランス語」　b. 「スペイン語」　c. 「日本語」　d. 「ロシア語」

Part 4　英語で短い物語とその内容についての2つの質問が放送されます。質問に対する答えとして最も適切なものを，a，b，c，dから選びなさい。物語は2つあります。

1. In August of 2021, the Paralympics were held in Tokyo. This year, one country sent a team to the games for the first time. This country has never joined the Paralympics before. What country was it? It was the South American country of Paraguay. The team only had two members, runner Melissa Galeano and swimmer Rodrigo Hermosa. Before the two athletes left for Japan, the president of Paraguay met with them and gave them Paraguay's national flag to carry during the opening ceremony. They couldn't win a

medal, but they both did their personal best.

Question 1：How many athletes were on the Paraguay Paralympic team?

Question 2：What did the president of Paraguay give the athletes?

2. Do you know where the longest subway system in the world is? Tokyo? London? New York City? No, those are all good guesses, but the longest subway system in the world is in Seoul, Korea. The subway system there was begun in 1974. Since then it has grown to be a total of 940 kilometers long. The Seoul subway system has 17 lines. More than 2 and a half billion people ride the subway in Seoul every year. This makes it the second-busiest subway system after Tokyo.

Question 1：How long is the Seoul Subway System?

Question 2：Where is the busiest subway system in the world?

1. (全訳) 2021年8月，東京でパラリンピックが開催された。今年，ある国が初めてチームを派遣した。この国は今までパラリンピックに参加したことがなかった。それはどの国だったか。それは南アメリカの国，パラグアイだった。チームには，陸上選手のメリッサ・ガリアノと水泳選手のロドリゴ・ヘルモサの2人しかいなかった。2人の選手が日本に出発する前，パラグアイの大統領が彼らと会い，開会式で掲示するための国旗を渡した。彼らはメダルを獲得することはできなかったが，二人とも自己ベストを果たした。

(1) 「パラグアイのパラリンピックチームには何人の選手がいたか」

a. 「2人」　b. 「12人」　c. 「20人」　d. 「22人」

(2) 「パラグアイ大統領は選手たちに何を渡したか」

a. 「金メダル」

b. 「開会式のチケット」

c. 「国旗」

d. 「代表ユニフォーム」

2. (全訳) 世界最長の地下鉄のシステムはどこにあるか知っていますか。東京？　ロンドン？　ニューヨーク市？　いや，それらは皆，良い読みだが，世界最長の地下鉄システムは韓国のソウルにある。その地下鉄システムは1974年に始まった。それ以来，拡大して全長940kmになっている。ソウルの地下鉄システムには17路線がある。毎年，25億人以上がソウルの地下鉄に乗る。これにより東京に次いで2番目に混雑した地下鉄システムになっている。

(1) 「ソウルの地下鉄システムはどのくらいの長さか」

a. 「1974km」　b. 「940km」　c. 「17km」　d. 「25億km」

(2) 「世界で最も混雑した地下鉄システムはどこにあるか」

a. 「ソウル」　b. 「ロンドン」　c. 「東京」　d. 「ニューヨーク市」

Ⅱ (長文読解問題・物語文：英問英答，内容吟味，指示語，内容一致)

(全訳) ① 真夜中で，北極の上空だった。クラウディアは機内で寝ていない唯一の人物だった。彼女の父親は彼女の横で寝ていて，クラウディアは彼に対して怒っていた。もし彼がノルウェイで新しい仕事を見つけなかったら，彼女は親友に別れを言う必要がなく，かわいいウサギのクランペットを置いていく必要もなかった。

② 「たった1年間だよ」と彼は言ったが，彼女は永遠のように感じた。そう，彼女の祖母は来ることができるが，クランペットは飛行機に乗れないし，友達たちは彼女のことを忘れてしまうかもしれない。彼女の母親は，クラウディアが母と継父の家にいてもいいと言ったが，クラウディアは自分と父親だけの小さな二人家族が大好きだった。彼らはボードゲームをしたり，夜に星を見たり，

毎週末に図書館に行ったりして，一緒に過ごした。

[3] 彼女は悲しそうに窓の外を見た。今はすべてが真っ暗で彼女は退屈した。彼女は何枚かチョコレートクッキーを食べた。すると強風のために機体が揺れ出し，彼女は後ろに小さな声を聞いた。

[4] クラウディアは席越しに見た。彼女と同年代の少女が，寝ていないで爪を噛んでいた。彼女の瞳は月のように大きかった。「私は飛ぶのが怖いの」と彼女は小さな声で言った。「窓から外を見るといいよ」とクラウディアはブラインドを上げ，星や何か面白いものが見えることを願った。

[5] 明るい緑色の光がきらめいた。クラウディアの口はあんぐりと開き，彼女はクッキーの包みを落とした。もう一人の少女が微笑んで上体を起こした。「あれはオーロラ。北極光よ」 オーロラはエメラルドのように夜の中に広がった。「ノルウェイでは，私たちの昔話によると，あの光は馬に乗って空を渡るバイキングの鎧から生じるんだって。でもフィンランドの神話のほうが私は好き」とその少女は言った。「彼らはオーロラを火キツネと呼ぶの。そのキツネたちは空をすごい速さで走ったから，その尻尾が輝いて夜を照らしたと彼らは信じている」

[6] 「素晴らしい」とクラウディアは窓の外を見ながら言った。彼女は空想し始めて，「一面に広がる，輝くほたるたちのように見えるわ」と言った。もう1人の少女は笑って「もしくは，魔法を使って夜を染めている魔法使い！」と言った。「もしくは，光るドレスを着て空の中を踊っている妖精たち」とクラウディアは言い，腕を後ろの座席に置いた。もう1人の少女は飛行機が揺れていることにもはや気が付かなかった。

[7] 「客室乗務員は着陸に備えて着席してください」とパイロットが言った。北極光は消えてしまった。飛行機が下がっていくと，都市が見えた。「トロムソよ」ともう1人の少女がうれしそうに言った。「これが私の地元」 クラウディアはチョコレートクッキーを手に取り，その包みをその少女に渡した。「そこは今年，私の地元にもなる。私はクラウディアよ」と彼女はすこし恥ずかしそうに言った。「アストリッドよ」ともう1人の少女が言い，クッキーを何枚か取った。「あなたはインターナショナルスクールに通うの？」 クラウディアはうなずき，また不安に感じた。アストリッドは彼女を見た。「そこは私が通っている学校よ。みんな本当にいい人たちよ。学校が始まる前に，私の家に来ない？　私があなたに全部教えてあげる。私のママは最高のホットチョコレートを作るし，家の裏の森にスキーをしに行けるよ」

[8] クラウディアは微笑み返した。①それは魔法のように聞こえた。「うん，お願い！」 彼女はもしかしたら今年はそれほど悪くならないかもしれない，と思い始めた。

やや難 問1　1「クラウディアはノルウェイにどのくらい滞在する予定か」「彼女はそこに1年間滞在する予定だ」 段落[2]の第1文参照。　2「クラウディアは後ろの少女のためにブラインドを上げた時に何を見たか」「彼女は明るい緑色の光の閃光を見た」 段落[5]の第1文参照。a flash of bright green light は同段落第4文で the aurora と説明されているので，She saw the aurora.「彼女はオーロラを見た」と答えてもよい。

問2　1「クラウディアはなぜ父親に腹を立てていたのか」 イ「なぜなら彼女は父親の新しい仕事のためにノルウェイに引っ越さなくてはならなかったから」 段落[1]の最終文参照。　2「クラウディアの後ろの少女はなぜ小さな声を出したのか」 エ「飛行機が揺れ出したから」 段落[3]の最終文および段落[4]参照。少女は飛行機が苦手で，機体が揺れたため怖かった。

問3　アストリッドは偶然にもクラウディアが入学する予定の学校に通っており，家に遊びに来るよう誘ってくれた。そこで，友達になれそうだと思い，ノルウェイでの新生活がうまく行くかもしれないと思った。

やや難 問4　ア「クラウディアはノルウェイに行くために友達に別れを言わなくてはならなかった」(○)　イ「クラウディアは，自分は機内で寝ていない唯一の人物ではないとわかった」(○)　段落[1]の第2文に，「クラウディアは機内で寝ていない唯一の人物だった」とあるが，段落[4]の第2文より，クラウディアの後ろの席の少女も寝ていないことがわかる。　ウ「アストリッドはクラウディアと話してリラックスした」（○）　段落[6]参照。アストリッドはクラウディアと話して気分が紛れ，機体の揺れに気づかなかった。　エ「クラウディアは地元を離れる前にノルウェイで友達を作った」（×）　クラウディアは新しい地元の街に着く前に，機内で友達を作った。

やや難　問5　ア　段落[3]の第2文に got bored「飽きた」とある。　イ　段落[5]の第2文「口が開いてクッキーを落とした」より，surprised「驚いた」が適切。　ウ　段落[7]の最後から6番目の文に felt nervous とある。　エ　段落[7]の終わりのアストリッドの言葉を参照する。クラウディアは，自分が入学する学校にアストリッドが通っているとわかり，驚いたはずである。

Ⅲ（長文読解問題・紹介文：語句補充・選択，前置詞，熟語，関係代名詞，語形変化，分詞，時制，動名詞，語句整序，不定詞，構文，助動詞）

（全訳）　赤十字はどのようにして始まったか

1859年，アンリ・デュナンというスイス人男性が商用でイタリアへ行った。当時，イタリアで戦争があった。フランスとイタリアの軍がオーストリア軍と戦っていた。1859年6月24日の晩，デュナンはソルフェリーノという町に到着した。彼はその日，その町の近くで起きた大きな戦闘の直後に，そこに到着した。戦場には数千の怪我をした兵士たちが残されていた。しかし彼らを世話する人は誰もいなかった。デュナンはショックを受けた。

デュナンはその町の人々に怪我をした兵士たちを助けるよう頼んだ。そして彼は彼らとボランティア活動を始めた。後に彼は『ソルフェリーノの思い出』②という名の本を書いた。その中で彼は戦闘の後に何が起きたかを記した。③彼はまた，怪我をした兵士を助けるために，未来の戦争において何をすべきかについて話した。彼の考えの1つは，すべての国が怪我をした人々を助けるためのボランティア団体を持つべきだ，というものだった。④彼のもう1つの考えは，こうしたボランティアの人々を守るために，国際条約があるべきだというものであった。

1863年，デュナンと4人の他のスイス人たちは国際赤十字委員会を設立した。1年後，1864年に，赤十字はスイスのジュネーブで国際会議⑤を開催した。そこで12か国が初のジュネーブ条約に調印した。この国際条約は戦争において，怪我をした兵士，医師，看護師，ボランティアの保護のために規則を定めた。またそれは，医師，看護師，ボランティアのためのシンボルも紹介した。白地に赤の十字だ。

その頃にはもうデュナンは赤十字の創設者⑥として有名だった。彼は世界中に赤十字を導入するため非常に精力的に働いた。しかし問題が1つあった。彼は自分の事業をする時間がなかった。彼の事業はお金を失っていった。デュナンは赤十字のために⑦働くことをやめなくてはならなかった。その後，何年間も彼は忘れられていた。しかし1895年に，あるジャーナリストがデュナンを再発見し，彼について書いた。デュナンはまた有名になった。1901年，彼はついに赤十字⑧を創設したことに対して初のノーベル平和賞を受賞した。

赤十字のシンボルは白地に赤い十字だ。また，イスラム教国では十字⑨の代わりに，赤い三日月を使う。三日月は半月のように見える。現在186か国が国際赤十字・赤新月運動に参加している。世界のいかなる場所で戦争や災害があれば，赤十字や赤新月のボランティアたちは怪我人や助けを必要としている人を助けようとする。それはすべて，150年前にソルフェリーノの戦場で，1人の偉大な男，アンリ・デュナンとともに始まった。

問1　①　take care of ～「～の世話をする」　⑥　as ～「～として」　⑨　instead of ～「～の代わりに」　⑩　空所直後に動詞があることから，主格の関係代名詞が入る。

問2　②　過去分詞 called にする。A called B「Bと呼ばれるA，Bという名のA」　⑤　hold「～

を開催する」の過去形 held を入れる。hold − held − held ⑦ stop ~ing「~するのをやめる」 ⑧ found「~を創設する」 ここでは前置詞 for の後ろなので動名詞 ~ing にする。

重要 問3 ③ talked about「~について話した」に続くよう，what to do「何をすべきか」を置き，in the future wars「未来の戦争において」と続ける。to help wounded soldiers は目的を表す副詞的用法の不定詞で「怪我をした兵士を助けるために」。 ④ 〈there are ＋名詞の複数形〉「~がある」に助動詞 should「~するべき」を加えて there should be ~「~があるべきだ」とする。to protect these volunteers は目的を表す副詞的用法の不定詞で「こうしたボランティアの人々を守るために」という意味。

Ⅳ (長文読解問題・会話文：和文英訳，現在完了，接続詞，不定詞，比較，条件英作文)

(全訳) ケイト：あなたは野球を見るのが好きでしょう？ 今年，世界中の野球ファンは大谷翔平にワクワクしたわ。

ユミ ：もちろんよ！ 今シーズン，大谷翔平選手は本当にすごかった。彼はバッターとしてだけではなく，ピッチャーとしても本当に野球が上手。それにすごくたくさんのホームランも打ったし！ 彼は世界最高の野球選手の1人だと思うわ。

ケイト：私はそう思う。①実は私，自分が10歳のころから彼を知っているの。私は彼の笑顔が好き。彼はかわいいよね。彼の人格もすごくいい。彼はいつもファンに対して親切にしようとしている。そしてごみを見つけると，いつも拾う。②そうするのは簡単ではないわ。私は彼が今年，アメリカンリーグの最優秀選手になることを願っている。

ユミ ：私はそう願っているよ。でもアメリカンリーグには最優秀選手になるかもしれないもう1人の選手がいる。彼の名前はウラジミール・ゲレーロよ。彼は今シーズン，リーグで最もホームランを打っている。③彼は大谷と同じくらい人気なのよ。大谷は海を渡ってアメリカに行った。そして新しく困難な環境で，すごく頑張った。だから私は本当に彼に最優秀選手になってほしい。彼はいつも謙虚で，自分を助けてくれるどんな人にも感謝することを心がけている。私は彼のように頻繁には「ありがとう」って言わない。あなたはどう？ 最近誰かに「ありがとう」と言った？

ケイト：うん，言ったよ。(解答例の訳)④私が日本に入国するのはとても大変だったの，なぜなら空港近くのホテルに滞在しなくてはならなかったから。私は日本に話し相手がいなくて孤独だった。この学校の先生が私に電話をくれて，私が数日でここに来られると言ってくれた時，私は心から「ありがとう」と言ったわ。

ユミ ：わあ！ それはよい経験ね。

重要 問1 ① 継続を表す現在完了〈have ＋過去分詞〉の文にする。since ~「~以来ずっと」 ② 形式主語構文〈It is … to ＋動詞の原形〉「~することは…」 ③ as … as ~「~と同じくらい…」 popular「人気がある」

やや難 問2 ケイトはアメリカ人留学生なので，その点をふまえた文章を考えよう。「日本で言葉や習慣がわからず困った時や，家族・友人がいなくて寂しい時に，誰かに助けてもらって感謝した」という内容の文にするとよいだろう。

★ワンポイントアドバイス★

Ⅱの長文読解問題は，主人公の心情の移り変わりを読み取る問題が出題されている。(問5) 心情の読み取りは物語文の読解で非常に重要である。

＜国語解答＞

一　問一　a　たくさん　b　みす(え)　c　複雑　d　癖　e　陥(り)　問二　①　ウ　②　ウ　問三　A　ア　B　エ　問四　(例)　昔は最高の知識人でも天動説を信じていたこと。　問五　イ　問六　エ　問七　(例)　一方的に教えられているのではなく，対話しながら自分の考えを整理しているということ。　問八　(例)　健全な好奇心を持って自分の頭で考えつつ対話することで，少しずつレベルが高くなっていくから。

二　問一　a　ひげ　b　ぶべつ　c　徐々(に)　d　消滅　e　眺(め)　問二　①　ア　②　ウ　問三　1　イ　2　(例)　明治時代になって西洋化が進み，日本は西洋に対して遅れていて恥ずかしいと考えるようになったこと。　問四　1　和服や和食や和室
2　(例)　異質なものや対立するものをなごやかに調和させ，共存させるもの。
問五　電気やガラスやタイル　問六　(例)　明治維新から七十年近くが過ぎ，近代化が進んで江戸時代以前の日本文化は失われてしまったと考えるもの。

三　問一　(例)　盗人の数の方が多いので，自分一人で抵抗することは無理だということ。
問二　ア　問三　ウ　問四　エ　問五　(例)　大釜の中で寝ていたので，自分が釜ごと家の外に運び出されていたことに気づかず，蓋を開けた時に星が見えたので，家の方がなくなったと思ったから。

四　1　イ　2　エ　3　ア　4　ウ　5　イ

○推定配点○
一　問四・問七・問八　各4点×3　他　各2点×11　二　問一～問二・問五　各2点×8
他　各4点×5　三　各4点×5　四　各2点×5　計100点

＜国語解説＞

一　(論説文―大意・要旨，内容吟味，文脈把握，指示語の問題，脱文・脱語補充，漢字の読み書き，語句の意味，ことわざ・慣用句)

問一　a　数量が多いこと。「沢」の訓読みは「サワ」。「沢」を使った熟語は，他に「光沢」「潤沢」などがある。　b　「見据える」は，じっと見つめること。　c　物事がこみいっていること。「雑」の他の音読みは「ゾウ」で，「雑木」「雑炊」などの熟語がある。　d　音読みは「ヘキ」で，「潔癖」「性癖」などの熟語がある。　e　他の訓読みは「おとしい(れる)」。音読みは「カン」で，「陥落」「欠陥」などの熟語がある。

やや難　問二　①　最後までやり抜く，どこまでも，という意味がある。　②　暮らしにくい，計算高くてゆとりがない，という意味がある。

やや難　問三　A　直前に「これが」という指示語があるので，前の「もしこの法則が正しいとしたら，次にこうした実験をすると，このような結果が出るのではないかと考えて，確かめる」ことを意味する語が入る。物事がもう一度現れるという意味のアの「再現」を選ぶ。　B　直前に「これを」という指示語があるので，前の「検証を繰り返していくことによってより正しく法則性を見つけていく」に着目する。これは，どのような「証明」か。個々の具体的な事例から一般的な法則を導き出す様子を表すエの「帰納的」が入る。

問四　筆者が「パラダイムは必ずしも正しいとは限りません」と言う根拠を指し示す。直前の文「昔は天動説のパラダイムでみんな生きていて，最高の知識人たちでさえ信じていました」を，「～こと。」の形でまとめる。

問五　――線部2「健全な好奇心を持って疑う」について，一つ後の文で「なにかを言われたから

といって，本当のことだと思い込まない」と説明している。イの「あの人は意地の悪い人だから」は，他から言われたものではなく自分で思ったことなので，――線部2「健全な好奇心を持って疑う」にふさわしくない。アは「天気予報」，ウは「先生」，エは「賞味期限」という表示に言われたことを疑っているので，ふさわしい。

基本 問六　――線部3は慎重を期すことを意味しており，ほぼ同じ意味を表すことわざはエ。アは安全で確実な方法の方が実ははやい，イは何かをすると災難や幸運に合う，ウは辛抱すれば成功するという意味を表す。

問七　「生徒」がしていることを，直後の文で「対話は，一方的に教えてもらうのではなく，自分の考えを整理していくことなのです」と説明している。この内容を「～こと。」の形で答える。

重要 問八　「変化していく」ことが「大切」な理由を，直前の文で「人と話し合って少しずつ良くしていく，より高いレベルにしていく」と述べている。この内容に，「科学的に考える上で」で始まる段落の「科学的に考える上で最も重要なこと……『健全な好奇心をもって疑う』こと」という筆者の科学をめぐる考えを加えてまとめる。

二　(論説文一内容吟味，文脈把握，漢字の読み書き，語句の意味)

問一　a　自分を劣ったものとしていやしめること。「卑」の訓読みは「いや(しい)」。　b 「侮」の訓読みは「あなど(る)」。「蔑」の訓読みは「さげす(む)」。　c　進行がゆっくりしている様子。「徐」を使った熟語には，他に「徐行」などがある。　d　消えてなくなること。「滅」の訓読みは「ほろ(びる)」。　e　音読みは「チョウ」で，「眺望」という熟語がある。

問二　①　「はば(を)き(かせ)」と読む。　②　動的な，という意味になる。

問三　1　ここでの「皮肉」は，期待とは違った結果になるという意味で用いられている。日本人が日本を「和という誇り高い言葉に書き換えたにもかかわらず」「和と呼んで卑下しはじめた」ことを指している。この内容を述べているイがふさわしい。日本を「和」と呼んだのは日本人なので，「外国人が見下げて使っていた」とあるアはふさわしくない。ウの「外国人を差別する『倭』」，エの「『倭』を，良い意味で使えばよい」とは述べていない。　2　冒頭の段落にも「卑下」とあり，――線部1の具体的な内容を冒頭の段落で述べている。「明治時代になって西洋化が進むと江戸時代以前の日本の文化とその産物をさして和と呼ぶようになった……この新しい意味の和は進んだ西洋に対して遅れた日本という卑下の意味を含んでいた」を，「卑下」を遅れていて恥ずかしいなどの具体的な表現に言い換えてまとめる。

問四　1　――線部2「和の残骸」と同様の表現が，直前の段落に「和の化石であり，残骸にすぎない」とある。この表現の直前の文「和服や和食や和室などはほんとうの和とはいえない」から適当な部分を抜き出す。　2　同じ段落の冒頭で「異質なもの，対立させるものを調和させるという本来の和」と筆者の考えを述べている。この内容に，一つ後の段落の「異質なもののなごやかな共存こそが，この国で古くから和と呼ばれてきたもの」などの表現を加えてまとめる。

基本 問五　「和風の住宅」にもちこまれた「西洋文明の産物」は何か。直前の文の「電気やガラスやタイルが和風住宅にそぐわない」に着目し，ここから「西洋文明の産物」に相当する内容を抜き出す。

やや難 問六　――線部4の谷崎の嘆きは，具体的には「『陰翳礼賛』の中で」で始まる段落の「西洋文明がもたらした電気やガラスやタイルが和風の住宅にはそぐわない」というものである。この谷崎の嘆きは，どのような思いからくるのかを考える。最終段落で「『陰翳礼賛』は……谷崎と言う一人の作家を通してその時代がとりつかれていた過去の日本への郷愁を色濃く反映させることになった」と谷崎の嘆きを言い換えているので，その前の「明治維新から七十年近くが過ぎたこの時代，人々はすでに近代化された日本に暮らし……江戸時代以前の日本とその産物は失われた」という内容をまとめる。

三 (古文―主題・表題，文脈把握，口語訳)

〈口語訳〉 田舎で一人暮らしをしている者の所へ，盗人が入って，ほとんど(の物を)持ち去ってしまった。亭主がつくづく思うことには，「盗人は大勢(いるが)，おれは一人(しかいない。)どうしたってかなわない。もう道具もすべて取られてしまったので，(今度は)おれを縛って，『金を出せ金を出せ』と，おそらくせめるだろう。おや運がよい，あの大釜(の中に隠れていること)には，決して気づかないだろう」と，大釜の中へ入って，蓋をして，中で眠り込んでいる。そんなこととは知らず，どろぼうが二人，前後で肩にかついで大釜をかつぎ出し，さっさと行ったのだが，(大釜の)中では(ひとり者の男が)背中を縮めていたせいだろうか，眠り込んでいて，ぐっと伸びをする。「これはたまらない」と，盗人はうしろも見ないで，逃げて行く。まもなく(ひとり者の男は)釜の中で目を覚まして，そっと蓋を開けてみると，星だけ(しか見えない)。「南無三宝，家までとられた」(とひとり者の男は嘆いた)。

問一 「所詮かなふまじ」は，どうしてもかなわないという意味。直前の「盗人は大ぜい，おれは一人」に着目する。盗人の数が多いので，自分一人で抵抗することは無理だということになる。

問二 冒頭の文に「盗人がはいつて，大方持つてゆく」とある。盗人が入って，ほとんど持ち去ってしまったという状況にふさわしいものを選ぶ。ほとんど取られたので，イの「かくしてしまった」は合わない。ウの「安物だった」や，エの「仲間に全て分けた」とは書かれていない。

やや難 問三 「よも」は，まさか，絶対という意味で，「心がつく」は気づく，という意味。後で「ひとり者」の男が大釜の中へ入っているので，「大釜の中に隠れていることには決して気づかないだろう」とあるウが最もふさわしい。

問四 大釜をかついでいた盗人たちは，何にたいして「これはかなわぬ」と思ったのかを読み取る。直前の文に，大釜に入っていた「ひとり者」の男が「中では背をこごめて居たせいやら，寝入つてゐて，ぐつと伸びをする」とあり，そのせいで大釜が突然動き出したのである。「何も入っていないと思った大釜が突然動き出した」とあるエが最もふさわしい。アの「古い大釜」「妖怪が変化」や，イの「別の泥棒」，ウの「神仏のばち」が読み取れる描写は見られない。

重要 問五 「ひとり者」の男は，大釜の中で寝ていたので，自分が釜ごと家の外に運び出されていたことに気づかず，蓋を開けた時に星が見えたのである。この状況を述べて理由とする。

四 (文と文節)

1 「いっそう」は，「がんばるように」を修飾している。 2 「いる」は，「つもって」を補助している。 3 「いなかった」という述語の主語は，「私しか」。 4 「明るさと」と「力強さが」は，対等に並んでいる。 5 「急いで」は，「歩く」を修飾している。

★ワンポイントアドバイス★

論説文の読解問題では，キーワードや言い換えの表現に注目することで，文脈をとらえやすくなる。言い換えの表現を見つけたら，その前後にも注目してみよう。

2021年度

入　試　問　題

2021
年
度

2021年度

宮城学院高等学校入試問題（A日程）

【数　学】（50分）　＜満点：100点＞

〔1〕 次の計算をしなさい。

(1) $10 \div (7-3^2) \times (-5)$

(2) $\left(-\dfrac{3}{2}\right) \div \dfrac{9}{5} - \dfrac{2}{5} \times \left(-\dfrac{3}{4}\right)$

(3) $\dfrac{3x+2y}{4} - \dfrac{x-2y}{2}$

(4) $\dfrac{6}{\sqrt{3}} - \sqrt{24} \div \dfrac{\sqrt{2}}{3}$

(5) $(x+2y)^2 + 4(2x+y)(2x-y)$

〔2〕 次の問に答えなさい。

(1) $2x^2+10x-12$ を因数分解しなさい。

(2) 2次方程式 $3x^2-4x-1=0$ を解きなさい。

(3) y は x に反比例し，$x=2$ のとき $y=-3$ です。y を x の式で表しなさい。

(4) 右の図は円錐と半球を組み合わせた立体です。表面積を求めなさい。ただし，円周率は π とします。

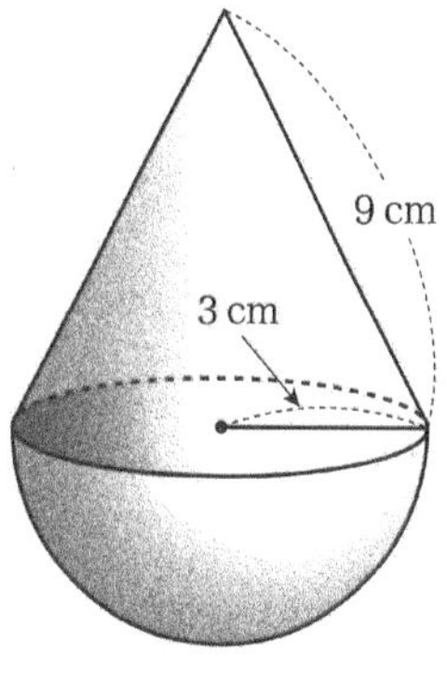

(5) 正十五角形の1つの内角の大きさを求めなさい。

(6) 大小2つのさいころを投げるとき，出る目の数の和が18の約数になる確率を求めなさい。

(7) 下の計算はまちがっています。どこでまちがっているか①～③から1つ選んで番号をかきなさい。また，正しく計算した答えをかきなさい。

$$(4a^2b-6ab^2) \div \frac{2}{3}ab$$
$$\overset{①}{=} (4a^2b-6ab^2) \times \frac{3}{2}ab$$
$$\overset{②}{=} 4a^2b \times \frac{3}{2}ab - 6ab^2 \times \frac{3}{2}ab$$
$$\overset{③}{=} 6a^3b^2 - 9a^2b^3$$

〔3〕 100円玉，50円玉，10円玉が合計30枚あり，その合計金額は1320円です。また，10円玉の枚数は100円玉の枚数の2倍です。

次の問に答えなさい。

(1) 100円玉の枚数を x 枚，50円玉の枚数を y 枚として，連立方程式をつくりなさい。

(2) 100円玉，50円玉，10円玉の枚数をそれぞれ求めなさい。

〔4〕 下の図のように，関数 $y=ax^2$ のグラフと直線 $y=b(x+3)+3$ が2点A，Bで交わっており，A，Bの x 座標はそれぞれ -3，6です。また，直線ABと y 軸との交点をCとします。

次の問に答えなさい。

⑴ 点Aの y 座標を求めなさい。

⑵ a，b の値を求めなさい。

⑶ 関数 $y=ax^2$ の x の変域が $-3 \leqq x \leqq 6$ のとき，y の変域を求めなさい。

⑷ 関数 $y=ax^2$ のグラフの $0<x<6$ の範囲に，△OABと△PABの面積が等しくなる点Pをとります。△CAOと△BCPの面積の比を，もっとも簡単な整数の比で表しなさい。

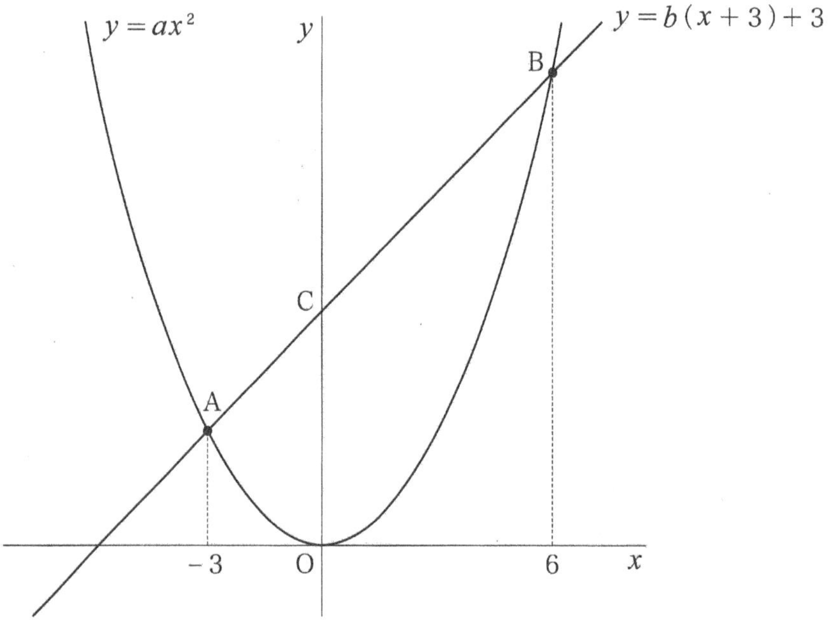

〔5〕 右の図は，AB＝8㎝，BC＝6㎝，AC＝6㎝である△ABCを，辺AB上の点Dと辺BC上の点Eを両端とする線分DEで折り返したものです。

AD＝4㎝，AG＝3㎝で，△ADGの面積が $2\sqrt{5}$ ㎝² であるとき，次の問に答えなさい。

⑴ 線分DGの長さを求めなさい。

⑵ 線分FHの長さを求めなさい。

⑶ △ABCの面積を求めなさい。

⑷ 四角形DEHGの面積を求めなさい。

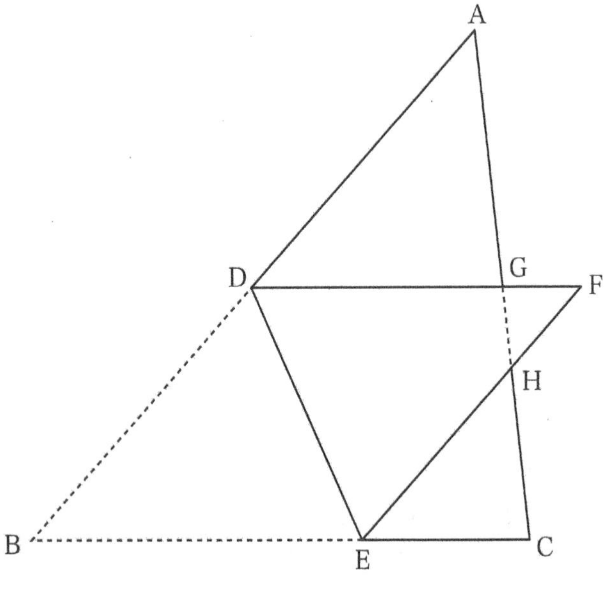

〔6〕 下の図はある立体の展開図です。△ABCはAB＝5㎝，BC＝4㎝，AC＝3㎝，∠ACB＝90°の直角三角形で，四角形ABDEは正方形，四角形ABFGは点Cが辺AG上にあるひし形，四角形ACHIは長方形です。

次の問に答えなさい。

(1) この立体を組み立てたときに，点Hと重なる点をすべて答えなさい。

(2) この立体の表面積を求めなさい。

(3) この立体の体積を求めなさい。

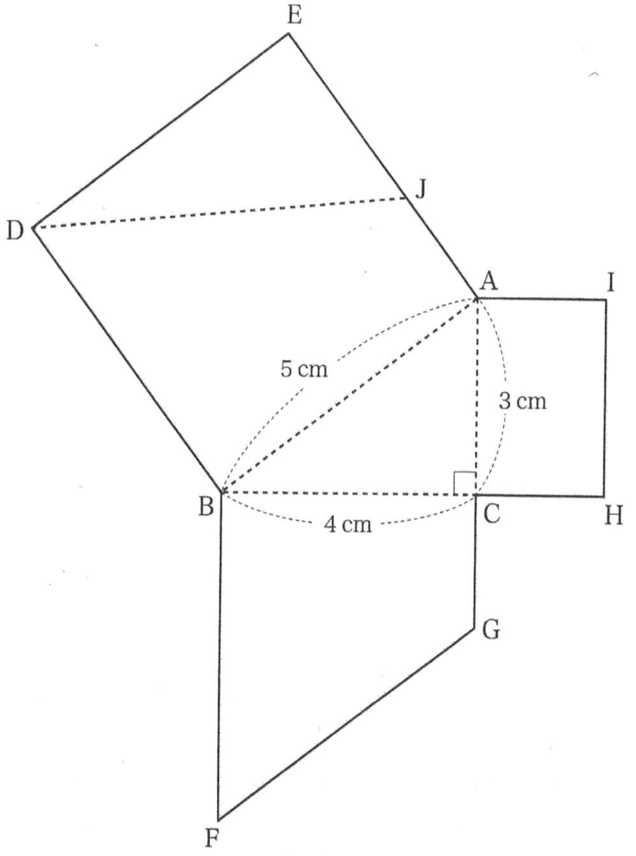

【英　語】（50分）　＜満点：100点＞　※リスニングテストの音声は弊社HPにアクセスの上，音声データをダウンロードしてご利用ください。

Ⅰ．リスニングテスト：放送の指示に従い，問題に答えなさい。

(Part 1)

1．

2．

(Part 2)

1．a. Yes, I will go next summer.
　b. France and Spain are in Europe.
　c. No, I haven't been to America.
　d. Yes, I have traveled to Germany and Italy.

2．a. Yes, I have some free time.
　b. Tokyo is a very busy city.
　c. No, I will come tomorrow.
　d. Yes, I have a lot of work to do.

(Part 3)

1．a. To buy lunch.　b. He forgot his money there.
　c. To buy something to drink.　d. To meet with his friends.

2．a. He is nervous about a test.　b. He only slept 4 hours.
　c. He read many books.　d. He ran really far.

3．a. Tom.　b. Mike.
　c. Tom's mother.　d. Michael Washington.

(Part 4)

1．(1) a. A red leaf.　b. The British flag.
　c. Two red stripes.　d. A white circle.

(2) a. America's.
　b. France's.
　c. Australia and New Zealand's.
　d. Japan and Korea's.

2．(1) a. He was from Illinois in America.
　b. He was very cool.

c. He was very kind.
d. He was very tall.

(2) a. 272 cm. b. 180 cm. c. 47 cm. d. 1940 cm.

Ⅱ. 次の英文を読んで，後の質問に答えなさい。

The Gift of Lost Friendship

When people look back on junior high school, they remember their teachers and their best friends. But the person I remember the most is a girl who isn't even my friend anymore. Lots of people can give you the gift of friendship, but this person gave me an even bigger gift. She gave me the gift of saying "I am no longer your friend." I know that sounds strange, but I will tell you about it.

I was so excited when I got on the school bus on the first day of junior high. I saw two girls sitting together. They smiled at me and invited me to sit with them.

"Hey!" one of the girls said. "My name is Heather. What's yours?"

"Rachel." I said in a small voice.

"Nice to meet you," said the other. "My name is Jessica."

I sat down and looked at the girls.

"Do you live around here?" I asked.

"Over there," said Heather as she pointed left.

We found out that we had first period together and we became friends. We ate lunch together. We had nice talks at the park. We spent many hours in Jessica's room on weekends. But our friendship wasn't always a good one.

Jessica was very fashionable, and she gave us a lot of advice about our clothes. But she had an "I'm-the-boss" character. She always wanted us to follow her.

One time, the three of us went to the mall. I wanted to go to *Abercrombie & Fitch*.

"*Abercrombie*? No way!" Jessica said, "I'm not going there. We're going to *Rave*."

As I did not want to argue, ① **I followed her into *Rave***, as my eyes were on the door to *Abercrombie*.

"That jacket will look great on you," Jessica said. "Try it on!"

"I don't like it very much...," I said.

Jessica looked at me angrily, so I went into the dressing room.

I bought the jacket in the end. I spent fifty dollars on a jacket that I didn't like, just to make Jessica happy.

Things went like this all through the first year. But when the second year started, things were different.

Jessica wanted us to spend all our time with her. If Jessica wanted to go ice skating, Heather and I had to come. If we were busy with other plans, [②]. We had to come, or she said we "didn't care about our friendship."

As time went on, I found I was behaving as someone else just to make Jessica happy. She said ③ **I was different** when I was with other people. I was always afraid she was going to be angry at me for saying something that she didn't like.

I had to take Jessica's side even when I didn't agree. For example, when she got in a fight with a girl named Leslie, she wanted me to be angry at Leslie too. When I told her I had no reason to be angry at her and that [④], Jessica didn't speak to me for three days.

Then, summer came around. On the last day of school, Jessica invited Heather and me to go to Cape Cod with her. I decided to go to Florida with another friend, and Jessica got angry. Before I came home, Jessica left for Cape Cod. I went to camp in Florida and didn't hear from her.

One hot day, my phone rang and the phone showed "Jessica." If I answered, she was going to be angry. If I didn't answer, she was going to be [⑤]. I answered the phone.

"Hey, how are you?" I asked.

"Fine," Jessica answered calmly.

"Is something wrong?" I asked, as I was afraid of her calm voice.

"Why do my other friends call me and you don't?!" she cried.

My heart was beating. I didn't say anything for a second as I was scared. Finally, I took a breath. "I'm sorry, I have been at camp in Florida. If you wanted to talk so much, why didn't you call me?"

"You don't care enough to call me!" Jessica cried. "I can no longer be your friend if you don't care."

I had to tell her the truth. I took a breath again and said, "Jessica, I'm afraid of you. It is fun to be with you, but you are scary. I never know when you will get angry at me. It's hard to have a friend who is always angry. I'm so sorry if I hurt your feelings but I thought [⑥]."

⑦ **The line went dead**. ⑧ **Almost the same thing happened to Heather after a few days**.

I sometimes wonder what my life was going to be like if I didn't tell her the truth. But telling the truth is never a mistake, and that was the most important thing that Jessica taught me. Real friends are there for you through the hardest times. Real friends respect you and encourage you to be yourself. They don't ask you to do something only to make them happy. Lots of people will give you the gift of friendship, but sometimes someone will give you the gift of lost friendship.

fashionable：おしゃれな　boss：ボス　No way：まさか　argue：言い争う

care：気にかける，心配する　behave：行動する，ふるまう
Cape Cod：ゴッド岬。アメリカの有名な観光地　Florida：フロリダ。アメリカの保養地
beat：（胸が）高鳴る，どきどきする　take a breath：深呼吸する　hurt：傷つける
respect：尊敬する，尊重する

問1　下線部① I followed her into Rave の時の Rachel の気持ちとして最も適切なものを下から選び，記号で答えなさい。
　ア．仲の良い友達である Heather がいなくて寂しい気持ち。
　イ．他の店に行かなくてよかったというほっとする気持ち。
　ウ．素敵な服を見つけて買おうというわくわくする気持ち。
　エ．自分が行きたくない店に無理矢理連れて行かれる嫌な気持ち。
問2　[②] に入れるのに最も適切な文を下から選び，記号で答えなさい。
　ア．she was busy, too　　イ．it made no difference
　ウ．she wasn't busy at all　　エ．the plans were very important
問3　下線③ I was different とはどういう意味ですか。最も適切なものを下から選び，記号で答えなさい。
　ア．Jessica が他のみんなの行動とは別の行動をしているこということ。
　イ．Rachel が他のみんなの行動とは別の行動をしているこということ。
　ウ．Jessica が Jessica 自身のいつもの行動とは別の行動をしているということ。
　エ．Rachel が Rachel 自身のいつもの行動とは別の行動をしているということ。
問4　[④] に入れるのに最も適切なものを下から選び，記号で答えなさい。
　ア．Leslie was my friend　　イ．we did not like Leslie
　ウ．Leslie was not my friend　　エ．I did not like Leslie, either
問5　[⑤] に入れるのに最も適切なものを下から選び，記号で答えなさい。
　ア．a good friend　　イ．even angrier
　ウ．fine　　エ．happy
問6　[⑥] に入れるのに最も適切なものを下から選び，記号で答えなさい。
　ア．you feel sorry for me, too
　イ．she doesn't know how I feel
　ウ．you should know how I feel
　エ．I don't know what you think
問7　下線⑦ The line went dead. の意味として最も適切なものを下から選び，記号で答えなさい。
　ア．電話が切れた。
　イ．電話がこわれた。
　ウ．Jessica が亡くなった。
　エ．Rachel が死にそうなくらいひどい目にあった。
問8　下線⑧のあと，Rachel さんに Heather さんから手紙（次のページ）が届きました。本文の内容に合うように，空欄に適語を入れなさい。同じ語を何回使っても構いません。

Hello, Rachel!

How is it going in Florida? I am enjoying my stay with my uncle in Los Angeles. He took me to Universal Studios. We had a great time!

Yesterday, Jessica called me. I was really scared, but I answered the (1). What else could I do? She sounded really (2) and she told me what you said to her when she called you. She wanted me to take her side and to be (3) at you, too. How many times has she done the same thing? I took a deeeeeeeep breath and told her that I didn't want to do that. She told me that I was no longer her (4).

I'm tired of doing things I don't like to do just to make her (5). She may call others and want them to take her side. But I don't care. I want to be myself. That is the most important, isn't it?

I'm looking forward to seeing you at school in September.

Your True Friend,
Heather

Ⅲ. 次の英文を読んで，後の質問に答えなさい。

The largest of all penguins, (A)[to / the very cold winter / are / emperor penguins / are / that / able / survive / the only animals] of Antarctica. They spend their summer at sea. But just before the endless darkness of winter ①(begin), they come ashore on the ice and travel many miles south to their breeding area. They walk with short steps or sometimes move along by ②(push) themselves forward on their bellies with their flippers. When they have ③(get) to their breeding ground, they gather together in a large crowd. They begin to find their partners and make pairs.

The female produces one large egg, and she puts it on top of her feet so that it won't freeze. Soon her partner comes, takes the egg from her, and puts it on his own feet. There the egg is ④(keep) warm by feathered skin that hangs down from his stomach. Now (B) the female is tired [eat / get / and / to the sea / to / to / something / goes back].

For the next two months, the male penguins stay very close to each other with eggs on their feet. They try to keep warm even in blizzards and cold winds. There is nothing to eat, and for almost a month there is total darkness.

At last, sixty days after they were ④(keep) warm, the eggs start to break and baby penguins come out. The (C) are very hungry, but the (D) soon return after eating a lot of fish in the sea and begin feeding the baby penguins with half-digested fish. Happily, the (E) are now free to return to the sea and find food for themselves.

After several weeks, the (F) return to their partners. Until the winter season is over, the parents take turns fishing and bringing back food for their babies. Finally, the long winter ends and the ice begins to break up. All of the penguins walk slowly to the sea and there they'll spend the short summer swimming and feeding.

ashore：海岸に　breeding：繁殖する　bellies：おなか　flippers：ひれ足　female：メス
freeze：凍る　feathered skin：羽毛の生えた皮膚　hang down：ぶら下がる　stomach：胃（おなか）
male：オス　close：近い，接近した　blizzards：吹雪　half-digested：半分消化された
take turns ～ing：順番に～する

問１　下線部(A)，(B)が次の日本文の意味になるように［　］内の語句を並べかえなさい。

(A)　皇帝ペンギンは南極の非常に寒い冬を生き残ることが出来る唯一の動物です。

(B)　メスは疲れていて食べ物を得るために海へと戻ります。

問２　文中①～④の（　）内の動詞を適切な形で書きなさい。同じ番号には同じ語が入ります。

問３　文中（C）～（F）に入る適切な語を下から選び，記号で答えなさい。同じ記号を何回使っても構いません。

ア．females　　イ．males

Ⅳ．以下の文章を読み，後の質問に答えなさい。

以下は，高校入試を目前に控えた中学３年生のユミさんとアメリカからの留学生 Kate さんが，数学のテストを終えた後の会話です。英文を読んで，問題に答えなさい。

Yumi :　How was the math test?

Kate :　Oh, do you really want to know about that? That was a disaster! Could you answer the third question?

Yumi :　No, I couldn't. ①[あの問題は難しすぎて私には答えられなかったわ。] How mean Mr. Hayashi is!

Kate :　Yeah, I agree. Well, anyway, we have to take the high school entrance exam in two months, so we have to try difficult questions. This makes me worried, though. By the way, will you continue playing tennis in high school?

Yumi :　Of course, I will. I would like to be a professional tennis player like Naomi Osaka in the future as you know. ②[彼女は世界で最も素晴らしいテニス

選手の一人よ。] And, she is interested in various social problems and trying to tell her own ideas to the world. She is my idol! How about you? What do you want to do in the future, Kate?

Kate : [③]

Yumi : Wonderful! You know, we should keep in touch even if we go to different high schools.

mean：意地悪な　entrance exam：入試　social：社会の　idol：憧れの人

問 1　下線部①，②について，[ ] 内の日本語を英語に直し，英文を完成しなさい。

問 2　会話の内容に合うように，③に入る Kate さんのセリフを考え，3 文の英語で書きなさい。

ら選び、記号で答えなさい。

ア　親から預かったお金をすべて使って亀を買い、ひそかに飼っていたことが知られてしまい、子は、親から厳しい罰を受けることになった。

イ　親から預かったお金で亀の命を救った尊い行動に対して、亀がこたえてお金を返してくれたことによって、子も親に怒られずにすんだ。

ウ　亀を殺して売っていた人は、罰があたり舟から落ちてしまったが、預かった金だけは、かろうじて川から回収することができた。

エ　子に預けたお金の全額が、他の人によって返されたために、親は何事が起きたのかと不安になり、心配をして神仏に祈り続けた。

四　次の1～5の四字熟語の意味として最もふさわしいものを後から選び、それぞれ記号で答えなさい。

1　切《せっ》磋《さ》琢《たく》磨《ま》

2　以心伝心

3　空前絶後

4　一日千秋

5　右往左往

〈意味〉

ア　口に出さなくとも心が通じ合うこと

イ　今までに例がなく、これからも例がないようなこと

ウ　人格や知識を高めあうこと

エ　非常に待ち遠しく思うこと

オ　どうしたらよいかわからず、うろたえること

カ　手がかりをもとめ、あれこれしてみること

キ　多くの人が口をそろえて同じ意見を言うこと

三　昔、天竺《てんじく》（現在のインド）で、宝を買うために大金（五十貫）を持たされた子が、売られることになっていた五匹の亀を救うために、持っていたお金をすべて使ってしまった。次の文章は、それに続く場面である。よく読んで後の問いに答えなさい。

（注1）（子が）心に思ふやう、「親の、宝買ひに隣の国へやりつる銭を、（注2）亀にかへてやみぬれば、親、いかに腹立ち給はんずらん」。さりとてまた、（注3）親のもとへ行かであるべきにあらねば、親のもとへ帰り行くに、道に人のゐていふやう「1ここに亀売りつる人は、この下《しも》の渡《わたり》にて舟うち返して死ぬ」とI語るを聞きて、親の家に帰り行きて、銭は亀にかへつる由《よし》語らんと思ふ程に、親のいふやう、「（注4）何とてこの銭をば返しおこせたるぞ」と問へば、子のいふ、「2さる事なし。その銭にては、しかじか亀にかへてゆるしつれば、その由を申さんとて参りつるなり」といへば、親のいふやう、「黒き衣《ころも》きたる人、同じやうなるが五人、おのおの十（注5）貫づつ持ちて来たりつる。これ、そなる」とて見せければ、3この銭いまだ濡《ぬ》れながらあり。

はや、買ひて放しつる亀の、その銭川に落ち入るを見て、II取り持ちて、親のもとに子の帰らぬさきにやりけるなり。（『宇治拾遺物語《うぢしふゐ》』より）

（注1）（子が）心に思ふやう……（子が）心の中で思うことには

（注2）亀にかへてやみぬれば、親、いかに腹立ち給はんずらん……（持っていた銭を）すべて亀に換えてしまったので、親はどんなにお怒りになることだろうか。

（注3）親のもとへ行かであるべきにあらねば……親の所に行かないですますことはできないので

（注4）何とてこの銭をば返しおこせたるぞ……どうしてこのお金を返してきたのか。

（注5）貫……通貨の単位。

問一　‖線部I・IIの主語の組み合わせとして最もふさわしいものを次の中から選び、記号で答えなさい。

ア　I　道にいた人　II　亀
イ　I　親　II　道にいた人
ウ　I　親　II　亀
エ　I　親　II　子

問二　――線部1の現代語訳として最もふさわしいものを次の中から選び、記号で答えない。

ア　亀を売っていた商人は、船で保管していた亀と一緒に流され亡くなってしまった。
イ　亀の売買をしていた人の船が転覆したため、亀は下流に流されて死んでしまった。
ウ　亀をここで売っていた人は、下流の渡しで船が転覆したために亡くなってしまった。
エ　亀売りの人が苦労して捕まえた亀は、船から逃げ出した後、全て死んでしまった。

問三　――線部2「さる事なし」とは「そのようなことではない」と現代語に訳すことができます。「そのようなこと」の指示する内容を答えなさい。

問四　――線部3「この銭いまだ濡れながらあり」とありますが、なぜですか。その理由を説明しなさい。

問五　本文で述べられている内容として最もふさわしいものを次の中か

②　お茶を濁す　ア　錯覚する　　イ　誤解する
　　　　　　　　ウ　興味をもつ　エ　ごまかす

問三　本文中の［A］・［B］にあてはまる言葉として最もふさわしいものを次の中から選び、それぞれ記号で答えなさい。

［A］……　ア　絶望　イ　歓喜　ウ　苦労　エ　満足

［B］……　ア　理解したい　イ　共有したい　ウ　尊敬したい　エ　批判したい

問四　――線部1について、「『一トンの』という塩の量」は、何をどのように言うために使っている喩えですか。わかりやすく説明しなさい。

問五　――線部2について、「古典とのつきあい」は、どのような点で「人間どうしの関係に似ている」のですか。わかりやすく説明しなさい。

問六　――線部3「古典があたらしい襞をひらいてくれない」とはどのようなことですか。その説明として最もふさわしいものを次の中から選び、記号で答えなさい。

ア　古典を学ぶ時に、積み重ねられてきた従来の理解をしっかり吸収しなければ、古い解釈に代わる新たな読み方は生み出せないということ。

イ　古典を理解する時に、読者はくり返し読むだけではなく、その内容と同様の行動をとろうとしなければ、正しくは、わからないということ。

ウ　古典が新しい意味を示している時に、読者が古めかしい観念にとらわれていると、新しい気持ちをもって古典に向き合えないということ。

エ　古典を読む時、読者が成長したり読解のための積極的な行動を起こしたりしなければ、新たな意味を理解することができないということ。

問七　――線部4「素手で本に挑もうとする」とはどのようなことですか。具体的に説明しなさい。

問八　本文で述べられている、筆者の考えに**あてはまらないもの**を次の中から一つ選び、記号で答えなさい。

ア　人とのつきあいは、長くなればなるほど理解することが難しくなり、まるで一トンの塩をなめるのと同様の、想像できないことが起こってくる。

イ　古典は、書物を好きになり、それに真剣に向き合おうとしない者に対しても、レトリックや文学史などを学ぶ機会を与えてくれる。

ウ　カルヴィーノのいう古典とは、内容を知っているつもりでも、読めば読むほど新しさを発見して驚かされる書物のことである。

エ　私たちは、レトリックや小説作法などの技術を身に着け、人生の経験を積むことにより、書物をより深く理解することができる。

問九　〰〰線部について、「漱石」とは夏目漱石のことですが、彼の作品を次の中から一つ選び、記号で答えなさい。

ア　『銀河鉄道の夜』

イ　『走れメロス』

ウ　『坊っちゃん』

エ　『蜘蛛《くも》の糸』

たり、相手に無関心だったりしたのに、おとなになってから、なにかのきっかけで、深い親しみを持つようになる友人に似ている。一トンの塩を舐めるうちに、ある書物がかけがえのない友人になるのだ。そして、すぐれた本ほど、まるで読み手といっしょに成長したのではないかと思えるくらい、読み手の需要度が高く、あるいは広くなった分だけ、あたらしい顔でこたえてくれる。それは、人生の経験がより豊かになったせいのこともあり、語学や、レトリック(注6)や文学史や小説作法といった、読むための技術をより多く身につけたせいのこともある。3古典があたらしい襞をひらいてくれないのは、読み手が人間的に成長していないか、いつまでも4素手で本に挑もうとするからだろう。学生のころ、古典だからという理由だけのために、まるで薬でも飲むようにして翻訳で読み、感動もなにもなかったウェルギリウスの叙事詩『アエネイス』(注7)を、ほとんど一語一語、辞書をひきながらではあってもラテン語で読めるようになって、たとえば、この詩人しか使わないといわれる形容詞や副詞や修辞法が、一行をすっくと立ちあがらせているのを理解したときの感動は、ぜったいに忘れられない。

「こんなふうにも読めるし、あんなふうにも読めるから、ほんとうはどういう意味なのかわからない。だから本はむずかしいのよね」

一トンの塩の話をしてくれた姑は、よく私たちにこういって、「素手」でしか本を読めない自分をせつながった(注8)。ミラノ(注9)を東に一〇〇キロほど行ったあたり、ブレーシャ市の在(注10)《ざい》のまずしい農家に生まれて。小学校へもろくに行けなかった彼女は、それでも、しんそこ(注11)読書の好きな人だった。私がたずねて行くと、つくろい物をしていないときは、食事のあとクロス(注12)をとった、木目のみえる古いキッチンのテーブルいっぱいに本や新聞をひろげて、まるで片端から食べてしまいそうなeイキオいでつぎつぎと読んでいた。

（須賀敦子《すがあつこ》『塩一トンの読書』より）

（注1）一トン……トンは重さの単位。一トンは一〇〇〇キログラム。
（注2）ニュアンス……言外に表された話し手の意図や言葉などの微妙な意味合い。
（注3）襞……衣服や布地などにつけた細長い折り目のことで、ここでは物事に含まれる深い意味。
（注4）カルヴィーノ……一九二三～一九八五。イタロ・カルヴィーノ。キューバ生まれのイタリアの小説家。
（注5）ないがしろにされる……ないもののように軽んじられる。
（注6）レトリック……文章表現上の技法。
（注7）『アエネイス』……古代ローマの詩人ウェルギリウス（前七〇～前一九）の詩。アエネイスは古代ローマ神話の英雄。
（注8）せつながった……悲しみ、残念がった。
（注9）ミラノ……イタリアの都市。
（注10）在の……周辺の。
（注11）しんそこ……心のそこから。
（注12）クロス……食卓にかける布。テーブルクロス。

問一　═線部a～eのカタカナの部分を漢字に直し、漢字にはよみがなをつけなさい。

問二　〰線部①・②の語句の意味として最もふさわしいものを次の中から選び、それぞれ記号で答えなさい。

①　他愛ない
　ア　遠慮のない　　イ　取るに足らない
　ウ　気持ちよくない　　エ　楽しくない

り釘《くぎ》をさされたのかと、そのときはひやりとしたが、月日が経《た》つうちに、彼女がこの喩えを、折に触れ、ときには微妙にニュアンス（注2）をずらせて用いることに気づいた。塩をいっしょに舐める、というのが、［　A　］をともにする、という意味で「塩」が強調されることもあり、はじめて聞いた時のように1「一トンの」という塩の量が、喩えのポイントになったりした。

文学で古典と言われる作品を読んでいて、ふと、いまでもこの塩の話を思い出すことがある。この場合、相手は書物で、人間ではないのだから、「塩をいっしょに舐める」というのもちょっとおかしいのだけれど、すみからすみまで理解しつくすことの難しさにおいてなら、本、とくに2古典とのつきあいは、人間どうしの関係に似ているかもしれない。読むたびに、それまで気が付かなかった、あたらしい面がそういった本にはかくされていて、ああこんなことが書いてあったのか、と新鮮なおどろきに出会いつづける。

長いことつきあっている人でも、なにかの拍子に、あっと思うようなことがあってbショウゲキをうけるように、古典には、目に見えない無数の（注3）襞《ひだ》が隠されていて、読み返すたびに、それまで見えなかった襞がふいに見えてくることがある。しかも、一トンの塩とおなじで、その襞は、相手を［　B　］と思いつづける人間にだけ、ほんの少しずつ、開かれる。イタリアの作家カルヴィーノ（注4）はこんなふうに書いている。

「古典とは、その本についてあまりいろいろ人から聞いたので、すっかり知っているつもりになっていながら、いざ自分で読んでみると、これこそは、あたらしい、予想を上まわる、かつてだれも書いたことのない作品と思える、そんな書物のことだ」

「自分で読んでみる」という、私たちの側からの積極的な行為を、書物はcダマって待っている。現代社会に暮らす私たちは、本についての情報に接する機会にはあきれるほどめぐまれていて、だれにも「あの本のことなら知っている」と思う本が何冊かあるだろう。ところが、ある本「についての」知識を、いつのまにか「じっさいに読んだ」経験とすりかえて、私たちは、その本をよむことよりも、「それについての知識」をてっとり早く入手することで、②お茶を濁しすぎているのではないか。ときには、部分の抜粋だけを読んで、全体を読んだ気になってしまうこともあって、「本」は、ないがしろ（注5）にされたままだ。相手を直接知らないことには、恋がはじまらないように、本はまず、そのもの自体を読まなければ、なにもはじまらない。

さらに、こんなこともいえるかもしれない。私たちは、詩や小説の「すじ」だけを知ろうとして、それが「どんなふうに」書かれているかを自分でdハアクする手間をはぶくことが多すぎないか。たとえば漱石《そうせき》の『吾輩《わがはい》は猫である』を、すじだけで語ってしまったら、作者がじっさいに力を入れたところを、きれいに無視するのだから、ずいぶん貧弱な愉《たの》しみしかあじわえないだろう。おなじことはどの古典作品についてもいえる。読書の愉しみとは、ほかでもない、この「どのように」を味わうことにあるのだから。

カルヴィーノのいうように、「読んだつもり」になっていた本をじっさいに読んで、そのあたらしさにおどろくこともすばらしいが、ずっと以前に読んで、こうだと思っていた本を読み返してみて、まえに読んだときとはすっかり印象が違って、それがなんともうれしいことがある。それは、年月のうちに、読み手自身が変るからで、子供のときには喧嘩《けんか》し

ア　人類の歴史は、ほとんど外見上の問題によって動いているということ。

イ　ほんのわずかなちがいが、大きな影響を与えることがあるということ。

ウ　古代エジプトにおいて、美人の条件は鼻が高いことだったということ。

エ　何かにこだわることで、従来の動きを変えることができるということ。

問四　――線部2「それ」が指す内容を本文中の言葉を用いて答えなさい。

問五　――線部3について、「『私の表札』みたいなもの」の言い換えとして、最もふさわしいものを次の中から選び、記号で答えなさい。

ア　個性的な自分の表情をはっきり示すもの。

イ　全ての人に私の居場所を明らかに示すもの。

ウ　他の誰でもない私自身に付属するもの。

エ　他の人とは違う私自身を表しているもの。

問六　[A]・[B]にあてはまる言葉として最もふさわしいものを次の中から選び、それぞれ記号で答えなさい。

[A]……ア　同化　イ　進化　ウ　退化　エ　劣化
　　　オ　老化

[B]……ア　成長　イ　拡張　ウ　反抗　エ　上昇
　　　オ　拡大

問七　[C]にあてはまる言葉として最もふさわしいものを本文中から抜き出して答えなさい。

問八　――線部4について、「一番気になる自分の顔を、私たちは自分自身の目で、きちんと見ることはできない」のはなぜですか。わかりやすく説明しなさい。

問九　――線部ⓐ～ⓒの品詞は何ですか。最もふさわしいものを次の中から選び、それぞれ記号で答えなさい。

ア　動詞　イ　形容詞　ウ　形容動詞

エ　名詞　オ　副詞　カ　連体詞

二

次の文章を読んで、後の問いに答えなさい。

「ひとりの人を理解するまでには、すくなくも、一トン（注1）の塩をいっしょに舐《な》めなければだめなのよ」

ミラノで結婚してまもないころ、これといった深い考えもなく夫と知人のうわさをしていた私にむかって、姑《しゅうとめ》がいきなりこんなことをいった。とっさに喩《たと》えの意味がわからなくてきょとんとした私に、姑は、自分も若いころ姑から聞いたのだといって、こう説明してくれた。

一トンの塩をいっしょに舐めるっていうのはね、うれしいことや、かなしいことを、いろいろといっしょに経験するという意味なのよ。塩なんてたくさん使うものではないから、一トンというのはたいへんな量でしょう。それを舐めつくすには、長い長い時間がかかる。まあいってみれば、気が遠くなるほど長いことつきあっても、人間はなかなか理解しつくせないものだって、そんなことをいうのではないかしら。

①他愛ないうわさ話のさいちゅうに、姑がまじめな顔をしてこんな喩えを持ち出したものだから、新婚の日々をうわの空で暮らしていた私たちのことを、人生って、そんなⓐ生易しいものじゃないんだよ、とやんわ

あります。この親近化選好は見る基準を作り、顔の好みにも大きくかかわるので、2章(注6)と6章で詳しく説明しましょう。

どれだけ敏感に変化を受け止められるかは、顔を見る別の特性ともかかわっています。同じ顔を見続けると、その顔の見方はゆがむことが実験からわかっています。実験でのゆがみはたった数分でも生じました。鏡に映る自分の姿をながめるだけでも、見方はゆがむかもしれません。つまり、毎日自分の顔を見続けている人たちは、自分の顔にcカジョウに敏感ともいえるし、自分の顔をゆがんで見ているともいえるのです。

成長を待ち望んでいる若い人たちの場合、自分の成長に人一倍敏感であるともいえましょう。そして年をとった白雪姫の継母の場合はむしろ、長年見続けた昔の自分の顔のイメージを求め続けている可能性があるのです。違う方向ではありますが、いずれの場合も、自分の顔を見るゆがみとつながるように思います。

人は結局、自分の顔を正しく見ることができないのです。写真に写った自分の顔を見て、違和感を持ったことはありませんか。よくよく観察してみると実感できることですが、鏡に映る自分の顔と写真の顔は、違って見えます。

いつも鏡に映る自分の姿を見つめて自己満足にdヒタっている人たちにとっては、なんと皮肉に満ちたことでしょう。4一番気になる自分の顔を、私たちは自分自身の目で、きちんと見ることはできないのです。

自分の顔の持つ矛盾について、お話をしました。自分の顔とは不思議なものです。自分のものであっても、自分で見ることができない。ⓐその人の身体にⓑ属しているけれど、ⓒ完全に自分のものとは言い難いところがあるようです。

（山口真美《やまぐちまさみ》『自分の顔が好きですか？――「顔」の心理学』より）

(注1) パスカル……一六二三～一六六二。フランスの哲学者。
(注2) クレオパトラ……古代エジプトの女王。
(注3) 『若草物語』……アメリカの作家ルイーザ・メイ・オルコット（一八三二～一八八八）の自伝的小説。
(注4) 矯正……正常な状態に直すこと。
(注5) 表札……家の戸口に掲げる居住者の名を書いた札。
(注6) 2章と6章で～……筆者は2章で顔を見るしくみについて、また6章で「美しい顔」の基準について詳しく説明している。

問一 ＝＝線部a～dのカタカナの部分を漢字に直し、漢字にはよみがなをつけなさい。

問二 ～～線部①・②の語句の意味として最もふさわしいものを次の中から選び、それぞれ記号で答えなさい。

① 兆候
ア 特徴　イ きっかけ
ウ 前ぶれ　エ 変わり目

② 固執
ア 一つのことにこだわり続けること
イ 強いあこがれを抱き続けること
ウ 変わらない信念を持ち続けること
エ 価値をみとめて守り続けること

問三 ――線部1「クレオパトラの鼻がもう少し低かったら、歴史は変わっていた」というのは、どのようなことを意味していますか。その説明として最もふさわしいものを次のページの中から選び、記号で答えなさい。

【国　語】（五〇分）〈満点：一〇〇点〉

一　次の文章を読んで、後の問いに答えなさい。

自分の顔について一度も考えたことがないという人は、少ないと思います。自分の顔立ちが少し違っていたならば、全く違う人生を送っていたかもしれない。そんな風に思ったことは、ないでしょうか。

哲学者のパスカル(注1)も、a絶世の美女といわれた1クレオパトラ(注2)の鼻がもう少し低かったら、歴史は変わっていた、と語っています。一九世紀のアメリカの四人姉妹を描いた小説『若草物語』(注3)では、末っ子が低い鼻を矯正《きょうせい》(注4)するために洗濯ばさみを挟んで寝るというエピソードがありました。微笑《ほほえ》ましいお話ですが、今ならば、整形手術となるのでしょうか。

そんなエピソードを見聞きするたびに、それほど顔は大切なのかと、考えさせられます。生まれ持った顔はその人の運命、あるいは歴史までも変える力を持つのでしょうか。

みなさんの周りにも、積極的に顔をいじる人がいるでしょうか。整形までいかなくても、まぶたを二重にするシールを貼ったり、眉を整えたりしていないでしょうか。その反対に、ナチュラル志向というか、親にもらった顔に手を付けるものではない、といった主張をする人もいるでしょう。

心が成長して自我が芽生えると、他人の容姿が気になりだすものです。自分の容姿は、さらに気になることでしょう。服を着がえるように顔を変えられたら、どんなにか自由で気楽でしょうか。

でも、2それは絶対に無理なことですね。3顔は自分を表現する標識でもあり、「私の表札(注5)」みたいなものです。ころころ着替えていたら、誰にも「私」をわかってもらえません。「私らしさ」がなくなってしまいます。

一方で顔は、年齢により変化します。白雪姫の童話では、継母《ままはは》が「世界で一番美しい女性」として鏡に映る自分の姿を見続けていたのに、ある日それが娘の白雪姫に変わってしまったことが、悲劇の発端でした。無情なことに、美しい顔も、いつか色あせるのです。こうした変化を受け止めることは、大変なことなのです。

白雪姫の継母が自分の美しかった姿を追い求めるのとはbタイショウ的に、若いみなさんは、大人へと変化している自分を誰よりも先に感じ取っているといえましょう。毎日鏡を見ている自分こそが、変化の①兆候を感じることができるのです。その一方で、親や周りの大人たちが、変化した自分を一人前に扱おうとしないことに、いらだつことはありませんか。周りの大人たちはむしろ、みなさんの中に、みなさんの幼い頃の姿をいつまでも追い求めているのでしょう。

［A］する変化と［B］する変化、どちらの変化も、気持ちが追いつくのは大変なのです。その傾向は大人になるほど、強くなるともいえます。

一般的な傾向として、人は古いものに②固執するところがあります。これは「親近化選好」と呼ばれ、慣れ親しんだ古いものを好み、そして逆に、新しいことは受け入れ難くなるのです。ちなみに赤ちゃんは、大人とは逆の「新規選好」という新しいもの好きの性質を持っています。つまり親近化選好は、赤ちゃん流の［C］から脱却した成長の証《あかし》ともいえるのです。したがって、大人になるほどこの傾向は強い可能性も

2021年度

宮城学院高等学校入試問題（B日程）

【数　学】（50分）　＜満点：100点＞

〔1〕 次の計算をしなさい。

(1) $-2^2\times 3-(-6)^2\div 9$

(2) $\left(\frac{3}{4}-\frac{2}{3}\right)\div\left(-\frac{5}{12}\right)+\frac{4^2}{5}$

(3) $6a^3b^2\div 3a^2b\times(-2b)$

(4) $\sqrt{6}(\sqrt{3}-\sqrt{8})-\frac{6}{\sqrt{2}}$

(5) $(2x-3y)^2-(4x+y)(x-2y)$

〔2〕 次の問に答えなさい。

(1) $3a^2-27b^2$ を因数分解しなさい。

(2) 2次方程式 $2x^2-3x-2=0$ を解きなさい。

(3) 6つのデータ9，3，11，4，12，xの中央値が8であるとき，xの値を求めなさい。

(4) 右の図で∠xの大きさを求めなさい。

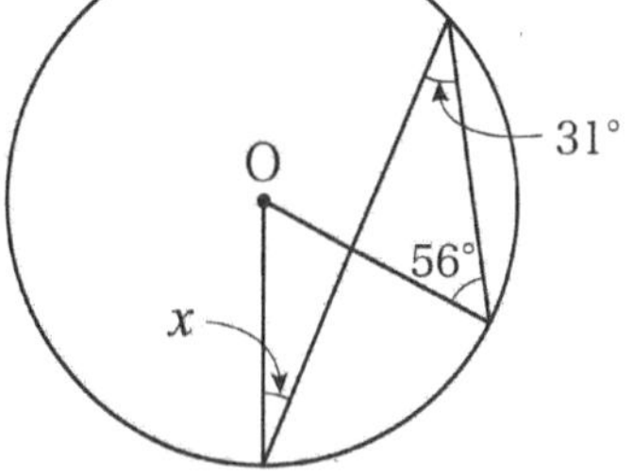

(5) $2a+3b=4c$ をaについて解きなさい。

(6) 1から5までの整数が1つずつ書かれた5枚のカードから2枚ひくとき，偶数と奇数を1枚ずつひく確率を求めなさい。

(7) 下の計算はまちがっています。どこでまちがっているか①～③から1つ選んで番号をかきなさい。また，正しく計算した答えをかきなさい。

$$\frac{5x+2y}{6}-\frac{2x+y}{4}$$

$$\overset{①}{=}\frac{2(5x+2y)}{12}-\frac{3(2x+y)}{12}$$

$$\overset{②}{=}\frac{10x+4y}{12}-\frac{6x+3y}{12}$$

$$\overset{③}{=}\frac{10x+4y-6x+3y}{12}$$

$$=\frac{4x+7y}{12}$$

〔3〕 x％の砂糖水400gにy gの砂糖を加えると，40％の砂糖水になります。また，x％の砂糖水400gに$2y$ gの水を加えると，20％の砂糖水になります。

次の問に答えなさい。

(1) x，yについての連立方程式をつくりなさい。

(2) x，yの値をそれぞれ求めなさい。

〔4〕 下の図のように，関数 $y = ax^2$ のグラフ上に点A（－2，2）と点Bがあり，直線ABと y 軸との交点を点Cとします。また，y 軸上にAP⊥CP，BQ⊥CQとなる点P，Qをとります。Pの y 座標とQの y 座標の比が1：4のとき，次の問に答えなさい。

(1) a の値を求めなさい。

(2) 点Bの x 座標を求めなさい。

(3) 直線ABの式を求めなさい。

(4) △CAPと△CBQの面積の比を，もっとも簡単な整数の比で表しなさい。

(5) Pの y 座標とQの y 座標の比を1：4から1：b に変えると，△CAPと△CBQの面積の比が3：4になりました。b の値を求めなさい。

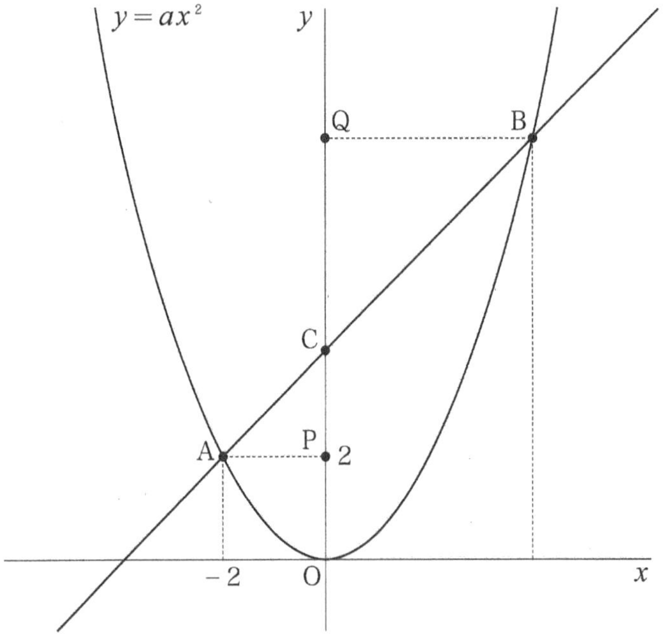

〔5〕 下の図で，直線 ℓ，m，n が平行であるとき，次の問に答えなさい。

(1) a：b をもっとも簡単な整数の比で表しなさい。

(2) x の値を求めなさい。

(3) y の値を求めなさい。

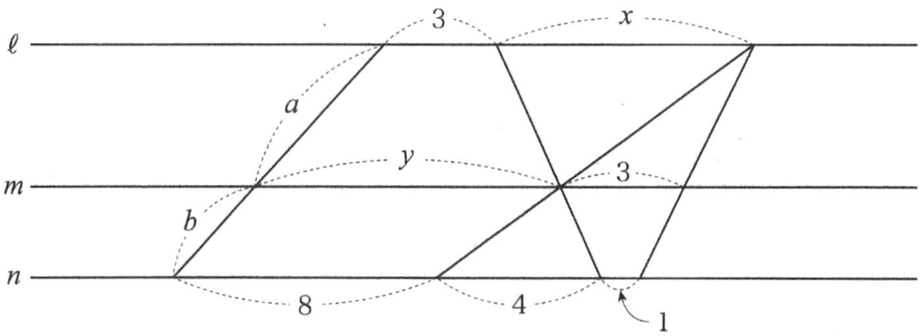

〔６〕 下の図の△ABDは，AB＝20㎝，BC＝12㎝，AC＝16㎝の直角三角形ABCから，△DBCを取り除いてできる三角形です。△ABC∽△BDCであるとき，次の問に答えなさい。ただし，円周率はπとします。

⑴ BDの長さを求めなさい。

⑵ △ABDを直線ACを軸として回転させてできる立体の体積を求めなさい。

⑶ △ABDを直線ACを軸として回転させてできる立体の表面積を求めなさい。

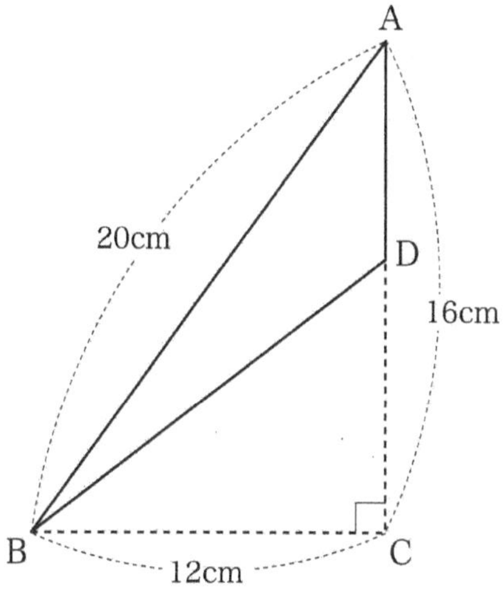

【英　語】（50分）　＜満点：100点＞　**※リスニングテストの音声は弊社HPにアクセスの上，音声データをダウンロードしてご利用ください。**

Ⅰ．リスニングテスト：放送の指示に従い，問題に答えなさい。

(Part 1)

1．

2．

(Part 2)

1．a. Your dream is to be a police officer.
　b. My father is a teacher.
　c. My mother always tells me to do my best.
　d. I would like to be a doctor.

2．a. The one wearing the red dress.
　b. I like her blue shoes.
　c. Her red dress is amazing!
　d. I am taking a bath.

(Part 3)

1．a. An airport.　b. A restaurant.
　c. A shoe store.　d. A tennis club.

2．a. An Italian restaurant.　b. The school cafeteria.
　c. His father made it.　d. The supermarket.

3．a. Friday.　b. Saturday.　c. Sunday.　d. Wednesday.

(Part 4)

1．(1) a. A Spanish painter.　b. A white goat.
　c. A Mexican artist.　d. An American farmer.

(2) a. In southern Mexico.　b. On a farm.
　c. In a big city.　d. On the beach.

2．(1) a. Wrestlers need to eat less.
　b. Wrestlers need to be careful about what food they eat.
　c. Wrestlers need to take better care of themselves.
　d. Wrestlers need to eat more fish and vegetables.

(2) a. Eat.　b. Sleep.　c. Practice sumo.　d. Walk.

Ⅱ．次の英文を読んで，後の質問に答えなさい。

The Miller's Donkey

One day a miller, who had a very (①) donkey, decided to sell it. He and his son left for the town together and the animal was walking before them. When they were walking, they met a group of girls playing along the road. When they saw the old man and the little boy walking behind the donkey, they began to laugh.

"See those foolish people!" they said to each other. "They've got a fine donkey, but instead of riding on it, they are walking behind it! Who has ever heard of such a thing?"

The old miller, when he heard this, was very surprised. [A].

Soon they met another group, not of young girls but of old men. They were shaking their heads and talking of the bad manners of young people.

"Look at that!" said one of them when he saw the miller's son on the donkey. "We were just talking about that. Young people today don't care about old people! That strong young boy is riding on that donkey and his poor old father is walking behind them. Get down, boy, so your father may get up!"

The miller was angry when he heard this. [B]. The child's legs were (②) than the donkey's, so he had to run. Then some women washing clothes near the road called to the miller.

"Your son looks so tired!" shouted one of them. "Don't you feel sorry for him? A father never tells his child to do such a thing!"

"Oh, dear! Oh, dear!" said the poor miller. "I think I am wrong again! Get up here son, and ride behind me! Then perhaps nobody will say anything!"

[C]. But in a short time they met a farmer who looked closely at them.

"Tell me, sir," he said to the miller, "is that (③) little donkey yours?"

"Of course it is mine," replied the miller. "Why do you ask?"

"Because it is foolish to put so much weight on an animal!" answered the farmer. "You and that boy should carry that donkey! Why don't you both get down and carry the animal!?"

Of course, he never thought that they would do that. But the foolish miller again believed that the farmer was right. [D].

"Now," said the already tired miller, "you pick up one end of the stick, my boy, and I'll pick up the other. Then we will carry the donkey across the bridge and into the town on the other side of the river."

[E] They suddenly dropped the stick and the donkey very hard. [F]

The miller began to understand that he was so (④). But it was too late!

"I have tried to make everyone happy!" he cried, "but I couldn't – especially not myself! I shouldn't listen to the opinions of others! When I want to do something next time, I will do it my own way."

miller：粉屋　foolish：愚かな　shake：～を振る　shout：叫ぶ　weight：重い荷物　stick：棒

問1　（①）～（④）に入る最も適切な語を下の語群から選び，記号で答えなさい。同じ記号は1度しか使えません。

ア．hard　イ．poor　ウ．nervous　エ．wrong
オ．strong　カ．shorter　キ．longer　ク．faster

問2　[A]～[D] に入る最も適切なものを下のア～エの中から選び，記号で答えなさい。

ア．So he and his son got down. Then, they tried to carry the donkey together with a long stick

イ．Quickly he told his son to get on the donkey and sit on its back. He himself continued to walk behind

ウ．He quickly told his son to get off the donkey. Then he himself got on the donkey's back and his little boy walked along them

エ．So the boy got up and rode with his father

問3　本文中の E ， F に，次のア～カの6つの文を入れるとき，それらを適切な順序に並べ替えなさい。なお，E，Fにそれぞれ3文ずつ入ります。

ア．It never came back again.

イ．But the donkey was too heavy to hold up.

ウ．Then it disappeared under the water.

エ．Many people came to watch them.

オ．The poor animal fell into the river.

カ．They stood and laughed when the miller and his little boy tried to pick up the crying donkey.

問4　次の質問に英語で答えなさい。

Why did the miller listen to the opinion of others?

Ⅲ．次の英文は，日本の学校にアメリカから来ていた留学生のLucyさんが，帰国する日に日本人の生徒に対して話したスピーチです。英文を読んで，後の質問に答えなさい。

It gives me a strange feeling to stand here before you again and say good-bye. I feel it was only two or three weeks ago when I introduced myself in front (あ) you.

I remember that I was ①(surprise) when I saw all of you in the same school uniform. I wondered if I could learn all your names and the Japanese language. But today it is hard for me to say good-bye to my friends and my classmates.

When I look back to the first day at this school, I ②(have / that / I / think / changed) in several ways. The most important change has ③(be) in my thinking.

Until my sister came to Japan and visited me this April, I didn't realize that I changed. First I experienced culture shock because （ い ） the big difference between the Japanese culture and the culture that I ④(grow) up in. Now I understand how much I learned and benefited from it.

I came to Japan to broaden my ideas and values. I wanted to understand my own values better and how they are different from other people's, but it was difficult ⑤while I (surrounded / the people / who / was / thought / by / the same way / as) I did. Japanese culture is very different （ う ） mine. So I thought by ⑥(put) myself deep in this culture, I could understand myself better as an individual.

I came to Japan with my American way of thinking. I thought this thinking was necessary for living, and could be used anywhere, but soon after I ⑦(spend) a couple of months in Japan, I understood that Japanese society didn't have this way of thinking. Sometimes I insisted that my way was right and the Japanese way of thinking was wrong. I'd like to say sorry to you for that. I realized my mistakes, and learned many things from ⑧them.

I would like to say thank you all for doing many things for me over the past year. Many people helped me in many ways. I cannot show my appreciation enough. ⑨The only way (you / to use / show / to / is / my appreciation) this experience that you gave me.

I will never forget this past year. I'd like to say thank you for making this year such a beautiful year. Thank you.

if：～かどうか　culture shock：カルチャーショック　benefit：利益を受ける
broaden：～を広げる　value：価値観　individual：個人　insist：主張する
appreciation：感謝の気持ち

問１　(あ)～(う) に入る適切な語を答えなさい。
問２　①，③，④，⑥，⑦の動詞を適切な形に直しなさい。
問３　②の（　）内の語句を適切に並べかえなさい。
問４　下線⑤が次の日本文の意味になるように（　）内の語句を並べかえなさい。
「私が私と同じような考え方をする人々に囲まれている間は」
問５　下線⑧ them が指すものを本文から抜き出しなさい。
問６　下線⑨が次の日本文の意味になるように（　）内の語句を並べかえなさい。
「私の感謝の思いを示すことのできる唯一の方法はあなたがたが私にくれたこの経験を活かすことです。」
問７　Lucy さんの友人になったつもりで，Lucy さんへのお別れのメッセージを英文５文で自由に書きなさい。

Ⅳ．以下の文章を読み，後の質問に答えなさい。

仙台の高校生アユミさんは英語が好きで，アメリカ人の高校生と英語で話したいとずっと思っていました。先日，アユミさんのクラスに留学生の Michelle さんが来ることになりました。

Michelle さんが初めて教室に来た日に，アユミさんは思い切って，Michelle さんに話しかけてみます。

Ayumi : Hi, Michelle, I am Ayumi. We are in the same class. Can I talk with you for a minute?

Michelle : Sure. Nice to meet you.

Ayumi : Nice to meet you, too. Well, I like English and ①[アメリカ人の女の子と英語で話したいといつも思っていました。]

Michelle : You speak English well. What shall we talk about?

Ayumi : How about talking about our hobbies?

Michelle : Sure.

Ayumi : What is your hobby?

Michelle : Well, I like hiking and trekking. I mean, I like walking around mountains.

Ayumi : Trekking? My father likes trekking very much. He goes to nearby mountains every weekend. ②[いつも，山で撮った写真を見せてくれます。] He especially likes Mt. Funagata.

Michelle : Where is the mountain?

Ayumi : Well, it's behind Mt. Izumigatake. You can't see it from Sendai City. ③[その山は登山好きな人々に愛されています。]

Michelle : That sounds interesting. Do you think he can take me there if I ask him?

Ayumi : He will be glad to. I'll ask him.

Michelle : Thank you. I'm looking forward to it. What's your hobby?

Ayumi : [　　④　　]

Michelle : That sounds interesting.

問１　下線部①～③について，[　] 内の日本語を英語に直し，英文を完成しなさい。

問２　会話の内容に合うように，④に入るアユミさんのセリフを考え，３文の英語で書きなさい。

ア　中に残ってはいないと思われる。
イ　中に残っているに決まっている。
ウ　中に残っているはずがあろうか。
エ　中に残っているのではないだろうか。

問四　――線部２「左に非らず」は「そうではない」という意味です。「そう」が指す内容は何ですか。現代語で答えなさい。

問五　この文章の題である「仁にして禍を遁れし事」の「仁」についての説明として最もふさわしいものを次の中から選び、記号で答えなさい。

ア　店の戸に目塗りをして類焼を防ぐと同時に、火事の際にはすぐに避難するように訓練していたこと。
イ　蔵を用いて店が作られていたことと、火事の際にすぐに目塗を行うなど適切な行動をとったこと。
ウ　自分の仕事を果たそうとして逃げ遅れていた召使を、店の主人が見捨てることなく助けたこと。
エ　召使がかつて助けられた恩を忘れることなく、主人への忠誠心を貫いて消火活動に励んだこと。

四　次の１～５の□に当てはまる言葉として最もふさわしいものを後から選び、それぞれ記号で答えなさい。

１　□があがらない（引け目を感じて対等な立場に立てないこと）
２　□が高い（人に自慢できることがあり、得意になること）
３　□の知らせ（良くないことが起こる予感がすること）
４　□を売る（むだ話などをして仕事をさぼること）
５　□が広い（知り合いが非常に多いこと）

ア　目　イ　心　ウ　虫　エ　鼻　オ　声
カ　顔　キ　水　ク　鳥　ケ　頭　コ　油

三　「仁にして禍《わざわい》を遁《のが》れし事」（思いやりのある行動によってわざわいから救われた話）と題された次の古文を読んで、後の問いに答えなさい。

(注1)文化三年三月四日の大火に、(注2)芝辺《あたり》なりしとや、並《なみ》木《き》屋《や》藤助《とうすけ》といへるもの、火災甚《はなは》だ間《ま》近く店そのほか(注3)戸前《とまえ》を打て内《うち》(注4)目《め》塗《ぬり》等《など》細《こま》やかになしけるが、召仕《めしつか》ふもの、外より手伝ひに来《きた》りしもの残らず集りしに、召仕壱人《めしつかいいちにん》見えず。「1内に残りやせん」と、主殊《あるじこと》の外《ほか》①案じけるが、「何とて最早《もはや》残り居るべき。(注5)先へ立ち退きけん」と人々申しけるを、「2左《さ》に非《あ》らず。戸前壱枚をはづし見るべし」とaいひしを、「最早火は近し、風は強し。今更《いまさら》開きなば(注6)類焼は目前なり」とていづれも(注7)いなみけるを、「焼たればとて②是非なし。(注8)明候《あけそうら》へ」と戸前一枚をはづしければ、(注9)察しの如《ごと》く退き後《おく》れて内にb居りたりける故《ゆえ》、「何故《なぜ》残りし」と尋ねければ、「最早片付仕廻《かたづけしまい》たれば出《いで》んとおもひぬれど、出所《でどころ》なければまさに死なんと覚悟極《きわ》めし」と言ひしが、程なくあたりも残らず類焼して、主人始め(注10)怪我せぬばかりにそこそこ目塗して立ち退きしに、家並壱軒も残りし者なし。戸前丈夫《じょうぶ》にかためし蔵にも火入りて助からざりしに、この並木屋が(注11)見世蔵はぶなんに残りしを、人々(注12)不審《ふしん》なせしとなり。

（『耳嚢《みみぶくろ》』より）

（注1）文化三年……一八〇六年。江戸時代の後期。
（注2）芝辺なりしとや……芝のあたりだったろうか。「芝」は江戸にあった地名。
（注3）戸前を打て……扉を閉じて。
（注4）目塗等細やかになしけるが……土蔵のすき間を丁寧に塗りふさいだが。
（注5）先へ立ち退きけん……先に逃げただろう。
（注6）類焼……建物に火が燃え移ること。
（注7）いなみけるを……断ったが。
（注8）明け候へ……開けてください。
（注9）察しの如く……思った通り。
（注10）怪我せぬばかりに……ほとんど怪我をするほどにさしせまって。
（注11）見世蔵……防火のため土蔵造りにした店。
（注12）不審なせしとなり……不思議なことだと思ったとのことである。

問一　══線部a・bの主語としてふさわしいものを次の中から選び、それぞれ記号で答えなさい。

ア　主　　イ　手伝ひに来りしもの　　ウ　人々　　エ　召仕

問二　〰〰線部①・②の本文中の意味として最もふさわしいものを次の中から選び、それぞれ記号で答えなさい。

①　案じけるが
　ア　心配したが　　イ　想像したが
　ウ　相談したが　　エ　こまったが

②　是非なし
　ア　もったいない　　イ　仕方がない
　ウ　当然ではない　　エ　間違いない

問三　──線部1「内に残りやせん」の現代語訳として最もふさわしいものを次の中から選び、記号で答えなさい。

（注12）情緒纏綿……喜怒哀楽などの感情や、愛情がこまやかなこと。
（注13）一概に……一様に。
（注14）ファジー……あいまいなこと。
（注15）安穏……心静かに落ち着いていること。

問一 ═線部ａ～ｅのカタカナの部分を漢字に直し、漢字にはよみがなをつけなさい。

問二 〰〰線部①・②の意味として最もふさわしいものを次の中から選び、それぞれ記号で答えなさい。

① 一朝一夕
ア 出生から死までの時間
イ 丸一日かかる長い時間
ウ きわめてわずかな期間
エ 日の出から日没までの日中

② 心のたけ
ア 思っていることのすべて
イ 年齢に応じて成長した内面
ウ 人としての気持ちの広さ
エ 豊かにされた心の状態

問三 ━━線部１について、次の１・２に答えなさい。

1 「それ」とは何を指しますか。本文中の言葉を用いてわかりやすく説明しなさい。

2 「情操教育」に関して「取り返し」がつかないとは、ここでは例えばどのようなことですか。最もふさわしいものを次の中から選び、記号で答えなさい。

ア 「間」に込められた心情を言葉で表現できなくなること。
イ 楽譜は読めても一定の間隔で「間」が取れなくなること。
ウ 空白の時間としての「間」がすっかり失われてしまうこと。
エ 言葉にできないことが秘められた「間」をつかめなくなること。

問四 ※の和歌の内容を分かりやすく述べた一文を本文中から抜き出し、最初と最後の五字を答えなさい。句読点は含みません。

問五 ━━線部２について、ここで言われている「はかなさ」とはどのようなものですか。わかりやすく説明しなさい。

問六 [Ａ] に当てはまる言葉として最もふさわしいものを次の中から選び、記号で答えなさい。

ア テンポ　イ リズム　ウ メロディー　エ ハーモニー

問七 ━━線部３について、「現代の日本」はどのような点で「平安初期の風潮」に似ているのですか。筆者の考えをわかりやすく説明しなさい。

問八 この文章の内容に**合わないもの**を次の中から一つ選び、記号で答えなさい。

ア 外国の文化には良くないものも含まれているが、運命に身を任せていれば自然と良いものだけを取り入れることができるようになる。
イ 外国の文化を取り入れる際には、日本の文化において長い間大切にされてきた「間」というものを失わないようにした方がよい。
ウ 平安時代の日本においては、中国から入ってくる文化が重んじられていたので、和歌よりも漢詩のほうが大切にされるようになった。
エ 現代の日本は、今まで作り上げてきた長い歴史と文化を大切にしつつ外国の文化にも自らを開き、国際化していくことが大切である。

月も春の花もすべて去年とは変わってしまったのに、業平だけが変わらずにここにいる。おぼろ月夜のさだかならぬ光の中で、彼の心はその孤独なcサビしさを浮き立たせているかのようで、やがてその姿も暁の靄《もや》の中にとけこんで消え消えとなって行く。

2（注8）折口《おりくち》信夫《しのぶ》は、日本の歌の美しさをそういうはかなさに見た。たとえば氷をにぎっていると、指の間からみるみるとけてなくなってしまう。後に何も残さないその清新でさわやかな感じにたとえたが、それは音楽にしても舞踊にしても同じことなのだ。別の言葉でいえば、歌を詠んでいる、または舞を舞っている、その間が生きていることなのであって、済めば消えてしまっていいのである。

そういう気持でもう一度「月やあらぬ春や昔の……」とくり返してみたい。言葉としてそれは殆《ほとん》ど意味をなさないかも知れないが、その［A］のかもし出す美しさはたとえようもない。

業平が生まれた平安初期は、（注9）中国一辺倒の時代で、何事も中国のdモホウをしなければ夜も日も明けぬ有様であった。（注10）万葉集は忘れられ、公文書は元より、ふつうの交際でも漢詩を作らなければ一人前には扱われなかった。

（注11）やまと歌は生活の片隅に押しやられ、わずかに私的な恋歌の中で細々と生命を保っていたにすぎない。そういう歌しか残さなかった業平は、頭から「才学なし」と馬鹿にされていたが、はたしてそれはほんとのことだったであろうか。あれほど（注12）情緒纏綿《てんめん》たる歌に打ちこんでいた歌人は、いかに出世のさまたげになろうとも、漢詩世界では自分の②心のたけを言いつくすことはできなかったに違いない。

3現代の日本は、平安初期の風潮に大変よく似ていると私は思っている。外部の嵐にもまれることは（注13）一概に悪いとはいえない。私みたいに年をとっていくらか世の中の経験を積むと、何がいいとか悪いとか簡単にはいえなくなるもので、いいと思っていることが悪くなったり、その反対の場合もある。わり切れるものなんかこの世界には一つもなく、すべては（注14）ファジーなのだ。そう思ってしまえば気楽なものだが、そこでe手綱をゆるめすぎると、ファジーに足をとられて転ぶことになる。あくまでも心の手綱はしっかりと握っていて、さてその上で運を天に任せていれば何とか（注15）安穏《あんのん》にすごせるというものか。

（白洲《しらす》正子《まさこ》『名人は危うきに遊ぶ』より）

（注1）コスモポリタン……国籍や民族などにとらわれない、世界的な視野をもって行動する人。
（注2）絢爛豪華……きらびやかで美しく立派なさま。
（注3）眩惑……目がくらみ惑うこと。
（注4）短絡的……物事の本質や筋道を深く考えずに原因と結果を結びつけてしまうさま。
（注5）オタマジャクシ……ここでは音符のこと。
（注6）在原業平……八二五～八八〇。平安時代に活躍した歌人。
（注7）二条の后……八四二～九一〇。清和天皇の妻。
（注8）折口信夫……一八八七～一九五三。日本の民俗学者・国文学者・国語学者。
（注9）中国一辺倒……ここでは中国だけに心を傾けて、他国を顧みないこと。
（注10）万葉集……日本最古の和歌集。
（注11）やまと歌……日本の和歌。

ウ　あながち　　エ　たまたま

B ……　ア　しかし　　イ　むしろ
　　　　ウ　きっと　　エ　ましてや

問四　――線部1ついて「錐をもむようにこちらの魂に突き刺さってくる」とはどのようなことをたとえたものですか。最もふさわしいものを次の中から選び、記号で答えなさい。

ア　本を読んだあとに、その言葉がいつまでも心に残ること。
イ　本の言葉が、自分の心の奥まで深く入り込んでくること。
ウ　使われている言葉が、自分の心の傷をえぐり辛くなること。
エ　その人の弱点を一言で指し示し、ダメージを与えること。

問五　――線部2について、「迷ってみることは決して悪いことではなさそうだ」とありますが、それはなぜですか。わかりやすく説明しなさい。

問六　――線部3「金のかからない楽しみといえば、これほど金のかからない遊びはない」について、筆者の言う「金のかからない遊び」とはどのような「遊び」のことですか。わかりやすく説明しなさい。

問七　――線部4について、筆者がこのように思うのはなぜですか。わかりやすく説明しなさい。

二　次の文章を読んで、後の問いに答えなさい。

国際的という言葉には、どうもはじめから誤解があったらしい。英語のインターナショナルの訳であるが、それは国際会議とか競技とか放送とか、お互いの国柄《くにがら》同志の付合《つきあ》いを示す語で、国際空港というのはさし支《つか》えないが、国際的な「国」とか「文化」というのはおかしい。似たような言葉にコスモポリタン(注1)というのもあるが、よくいえば世界主義者、悪くいえば根無し草で、それとこれとは違うのである。

一つの国には、それを造りあげてきた長い歴史と文化があり、①一朝一夕で変わるものではなく、また変えられるものでもない。そのくらいのことは自明のことだったと思うが、(注2)絢爛《けんらん》豪華な外国文明に(注3)眩惑《げんわく》された明治政府の役人は、いとも簡単に外国のものはいい、日本のものはダメだ、と(注4)短絡的にきめてしまい、ことに学校教育の面では全部が全部西欧風になり、今でもそれはつづいている。1ある一面でそれは正しくないこともなかったが、抽象的な科学や技術は別として、情操教育に関しては取り返しのつかぬものが山ほどある。

たとえば小学一年生に(注5)オタマジャクシは読めても、日本の芸術一般が大切にしている「間《ま》」というもののaビミョウなニュアンスはつかめない。間をとるなんてことはb易しいことなので、一年生にでもできるが、私がいいたいのはそんな機械的なことではない。間という曰《いわ》く言いがたい空白の時間の中に、言葉では表現しにくい多くのことがかくされているからだ。

※　月やあらぬ春や昔の春ならぬ　わが身ひとつはもとの身にして

(注6)在原業平《ありわらのなりひら》が、梅が咲いている頃に、(注7)二条《にじょう》の后《きさき》と恋を語ったその思い出を歌ったものである。そんなにいい歌ではなく、何となくわかったようなわからぬようなところがあるが、それでも私は大変好きなのである。

「月やあらぬ」でひと息つき、「春や昔の」と、ためらいがちに「春ならぬ」といってしまった後は、ため息を吐くように「わが身ひとつはもとの身にして」というところへおさまる。

たことに愕然《がくぜん》とする読書人の文章を読んだ。これは何とも言えないため息のでるようなエピソードではあるが、しかしまた、これまで埴谷雄高に縁のなかった人が、百円で『死霊』を読む可能性があるということでもある。

本そのものが好きなら、読まなくてもいい。それを枕もとに置いて、その質感や装幀《そうてい》(注5)や、何とも言えぬ本の香りを楽しむというのも、悪くない趣味ではある。それにしても私たちは、あまりにも多くの本に囲まれすぎて生きてはいないか。本を読む前に捨てる、本を捨てる前に選ぶ。それは知的な胸躍る冒険である。三冊の本を選んでみることを、ひとつの遊びとして、休日の午後、ひとりでたのしんでみるのはどうだろう。

3 金のかからない楽しみといえば、これほど金のかからない遊びはない。仮に、おれは蔵書なんかないよ、という人でも、探せば十冊や二十冊の本はでてくるだろう。その中から三冊の本を選ぶというのは、実にスリルに満ちた、けっこう e コンナンな遊びではある。

そんなことを言いながら、私自身は相変わらず、学生時代に高田馬場(注6)の古本屋で買った本さえ捨てられずに②悶々《もんもん》と暮しているのだから情けない。

いつか、みんな捨ててやるぞ、きっと三冊の本だけ残してやるぞ、と、自分の心に言い聞かせながら、たぶんそれは最後までできずにこの世を去ることになるのだろう。しかし、それでもあきらめずに、今日はやるぞ、と、心に決めて、三冊の本を選ぶ作業にとりかかってみることがある。まだ一度として三十冊までしぼりこめたことすらない。

4 本を捨てるなどということは、本当は、決死の覚悟がなくてはできないことだ。しかし、その決死の覚悟をふるいおこしつつ一冊の本を手に取るとき、私たちは、本というものの重さ、その大事さを、あらためて見いだすことになるのではあるまいか。

（五木寛之《いつきひろゆき》『知の休日』より）

（注1） おんぶお化け……背中におぶさり取りついて離れない妖怪《ようかい》。
（注2） 淫する……度を越して熱中すること。
（注3） 『ブラス・オフ』……一九九六年に制作されたイギリスとアメリカの合作映画。
（注4） 埴谷雄高……一九〇九～一九九七。日本の政治評論家・思想家・小説家。
（注5） 装幀……ここでは本のカバー、表紙、見返し、扉、帯などのデザインのこと。
（注6） 高田馬場……東京都新宿区の地名。

問一 ‖線部ａ～ｅのカタカナの部分を漢字に直し、漢字にはよみがなをつけなさい。

問二 〰線部①・②の語句の意味として最もふさわしいものを次の中から選び、それぞれ記号で答えなさい。

① 合理化
- ア 他と区別して不平等な扱いをすること
- イ 物事の筋道をはっきりさせること
- ウ 全員の意見によって物事を決めること
- エ 無駄をなくして能率を高めること

② 悶々と
- ア のんびりと　イ 悩み苦しみながら
- ウ 憂うつな気分で　エ ほがらかに

問三 [A]・[B]に入る語として最もふさわしいものを次の中から選び、それぞれ記号で答えなさい。

[A]…… ア ひょっとして　イ まさか

【国　語】（五〇分）〈満点：一〇〇点〉

一　次の文章を読んで、後の問いに答えなさい。

私たちは、本にかこまれて暮している。しかし、本当に必要なのは、たくさんの本を次つぎと読み、それを本棚に並べておくことだろうか。

本を読むのはいい。読むのはいいが、その本を、わざわざ保存しておく必要はない。最近、私はそう思うようになった。一冊の本を読んで、いやでも頭の中に残る一行があれば、それで充分なのだ。忘れてしまうような内容は、もともと縁がなかったのだと諦《あきら》める。

一冊の本の中の一行が頭に残るのは、なにげなく読んだ言葉が、1錐《きり》をもむようにこちらの魂に突き刺さってくるときである。そういう言葉は、忘れようとしても忘れられるものではない。赤線を引いたり、メモをとったり、いろんなことをしても忘れるものは忘れる。そういうものだ。それは、［A］本当は必要がないものだったのかもしれない。

本当に大事なことは、どんなに忘れようと頑張っても頭にこびりつく。（注1）おんぶお化けのようにこちらにしがみついて離れないものなのだ。そういうものにこそ価値がある、というふうに私は思う。

もっとも、山のような蔵書にaウもれて暮すのも、三冊の本だけを枕もとに置いて生きるのも、それはその人の勝手である。どちらがいいというわけではない。2だが一度、この本を残すか、捨てるか、と、迷ってみることは決して悪いことではなさそうだ。

いまも私は、相変わらず捨てることのできない本の山の中に、肩身を狭くして暮している。そもそも、本を捨てるということ自体が、なにか罪悪感をおぼえずにはいられない世代であるらしい。

私が子供のころ、読みさしの本のページを折ったりすると、父親からいきなり頭をb殴られたものである。本をまたいで歩いたりすると、母親は、ため息をついて、

「本をまたぐなんて――」

と、首をふったものだった。しかし、本は道具である。本を愛し、本に（注2）淫《いん》するのはcユウガな趣味だが、本は決してそれだけのものではない。

私は新幹線に乗るとき、よく駅の書店で新書を一冊買う。週刊誌では、名古屋までもたないからだ。静岡あたりですぐに終わってしまう。大阪まで三時間たらずの移動には、新書一冊がちょうど手ごろなボリュームである。そして読み終えた本は、座席に残して降りる。［B］誰かがまた読んでくれるにちがいない。

しかし、その本がまた気になって、同じ本を二冊も三冊も買うことがあって苦笑するときもある。それでも、今はその本を本棚にとっておこうとは思わない。

ブック・オフ、などという物騒な名前の書店が、この列島にdゾウショクしつつあるらしい。ブック・オフとは、〈本離れ〉という意味にもとれないではない。

イギリスの炭鉱地帯をバックにした（注3）『ブラス・オフ』という映画があったが、これは、①合理化の嵐に巻き込まれて、炭鉱町の伝統あるブラスバンドが苦労する話だ。最後にロンドンで演奏を終えたあと、バンドは堂々と去ってゆく。

ブック・オフでは、六ヵ月間売れなかった本は、機械的に、百円均一の棚に並べられるらしい。最近、（注4）埴谷雄高《はにやゆたか》の『死霊《しれい》』が百円で並んでい

MEMO

大切なことはメモしておこうネ！

A日程

2021年度

解　答　と　解　説

《2021年度の配点は解答欄に掲載してあります。》

＜数学解答＞

〔1〕 (1) 25　(2) $-\frac{8}{15}$　(3) $\frac{x+6y}{4}$　(4) $-4\sqrt{3}$　(5) $17x^2+4xy$

〔2〕 (1) $2(x+6)(x-1)$　(2) $x=\frac{2\pm\sqrt{7}}{3}$　(3) $y=-\frac{6}{x}$　(4) 45π cm^2

(5) 156度　(6) $\frac{1}{3}$　(7) (番号) ①　(正しい答え) $6a-9b$

〔3〕 (1) $x+y+2x=30$, $100x+50y+20x=1320$

(2) (100円玉) 6枚　(50円玉) 12枚　(10円玉) 12枚

〔4〕 (1) 3　(2) $a=\frac{1}{3}$, $b=1$　(3) $0\leqq y\leqq 12$　(4) 1：2

〔5〕 (1) 3cm　(2) $\frac{4}{3}$cm　(3) $8\sqrt{5}$ cm^2　(4) $\frac{22\sqrt{5}}{9}$cm^2

〔6〕 (1) 点E，点G　(2) 51cm^2　(3) 18cm^3

○推定配点○

各4点×25　　計100点

＜数学解説＞

基本 〔1〕 (正負の数，式の計算，平方根)

(1) $10\div(7-3^2)\times(-5)=10\div(7-9)\times(-5)=\frac{10\times5}{2}=25$

(2) $\left(-\frac{3}{2}\right)\div\frac{9}{5}-\frac{2}{5}\times\left(-\frac{3}{4}\right)=-\frac{5}{6}+\frac{3}{10}=-\frac{25}{30}+\frac{9}{30}=-\frac{16}{30}=-\frac{8}{15}$

(3) $\frac{3x+2y}{4}-\frac{x-2y}{2}=\frac{3x+2y-2(x-2y)}{4}=\frac{3x+2y-2x+4y}{4}=\frac{x+6y}{4}$

(4) $\frac{6}{\sqrt{3}}-\sqrt{24}\div\frac{\sqrt{2}}{3}=\frac{6\sqrt{3}}{3}-2\sqrt{3}\times3=2\sqrt{3}-6\sqrt{3}=-4\sqrt{3}$

(5) $(x+2y)^2+4(2x+y)(2x-y)=x^2+4xy+4y^2+4(4x^2-y^2)=17x^2+4xy$

基本 〔2〕 (因数分解，2次方程式，反比例，空間図形，角度，確率，式の計算)

(1) $2x^2+10x-12=2(x^2+5x-6)=2(x+6)(x-1)$

(2) $3x^2-4x-1=0$　解の公式を用いて，$x=\frac{-(-4)\pm\sqrt{(-4)^2-4\times3\times(-1)}}{2\times3}=\frac{4\pm\sqrt{28}}{6}=\frac{2\pm\sqrt{7}}{3}$

(3) $y=\frac{a}{x}$に$x=2$，$y=-3$を代入して，$-3=\frac{a}{2}$　$a=-6$　よって，$y=-\frac{6}{x}$

(4) 円錐の側面積は，$\pi\times9\times3=27\pi$　半球の表面積は，$4\pi\times3^2\times\frac{1}{2}=18\pi$　よって，この立体の表面積は，$27\pi+18\pi=45\pi$ (cm^2)

(5) 正十五角形の1つの外角の大きさは，$360°\div15=24°$　よって，1つの内角の大きさは，$180°-24°=156°$

(6)　さいころの目の出方の総数は，$6\times6=36$(通り)　18の約数は1，2，3，6，9，18だから，出る目の数の和が2，3，6，9になるのは，(大，小)＝(1，1)，(1，2)，(1，5)，(2，1)，(2，4)，(3，3)，(3，6)，(4，2)，(4，5)，(5，1)，(5，4)，(6，3)の12通りあるから，求める確率は，$\frac{12}{36}=\frac{1}{3}$

(7)　$(4a^2b-6ab^2)\div\frac{2}{3}ab=(4a^2b-6ab^2)\times\frac{3}{2ab}=4a^2b\times\frac{3}{2ab}-6ab^2\times\frac{3}{2ab}=6a-9b$　よって，まちがっているのは①で，正しく計算した答えは，$6a-9b$

［3］（連立方程式の利用）

(1)　100円玉をx枚，50円玉をy枚とすると，10円玉の枚数は$2x$枚と表せるから，合計枚数について，$x+y+2x=30$…①　合計金額について，$100x+50y+10\times2x=1320$…②

(2)　①より，$3x+y=30$…③　②より，$12x+5y=132$…④　③×5－④より，$3x=18$　$x=6$　これを③に代入して，$18+y=30$　$y=12$　よって，100円玉は6枚，50円玉は12枚，10円玉は12枚である。

［4］（図形と関数・グラフの融合問題）

基本 (1)　$y=b(x+3)+3$に$x=-3$を代入して，$y=b\times0+3=3$　よって，点Aのy座標は3

基本 (2)　$y=ax^2$に$x=-3$，$y=3$を代入して，$3=a\times(-3)^2$　$a=\frac{1}{3}$　$y=\frac{1}{3}x^2$に$x=6$を代入して，$y=\frac{1}{3}\times6^2=12$　よって，B(6，12)　$y=b(x+3)+3$に$x=6$，$y=12$を代入して，$12=9b+3$　$b=1$

基本 (3)　$y=\frac{1}{3}x^2$は$x=0$のとき最小値$y=0$となり，$x=6$のとき最大値$y=12$となるから，yの変域は，$0\leqq y\leqq12$

重要 (4)　△OAB＝△PABより，AB//OP　よって，△CAO：△BCP＝AC：CB＝$\{0-(-3)\}:(6-0)=3:6=1:2$

重要 ［5］（平面図形の計量）

(1)　DB＝AB－AD＝8－4＝4，GC＝AC－AG＝6－3＝3　よって，Dは線分ABの中点，Gは線分ACの中点だから，中点連結定理より，DG＝$\frac{1}{2}$BC＝$\frac{1}{2}\times6=3$(cm)

(2)　中点連結定理より，DG//BC　平行線の錯角は等しいから，∠FDE＝∠BED　折り返したから，∠FDE＝∠BDE　よって，∠BED＝∠BDEとなり，BE＝BD＝4　また，BD＝FD，BE＝FEだから，四角形BEFDはひし形となる。ここで，GF＝DF－DG＝4－3＝1，EC＝BC－BE＝6－4＝2　GF//ECより，FH：HE＝GF：EC＝1：2　よって，FH＝$\frac{1}{1+2}$EF＝$\frac{1}{3}\times4=\frac{4}{3}$(cm)

(3)　△ADG∽△ABCで，相似比は1：2より，面積比は$1^2:2^2=1:4$　よって，△ABC＝$4\times2\sqrt{5}=8\sqrt{5}$(cm^2)

(4)　△BDE：△BAE＝BD：BA＝1：2　△BAE：△BAC＝BE：BC＝4：6＝2：3　よって，△BDE＝$\frac{1}{2}$△BAE＝$\frac{1}{2}\times\frac{2}{3}$△BAC＝$\frac{1}{3}\times8\sqrt{5}=\frac{8\sqrt{5}}{3}$　したがって，△FDE＝△BDE＝$\frac{8\sqrt{5}}{3}$　また，DA//HFより，△ADG∽△HFG　相似比はDG：FG＝3：1より，面積比は$3^2:1^2=9:1$　よって，△HFG＝$\frac{1}{9}\times2\sqrt{5}=\frac{2\sqrt{5}}{9}$　したがって，四角形DEHGの面積は，$\frac{8\sqrt{5}}{3}-\frac{2\sqrt{5}}{9}=\frac{22\sqrt{5}}{9}$(cm^2)

〔6〕 (空間図形の計量)

基本 (1) 点Iと点Jが重なるから，点Hは点Eと重なる。また，点Hは点Gと重なる。

基本 (2) CH＝CG＝5−3＝2　よって，この立体の表面積は，正方形ABDE＋ひし形ABFG＋長方形ACHI＝$5^2+5\times4+3\times2=25+20+6=51$(cm²)

重要 (3) この立体の体積は，底面が△ABCで高さが2cmの三角柱と，底面が△ABCと合同な三角形で高さが5−2＝3(cm)の三角錐の体積の和に等しいから，$\frac{1}{2}\times3\times4\times2+\frac{1}{3}\times\frac{1}{2}\times3\times4\times3=18$(cm³)

★ワンポイントアドバイス★

出題構成，難易度に大きな変化はない。関数や図形の大問では，前の小問を手がかりにミスのないように解いていこう。

＜英語解答＞

Ⅰ　Part 1　1 b　2 b　Part 2　1 d　2 d　Part 3　1 a　2 b　3 c
Part 4　1 (1) a　(2) c　2 (1) d　(2) c

Ⅱ　問1 エ　問2 イ　問3 エ　問4 ア　問5 イ　問6 ウ　問7 ア
問8 (1) phone　(2) angry　(3) angry　(4) friend　(5) happy

Ⅲ　問1 (A) emperor penguins are the only animals that are able to survive the very cold winter　(B) and goes back to the sea to get something to eat
問2 ① begins　② pushing　③ got　④ kept　問3 (C) イ　(D) ア
(E) イ　(F) イ

Ⅳ　問1 ① That question was too difficult for me to answer.　② She is one of the best tennis players in the world.　問2 (例) Well, I am interested in being a tour conductor. So I will spend three more years in Japan as a high school students and keep on studying Japanese. I want to work in Japan in the future.

○推定配点○
Ⅰ 各2点×11　Ⅱ 各3点×12　Ⅲ 問1 各4点×2　他 各2点×8
Ⅳ 問1 各5点×2　問2 8点　計100点

＜英語解説＞

Ⅰ (リスニング)

Part 1 問題用紙にあるそれぞれの写真について英語で説明が放送されます。それぞれの写真を最も適切に説明している者をa，b，c，dから選びなさい。

1. a. They are driving down a country road.
   b. The dog is waiting in the car.
   c. A dog is running on the car.
   d. This car is going fast.
2. a. They have been mountains.
   b. They are climbing Mt. Fuji.

c. The clouds are climbing Mt. Fuji.

d. They are rising on Mt. Fuji.

1. a. 「彼らは田舎道をドライブしている」

b. 「犬が車の中で待っている」

c. 「犬が車の上で走っている」

d. 「この車は速く進んでいる」

2. a. 「それらはずっと山である」

b. 「彼らは富士山に登っている」

c. 「雲が富士山に登っている」

d. 「彼らは富士山の上で上昇している」

Part 2 英語で質問の文が放送されます。それぞれの質問に対し，最も適切な答をa，b，c，dから選びなさい。

1. You have been to Europe, haven't you?

2. Are you busy?

1. 「あなたはヨーロッパに行ったことがありますよね」

a. 「はい，次の夏に行きます」

b. 「フランスとスペインはヨーロッパにあります」

c. 「いいえ，私はアメリカに行ったことがありません」

d. 「はい，私はドイツとイタリアに旅行したことがあります」

2. 「あなたは忙しいですか」

a. 「はい，私は少し自由な時間があります」

b. 「東京はとても慌ただしい都市です」

c. 「いいえ，私は明日来ます」

d. 「はい，私はやるべき仕事がたくさんあります」

Part 3 対話とそれに対する質問が放送されます。質問に対する答として最も適切なものを，a，b，c，dから選びなさい。

1. A：John, did you bring your lunch today?

B：No, I forgot it. I will have to get something at the cafeteria.

A：I will go with you, I want to get something to drink.

B：OK, let me get my money.

Question：Why will John go to the cafeteria?

2. A：How many hours did you sleep last night?

B：I only slept 4 hours. I had to study for tests.

A：You must be tired.

B：Yes, I am very sleepy.

Question：Why is he tired?

3. A：Hi, Tom. I hear your mother is a famous singer. Where does she usually sing?

B：Hey, Mike. Most of the time she sings at sports stadiums.

A：Wow, that's cool. Has she ever met any really famous sports players?

B：Yes. Once she met Michael Washington. But she is more famous than him!

Question：Who is the most famous person in the conversation!

1. A：ジョン，今日はお昼ご飯を持ってきた？／B：いや，忘れた。カフェテリアで何か買わないといけないよ。／A：私も一緒に行くわ，私は何か飲み物を買いたいの。／B：わかった，お金を取ってくるよ。

質問：「なぜジョンはカフェテリアに行くのか」

a. 「昼食を買うために」

b. 「彼はそこにお金を忘れた」

c. 「何か飲み物を買うために」

d. 「友達に会うために」

2. A：昨晩は何時間寝たの？／B：4時間しか寝なかった。テスト勉強をしなくてはいけなかったんだ。／A：あなたはきっと疲れているでしょうね。／B：うん，とても眠いよ。

質問：「なぜ彼は疲れているのか」

a. 「彼はテストが不安だ」

b. 「彼は4時間しか寝なかった」

c. 「彼はたくさんの本を読んだ」

d. 「彼は非常に遠くへ走った」

3. A：やあ，トム。君のお母さんは有名な歌手らしいね。ふつうどこで歌うの？／B：ああ，マイク。ほとんどの時間，母はスポーツスタジアムで歌うよ。／A：おお，それはかっこいいね。彼女は誰かすごく有名な選手に会ったことがあるの？／B：うん。母は一度，マイケル・ワシントンに会ったことがある。でも母のほうが彼より有名だよ！

質問：「会話中で最も有名な人は誰か」

a. 「トム」

b. 「マイク」

c. 「トムの母親」

d. 「マイケル・ワシントン」

Part 4　英語で短い物語とその内容についての2つの質問が放送されます。質問に対する答として最も適切なものを，a，b，c，dから選びなさい。物語は2つあります。

1. Maybe you know what Canada's flag looks like. It has two red stripes with a red leaf in the middle. Maybe you think it is a very old flag, but it is actually pretty new. Canada started using this flag in 1965, so it is only 55 years old! Before the flag was all red and had the British flag on it like Australia and New Zealand's flag. But the people in Canada wanted their own flag for Canada, so they made the new one we know today.

Question 1：What is in the middle of Canada's flag?

Question 2：What flags was Canada's old flag like?

2. Do you know who the tallest person ever was? His name was Robert Wadlow. He was from Illinois in America, lived from 1918 to 1940, and was 272 cm tall! At eight years old, he was already more than 180 cm tall and could carry his father up the stairs of their family home! He also had the largest feel ever at 47 cm long, and the largest hands ever too! He joined the circus and became famous across the world for being so tall.

Question 1：Why was Robert Wadlow so well known?

Question 2：What size shoe did Robert Wadlow wear?

1. （全訳）　あなたはカナダ国旗がどのようなものかおそらく知っているでしょう。2本の赤い線があり，真ん中に赤い葉があります。それはとても古い旗だと思うかもしれませんが，実はかなり新しいのです。カナダはこの旗を1965年に使い始めたので，わずか55年しか経っていません！

旗が赤1色になる前は，オーストラリアやニュージーランドの旗のように英国旗が描かれていました。しかしカナダの人々はカナダを表す独自の旗が欲しかったので，彼らは私たちが現在知っている新しい旗を作りました。

(1) 「カナダの国旗の中心には何があるか」
 a. 「赤い葉」
 b. 「英国旗」
 c. 「2本の赤い線」
 d. 「白い円」

(2) 「カナダの古い国旗はどのような旗だったか」
 a. 「アメリカのもの」
 b. 「フランスのもの」
 c. 「オーストラリアとニュージーランドのもの」
 d. 「日本と韓国のもの」

基本 2. (全訳) 今までで最も背が高い人は誰か知っていますか。彼の名前はロバート・ワドローでした。彼はアメリカのイリノイ出身で，1918年から1940年まで生き，身長は272cmでした！ 8歳で彼はすでに180cm以上あり，父親を担いで自宅の階段を上ることができました。彼はまた，足も史上最大で47cmあり，手も史上最大でした！ 彼はサーカスに入り，非常に背が高いことで世界的に有名になりました。

(1) 「なぜロバート・ワドローは非常によく知られていたのか」
 a. 「彼はアメリカのイリノイ出身だった」
 b. 「彼はとても格好が良かった」
 c. 「彼はとても優しかった」
 d. 「彼はとても背が高かった」

(2) 「ロバート・ワドローはどのサイズの靴を履いたか」
 a. 「272cm」
 b. 「180cm」
 c. 「47cm」
 d. 「1940cm」

Ⅱ (長文読解問題・エッセイ：内容吟味，文補充・選択，語句解釈，語句補充・選択，要旨把握)

(全訳) 失われた友情という贈り物

人は中学時代を振り返ると，先生方や親友を思い出す。でも私が最も思い出す人物はもう友達ではなくなった少女だ。多くの人はあなたに友情という贈り物をくれるが，この人物は私にもっと大きな贈り物をくれた。彼女は私に「私はもうあなたの友達じゃない」と言うことの贈り物をくれた。それが奇妙に聞こえることは私もわかっている，でも私はあなたにそのことについて話したい。

中学校の初日，私はスクールバスに乗る時とてもわくわくしていた。私は2人の少女が一緒に座っているのを見た。彼女たちは私に微笑み，一緒に座ろうと誘ってくれた。

「ねえ！」と1人の少女が言った。「私の名前はヘザーよ。あなたは？」

「レイチェル」と私は小さな声で言った。

「初めまして」ともう1人が言った。「私の名前はジェシカよ」

私は座ってその少女たちを見た。

「この近くに住んでいるの？」と私は尋ねた。

「向こうよ」とヘザーは左を指さして言った。

私たちは前期の授業が一緒だとわかり，友達になった。私たちは一緒に昼食を食べた。公園で楽しくおしゃべりした。週末にはジェシカの部屋で何時間も過ごした。しかし私たちの友情はいつも良いわけではなかった。

ジェシカはとてもおしゃれで，私たちの服装についてたくさんのアドバイスをくれた。でも彼女は「私がボスよ」という性格だった。彼女はいつも私たちが彼女に従うことを望んだ。

ある時，私たち3人はモールに行った。私はアバクロンビー&フィッチに行きたかった。

「アバクロンビー？　まさか！」とジェシカは言った。「私は行かないわ。私たちはレイヴに行くのよ」

私は言い争いをしたくなかったので，①彼女に付いて行ってレイブに入った。私の目はアバクロンビーのドアを見ていた。

「あのジャケット，あなたにとても似合うと思う」とジェシカが言った。「試着してみなよ！」

「私はあまり好きじゃない…」と私は言った。

ジェシカが怒った様子で私を見つめたので，私は試着室に入った。

結局，私はそのジャケットを買った。私は自分の気に入らないジャケットに50ドルを使った，ただジェシカを喜ばせるために。

最初の1年間の間，万事がこの調子だった。しかし2年目が始まると，事情が違った。

ジェシカは私たちが彼女とずっと一緒に過ごすことを望んだ。ジェシカがアイススケートに行きたければ，ヘザーと私は行かなくてはならなかった。私たちが他の予定で忙しくても，[②]それは関係なかった。私たちは行かなくてはならなかった，さもないと彼女は私たちが「友情を大切にしない」と言った。

時が経つにつれて，私はジェシカを喜ばせるために別人のようにふるまっていると気づいた。彼女は，私は他の人と一緒にいる時は③違っている，と言った。私は彼女の気に入らないこと言って彼女が私に腹を立てるのを常に恐れていた。

私は自分が同意しない場合でもジェシカの側に付かなくてはならなかった。例えば，彼女がレスリーという名前の少女と喧嘩したら，彼女は私もレスリーに対して腹を立てることを望んだ。私が彼女に，私は彼女に対して腹を立てる理由がなく，[④]レスリーは私の友達だと言ったら，ジェシカは3日間私に話しかけてこなかった。

そして，夏が近づいてきた。学校の最終日に，ジェシカはヘザーと私を一緒にコッド岬に行こうと誘った。私は別の友達とフロリダに行くことに決め，ジェシカは怒った。私が帰宅する前にジェシカはコッド岬に出発した。私はフロリダにキャンプに行き，彼女から連絡はなかった。

ある暑い日，私の電話が鳴り，電話に「ジェシカ」と表示された。もし私が出たら，彼女は怒るだろう。もし私が出なかったら彼女は[⑤]もっと怒るだろう。私は電話に出た。

「あら，調子はどう？」と私は尋ねた。

「元気よ」とジェシカは冷静に答えた。

「どうかしたの？」と私は尋ねた。彼女の冷静な声が恐ろしかったのだ。

「他の友達は私に電話してくれるのに，どうしてあなたはしないの？！」と彼女は泣いた。

私の心臓はどきどきした。私は怖くて少しの間何も言えなかった。ついに私は深呼吸した。

「ごめんね。私はフロリダでキャンプしているの。もしそんなに話したかったのなら，どうしてあなたが私に電話しなかったの？」

「あなたは私に電話する気がないのね！」とジェシカは泣いた。「あなたにその気がないなら，私はもうあなたの友達ではいられない」

私は彼女に本当のことを言わなくてはならなかった。私は再び深呼吸をして言った。「ジェシカ，私はあなたが怖い。あなたと一緒にいるのは楽しいけれど，あなたは怖い。あなたがいつ私に腹を立てるか，私にはまったくわからない。いつも怒っている友達を持つのは，難しい。あなたの気持ちを傷つけたらごめんなさい，でも私は，[⑥]あなたは私がどう感じているか知るべきだと思ったの」

⑦電話が切れた。⑧数日後，ほとんど同じことがヘザーに起きた。

もし私が彼女に本当のことを言わなかったら私の人生がどのようになっていただろうかと，私は時々考える。しかし，本当のことを言うことは決して間違いではない，そしてそれこそがジェシカが私に教えてくれた最も大切なことだった。本当の友達は最もつらい時にあなたのためにいてくれる。本当の友達はあなたを尊重し，あなたがあなたらしくいるよう励ましてくれる。彼らは彼らを喜ばせるためにあなたに何かをするよう求めない。多くの人はあなたに友情という贈り物をくれるが，でも時々，誰かがあなたに失われた友情という贈り物をくれるだろう。

問1　レイチェル自身はアバクロンビー&フィッチという店に行きたかったが，ジェシカに従わざるをえず，苦々しい気持ちでレイブという店に入った。

やや難　問2　ジェシカはボス的性格で自己中心的なので，レイチェルたちの予定はお構いなしに，自分に付き合わせた。It makes no difference.「それは重要ではない，そんなことはどうでもよい」

問3　I はレイチェルのこと。レイチェルはジェシカの機嫌を取り，怒らせないようにするため，ジェシカの前では本当の自分を出せずにいた。

やや難　問4　全訳下線部参照。レイチェル自身はレスリーに対して悪い感情を持っていなかった。

問5　even は比較級を強めて「さらに，もっと」の意味。

問6　レイチェルは今までジェシカを恐れて本心を言えなかったが，とうとう自分の気持ちをジェシカに言った。how I feel は間接疑問で「私がどのように感じているか」ということ。

問7　the line は「電話」を表す。go dead は「(電話が)切れる，不通になる」という意味。

重要　問8　(全訳)

> こんにちは，レイチェル！
>
> フロリダではどう？　私はロサンゼルスのおじのところに滞在して楽しんでいるわ。彼は私をユニバーサルスタジオに連れて行ってくれた。私たちは素晴らしい時間を過ごしたよ。
>
> 昨日ジェシカから電話があった。私は本当に怖かったけれど，(1)電話に出たわ。他に何ができる？　彼女は本当に(2)怒った声で，彼女があなたに電話した時にあなたが彼女に言ったことを私に伝えたわ。彼女は私に自分の側について，あなたに対して(3)腹を立ててほしいって。彼女は今までに何回同じことをしている？　私は深呼吸をして，そんなことはしたくないと伝えた。私はもう彼女の(4)友達ではない，と彼女は言ったわ。
>
> 私は彼女を(5)喜ばせるために自分がしたくないことをするのにうんざり。彼女は他の人たちに電話して自分の側に付くようにお願いするかもしれない。でも私は構わない。私は自分らしくいたい。それが一番大切なことよね？
>
> 9月に学校で会えるのを楽しみにしているよ。
>
> あなたの本当の友達，
>
> ヘザー

全訳下線部参照。(2)と(3)に同じ語が入る。be angry at ～「～に対して腹を立てる」

Ⅲ　(長文読解問題・紹介文：語句整序，関係代名詞，助動詞，不定詞，語形変化，動名詞，現在完了，受動態，語句補充・選択)

(全訳)　全てのペンギンの中で最も大きい(A)皇帝ペンギンは南極の非常に寒い冬を生き残ること

ができる唯一の動物だ。彼らは夏を海で過ごす。しかし，冬の終わりのない暗闇が①始まる直前に彼らは氷の上に上陸し，繁殖地まで何マイルも南に移動する。彼らは短い歩幅で歩くが，腹ばいになってひれ足を使って前進することによって移動する場合もある。彼らは繁殖地に③到着したら，集まって大きな群れを作る。彼らはパートナーを探し始め，つがいになる。

メスは大きな卵を1つ産み，それを自分の足の上に乗せて凍らないようにする。彼女のパートナーは来るとすぐに卵を彼女から受け取り，自分自身の足の上に乗せる。そこで卵はオスのおなかから垂れ下がる羽毛の生えた皮膚によって温かく④保たれる。今や(B)メスは疲れていて，食べ物を得るために海へと戻る。

次の2か月間，オスのペンギンは足の上に卵を乗せ，お互いに密着して過ごす。彼らは吹雪や冷たい風の中でも温かさを保とうとする。食べるものは何もなく，ほぼ1か月間，完全な暗闇である。

ようやく，温められて60日後，卵が割れ始めて赤ちゃんペンギンが出てくる。(C)オスたちは非常におなかが空いているが，すぐに(D)メスたちが海でたくさんの魚を食べた後に戻ってきて，赤ちゃんペンギンたちに半分消化された魚を食べさせ始める。うれしいことに(E)オスたちは今や解放されて海に戻り，自分たちのために食料を見つける。

数週間後，(F)オスたちはパートナーの元に戻る。冬の時期が終わるまで，両親が順番に魚を捕まえて赤ちゃんのために食料を持ち帰る。ようやく長い冬が終わり，氷が解け始める。全てのペンギンたちがゆっくりと海まで歩き，そこで彼らは泳いだり餌を食べたりして短い夏を過ごす。

やや難 問1 (A) まず emperor penguins are the only animals「皇帝ペンギンは唯一の動物だ」とし，その後に主格の関係代名詞 that を使って that are able to survive the very cold winter of Antarctica「南極の非常に寒い冬を生き残ることができる」と続ける。〈be able to ＋動詞の原形〉「～することができる」 (B) go back to ～「～へ戻る」 to get は目的を表す副詞的用法の不定詞で「～を得るために」。something to eat「何か食べ物」

問2 ① 現在形の文。主語 the endless darkness of winter は3人称単数なので，-s をつける。② 前置詞の後ろは動名詞 ~ing にする。 ③ 直前に have があるので現在完了形の文とわかる。過去分詞 got にする。get to ～「～に到着する」 ④ 〈keep ＋目的語＋形容詞〉「～を…に保つ」を受動態にして〈be kept ＋形容詞〉とする。

重要 問3 全訳下線部参照。オスがずっと卵を温めていたので，(C)には males「オスたち」が入る。オスたちが卵を温めている間，メスは海に餌を取りに行っていたので，(D)で海から戻ってきたのは females「メスたち」となる。

Ⅳ （長文読解問題・会話文：和文英訳，不定詞，比較，条件英作文）

（全訳） ユミ ：数学のテストはどうだった？

ケイト：ああ，そのことについて本当に知りたい？ ひどかった！ 問3は答えられた？

ユミ ：ううん，できなかった。①あの問題は難しすぎて私には答えられなかったわ。ハヤシ先生は何て意地悪なの！

ケイト：うん，私もそう思う。ともかく私たちは2か月後に高校の入学試験を受けなくてはいけないから，難しい問題にも挑戦しないといけないわ。だけどこのことが私を不安にする。ところであなたは高校でもテニスを続けるの？

ユミ ：もちろんよ。私はあなたも知っての通り，将来大坂なおみのようなプロのテニス選手になりたいの。②彼女は世界で最も素晴らしいテニス選手の1人よ。そして彼女は様々な社会問題に関心があり，自分自身の考えを世界に伝えようとしている。彼女は私の憧れの人よ！ あなたはどう？ 将来何をしたいの，ケイト？

ケイト：（解答例の訳）③えーと，私はツアーコンダクターになることに興味があるの。だから私は高校生としてあと3年間日本で過ごし，日本語を勉強し続けるつもり。私は将来日本で働きたい。

ユミ　：すばらしい！　たとえ別の高校に行っても連絡を取り合おうね。

問1　①　〈too ＋形容詞＋ to ＋動詞の原形〉「…すぎて～できない」　②　〈one of the ＋最上級＋複数名詞〉「最も…な―のうちの1人〉

重要　問2　空所③の前で，ユミが「あなたは将来何をしたいか」と尋ねているので，興味のある職業や大人になったらやりたいことについて書く。be interested in ～「～に興味がある」〈want to ＋動詞の原形〉「～したい」

★ワンポイントアドバイス★

Ⅱの長文読解問題は，中学時代の女子の友人関係について述べた文章。筆者の気持ちを考えながら読もう。

＜国語解答＞

一　問一　a　ぜっせい　b　対照　c　過剰　d　浸(って)　問二　①　ウ　②　ア
問三　イ　問四　(例)　服を着がえるように顔を変えること。　問五　エ
問六　A　オ　B　ア　問七　新規選好　問八　(例)　同じ顔を見続けると，自分の顔に敏感になり，見方がゆがんでしまうから。　問九　ⓐ　カ　ⓑ　ア　ⓒ　ウ

二　問一　a　なまやさ(しい)　b　衝撃　c　黙(って)　d　把握　e　勢(い)
問二　①　イ　②　エ　問三　A　ウ　B　ア　問四　(例)　他の人を理解するには大変長い時間が必要だということを，強く言うため。　問五　(例)　長くつきあっている人でもそのうちに新しい発見があるように，古典も長い期間繰り返し読むと，新しい見方が生まれてくるということ。　問六　エ　問七　(例)　語学やレトリックを読むための技術など持たずに書物を読むこと。　問八　イ　問九　ウ

三　問一　ア　問二　ウ　問三　(例)　親から預けられたお金を返したこと。
問四　(例)　水の中に落ちたお金を拾って，亀が返しに来たため。　問五　イ

四　1　ウ　2　ア　3　イ　4　エ　5　オ

○推定配点○

一　問一・問九　各1点×7　問二・問六　各2点×4　他　各4点×5

二　問一　各1点×5　問二・問三・問九　各2点×5　他　各4点×5

三　各4点×5　四　各2点×5　計100点

＜国語解説＞

一　(論説文―内容吟味，文脈把握，指示語の問題，脱文・脱語補充，漢字の読み書き，語句の意味，品詞・用法)

問一　a　世に並ぶものがないほどすぐれていること。「世」の他の音読みは「セ」で，訓読みは「よ」。　b「タイショウ的」は，二つのものの違いが際立っている様子。同音異義語の「対象」「対称」と区別する。　c　必要な程度を越えて多いこと。「剰」を使った熟語には，他に「余剰」などがある。　d　音読みは「シン」で，「浸透」「浸食」などの熟語がある。

問二　①　読みは「チョウコウ」。「兆」は，きざし，前ぶれの意味。　②　読みは「こしつ(こしゅう)」。「執」は，手に取る，仕事をする，物事にこだわるという意味。

問三　——線部1はパスカルの言葉で，同じ文の冒頭に「哲学者のパスカルも」と同様の意味を表す「も」が用いられているので，前の内容に着目する。直前の段落の「自分の顔立ちが少し違っていたならば，全く違う人生を送っていたかもしれない」を意味している。この内容を述べているイが最もふさわしい。他の選択肢は，この内容にそぐわない。

問四　筆者が「絶対に無理」としていることを読み取る。直前の文の「服を着がえるように顔を変えられたら，どんなにか自由で気楽でしょうか」に着目する。ここから「絶対に無理なこと」を抜き出し，「それ」が指す内容となるように「～こと。」で結ぶ。

問五　「表札」は，居住者の名前を記して家の入口や門に掲げる札の意味であることをふまえて考える。直後の文の「ころころ着替えていたら，誰にも『私』をわかってもらえません」から，他の人と違う「私自身」を表しているものと言い換えているエが最もふさわしい。ここでの「私の表札」は比喩的に用いられているので，イはふさわしくない。「表札」は，アの「表情」を示すものではない。「表札」は人に知らせるためのもので，ウの「私自身に付属する」は関係がない。

問六　A・Bの前後の文脈から，二種類の「変化」について述べている部分を探す。直前の段落に「白雪姫の継母が自分の美しかった姿を追い求めるのとはタイショウ的に，若いみなさんは，大人へと変化している自分を誰よりも先に感じ取っている」とあり，ここから「白雪姫の継母」の変化がAに，「若いみなさん」の「大人へと変化」がBにあてはまる。年をとることによる「変化」について述べているので，Aにウの「退化」やエの「劣化」は合わない。

問七　直前の「赤ちゃん流の」に着目する。直前の文の「赤ちゃんは，大人とは逆の『新規選好』という新しいもの好きの性質を持っています」から，あてはまる言葉を抜き出す。

やや難　問八　直前の文の「いつも鏡に映る自分の姿を見つめて自己満足にヒタっている人たち」は，「一番気になる自分の顔を……きちんと見ることはできない」理由を説明する。「鏡に映る自分の姿を見つめ」ることについて，「どれだけ」で始まる段落で「同じ顔を見続けると，その顔の見方はゆがむことが実験からわかっています……つまり，毎日自分の顔を見続けている人たちは，自分の顔にカジョウに敏感ともいえるし，自分の顔をゆがんで見ているともいえる」と述べており，この部分を理由としてまとめる。

基本　問九　ⓐ　自立語で活用がなく「人」という体言を修飾しているので，連体詞。　ⓑ　自立語で活用があり言い切りの形が「属す」とウ段音で終わるので，動詞。　ⓒ　自立語で活用があり，言い切りの形が「完全だ」と「だ」で終わるので，形容動詞。

二　**(随筆一大意・要旨，内容吟味，文脈把握，脱文・脱語補充，漢字の読み書き，語句の意味，表現技法，文学史)**

問一　a「生易しい」は簡単という意味。「易」の音読みは「エキ」「イ」。　b　思いがけない出来事によって心が激しく揺り動かされること。「衝」を使った熟語には，他に「衝動」「緩衝」などがある。　c　音読みは「モク」で，「沈黙」「黙認」などの熟語がある。　d　しっかり理解すること。「握」の訓読みは「にぎ(る)」。　e　音読みは「セイ」で，「姿勢」「威勢」などの熟語がある。

基本　問二　①「たあい(ない)」と読む。　②「(お)ちゃを(にご)す」と読む。

問三　A「塩」について，直前の段落で「塩をいっしょに舐めるっていうのはね，うれしいことや，かなしいことを，いろいろといっしょに経験するという意味」という姑の言葉を挙げている。Aの直後に「『塩』が強調される」とあるので，「塩」の経験に通じるウの「苦労」があてはまる。アの「絶望」は意味が強すぎる。　B　前の「その襞」は，古典に隠されている無数の見えない襞のこと。人間が古典をどのように思いつづければ，隠されている襞が「開かれる」のかを考える。直後の段落で，書物は「私たちの側からの積極的な行為」を待っているという筆者の考えにふさわしいものがあてはまる。イの「古典」と「人間」の「共有」については，本文で述べていない。 B の後「ほんの少しずつ，開かれる」というのであるから，ウの「尊敬」やエの「批判」以前の思いがあてはまる。

問四　「『一トンの』という塩の量」は大変多いので，何かを強く言うための喩えだと推察する。「一トンの塩」について，直前の段落で「気が遠くなるほど長いことつきあっても，人間はなかなか理解しつくせない」ことを喩えたものと姑が説明しており，この内容を強く言うため，という形でまとめる。

やや難　問五　「古典とのつきあい」がどのような点で「人間どうしの関係に似ているのか」を，直後の文以降で「読むたびに，それまで気が付かなかった，あたらしい面がそういった本にはかくされていて，ああこんなことが書いてあったのか，と新鮮なおどろきに出会いつづける。長いことつきあっている人でも，なにかの拍子に，あっと思うようなことがあってショウゲキをうけるように」と説明している。この内容を簡潔に説明する。

やや難　問六　——線部3の「古典」について，同じ段落で「すぐれた本ほど，まるで読み手といっしょに成長したのではないかと思えるくらい……あたらしい顔でこたえてくれる。それは人生の経験がより豊かになったせいのこともあり，語学や，レトリックや文学史や小説作法といった，読むための技術をより多く身につけたせいのこともある」と説明している。この後半部分を「読者の成長」と「読解のための積極的な行動」と言い換えて説明しているエを選ぶ。アの「古い解釈に代わる新たな読み方」は，「襞」の喩えとして合わない。イの「その内容と同様の行動をとろうとしなければ」とは，本文では述べていない。「古典」の意味に新たに気づくという内容に，ウの「新しい気持ちをもって」はそぐわない。

問七　「素手」は「すで」と読み，手に何も持たないこと。ここでは，直前の文の「語学や，レトリックや文学史や小説作法といった，読むための技術」を持たないことを喩えている。この内容に加えて，「本に挑もうとする」を書物を読むことなどと具体的に言い換えて説明する。

重要　問八　「カルヴィーノのいうように」で始まる段落の「ウェルギリウスの叙事詩『アエネイス』を「薬でも飲むようにして翻訳で読み，感動もなにもなかった」という筆者の経験に，イはあてはまらない。「一トンの塩を」で始まる段落にア，「長いこと」で始まる段落のカルヴィーノの言葉にウ，「カルヴィーノのいうように」で始まる段落にエの内容が書かれている。

基本　問九　アは宮沢賢治，イは太宰治，エは芥川龍之介の作品。

三　(古文―大意・要旨，文脈把握，指示語の問題，文と文節，口語訳)

〈口語訳〉 (子が)心の中で思うことには，「親が，宝を買いに隣の国へ(行く私に)持たせたお金を，すべて亀に換えてしまったので，親は，どんなにお怒りになることだろうか」。そうはいってもまた，親の所に行かないですますことはできないので，親の元へ帰って行くと，道に人がいて言うには「ここで亀を売っていた人は，下流の流しで船が転覆したために亡くなってしまった」と話すのを聞いて，(子は)親の家に帰り着いて，お金は亀に換えてしまった事を話そうと思っていると，親が言うには，「どうしてこのお金を返してきたのか」と問うので，子が言う，「そのようなことではない。そのお金は，これこれこのように亀に換えて逃がしてしまったので，そのことを申し上げようと来たのです」と言うと，親が言うには，「黒い服を着た人で，同じようなのが五人，それぞれ十貫ずつ(お金を)持って来たのだ。これが，そうだ」と見せたところ，このお金はまだ濡れている。

実は，買って逃がした亀が，そのお金が川に落ちるのを見て，拾って，親のところへ子が帰るより先に持って来たのであった。

問一　Ⅰ　前の「ここに亀売りつる人は，この下の渡にて舟うち返して死ぬ」の前に，「道に人のゐていふやう」とある。　Ⅱ　「銭」が「川に落ち入る」のを見て，「取り」上げて「持」ったのは，「買ひて放しつる亀」。

問二　「ここに亀売りつる人は」はここで亀を売っていた人は，「この下の渡りにて」は下流の渡しで，「舟うち返して死ぬ」は船が転覆して死んだ，という現代語訳になる。

問三　直前の「何とてこの銭をば返しおこせたるとぞ」と親に問われて，子は「さる事なし」と言っている。「この銭」を親から預けられたお金などと具体的に述べ，「～こと。」の形で答える。

やや難　問四　お金がまだ濡れていた理由を，直後の最終文で「はや，買ひて放しつる亀の，その銭川に落ち入るを見て，取り持ちて，親のもとに子の帰らぬさきにやりけるなり」と述べている。この内容を現代語に直して，「～ため。」の形で答える。

重要　問五　子は親から預かったお金を使って亀を救い，亀は恩義を感じてお金を拾って返しに来たという内容としてふさわしいものはイ。アの「亀を買い，ひそかに飼っていた」「子は親から厳しい罰を受けることになった」，ウの「亀を殺して売っていた」，エの「心配をして神仏に祈り続けた」の部分が，本文の内容としてはふさわしくない。

四　(熟語)

2は「いしんでんしん」，3は「くうぜんぜつご」，4は「いちにちせんしゅう(いちじつせんしゅう)」，5は「うおうさおう」と読む。選択肢のカは「試行錯誤」，キは「異口同音」。

★ワンポイントアドバイス★

自由記述について，本年度は指定字数がされていないが，過去に字数を指定されることもあったので，ふだんから一行三十五字以内で，一行から二行でまとめるというような練習を重ねておこう。

B日程

2021年度

解　答　と　解　説

《2021年度の配点は解答欄に掲載してあります。》

＜数学解答＞

［1］　(1)　-16　　(2)　3　　(3)　$-4ab^2$　　(4)　$-4\sqrt{3}$　　(5)　$-5xy+11y^2$

［2］　(1)　$3(a+3b)(a-3b)$　　(2)　$x=2,\ -\frac{1}{2}$　　(3)　$x=7$　　(4)　$\angle x=25$度

(5)　$a=\frac{4c-3b}{2}$　　(6)　$\frac{3}{5}$　　(7)　(番号)　③　　(正しい答え)　$\frac{4x+y}{12}$

［3］　(1)　$400\times\frac{x}{100}+y=(400+y)\times\frac{40}{100},\ 400\times\frac{x}{100}=(400+2y)\times\frac{20}{100}$　　(2)　$x=28,\ y=80$

［4］　(1)　$a=\frac{1}{2}$　　(2)　4　　(3)　$y=x+4$　　(4)　$1:4$　　(5)　$b=\frac{4}{3}$

［5］　(1)　$3:2$　　(2)　$x=6$　　(3)　$y=\frac{42}{5}$

［6］　(1)　15cm　　(2)　$336\pi\,\mathrm{cm}^3$　　(3)　$420\pi\,\mathrm{cm}^2$

○推定配点○

各4点×25　　計100点

＜数学解説＞

基本　［1］　(正負の数，式の計算，平方根)

(1)　$-2^2\times3-(-6)^2\div9=-4\times3-36\div9=-12-4=-16$

(2)　$\left(\frac{3}{4}-\frac{2}{3}\right)\div\left(-\frac{5}{12}\right)+\frac{4^2}{5}=\frac{1}{12}\times\left(-\frac{12}{5}\right)+\frac{16}{5}=-\frac{1}{5}+\frac{16}{5}=3$

(3)　$6a^3b^2\div3a^2b\times(-2b)=-\frac{6a^3b^2\times2b}{3a^2b}=-4ab^2$

(4)　$\sqrt{6}(\sqrt{3}-\sqrt{8})-\frac{6}{\sqrt{2}}=3\sqrt{2}-4\sqrt{3}-\frac{6\sqrt{2}}{2}=-4\sqrt{3}$

(5)　$(2x-3y)^2-(4x+y)(x-2y)=4x^2-12xy+9y^2-(4x^2-7xy-2y^2)=-5xy+11y^2$

［2］　(因数分解，2次方程式，資料の整理，角度，等式の変形，確率，式の計算)

基本　(1)　$3a^2-27b^2=3(a^2-9b^2)=3(a+3b)(a-3b)$

基本　(2)　$2x^2-3x-2=0$　　解の公式を用いて，$x=\frac{-(-3)\pm\sqrt{(-3)^2-4\times2\times(-2)}}{2\times2}=\frac{3\pm5}{4}=2,\ -\frac{1}{2}$

基本　(3)　データを値の小さい順に並べると，中央値が8であることから，3，4，x，9，11，12となる。よって，$\frac{x+9}{2}=8$　　$x+9=16$　　$x=7$

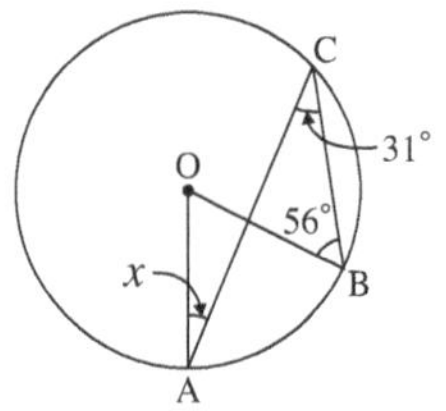

基本　(4)　右の図のように，A，B，Cをとると，円周角の定理より，$\angle\mathrm{AOB}=2\angle\mathrm{ACB}=2\times31^\circ=62^\circ$　　よって，$\angle x+62^\circ=31^\circ+56^\circ$　　$\angle x=87^\circ-62^\circ=25^\circ$

基本　(5)　$2a+3b=4c$　　$2a=4c-3b$　　$a=\frac{4c-3b}{2}$

(6)　5枚から2枚のカードの選び方は，$5\times4\div2=10$(通り)　このうち，偶数と奇数を1枚ずつひくのは$2\times3=6$(通り)だから，求める確率は，$\frac{6}{10}=\frac{3}{5}$

基本　(7)　$\frac{5x+2y}{6}-\frac{2x+y}{4}=\frac{2(5x+2y)}{12}-\frac{3(2x+y)}{12}=\frac{10x+4y}{12}-\frac{6x+3y}{12}=\frac{10x+4y-6x-3y}{12}=\frac{4x+y}{12}$

よって，まちがっているのは③で，正しく計算した答えは，$\frac{4x+y}{12}$

［3］(連立方程式の利用)

(1)　砂糖の量について，$400\times\frac{x}{100}+y=(400+y)\times\frac{40}{100}$…①　$400\times\frac{x}{100}=(400+2y)\times\frac{20}{100}$…②

(2)　①より，$20x+5y=800+2y$　$20x+3y=800$…③　②より，$20x=400+2y$　$20x-2y=400$…④　③－④より，$5y=400$　$y=80$　これを③に代入して，$20x+240=800$　$20x=560$　$x=28$

［4］(図形と関数・グラフの融合問題)

基本　(1)　A$(-2,\ 2)$は$y=ax^2$上の点だから，$2=a\times(-2)^2$　$a=\frac{1}{2}$

基本　(2)　OP：OQ＝1：4より，OQ＝4OP＝4×2＝8　$y=\frac{1}{2}x^2$に$y=8$を代入して，$8=\frac{1}{2}x^2$　$x^2=16$　$x>0$より，$x=4$

基本　(3)　直線ABの式を$y=mx+n$とすると，2点A，Bを通るから，$2=-2m+n$，$8=4m+n$　この連立方程式を解いて，$m=1$，$n=4$　よって，$y=x+4$

基本　(4)　C$(0,\ 4)$　$\triangle \mathrm{CAP}=\frac{1}{2}\times2\times(4-2)=2$　$\triangle \mathrm{CBQ}=\frac{1}{2}\times4\times(8-4)=8$　よって，△CAP：△CBQ＝2：8＝1：4

重要　(5)　OP：OQ＝1：bより，OQ＝$2b$　$y=\frac{1}{2}x^2$に$y=2b$を代入して，$2b=\frac{1}{2}x^2$　$x^2=4b$　$x>0$より，$x=2\sqrt{b}$　QB//APより，平行線の錯角は等しく，2組の角がそれぞれ等しいから，△CAP∽△CBQ　面積比が3：4だから，相似比は$\sqrt{3}$：2　よって，AP：BQ＝2：$2\sqrt{b}$＝1：$\sqrt{b}$　1：$\sqrt{b}=\sqrt{3}$：2　$\sqrt{3b}=2$　$3b=4$　$b=\frac{4}{3}$

重要　［5］(平面図形の計量)

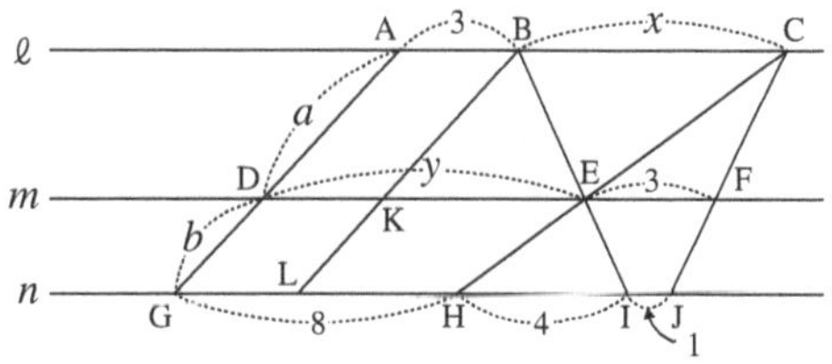

(1)　右の図のように，A～Jをとる。m//nより，CE：CH＝EF：HJ＝3：(4＋1)＝3：5　ℓ//m//nより，AD：DG＝CE：EH　よって，a：b＝3：(5－3)＝3：2

(2)　BC：HI＝CE：EH　x：4＝3：2　$2x=12$　$x=6$

(3)　Bを通る直線AGに平行な直線をひき，直線m，nとの交点をそれぞれK，Lとすると，AB＝DK＝GL＝3より，KE＝$y-3$，LH＝8－3＝5　KE：LI＝BK：BL＝a：$(a+b)$＝3：5　$(y-3)$：(5＋4)＝3：5　$5(y-3)=27$　$5y=42$　$y=\frac{42}{5}$

［6］(空間図形の計量)

基本　(1)　△ABC～△BDCより，AB：BD＝AC：BC　BD＝$\frac{20\times12}{16}=15$(cm)

基本　(2)　△ABC～△BDCより，BC：DC＝AC：BC　DC＝$\frac{12\times12}{16}=9$　よって，求める立体の体積

は，$\frac{1}{3}\times\pi\times12^2\times16-\frac{1}{3}\times\pi\times12^2\times9=336\pi\ (\text{cm}^3)$

重要 (3)　円錐の側面積＝π×(母線の長さ)×(底面の円の半径)で表せるから，求める立体の表面積は，$\pi\times20\times12+\pi\times15\times12=420\pi\ (\text{cm}^2)$

★ワンポイントアドバイス★

出題構成や難易度はほぼA日程と変わらない。基礎を固めたら，過去の出題例を研究しておこう。

＜英語解答＞

Ⅰ　Part 1　1　a　　2　c　　Part 2　1　d　　2　a　　Part 3　1　c　　2　c　　3　b
Part 4　1　(1)　c　　(2)　b　　2　(1)　d　　(2)　b

Ⅱ　問1　①　オ　　②　カ　　③　イ　　④　エ　　問2　A　イ　　B　ウ　　C　エ　　D　ア　　問3　E　エ→カ→イ　　F　オ→ウ→ア　　問4　Because he tried to make everyone happy. [Because he didn't do it his own way.／Because he was foolish.]

Ⅲ　問1　(あ)　of　　(い)　of　　(う)　from　　問2　①　surprised　　③　been　　④　grew　　⑥　putting　　⑦　spent　　問3　think that I have changed
問4　was surrounded by the people who thought the same way as　　問5　my mistakes
問6　to show you my appreciation is to use　　問7　(例)　Thank you for joining our class. Do you remember the school festival? We sang an English song together, didn't we? All the people who heard our song said it was really good. I look forward to seeing you in the near future. Let's sing a song together then.

Ⅳ　問1　①　I have always wanted to talk with an American girl in English.　　②　He always shows me the pictures(that)he took in the mountains.　　③　The mountain is loved by people who like climbing mountains.　　問2　(例)　My hobby is playing the piano. I like playing classical music. I love Mozart.

○推定配点○

Ⅰ　各2点×11　　Ⅱ　問1・問2　各2点×8　　他　各3点×3　　Ⅲ　問1・問2・問5　各2点×9　問3・問4・問6　各3点×3　　問7　9点　　Ⅳ　問1　各4点×3　　問2　5点　　計100点

＜英語解説＞

Ⅰ　(リスニング)

Part 1　問題用紙にあるそれぞれの写真について英語で説明が放送されます。それぞれの写真を最も適切に説明しているものをa，b，c，dから選びなさい。

1. a. They have just jumped out of a plane.
   b. The plane has just landed.
   c. The plane has just taken off.
   d. They are on the plane.
2. a. There are tall mountains near this city.

b. Not many people live in this city.
c. This city has many tall buildings.
d. There are many boats in the water.

1. a. 「彼らはちょうど今飛行機から飛び降りた」
b. 「飛行機がちょうど今着陸した」
c. 「飛行機がちょうど今離陸した」
d. 「彼らは飛行機に乗っている」

2. a. 「この都市の近くには高い山々がある」
b. 「この都市にあまり多くの人は住んでいない」
c. 「この都市には多くの高いビルがある」
d. 「水にたくさんのボートがある」

Part 2 英語で質問の文が放送されます。それぞれの質問に対し，最も適切な答をa，b，c，dから選びなさい。

1. What do you want to be in the future?
2. Which woman are you talking about?

1. 「あなたは将来何になりたいですか」
a. 「あなたの夢は警察官になることです」
b. 「私の父は教師です」
c. 「私の母はいつも私に最善を尽くすように言います」
d. 「私は医師になりたいです」

2. 「あなたはどの女性について話しているのですか」
a. 「赤いドレスを着ている人です」
b. 「私は彼女の青い靴が好きです」
c. 「彼女の赤いドレスはすばらしい！」
d. 「私はお風呂に入っています」

Part 3 対話とそれに対する質問が放送されます。質問に対する答として最も適切なものを，a，b，c，dから選びなさい。

1. A：May I help you?
B：Yes, I am looking for some new boots.
A：Do you know your size?
B：26 centimeters, I think.
Question：Where are they?

2. A：What did you have for lunch?
B：I ate pizza!
A：Where did you get pizza?
B：My dad made it last night.
Question：Where did the pizza come from?

3. A：Today is Friday. Shall we go to the beach tomorrow?
B：Sorry, I have tennis practice then. How about on Sunday?
A：I have plans with my family then. Can you go on Wednesday?
B：That sounds good!
Question：When does he have tennis practice?

1. A：ご用件を伺いますが？／B：はい，新しいブーツを探しています。／A：サイズはわかりますか？／B：26cmだと思います。
質問：「彼らはどこにいるか」
a. 「空港」
b. 「レストラン」
c. 「靴屋」
d. 「テニスクラブ」
2. A：お昼ごはんに何を食べたの？／B：ピザを食べたよ！／A：どこでピザを買ったの？／B：パパが昨日の夜作ってくれたよ。
質問：「ピザはどこから来たか」
a. 「イタリアンレストラン」
b. 「学校のカフェテリア」
c. 「彼の父親が作った」
d. 「スーパーマーケット」
3. A：今日は金曜日ね。明日ビーチに行かない？／B：ごめん，テニスの練習があるんだ。日曜日はどう？／A：その時は家族と予定があるの。水曜日に行ける？／B：それならいいよ！
質問：「彼はいつテニスの練習があるか」
a. 「金曜日」
b. 「土曜日」
c. 「日曜日」
d. 「水曜日」

Part 4　英語で短い物語とその内容についての2つの質問が放送されます。質問に対する答として最も適切なものを，a，b，c，dから選びなさい。物語は2つあります。

1. Sanchez is a Mexican painter who lived on a farm in eastern Mexico in the early 1900s. He liked to paint pictures of things that were on the farm such as plants, machines and buildings. Especially, he liked to paint pictures of farm animals. His favorite animals to paint were his three white goats. During his time as an artist he painted over 100 pictures of his goats.
Question 1：Who is Sanchez?
Question 2：Where did Sanchez live?
2. Not long ago the heaviest ever sumo wrestler, Orora, gave some health advice. He told wrestlers that they need to take better care of themselves and eat less. Sumo wrestlers eat a lot. Orora said wrestlers should be careful about the kinds of food that they usually eat. Orora was 292kg. He put on more kilograms by eating and eating. He ate 200 pieces of sushi with beer and extra bowls of rice. This made him sick. Right after eating, he would sleep. He said,"Just walking or moving was really difficult." Japan's sumo society said wrestlers should eat more fish and vegetables and fewer snacks.
Question 1：What advice did Orora NOT give?
Question 2：What would Orora do when he finished having food?

1. （全訳） サンチェスは1900年代初期にメキシコ東部の農場に住んでいた，メキシコ人画家です。彼は植物，機械，建物のような農場にあるものの絵を描くことが好きでした。特に彼は農場の動物の絵を描くことが好きでした。彼が描くのが大好きだった動物は3匹の白いヤギでした。芸術家としての活動期間に，彼はヤギの絵を100以上描きました。

(1) 「サンチェスは誰か」

a. 「スペインの画家」

b. 「白いヤギ」

c. 「メキシコの芸術家」

d. 「アメリカの農夫」

(2) 「サンチェスはどこに住んでいたか」

a. 「メキシコ南部」

b. 「農場」

c. 「大都市」

d. 「ビーチ」

2. (全訳) 先日，史上最重量の力士の大露羅が健康についてアドバイスした。彼は力士たちに，自分の健康にもっと気をつけて食べる量を減らすべきだと言った。相撲の力士たちはたくさん食べる。大露羅は，力士たちは普段食べる食品の種類に注意すべきだと言った。大露羅は292kigだった。彼はどんどん食べることで重さを増した。彼はビールと一緒に寿司200貫を食べ，ご飯をお替りした。これで彼は病気になった。食べた直後に彼は寝たものだった。彼は「ただ歩いたり動いたりすることが本当に難しかった」と言った。日本相撲協会は，力士たちはもっと魚と野菜を食べ，間食を減らすべきだと言った。

(1) 「大露羅がしなかったアドバイスは何か」

a. 「力士たちは食べる量を減らす必要がある」

b. 「力士たちは自分が何を食べるかということに注意する必要がある」

c. 「力士たちは自分の健康にもっと気をつける必要がある」

d. 「力士たちはもっと魚と野菜を食べる必要がある」

(2) 「大露羅は食事を終えた時に何をしたか」

a. 「食べる」

b. 「寝る」

c. 「相撲を練習する」

d. 「歩く」

Ⅱ (長文読解問題・物語文：語句補充・選択，文補充・選択，文整序，英問英答)

(全訳) 粉屋のロバ

ある日，粉屋は，とても①強いロバを持っていたのだが，それを売ることにした。彼と彼の息子は一緒に町に向かって出発し，その動物が彼らの前を歩いていた。彼らが歩いていると，道路沿いで遊んでいる少女たちの集団に出会った。彼女たちは老人と幼い男の子がロバの後ろを歩いているのを見て，笑い出した。

「あの愚かな人たちを見て！」と彼女たちは言い合った。「彼らは立派なロバを持っているのに，それに乗らずにその後ろを歩いているわ！ そんなことを聞いたことがある？」

年老いた粉屋はこれを聞いて非常に驚いた。[A]すぐに彼は息子に，ロバに乗ってその背中に座るように言った。彼自身はその後ろを歩き続けた。

すぐに彼らは別の集団に出会った。少女たちではなく老人たちの集団だ。彼らは首を振って若者たちのマナーの悪さについて話していた。

「あれを見ろ！」 彼らのうちの1人が，ロバに乗っている粉屋の息子を見て言った。「ちょうど我々はあれについて話していた。今の若者は年寄りをいたわらない！ あの強そうな若い息子がロバに乗り，哀れな年老いた父親がその後ろを歩いている。少年よ，降りなさい，お前のお父さんを乗せるんだ！」

粉屋はこれを聞いて怒った。[B]彼はすぐに息子にロバから降りるように言った。そして彼自身がロバの背に乗り，幼い息子は彼らと一緒に歩いた。子供の脚はロバより②短いので，彼は走らなくてはならなかった。すると道路の近くで洗濯をしていた何人かの女性たちが粉屋に呼び掛けた。

「あなたの息子はとても疲れているようだわ！」と彼女たちのうちの1人が叫んだ。「彼のことをかわいそうだと思わないの？　父親なら子供にそんなことをしろとは言わないわよ！」

「ああ，何てことだ！　何てことだ！」とその哀れな粉屋は言った。「また私は間違っているんだな！　息子よ，ここに上って，私の後ろに乗りなさい！　そうすれば誰も何も言わないだろう！」

[C]そこで少年は上がって父親と一緒に乗った。しかしすぐに彼らは農夫に出会い，彼は彼らをじっと見つめた。

「教えていただきたいのですが」と彼は粉屋に言った。「その③哀れなロバはあなたのものですか」

「もちろん私のものです」と粉屋は答えた。「どうして聞くのですか」

「動物にそんなに重いものを乗せるなんて愚かだからです！」と農夫が答えた。「あなたと息子さんがあのロバを担ぐべきです！　2人とも下りてその動物を担いだらどうですか？」

もちろん彼は自分たちがそんなことをするとは考えたことがなかった。しかし愚かな粉屋はまたもやその農夫が正しいと信じた。[D]そこで彼と彼の息子は下りた。そして彼らは長い棒を使ってロバを一緒に担ごうとした。

「さあ」すでに疲れていた粉屋が言った。「息子よ，お前が棒の一方の端を持ち，私がもう一方の端を持つ。そして私たちは橋を渡って，ロバを川の反対側の町へ運ぼう」

[E]エ多くの人々が彼らを見にやってきた。カ粉屋と幼い息子が泣き声を上げているロバを持ち上げようとすると，彼らは立ち止まって笑った。イしかしロバは重すぎて持ち上がらなかった。彼らは突然，棒とロバを叩き落してしまった。[F]オその哀れな動物は川に落ちた。ウそしてそれは水の下に消えた。アそれは2度と戻ってこなかった。

粉屋は自分が非常に④間違っていたと理解し始めた。しかし手遅れだった！

「私はみんなを喜ばせようとしたんだ！」と彼は泣いた。「でもできなかった。特に私自身を喜ばせることができなかった。私は他の人の意見を聞くべきではない！　次回何かをしたいと思ったら，自分自身のやり方でやるつもりだ」

問1　全訳下線部参照。②は直後に than があるので，比較級の語が入るとわかる。

問2　全訳下線部参照。粉屋は出会った人の言う通りにして，ロバに息子を乗せたり，自分が乗ったり，2人で乗ったり，ロバを担ごうとしたりした。

やや難　問3　全訳下線部参照。カの they はエの Many people を指す。ウとアの it はオの The poor animal「その哀れな動物」(＝ロバのこと)を指す。

やや難　問4「なぜ粉屋は他人の意見を聞いたのか」最終段落第1文を参考にして Because he tried to make everyone happy.「彼はみんなを喜ばせようとしたから」と答える。または Because he was foolish.「彼は愚かだったから」などでもよい。

Ⅲ　(長文読解問題・スピーチ文：語句補充，熟語，前置詞，語形変化，現在完了，時制，動名詞，語句整序，接続詞，関係代名詞，指示語，不定詞，条件英作文)

(全訳)　あなたがたの前に再び立ち，さようならを言うことは変な感じがします。あなたがたの前で自己紹介をしたのはわずか2，3週間前のような気がします。

私はあなたがた全員が同じ制服を着ているのを見て①驚いたことを覚えています。私はあなたがた全員の名前と日本語を覚えることができるかしら，と思いました。でも今日，私にとって友達とクラスメートに別れを告げることはとてもつらいです。

この学校での初日を振り買ってみると，②私はいくつかの点で変わったと思います。最も重要な変化は，私の考え方に③あります。

今年の4月に姉が来日して私のところに来るまで，私は自分が変わったことに気づきませんでした。日本の文化と私が④育った文化の間に大きな違いがあるため，まず私はカルチャーショックを経験しました。今私は，自分がそれからどれほどのことを学び，利益を受けたか理解しています。

私は自分の考えや価値観を広げるために日本に来ました。私は自分の価値観をもっとよく理解したい，そしてそれが他の人の価値観とどう違っているかを理解したい，と思っていましたが，⑤私が私と同じような考え方をする人々に囲まれている間は，それは難しいことでした。日本の文化は私の文化とは非常に異なります。そこで私は自分自身をこの文化にどっぷりと⑥浸らせることにより，自分自身を個人としてよりよく理解できると考えたのです。

私はアメリカの考え方を持って日本にやってきました。私は，この考え方は生きるのに必要でどこでも使うことができると思っていましたが，日本で数か月を⑦過ごすとすぐに，私は日本の社会がこの考え方を持っていないことを理解しました。時には，私は自分の方法が正しく，日本の考え方が間違っていると主張することもありました。私はそのことについてあなたがたに謝りたいです。私は自分の間違いに気づき，⑧それらから多くのことを学びました。

私は，あなたがたみんなに，これまでの1年に私のために多くのことをしてくれてありがとうと言いたいです。多くの人が多くの方法で私を助けてくれました。私は感謝の気持ちを十分に表すことができません。⑨私の感謝の思いを示すことのできる唯一の方法はあなたがたが私にくれたこの経験を活かすことです。

私はこの1年を決して忘れません。この1年を大変美しい年にしてくれたことに感謝します。ありがとうございました。

基本 問1 (あ) in front of ～「～の前で」(い) because of ～「～のために」(う) be different from ～「～と異なっている」

重要 問2 ① be surprised「(人が)驚いている」 ③ 直前に has があるので現在完了形の文とわかる。過去分詞 been にする。 ④ grow up「育つ」 過去形にする。grow － grew － grown ⑥ 直前に前置詞 by があるので動名詞にする。put は t を重ねて ing をつける。 ⑦ 過去形にする。spend － spent － spent

問3 I think that ～「私は～と思う」の後に現在完了形で I have changed「私は変わった」と続ける。

やや難 問4 始めに (I) was surrounded by the people「私が人々に囲まれている」とし，その後に主格の関係代名詞 who を使って who thought the same way as (I did)「私と同じ方法で考える」と続ける。

問5 them は複数名詞を指し，ここでは下線部⑧と同じ文中の my mistakes を指す。

問6 The only way「唯一の方法」の後ろに to show you my appreciation「私の感謝の思いを示すための」を置く。ここまでが文全体の主語になる。文の動詞は is で，文の補語「活かすこと」は不定詞で to use「使うこと」とする。

重要 問7 (解答例の訳)「私たちのクラスに入ってくれてありがとう。文化祭を覚えていますか。私たちは一緒に英語の歌を歌いましたね。私たちの歌を聞いた人は皆，とても良かったと言いました。私はあなたに近い将来に会えることを楽しみにしています。その時は一緒に歌を歌いましょう」

Ⅳ (長文読解問題・会話文：和文英訳，現在完了，不定詞，関係代名詞，受動態，条件英作文)

(全訳) アユミ ：こんにちは，ミシェル。私はアユミよ。私たちは同じクラスね。少しあなたと話してもいい？

ミシェル：もちろんよ。初めまして。

アユミ　：初めまして。私は英語が好きで，①アメリカ人の女の子と英語で話したいといつも思っていたの。

ミシェル：あなたは英語を話すのが上手ね。何について話す？

アユミ　：趣味について話すのはどう？

ミシェル：もちろん。

アユミ　：あなたの趣味は何？

ミシェル：私はハイキングやトレッキングが好き。つまり，山歩きが好きなの。

アユミ　：トレッキング？　私の父はトレッキングが大好きよ。父は毎週末に近くの山に行くの。②いつも山で撮った写真を見せてくれる。父は特に船形山が好きなの。

ミシェル：その山はどこにあるの？

アユミ　：それは泉ヶ岳の後ろにあるの。仙台市からは見えないわ。③その山は登山好きな人々に愛されているの。

ミシェル：それは楽しそうね。もし私がお願いしたら，彼は私をそこへ連れて行ってくれると思う？

アユミ　：きっと喜んでそうするわ。私が聞いてみるね。

ミシェル：ありがとう。楽しみにしているわ。あなたの趣味は何？

アユミ　：(解答例の訳)　④私の趣味はピアノを弾くことよ。私はクラシック音楽を演奏するのが好き。モーツアルトが大好きなの。

ミシェル：それは楽しそう。

重要 問1　①「ずっと～したいと思っていた」は現在完了で〈have always wanted to ＋動詞の原形〉で表す。talk with ～「～と話す」〈in ＋言語〉「～語で」　②　英訳する時は，日本語で省略されている主語や目的語を補う。ここでは「彼はいつも私に，彼が山で撮った写真を見せてくれる」とする。〈show ＋人＋もの〉「(人)に(もの)を見せる」 pictures「写真」の後ろに目的格の関係代名詞を用いて (that) he took in the mountains「彼が山で撮った」と続ける。　③　最初に受動態で The mountain is loved by people「その山は人々に愛されている」とし，主格の関係代名詞 who を用いて who like climbing mountains「山に登るのが好きな」を続ける。

問2　空所④の前で，ミシェルが「あなたの趣味は何か」と尋ねているので，My hobby is ～ing.「私の趣味は～することです」という文で始めるのがよいだろう。like ～ing「～するのが好きだ」や enjoy ～ing「～して楽しむ」などの表現を使うとよい。

★ワンポイントアドバイス★

Ⅱの長文読解問題は，「粉屋とロバ」というイソップ童話。「他人の意見ばかり聞いて自分の考えを持たずに行動すると，大切なものを失う」という教訓を含んでいる。

＜国語解答＞

一　問一　a　埋（もれて）　b　なぐ（られた）　c　優雅　d　増殖　e　困難
問二　①　エ　②　イ　問三　A　ア　B　ウ　問四　イ
問五　（例）　自分にとって本当に必要な本がどれかを知る機会になるから。
問六　（例）　自分の持っている本の中から，休日の午後に一人で三冊の本を選んでみるという知的な遊び。　問七　（例）　一冊一冊の本を手に取るとき本というものの大事さがあらためて感じられ，捨てがたい気持ちになってしまうから。

二　問一　a　微妙　b　やさ（しい）　c　寂（しさ）　d　模倣　e　たづな
問二　①　ウ　②　ア　問三　1　（例）　外国のものは良く，日本のものは悪いとして学校教育の全てを西欧風にした明治政府の方針。　2　エ　問四　月も春の花～ここにいる　問五　（例）　いっときの間だけ存在して，あとは何も残さず消えていく美しさのこと。　問六　イ　問七　（例）　外国の文化が押し寄せてきて，それまでの日本の文化が揺さぶられ，時には軽んじられるようなことも起きている点。　問八　ア

三　問一　a　ア　b　エ　問二　①　ア　②　イ　問三　エ
問四　（例）　探している召使がすでに逃げているということ。　問五　ウ

四　1　ケ　2　エ　3　ウ　4　コ　5　カ

○推定配点○
一　問一　各1点×5　問二　各2点×2　他　各4点×6　二　問一　各1点×5
問二　各2点×2　他　各4点×7　三　問一・問二　各2点×4　他　各4点×3
四　各2点×5　計100点

＜国語解説＞

一　（随筆―大意・要旨，文脈把握，接続語の問題，脱文・脱語補充，漢字の読み書き，語句の意味，表現技法）

問一　a　音読みは「マイ」で，「埋没」「埋蔵」などの熟語がある。　b　音読みは「オウ」で，「殴打」などの熟語がある。　c　俗事からはなれてゆとりが感じられること。「優」の訓読みは「やさ（しい）」「すぐ（れる）」。　d　ふえること。「殖」の訓読みは「ふ（える）」。　e　することが難しいこと。「困」の訓読みは「こま（る）」。

問二　①　「合理化」には，道理に合うようにする，能率を上げるためにむだを省くという意味がある。　②　悩み苦しんでもだえる様子。苦しんで気絶するという意味の「悶絶」などの熟語から意味を推察することもできる。

基本　問三　A　後の「～かもしれない」には，もしかして，という意味の語がふさわしい。　B　後の「～にちがいない」には，話し手の強い確信を表す語がふさわしい。

やや難　問四　「錐をもむ」は，先端を鋭くとがらせた工具で材木などに両手でもむようにして穴をあけること。「錐をもむように」「突き刺さってくる」というのであるから，イの「自分の心の奥まで深く入り込んでくる」がふさわしい。「錐をもむように」という表現には，アの「いつまでも心に残る」よりもイの「奥まで深く入り込んでくる」の方がふさわしい。ウの「心の傷をえぐり辛くなる」や，エの「ダメージを与える」などの否定的な意味で用いているわけではない。

やや難　問五　――線部2の「この本を残すか，捨てるか，と，迷ってみること」について述べている部分に着目する。冒頭の段落で，筆者は「本当に必要なのは，たくさんの本を次つぎと読み，それを本棚に並べておくことだろうか。」と問いかけた後，「本を読むのはいい」で始まる段落で「その

本を，わざわざ保存しておく必要はない」と述べている。ここから，自分にとって本当に必要な本があればいいという筆者の考えが読み取れる。この筆者の考えが，「この本を残すか，捨てるか，と，迷ってみることは決して悪いことではない」理由にあたる。

問六　――線部3に「これほど」とあるので，前の内容に着目する。「遊び」という語をキーワードにすると，直前の段落の「それは知的な胸躍る冒険である。三冊の本を選んでみることを，ひとつの遊びとして，休日の午後，ひとりでたのしんでみるのはどうだろう」に気づく。この内容をわかりやすくまとめて，「～遊び。」の形で答える。

重要　問七　直後の文の「その決死の覚悟をふるいおこしつつ一冊の本を手に取るとき，私たちは，本というものの重さ，その大事さを，あらためて見いだすことになるのではあるまいか」から，「本を捨てる」には「決死の覚悟」を必要とする理由を読み取る。一冊一冊の本を手に取るとき，本に対して筆者がどのような気持ちになってしまうのかを想像して加える。

二　(論説文―大意・要旨，内容吟味，文脈把握，指示語の問題，脱文・脱語補充，漢字の読み書き，語句の意味，熟語)

問一　a　一言では言い表せないほど細かく，複雑な様子。「妙」を使った熟語は，他に「妙案」「巧妙」などがある。　b　音読みは「イ」「エキ」で，「安易」「交易」などの熟語がある。　c　音読みは「ジャク」「セキ」で，「静寂」「寂寞」などの熟語がある。　d　まねをすること。「模」の他の音読みは「ボ」。「倣」の訓読みは「なら(う)」。　e　物事を処理する手加減。「手」を「た」と読む言葉には，他に「手繰る」がある。

基本　問二　①　読みは「いっちょういせき」。一朝，あるいは一晩という意味による。　②　ここでの「たけ」は，あるだけ全部という意味。

問三　1　筆者が「正しくないこともなかった」としているのは，どのようなことか。直前の段落の「絢爛豪華な外国文明に眩惑された明治政府の役人は，いとも簡単に外国のものはいい，日本のものはダメだ，と短絡的にきめてしまい，ことに学校教育の面では全部が全部西欧風にな」ったことを指している。　2　「取り返し」がつかないことについて，直後の段落で「たとえば小学一年生に……日本の芸術一般が大切にしている『間』というもののビミョウなニュアンスはつかめない」「間という日く言いがたい空白の時間の中に，言葉では表現しにくい多くのことがかくされているからだ」と例を挙げて説明している。この内容を述べて，「『間』をつかめなくなる」としているエが最もふさわしい。アの「言葉で表現できる」，イの「一定の間隔で『間』が取れなくなる」は本文の内容にそぐわない。筆者が危惧しているのは「『間』がつかめなくなること」で，ウの「『間』が失われてしまうこと」ではない。

問四　「在原業平が」で始まる段落で和歌が詠まれた背景を，「『月やあらぬ』」で始まる段落で和歌のリズムを，「月も春の花も」で始まる段落で和歌の内容をわかりやすく述べている。

やや難　問五　――線部2の「はかなさ」の前の「そういう」は，直前の段落の「月も春の花もすべて去年とは変わってしまったのに，業平だけが変わらずここにいる……やがてその姿も暁の靄の中にとけこんで消え消えとなって行く」様子を指し示している。この内容をふまえた上で，――線部2の直後に「たとえば」とあり，その後の「氷をにぎっていると，指の間からみるみるとけてなくなってしまう」という例や「後に何も残さないその清新でさわやかな感じ」という説明をもとに，自分の言葉を補ってわかりやすくまとめる。

問六　「『月やあらぬ春や昔の……』とくり返してみた」時の「たとえようもない美しさ」は，何によって感じられるのか。直前の文に「そういう気持ちでもう一度」とあるので，前の「『月やあらぬ』でひと息つき」で始まる段落に着目する。「『月やあらぬ』でひと息つき，『春や昔の』と，ためらいがちに『春ならぬ』といってしまった後は，ため息を吐くように『わが身ひとつはもとの身にして』というところへおさまる」にふさわしいのは，強弱や速度などの組み合わせを意味するイの「リズム」。アは速度，ウは音楽的な流れ，エは和音の重なりの意味。

やや難 問七 「平安初期の風潮」について述べている部分を探すと，「業平が生まれた」で始まる段落に「平安初期は，中国一辺倒の時代で，何事も中国のモホウをしなければ夜も昼も明けぬ有様であった。万葉集は忘れられ，公文書は元より，ふつうの交際でも漢詩を作らなければ一人前には扱われなかった」とある。中国の文化が押し寄せてきてそれまでの日本の文化が軽んじられている様子を述べており，この様子が「現代の日本」と「大変よく似ている」としている。「どのような点で」と問われているので，「〜点。」の形でまとめる。

重要 問八 最終段落の「あくまでも心の手綱はしっかりと握っていて，さてその上で運を天に任せていれば何とか安穏にすごせる」という筆者の考えは，外国の文化が流入した時にでも自国の文化を大切にする心を忘れないようにした上で，どうなるかは天に任せるという意味になる。筆者は，業平の和歌を挙げて自国の文化を大切にすることを「心の手綱をしっかりと握って」と表現しており，アの「外国の文化には良くないものも含まれている」から「心の手綱をしっかりと握って」と言っているわけではない。したがって，合わないものはア。イは「たとえば」で始まる段落と，ウは「業平が生まれた」で始まる段落と合う。エは，最終段落の「外部の嵐にもまれることは一概に悪いとはいえない」という筆者の考えと合う。

三 **(古文一主題・表題，指示語の問題，語句の意味，文と文節，口語訳)**

〈口語訳〉 文化三年三月四日の大火事の時に，芝のあたりだったろうか，並木屋藤助という者が，火災がたいそう近くて店などの扉を閉じて土蔵のすき間を丁寧に塗りふさいだが，召使の者たちや，外から手伝いに来ていた者たちが残らず集まったときに，召使一人の姿が見えない。「中に残っているのではないだろうか」と，主人がたいそう心配したが，「どうして今になって残っているだろうか。先に逃げただろう」と人々が言ったのを，「そんなことはない。扉を一枚外して見たほうがよい」と言ったのを，「今となっては火は近く，風も強い。今さら(扉を)開いたとしたらすぐに火が燃え移ってしまう」とだれもみな断ったが，「焼けてしまっても仕方がない。開けなさい」と扉を一枚はずしたところ，思った通り(召使が)逃げ遅れて中にいたので，「どうして残ったのか」と尋ねたところ，「あと少し片づけてしまったら出ようと思っていたが，出口がなかったのでもう死ぬだろうと覚悟を決めていた」と言ったが，まもなくあたりは残らず火が燃え移って，主人を始めみながほとんど怪我するほどに(火が)さしせまってあわててすき間をうめて逃げたが，並んだ家の一軒も焼け残ったものはなかった。扉を頑丈に固めた蔵にも火が入って助からなかったのに，この並木屋の土蔵造りにした店は無事に残ったのを，人々は不思議なことだと思ったとのことである。

問一 a 「召仕壱人」の姿が見えないので「戸前壱枚をはづし見るべし」と言って探させたのは，「主」。 b 「主」が思った通り逃げ遅れて内にいたのは，「召仕」。

問二 ① 「案じる」は心配するという意味。「召仕壱人」の姿が見えないので「内に残りやせん」と言っていることからも，意味を判断できる。 ② 「是非なし」には，強引だ，仕方がない，などの意味がある。直後に「主」が扉を「明候へ」と言っていることから，焼けても仕方がない，という意味だと推察できる。

やや難 問三 「や」は，疑問と反語の意味を表す。ここでは，「召仕壱人見え」ず，「主」が「殊の外案じ」て言っているので，疑問の意味で用いられている。

問四 前の「何とて最早残り居るべき。先へ立ち退きけん」という人々の言葉に対して，「主」は「左に非らず」と言っている。「そう」は，姿が見えない「召仕壱人」が「先へ立ち退きけん」ということを指す。

重要 問五 店の主人が逃げ遅れた召使いを見捨てず助けたことが「仁」に当たり，最終文の「戸前丈夫にかためし蔵にも火入りて助からざりしに，この並木屋が見世蔵はぶなんに残りし」が，「禍を遁れし事」にあたる。この「仁」の内容を述べているウがふさわしい。アの「すぐに避難するように訓練していた」や，エの「かつて助けられたこと」「消火活動に励んだ」とは，本文では述べていない。イの内容は，思いやりのある行動を意味する「仁」にはあたらない。

基本 四 (ことわざ・慣用句)

同じ言葉を使った慣用句には，他に，1には「□が下がる(感心させられる)」「□が痛い(悩む)」，2には「□であしらう(見下した扱いをする)」「□にかける(自慢する)」，3には「□がいい(身勝手である)」「□が好かない(いやな感じがする)」，4には「□を注ぐ(勢いづかせる)」「□をしぼる(失敗を厳しく責める)」，5には「□をつぶす(名誉を傷つける)」「□から火が出る(恥ずかしさで顔が赤くなる)」などがある。

★ワンポイントアドバイス★

記述力が勝負となる。本文で用いられた言葉に自分の言葉を補ってまとめることを心がけよう。

2020年度

★★★★★★★★★★★★★★★★★★★★★★★

入　試　問　題

2020年度

宮城学院高等学校入試問題（A日程）

【数　学】（50分）　　<満点：100点>

［１］ 次の計算をしなさい。

⑴ $-2^2\times 4+48\div(-2)$

⑵ $2-\dfrac{2}{5}\times\left(-\dfrac{7}{3}\right)\div\left(-\dfrac{4}{3}\right)$

⑶ $6xy\times\left(\dfrac{2}{3}xy^2\right)^2\div\dfrac{4}{3}xy^2$

⑷ $\dfrac{4x-5}{3}-\dfrac{2x-7}{2}$

⑸ $\sqrt{45}-\sqrt{27}-\dfrac{10}{\sqrt{5}}+\dfrac{6}{\sqrt{3}}$

⑹ $(2x+1)^2-(x+3)(x-2)$

［２］ 次の問に答えなさい。

⑴ $3(x+y)^2-9(x+y)+6$ を因数分解しなさい。

⑵ ２次方程式 $3x^2+2x-1=0$ を解きなさい。

⑶ 等式 $\ell=2a+2b$ を a について解きなさい。

⑷ 箱の中に赤球と白球が３個ずつ入っています。この箱の中から同時に２個の球を取り出すとき，少なくとも１個は白球である確率を求めなさい。

⑸ 次の㋐～㋓について，y が x に反比例するものをすべて選び，記号で答えなさい。

㋐1000mの道のりを毎分 x mで歩いたら，y 分かかった。

㋑半径 x cmの円の周の長さは y cmである。

㋒縦の長さが x cmで面積が30cm^{2}の長方形の横の長さは y cmである。

㋓100ページの本を x ページ読んだとき，残りのページ数は y ページである。

⑹ 右の図で，$\angle x$ の大きさを求めなさい。

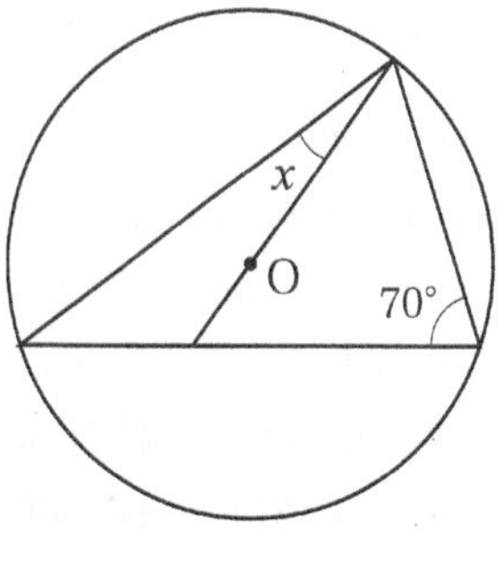

〔3〕　あるテニスクラブの昨年の会員数は，男女合わせて128人でした。今年の会員数は，昨年より男性が15%，女性が25%それぞれ増えました。また，増えた人数は男女とも同じでした。

次の問に答えなさい。

(1)　昨年の男性会員の人数を x 人，女性会員の人数を y 人として連立方程式をつくりなさい。

(2)　今年の会員数は男女合わせて何人ですか。

〔4〕　下の図のように，関数 $y=\frac{2}{3}x^2$ のグラフと直線 ℓ が２点A，Bで交わっています。また，関数 $y=ax^2$ のグラフと直線OA，OBの交点をそれぞれC，Dとします。点A，Bの x 座標がそれぞれ－１，３であるとき，次の問に答えなさい。

(1)　点Aの座標を求めなさい。

(2)　直線 ℓ の式を求めなさい。

(3)　直線CDが直線 ℓ に平行で，点（０，４）を通るとき，a の値を求めなさい。

(4)　(3)のとき，四角形ABDCの面積を求めなさい。

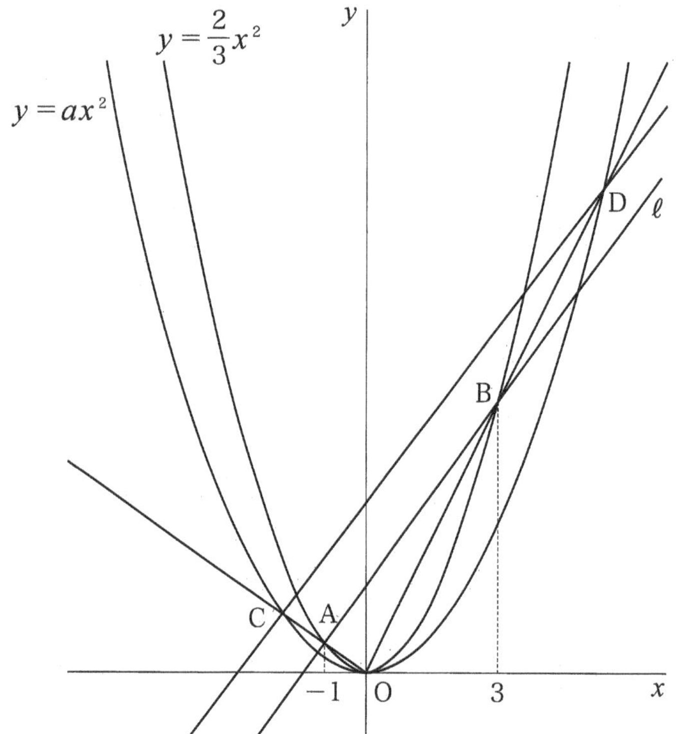

〔5〕　次のページの図のような，AB＝５cm，BC＝３cm，∠C＝90°の直角三角形ABCにおいて，点Pを辺AB上にとり，PからBC，ACにそれぞれ垂線PQ，PRをひきます。

次の問に答えなさい。

(1)　ACの長さを求めなさい。

(2)　次の条件を満たすように点Pをとったときの，CRの長さをそれぞれ求めなさい。

①　△APRと台形PBCRの面積比が　１：３　となるとき

② ∠ARQ＝∠RPB となるとき

③ 四角形APQRと△PBQの面積が等しいとき

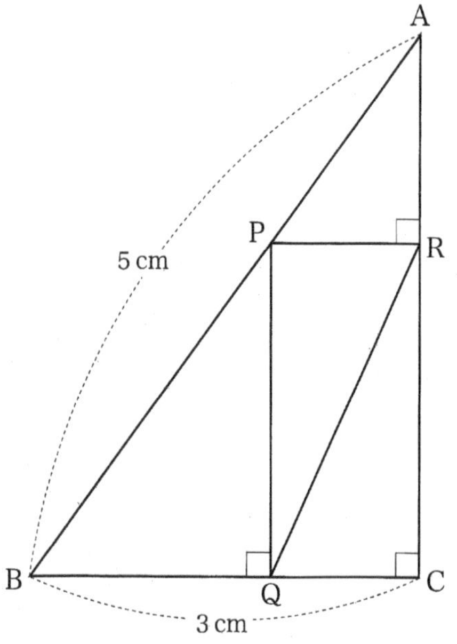

［６］ 下の図のような形のふたのない容器があります。この容器に毎秒32π cm^{3}ずつ水を入れると30秒でいっぱいになりました。

次の問に答えなさい。ただし，円周率はπとします。

⑴ この容器の容積を求めなさい。

⑵ この容器の高さを求めなさい。

⑶ 水がいっぱいになったとき，容器の内側の水がふれている部分の面積を求めなさい。

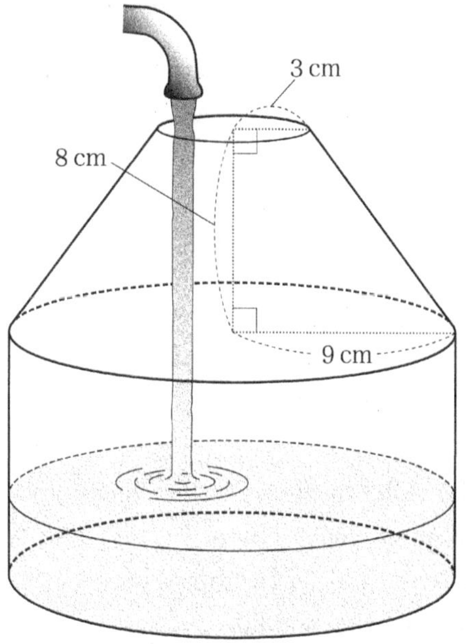

【英　語】（50分）　＜満点：100点＞　　※リスニングテストの音声は弊社HPにアクセスの上，音声データをダウンロードしてご利用ください。

Ⅰ．リスニングテスト：放送の指示に従い，問題に答えなさい。

(Part 1)

1．

2．

(Part 2)

1．a．We met in the park.
　　b．We wanted to meet last week.
　　c．We meet every Tuesday.
　　d．We met 2 years ago.

2．a．I love seeing the dolphin show at the aquarium.
　　b．I have loved dolphins since I was 3 years old.
　　c．I want to swim with a dolphin someday.
　　d．Dolphins are my favorite animal.

（Part 3）

1．a．His family　　b．Spring vacation
　c．A mask　　d．Venice

2．a．Because they are hungry.　　b．Because it is a hot day.
　c．Because it is free.　　d．Because it is his birthday.

3．a．He cooked a meal.　　b．He ate dinner.
　c．He watched TV for 4 hours.　　d．He met his family.

（Part 4）

1．⑴　a．About 1,000,000 yen　　b．About 2,000,000 yen
　　c．About 3,000,000 yen　　d．About 4,000,000 yen
　⑵　a．300　　b．3,000,000
　　c．150　　d．1,500,000

2．⑴　a．Children and teenagers　　b．Most healthy people over 20 years old.
　　c．Babies　　d．8 hours
　⑵　a．You can't think clearly.
　　b．You can keep in good health.
　　c．You have to get enough sleep.
　　d．Older people have to sleep more than 9 hours.

Ⅱ．次の英文を読んで，後の質問に答えなさい。

When I moved to Lawndale, California in November 1962, milkmen still brought bottles of milk to houses every morning. One of the milkmen was called Ben and I enjoyed talking with him.

One morning, however, when Ben brought milk to my home, he looked unhappy and he didn't want to talk to me. After a long silence, he told me that a woman with six children left town without paying $79. She didn't tell him her new address.

I could only say, "I'm so sorry to hear that."

But when Ben left, I really thought about his problem. [A]. Then, because Christmas was coming, I remembered what my grandmother said when I was young: "When someone has taken something from you, give it to them, and then no one can take anything from you."

When Ben brought milk the next morning, I told him I had a way for him to feel better about the $79.

"*Give* the woman the milk. Make it a Christmas present to the kids."

"Are you kidding?" he answered. "I don't even get my wife such an expensive Christmas gift!"

I didn't talk more about the idea, but [B].

From that day on, when he came to our house, I always asked him, "Have you given her the milk yet?" When I repeated the question again and again every morning, he looked a little happier every time.

Then six days before Christmas, he arrived with a great smile. "I did it! [C]. It wasn't easy, but what did I have to lose?"

The Christmas holidays came and went. On a sunny January morning, Ben ran up to me and said, "Do you know what happened yesterday?"

On that morning, he was on a different route because another milkman was sick in bed. Then, someone called his name. He saw a woman who was running down the street with money in her hand. He noticed that the woman was the one who left the town without paying him $79.

"Ben! Wait a minute!" she shouted. "I'm so sorry," she said. "I have really wanted to pay you." She said that her husband came home one night and said he found a cheaper apartment. Because they had to move to the new apartment so quickly, she forgot to tell Ben the address of the new apartment.

"But [D]. Here's $79."

"That's all right," Ben answered. "It is already paid."

"Paid?!" she cried. "What do you mean? Who paid it?"

"[①]."

She looked at him in surprise, and then, started to cry.

"Well," I asked when Ben finished the story, "what did you do?"

"I didn't know what to do, so [E]. I started to cry, too, but I didn't know why I was crying. Then I thought of all those kids having milk on their cereal."

"Did you take the $79?"

"[②]," he said. "I gave her the milk as a Christmas present, didn't I?

silence：沈黙　pay－paid－paid－paying：（お金を）支払う　address：住所
be kidding：冗談を言っている　route：ルート　notice：気付く　shout：大声で叫ぶ
cheap：安い　apartment：アパート　cereal：シリアル

問１［A］～［E］のそれぞれの空欄に入る文を下から選び，記号で答えなさい。

（ア）I put an arm around her
（イ）I have saved the money for you
（ウ）I still believed that it was the best way
（エ）I gave her the milk as a Christmas present
（オ）I was sad that the problem made a cheerful man like him unhappy and angry

問２［①］に入る最も適切な文を下から選び，記号で答えなさい。

（ア）I did　（イ）You did
（ウ）She did　（エ）Everybody did
（オ）Another milkman did

問3　[②] に入る最も適切な文を下から選び，記号で答えなさい。

（ア）Of course　　（イ）Of course, not

（ウ）Yes, but it was not enough　　（エ）Yes, because it was my money

（オ）No, because I got $79 from another milkman

Ⅲ．次の英文を読んで，後の質問に答えなさい。

In 1956, Phoenix, Arizona, was a city with vast blue skies. One day, as I walked around the house with my sister Kathy's new parakeet, 'Perky', on my finger, (A)[got / him / I / looked like / the idea / the sky / to show / what]. (B)I thought maybe he could make a little bird friend out there. I took him into the yard, and then, in a few seconds, Perky flew off into the wide blue sky with no end. Suddenly, (C)my sister's blue treasure with beautiful wings disappeared.

Kathy tried to forgive me. She even encouraged me by ①(say), "Perky will find a new home, so don't worry." But (D)[able / believe / her words / I / not / to / was]. I was very sad. Time passed. After some time, my greatest regret took a small place among the larger things of life, and we all ②(grow) up.

Many years later, I spent a lot of time with my children. I enjoyed ③(watch) our kids when they were playing soccer with Mr. and Mrs. Kissel, the parents of our kids' friends. The two families went camping around Arizona together. We went watching movies at the theater together. We became the best of friends. One evening, we played a game. We had to tell "Great Pet Stories" in (E)it. One person talked about the oldest living goldfish. Someone else had a mysterious dog. (F) Barry, the father of the other family, started talking about his blue parakeet, Sweetie Pie.

"The best thing about Sweetie Pie," he said, "was how we got (G)him. One day, when I was about eight years old, a little blue parakeet came down out of the blue sky and landed on my finger."

When I was finally able to speak, we ④(find) some amazing things. The dates and the places and the pictures of the bird were all the same. (H) we knew each other, our two families had a special bond. Forty years after Perky flew away, I ran to my sister and said, "You were right! Perky lived!"

parakeet：インコ　flew：fly（飛ぶ）の過去形　suddenly：突然　forgive：～を許す

regret：後悔　land：着陸する

問1　下線部（A），（D）が次の日本文の意味になるように [　] 内の語句を並べかえなさい。

（A）　私は空とはどのようなものかを彼に見せようという考えを思いついた。

（D）　私は彼女の言葉を信じることができなかった。

問2　下線部（B），（C）を言いかえたとき，次の文の（　）に入る適切な語を答えなさい。

（B）　I wanted (　　　)(　　　) make a little bird friend out there.

（C）　..., my sister's blue treasure (　　　)(　　　) beautiful wings disappeared.

問3　下線部（E），（G）が指すものを下から選び，記号で答えなさい。

（E）ア．a game　　イ．a movie
　　ウ．the theater　　エ．the oldest living goldfish

（G）ア．a mysterious dog　　イ．Barry
　　ウ．Mr. Kissel　　エ．Sweetie Pie

問4　文中（F），（H）に入る適切な語を下から選び，記号で答えなさい。

（F）ア．Because　イ．Though　ウ．Then　エ．When

（H）ア．After　イ．Before　ウ．If　エ．Though

問5　文中①～④の（　）内の動詞を適切な形で書きなさい。

問6（　）に適切な語を入れて，それぞれの質問に対する答えを完成しなさい。

1．Q: Why was the writer sad in 1956?
　A: She was sad because her sister's parakeet (　　) and did (　　) come back.

2．Q: What can we say about Kathy's ‘Perky' and Barry's ‘Sweetie Pie' at the end of the story?
　A: It was the (　　) parakeet.

Ⅳ．日本人の高校生カオリさん，アユミさん，留学生のLucyさんは，高校の入学式の後にすぐに仲良くなりました。三人の会話を読み，後の問いに答えなさい。

Lucy: ①[どこの部活に入るかもう決めた]?

Kaori: Not yet. You know, I was a member of the badminton club in junior high school. ②[高校では別のスポーツをやる方が面白いかも].

Lucy: Well, then how about the tennis club? Do you know that this school has a nice tennis court?

Kaori: Yes.

Lucy: ③[放課後に一緒にテニス部を見に行かない]?
(Ayumi comes into the room)

Ayumi: Oh, hello, Lucy and Kaori. What are you talking about?

Lucy: We are talking about the club activity.

Ayumi: Oh, I'm thinking of the [　④　] club. You see, I was a member of [　④　] club in my junior high school. I'll practice it in high school, too.

Kaori: What was your club like in your junior high school?

Ayumi: [　⑤　]

Lucy: That sounds interesting. I see why you want to do it in high school, too.

問1　下線部①～③について，[　] 内の日本語を英語に直し，英文を完成しなさい。

問2　④にクラブ名を入れ，⑤にアユミさんのセリフを3文以上の英語で書きなさい。ただし，このクラブは学内の部活動でも，学外のクラブでも構いません。

（注7） 長み五六寸……長さ約十五～十八センチメートル
（注8） はたらいたる男……機転のきく男
（注9） 吟味してみや……取り調べてみなさい

問一 〰〰線部Ａ・Ｂの意味として最もふさわしいものを次から選び、それぞれ記号で答えなさい。

Ａ 平げて
ア たいらにして　イ 成敗して
ウ 広げて　エ 戦って

Ｂ ぜひなく
ア 我慢して　イ 良し悪しに関係なく
ウ どうしようもなく　エ 恐る恐る

問二 ――線部１について、どのような点が「奇妙」なのですか。最もふさわしいものを次から選び、記号で答えなさい。
ア 百足に怖《こわ》がられるものである点。
イ 以前、田原藤太が持っていた点。
ウ 古来、不思議な力を持っている点。
エ 持ち主を選ぶ、特別なものである点。

問三 ――線部２「弓矢いらずに手柄せられうものを」の現代語訳として最もふさわしいものを次から選び、記号で答えなさい。
ア 弓矢を使わなくとも、相手を打ち負かすことができるのだが。
イ どんな弓矢でも、相手を倒すことができない。
ウ 弓矢を使いたくない人が、相手と戦うのに便利だろう。
エ 弓矢を使ったことがなくても、うまく相手に命中させる。

問四 ――線部３について、「どうした事じゃの」と述べたのはどのようなことを見たからですか。説明しなさい。

問五 この話のおもしろみはどのような点にありますか。説明しなさい。

四 次の文章を読んで、後の問いに答えなさい。

それは秋らしい柔らかな澄んだ①陽《ひ》ざしが、紺の②だいぶはげ落ちた暖簾《のれん》の下から静かに店先に差し込んでいる時だった。店には一人の客も③ない。

（志賀直哉《しがなおや》「小僧の神様」より）

問一 ――線部①～③の品詞を次から選び、記号で答えなさい。
ア 名詞　イ 動詞　ウ 形容詞
エ 副詞　オ 連体詞　カ 助動詞

問二 形容動詞を二つ抜き出しなさい。

次から選び、それぞれ記号で答えなさい。

①　がんじがらめ
　ア　動きがとれないこと　　イ　ゆううつなこと
　ウ　閉じこめられること　　エ　おどされること

②　しゃくにさわる
　ア　気になる様子　　イ　腹が立つ様子
　ウ　なつかしい様子　　エ　傷つく様子

問三　――線部１「個人の独立」とはどのようなものですか。筆者の考えを「一人称」という言葉を使い、簡潔に述べなさい。

問四　Ａ・Ｂに当てはまる語を文中から抜き出して答えなさい。

問五　――線部２について、「他人と自分との間の区別がはっきりしていない」とはどういうことですか。最もふさわしいものを次から選び、それぞれ記号で答えなさい。

ア　「私」と「あなた」が常に寄り添い助け合う関係にあるということ。

イ　「私」と「あなた」は互いに頼り合っていいと思っているということ。

ウ　「私」が「あなた」とほとんど同じ考えを持っているということ。

エ　「私」が「あなた」との関係に基づく存在となっているということ。

問六　――線部３について、「先生の絆」とはどのような関係のことですか。＊印の部分から、「関係」という言葉に続くかたちで三十字以内で抜き出しなさい（句読点を字数に含みます）。

問七　――線部４について、「ほんとうの第一人称が生まれてくることのできる」社会とはどのような社会ですか。本文全体を踏まえ分かりやすく説明しなさい。

三

次の文章を読んで、後の問いに答えなさい。

ある人四五人（注１）うち寄り、座敷に涼みてゐたりしが、「はてさて、１正真の赤銅《しゃくどう》は奇妙なものじや。（注２）百足《むかで》が恐るる」といへば、中にも（注３）僣上《せんしょう》な男、小刀をそろりとぬき、「恥づかしながら、この（注４）小《こ》柄《づか》、（注５）赤銅と申すはおろか、残り多い事は、昔《いにし》へ（注６）田原藤太《たわらとうた》が持たれたらば、２弓矢いらずに手柄《てがら》せられうものを」と、自慢たら〱の所へ、天井より、（注７）長み五六寸の百足、はたと落ちければ、人々はつと驚く。中にも、（注８）はたらいたる男、「いや、騒ぐまい。さいぜんの小柄でＡ平げてやりませう」といへば、心得たりと、小刀をぬいて百足の胴中、しかと押へければ、百足ふり返り、やがて小柄をしつかと噛《か》みければ、Ｂぜひなく、金火箸《かなひばし》にて扶《はさ》みて捨てけり。「これは〱、正真の赤銅と承《うけたまわ》ったが、３どうした事じやの」といへば、「いや〱、赤銅は正真じやが、今のは百足が、にせであらふ。（注９）吟味してみや」。

（『軽口本集《かるくちぼんしゅう》』より）

（注１）うち寄り……寄り集まり
（注２）百足……脚の数が多く、地面をはう生き物
（注３）僣上な男……見栄っ張りな男
（注４）小柄……脇差のさやに添えて差しておく小刀のこと
（注５）赤銅と申すはおろか……赤銅（銅に金・銀を加えた合金）で出来ているということだけではなく、それに加えて
（注６）田原藤太……大むかでを退治したことで有名な藤原秀郷の俗称

が先生からいかに愛されていても、先生はそのゆえに私にいい点をつけることはできません。試験をすれば、よくできる生徒がいて、その生徒を先生がきらいであったとしても、その生徒に悪い点をつけることはできません。そういう中におかれたときに私は、はじめて3先生の絆から離れて、自由になることができるといえます。

たとえばこういう例があります。日本でよく学閥ということをいいます。大学の閥です。c派閥、たとえば京都大学の先生は、全部京都大学の卒業生がなるということがあるとして、東京大学からは、なかなか京都大学には入り込めない、また京都大学からもなかなか東京大学に入り込めない。東京大学の先生は、東京大学の自分が教えた生徒の中で、自分がいちばんいいと思う人を自分のあとにすえる。これは必ずしも学問的にいちばんよくなくても、自分はこの人が将来いいと思う人を、つまり自分が気にいった人を、自分のあとにすえる行き方です。

ところがフランスですと、これはなにもフランスをほめるわけではないし、フランスもたくさん悪いところがあり、非常に②しゃくにさわるところがありますけれども、こと選抜や任命ということになると、ちがいます。たとえばフランスでは、大学の先生を選ぶときには、一つ(注1)ポストにあきができますと、官報で公告するのです。そうすると欲する人は、だれでもそれに願書を出すことができます。その願書を選考委員会が選び、場合によっては試験を設けて、そのdコウホ者の中で最も優秀だった人が、ポストにつきます。だからどこの誰がどこへ突然現われるか、全然わからないわけです。

こういうときにすべての人が、同じ第三人称として扱われているといえます。特にある人だけが選考委員会に対して、二人称となることができないからです。そうしてはじめて、今度は第三人称として扱われた人の内面に、その人のほんとうの自由、すなわち相手から束縛されないで、自分の能力だけによって、自分の道を開いていくことができる自由が、約束されるのです。

すなわち自分の中にある自分が、ほんとうの自分のものとして持っている才能とか、天分とかが純然と現わせる、すなわち第一人称として、自分を発揮することができるのです。その場合には、社会全体が第三人称の集りである社会になっていなくてはいけません。その典型的な現われは、法律です。法の前にはすべての人が平等です。つまり法律は、社会の人間が全部三人称であることを、前提としてできているわけです。だから悪いことをすれば、それが校長の息子であろうと、総理大臣の息子であろうと、つかまるわけです。逆にいいことをすれば、けっして他人はその人をおとし入れることはできません。

法律というのは一つの在り方でしかありませんが、そうした風習がすべてにeテキヨウされる社会においてこそ、ほんとうの三人称、すべての人が三人称として公平に、その人の能力だけによって、価値だけによって扱われることになるのです。そして、4そういう社会こそが、実はほんとうの第一人称が生まれてくることのできる、また第一人称が自分を発展させていくことのできる、基礎になるわけです。

（森有正《もりありまさ》『いかに生きるか』より）

（注1）　ポスト……地位。

問一　══線部ａ～ｅのカタカナの部分を漢字に直し、漢字には読みがなをつけなさい。

問二　〰〰線部①・②の文中における意味として最もふさわしいものを

問九　――線部6について、「『余白』を残す」とはどういうことですか。
わかりやすく説明しなさい。

問十　――線部7について、この「オセロ・ゲーム」のたとえはどのようなことを表していますか。「自由」「答え」「時間」の語を使い、八〇字以内でわかりやすく説明しなさい。

二　次の文章を読んで、後の問いに答えなさい。

さて日本には、いわゆる日本の近代化と一口でいわれる事実の中に、[1]個人の独立という行為は含まれていないことを指摘してきました。家というものがあって、また国というものがあって、その中に日本人は①がんじがらめになって、人間がほんとうの自分の自己というものを、見いだすことのできない、あるいは見出し得ても、それを発展させることのできない状況にあったということです。すなわち人間が自分を主体として、第一人称として、自分の世界を述べ、それを背負って行くことが、いかに困難であるかということです。

ところで、この第一人称、すなわち「 A 」という形で自覚される、この自分というものが、ほんとうの意味で独立の責任主体として、また独立人格の、あるいは理想的主体として発現されないのみならず、それを実現することが困難であるということの中には、重大なことが含まれています。日本人においては人間の一人一人が、つまり他人と区別された自分として、充分に独立的に、独立的な主体として自覚されてないということがあります。[2]他人と自分との間の区別が、はっきりしていないということです。つまり、他人がいつまでたっても、私にとって「あなた」である。そこまではいいのですけれども、今度は、その「私」は「あなた」に対してのみ「私」なのです。

だから私たちが、なにか決めようとする場合、たとえば自分が子供の親であるということから、決めなくてはならなくなるのです。事実まわりからもそう要求されます。あるいは戦前であれば天皇の臣民として、なにか決めなくてはいけなくなります。そのようなときに、天皇なり子供なり親なりに対して、まさに私たちが二人称になっているのです。天皇や親や、あるいは仕事上の[a]上役や先輩から「お前」とか「君」とか「 B 」とかいわれる人間として、自分を自覚しているのです。

あるいは一家の中にあって、子供から親として考えられ、細君から夫として考えられ、つまりすべて他の人から二人称として考えられているのです。だからその相手の意志を、相手の考えを推しはかってみなければ、自分の行動を決定することができないのです。また相手も同時に、自分にとって二人称になっているのです。相手が私の先生である場合、先生と私の関係は、単に一人称と二人称の関係ではなくて、両方ともお互いに、相手に対して二人称になってしまっているのです。良い悪いは別として、日本文化の一つの重要な問題として、そのような関係が非常に強く残されています。

*

真の責任主体としての自分、あるいは解放された個人としての自分というもの、すなわち一人称というものがほんとうに成立するためには、同時にその人は他に向かっては、三人称でなければなりません。

自分にとっては一人称であるけれども、他に対しては自分が三人称になっていなければなりません。たとえば学校の先生からは、私は生徒の中の一人として見られており、先生とは、試験というものを通してだけ[b]セッショクする。試験というのは、これは客観的な場所ですから、私

①　判で押したように
　ア　まじめすぎるさま　　イ　形式ばっているさま
　ウ　変化がないさま　　エ　退屈なさま

②　面食らう
　ア　驚きとまどう　　イ　がっかりする
　ウ　さびしく思う　　エ　疑問をいだく

問三　――線部1について、「お点前のこと」の内容を述べている部分を本文中から十二字で抜き出しなさい。

問四　□には「長い期間変わることなく同じ状態である」という意味の言葉が入ります。最もふさわしいものを次から選び、記号で答えなさい。
　ア　一朝一夕　　イ　一日千秋　　ウ　十年一昔　　エ　十年一日

問五　――線部2について、筆者はなぜこのように思うようになったのですか。文中の言葉を使って答えなさい。

問六　――線部3は、ある六月の雨の降る土曜日に筆者がお茶の稽古に遅れて行ったとき、先生の家の床の間に掛けてあった「聴雨（雨を聴く）」の掛け軸が目にとまったという経験をふまえています。これは、筆者にとってどのような意味を持つ経験だったと考えられますか。最もふさわしいものを次から選び、記号で答えなさい。
　ア　先生が何も言わないのは、言ってもわかってもらえないだろうとあきらめているからだと気づかされた経験。
　イ　先生が何も言わないのは、感動というものが言葉では言い表せないものだからだと気づかされた経験。
　ウ　先生が何も言わないのは、お点前に集中していて周りのことが目に入らないからだと気づかされた経験。
　エ　先生が何も言わないのは、自分は人に教えるほどわかっていないと思っているからだと気づかされた経験。

問七　――線部4について、「見えない場所で、同時に、別のことが起こっている」とはどういうことですか。最もふさわしいものを次から選び、記号で答えなさい。
　ア　見ることはできなくても、茶室の外では、現実の社会があわただしく動いているということ。
　イ　表からは見えない場所では、けんめいにお茶の準備をしている人がいるということ。
　ウ　目には見えなくても、お点前の間、心の中では気持ちが大きく動いているということ。
　エ　お点前に集中しているように見えても、心では別のことを考えてしまっているということ。

問八　――線部5について、「本当に知る」とは、ここではどういうことですか。最もふさわしいものを次から選び、記号で答えなさい。
　ア　人に教えてもらったことについて、分からない点を質問し、知識を増やしていくこと。
　イ　長い時間をかけて様々なことをたくさん吸収し、非常な物知りになって活躍すること。
　ウ　教えてくれる先生の考えを時間をかけて知り、徐々にその教えが理解できるようになること。
　エ　自分の内面が深まり、それまでわからなかったことを体全体で理解できるようになること。

然にわかるようになった。十年も十五年もたって、ある日、不意に、

「あ～！そういうことだったのか」

と、わかる。答えは自然にやってきた。

お茶は、季節のサイクルに沿った日本人の暮らしの美学と哲学を、自分の体に経験させながら知ることだった。

5本当に知るには、時間がかかる。けれど、「あっ、そうか！」とわかった瞬間、それは、私の血や肉になった。

もし、初めから先生が全部説明してくれたら、私は、長い(注7)プロセスの末に、ある日、自分の答えを手にすることはなかった。6先生は、「余白」を残してくれたのだ……。

「もし私だったら、心の気づきの楽しさを、生徒に全て教える」……それは、自分が満足するために、相手の発見の喜びを奪うことだった。

先生は手順だけを教えて、何も教えない。教えないことで、教えようとしていたのだ。

それは、私たちを自由に解き放つことでもあった。

「作法」だけが存在する。「作法」それ自体は厳格であり、自由などないに等しい。ところが「作法」の他は、なんのきまりも制約もないのだ。

学校では、決められた時間内に、決められた「正解」を導き出す考え方を習う。早く正しい答えを出すほど優秀だと評価され、一定の時間を過ぎたり、異なる答えを出したり、またそういう仕組みになじめない場合は、低い評価が下される。

けれど、お茶をわかるのに時間制限はない。三年で気づくも、二十年で気づくも本人の自由。気づく時がくれば気づく。成熟のスピードは、人によってちがう。その人の時を待っていた。

理解の早い方が高い評価をされるということもなかった。理解が遅くて苦労する人には、その人なりの深さが生まれた。

どの答えが正しくて、どれが間違っている、どれが優れていて、どれが劣っているということはなかった。「雪は白い」も「雪は黒い」も、「雪は降らない」も、全部が答えだった。人はみんなちがうのだから答えもちがう。お茶は、一人一人のあるがままを受け入れている。

7私の意識の中で、(注8)オセロ・ゲームの「黒」「白」がグルリと反転した。

（森《もり》下《した》典《のり》子《こ》『日日是好日《にちにちこれこうじつ》』より）

(注1) お点前……お茶の作法。「盆点」はその種類の一つ。

(注2) 「習い事」→「茶通箱」→「唐物」→「台天目」……それぞれお茶の作法で、「→」は段階が上がっていくことを示す。

(注3) ファイナル・ステージ……最終段階。

(注4) 致し方ない……しかたがない。

(注5) お茶事……客を茶室に招き、食事とお茶でもてなす催《もよお》し。

(注6) 水指、棗、茶碗、蓋置き……お点前で使う道具。

(注7) プロセス……過程。道のり。

(注8) オセロ・ゲーム……表と裏が黒と白にぬり分けられた円形のコマを交互に置いていき、相手のコマをはさんで裏返して自分のコマの色を増やしていくことを競うゲーム。

問一　＝＝線部ａ～ｅのカタカナの部分を漢字に直し、漢字には読みがなをつけなさい。

問二　～～線部①・②の文中における意味として最もふさわしいものを次から選び、それぞれ記号で答えなさい。

その理由がわかった気がしたのは、3あの六月の土曜日、どしゃぶりの雨の中で、「聴雨」の掛け軸を見た日だった。

私も、何も言えなかったのだ……。

言えばきっと、言葉の空振りになるのがわかる。思いや感情に、言葉が追いつかないのだ。

だから無言のまま、わが身と同じ大きさのたぎる思いを、ぐっと飲み込んで、座っているしかなかった。そして、出口のない内なる思いに、少しc目頭が熱くなった。

「……」

その時、痛いほど思った。人の胸の内は、こんなにも外からは見えない。

4茶道の風景を外から見れば、ただ黙って座っているにすぎない。しかし、見えない場所で、同時に、別のことが起こっているのだ。

その静けさはdノウミツだ。

「……」

走って誰かに伝えに行きたいような胸の熱さと、言葉が追いつかない虚しさと、言いたいけど言えないやるせなさが、せめぎあう沈黙。

沈黙とは、こんなに熱かったのか……。

静かに並んで座ったまま、私は、先生と気持ちを共有したような気がした。

先生は、言わないのではない。言葉では言えないことを、無言で語っているのだった。

本当に教えていることは、目に見えるお点前の外にある。

先生の家の玄関を開けると、いつも真っ先に、下駄箱の上の花や色紙が目に入る。暑い日はつくばいの水が多めに流れて居る。菓子器の蓋《ふた》をとると、そこに美しい和菓子が並んでいる。床《とこ》の間には、今朝摘んだばかりの花、そして掛け軸。(注6)水指《みずさし》、棗《なつめ》、茶碗、蓋置き……。

どれ一つ見ても、そこに季節があり、その日のテーマと調和がある。

それが、お茶のもてなしだった。

けれど先生は、それを口にしない。だから私は最初、一つかせいぜい二つしかわからなかった。それが、二十年たつうちに、三つ、四つと自分で見つけられるようになった。気づいてみて初めて、いつ気づくか知れない私たちのために、先生が毎週、どれほど心を尽くして季節のもてなしを準備してくれていたのかを知った。

いや、今だって先生は、私たちにはわからない仕掛けをいっぱいしているのだろう。

私なら、演出した仕掛けをすべて言いたくなるだろう。だけど、言葉で言ってしまっては、伝わらないものがある。

先生は、私たちの内面が成長して、自分で気づき、発見するようになるのを、根気よくじっと待っているのだった。

お稽古を始めたばかりのころ、私が「なぜ?」「どうして?」と質問を連発すると、先生はいつも「理屈なんか、どうでもいいの。それがお茶なの」と言った。

理解できないことがあったら、わかるまで質問しなさいと学校で教育されてきた私は、②面くらった。それがお茶のe封建的な体質のように思えて反発を感じた。

だけど今は、そのころわからなかったことが、一つ、また一つと、自

【国　語】（五〇分）〈満点：一〇〇点〉

一　次の文章を読んで、後の問いに答えなさい。

十五年目の秋、私は雪野さんと一緒に、「盆点《ぼんてん》」という（注1）お点前《てまえ》を習った。

入門してから十四年間、「（注2）習《なら》い事《ごと》」→「茶《さ》通箱《つうばこ》」→「唐物《からもの》」→「台《だい》天目《てんもく》」と、一つ一つ階段を上がるように習ってきたお点前の（注3）ファイナル・ステージだった。

だけど、お茶に卒業はなかった。

お稽古に行けば、相変わらず、

「右手で持って、左手に持ち変えるのよ」

「畳の目、二つ目の所に置きなさい」

と、①判で押したように、お点前を繰り返すのだった。

実は、さかのぼること十年も前から、疑問に思っていた……。

1先生は、お点前のことしか言ってくれない。

もちろん習い始めのうちは、それも（注4）致し方なかった。しかし、三年、五年と過ぎ、何とか手順が身についてきても、相変わらず言うことは、

「お湯は、底の方からくみなさいね」

「あ、もうちょっと、上から注いだほうがいいわ」

ずっと具体的な動きや順序のことばかりなのだ。

（お茶って、ただお点前をするだけなの？）

今まで感じなかった季節を感じるようになったり、五感が変わっていたことに気づいたりといった「変化」が起こるようになると、私はますます思った。

（先生は、なぜお点前のことしか言わないんだろう。手順がそんなにだいじなの？完璧にお点前ができたからって、なんだっていうの？）

そんな私の思いをよそに、先生は、

「年月がたって慣れてくると、つい細かいところを略したり、自分のaクセが出てきたりしますからね。お稽古を始めたころと同じように、細かいところにまで心を入れて、きちんとお点前をすることが大切ですよ」

と、□のごとく、お点前の細部を注意し続けた。

先生には、心の気づきなど興味がないように思えた。

（私が先生だったら絶対、心の気づきの話をするけどなあ～）

しかし十三年目に（注5）「お茶事《ちゃじ》」を勉強し、多少なりとも自分の習ってきたお茶の全体像が見えるようになったころから、時おり、時間が止まったような静けさの中で、

（2もしかすると先生は、思っていても、言わないだけなのかもしれない……）

と、思うようになった。

何かに耳をすますように軽く目を閉じ、動かなかった先生の体がわずかに揺れる。目を開けた瞬間、今にも何か言いそうな表情をすることがある。だけど、先生はそのまま、フーッと静かに息をbハいて、目元で微笑んでいるだけなのだ。

（先生は、なぜ言わないんだろう？）

A日程

2020年度

解　答　と　解　説

《2020年度の配点は解答欄に掲載してあります。》

<数学解答>

〔1〕 (1) -40　(2) $\dfrac{13}{10}$　(3) $2x^2y^3$　(4) $\dfrac{2x+11}{6}$　(5) $\sqrt{5}-\sqrt{3}$

(6) $3x^2+3x+7$

〔2〕 (1) $3(x+y-1)(x+y-2)$　(2) $x=\dfrac{1}{3}$，-1　(3) $a=\dfrac{\ell}{2}-b$　(4) $\dfrac{4}{5}$

(5) ㋐，㋒　(6) $\angle x=20$度

〔3〕 (1) $x+y=128$，$0.15x=0.25y$　(2) 152人

〔4〕 (1) $\mathrm{A}\left(-1,\ \dfrac{2}{3}\right)$　(2) $y=\dfrac{4}{3}x+2$　(3) $a=\dfrac{1}{3}$　(4) 12

〔5〕 (1) 4cm　(2) ① 2cm　② $\dfrac{36}{25}$cm　③ $-2+2\sqrt{5}$ cm

〔6〕 (1) $960\pi\,\mathrm{cm}^3$　(2) 16cm　(3) $345\pi\,\mathrm{cm}^2$

○推定配点○

各4点×25(〔2〕(2)・(5)，〔3〕(1)各完答)　計100点

<数学解説>

基本 〔1〕 (正負の数，式の計算，平方根)

(1) $-2^2\times4+48\div(-2)=-4\times4+(-24)=-16-24=-40$

(2) $2-\dfrac{2}{5}\times\left(-\dfrac{7}{3}\right)\div\left(-\dfrac{4}{3}\right)=2-\dfrac{2}{5}\times\dfrac{7}{3}\times\dfrac{3}{4}=2-\dfrac{7}{10}=\dfrac{13}{10}$

(3) $6xy\times\left(\dfrac{2}{3}xy^2\right)^2\div\dfrac{4}{3}xy^2=\dfrac{6xy}{1}\times\dfrac{4x^2y^4}{9}\times\dfrac{3}{4xy^2}=2x^2y^3$

(4) $\dfrac{4x-5}{3}-\dfrac{2x-7}{2}=\dfrac{2(4x-5)-3(2x-7)}{6}=\dfrac{8x-10-6x+21}{6}=\dfrac{2x+11}{6}$

(5) $\sqrt{45}-\sqrt{27}-\dfrac{10}{\sqrt{5}}+\dfrac{6}{\sqrt{3}}=3\sqrt{5}-3\sqrt{3}-2\sqrt{5}+2\sqrt{3}=\sqrt{5}-\sqrt{3}$

(6) $(2x+1)^2-(x+3)(x-2)=4x^2+4x+1-(x^2+x-6)=3x^2+3x+7$

〔2〕 (因数分解，2次方程式，等式の変形，確率，反比例，角度)

基本 (1) $3(x+y)^2-9(x+y)+6=3\{(x+y)^2-3(x+y)+2\}=3(x+y-1)(x+y-2)$

基本 (2) $3x^2+2x-1=0$　解の公式を用いて，$x=\dfrac{-2\pm\sqrt{2^2-4\times3\times(-1)}}{2\times3}=\dfrac{-2\pm4}{6}=\dfrac{1}{3}$，$-1$

基本 (3) $\ell=2a+2b$　$2a+2b=\ell$　$2a=\ell-2b$　$a=\dfrac{\ell}{2}-b$

重要 (4) 球の取り出し方の総数は，$6\times5\div2=15$(通り)　このうち，2個とも赤球であるのは3通りあるから，求める確率は，$1-\dfrac{3}{15}=\dfrac{4}{5}$

基本 (5) yをxの式で表すと，㋐ $y=\dfrac{1000}{x}$，㋑ $y=2\pi x$，㋒ $y=\dfrac{30}{x}$，㋓ $y=100-x$　よって，y

がxに反比例するのは，㋐と㋒

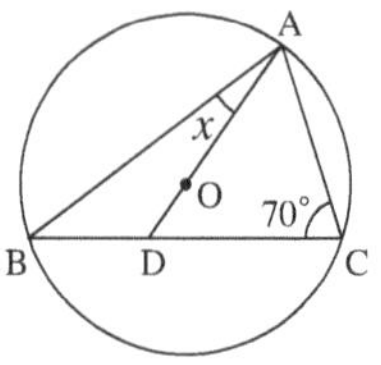

基本 (6)　右の図で，円周角の定理より，∠AOB＝2∠ACB＝2×70°＝140°　OB＝OAより，∠OBA＝∠OAB＝∠x　　よって，∠x＝(180°－140°)÷2＝20°

［3］（連立方程式の利用）

(1)　会員数について，$x+y=128$…①　　増えた人数について，$0.15x=0.25y$…②

(2)　②×20より，$3x-5y=0$…③　　①×5＋③より，$8x=640$　　$x=80$　　これを①に代入して，$y=48$　　今年増えた男性会員の人数は80×0.15＝12(人)　　よって，今年の会員数は男女合わせて，128＋12×2＝152(人)

［4］（図形と関数・グラフの融合問題）

基本 (1)　$y=\frac{2}{3}x^2$に$x=-1$を代入して，$y=\frac{2}{3}\times(-1)^2=\frac{2}{3}$　　よって，$A\left(-1,\ \frac{2}{3}\right)$

基本 (2)　$y=\frac{2}{3}x^2$に$x=3$を代入して，$y=\frac{2}{3}\times3^2=6$　　よって，B(3，6)　　直線ℓの式を$y=mx+n$とおくと，2点A，Bを通るから，$\frac{2}{3}=-m+n$，$6=3m+n$　　この連立方程式を解いて，$m=\frac{4}{3}$，$n=2$　　よって，$y=\frac{4}{3}x+2$

重要 (3)　E(0，2)，F(0，4)とすると，AE//CFより，OA：OC＝OE：OF＝2：4＝1：2　　よって，$C\left(-2,\ \frac{4}{3}\right)$　　$y=ax^2$は点Cを通るから，$\frac{4}{3}=a\times(-2)^2$　　$a=\frac{1}{3}$

重要 (4)　EB//FDより，OB：OD＝OE：OF＝1：2　　よって，D(6，12)　　四角形ABDCの面積は，△OCDと△OABの面積の差に等しい。△OAB＝△OAE＋△OBE＝$\frac{1}{2}\times2\times1+\frac{1}{2}\times2\times3=4$　　△OCD＝△OCF＋△ODF＝$\frac{1}{2}\times4\times2+\frac{1}{2}\times4\times6=16$　　したがって，四角形ABDCの面積は，16－4＝12

［5］（平面図形の計量）

基本 (1)　AC＝$\sqrt{5^2-3^2}=4$(cm)

重要 (2)　①　2組の角がそれぞれ等しいから，△APR∽△ABC　　条件より，△APR：△ABC＝1：(1＋3)＝1：4＝$1^2：2^2$　　よって，相似比は1：2となるから，CR＝AR＝$4\times\frac{1}{2}=2$(cm)

重要 ②　△APRと△QRCにおいて，∠APR＝180°－∠RPB，∠QRC＝180°－∠ARQ　∠ARQ＝∠RPBだから，∠APR＝∠QRC…(ⅰ)　　∠ARP＝∠QCR＝90°…(ⅱ)　　(ⅰ)，(ⅱ)より，2組の角がそれぞれ等しいから，△APR∽△QRC　　PR：RC＝AR：QC　　ここで，△APRの3辺の比は3：4：5だから，PR＝QC＝$3x$とすると，AR＝$4x$　　よって，$3x$：RC＝$4x$：$3x$　　RC＝$\frac{9}{4}x$　　AC＝AR＋RCより，$4=4x+\frac{9}{4}x$　　$\frac{25}{4}x=4$　　$x=\frac{16}{25}$　　したがって，CR＝$\frac{9}{4}\times\frac{16}{25}=\frac{36}{25}$(cm)

重要 ③　2組の角がそれぞれ等しいから，△PBQ∽△ABC　　△PBQの3辺の比は3：4：5だから，BQ＝$3y$とすると，QP＝CR＝$4y$，QC＝PR＝$3-3y$　　四角形APQR＝△APR＋△PQR＝△APR＋△RCP＝△APC＝$\frac{1}{2}\times4\times(3-3y)=6-6y$　　△PBQ＝$\frac{1}{2}\times3y\times4y=6y^2$　　よって，$6y^2=6-6y$　　$y^2+y-1=0$　　$y=\frac{-1\pm\sqrt{1^2-4\times1\times(-1)}}{2\times1}=\frac{-1\pm\sqrt{5}}{2}$　　$y>0$より，$y=\frac{-1+\sqrt{5}}{2}$　　したがっ

て，$CR=4\times\frac{-1+\sqrt{5}}{2}=-2+2\sqrt{5}$(cm)

〔6〕(空間図形の計量)

基本 (1) $32\pi\times30=960\pi$ (cm^3)

重要 (2) 容器の円錐台の部分を，底面の円の半径が9cmの円錐から底面の円の半径が3cmの円錐を切り取ったものと考えると，半径の比は3：9=1：3だから，底面の円の半径が3cmの円錐の高さは，$8\times\frac{1}{2}=4$(cm)　よって，円錐台の体積は，$\frac{1}{3}\times\pi\times9^2\times(4+8)-\frac{1}{3}\times\pi\times3^2\times4=312\pi$　容器の円柱部分の高さを$h$cmとすると，$\pi\times9^2\times h=960\pi-312\pi$　$h=8$　したがって，容器の高さは，8+8=16(cm)

重要 (3) 底面の円の半径が9cmの円錐の母線の長さは，$\sqrt{9^2+12^2}=15$　底面の円の半径が3cmの円錐の母線の長さは，$\sqrt{3^2+4^2}=5$　よって，円錐台の側面積は，$\pi\times15\times9-\pi\times5\times3=120\pi$　円柱の側面積は，$2\pi\times9\times8=144\pi$　底面積は，$\pi\times9^2=81\pi$　したがって，求める面積は，$120\pi+144\pi+81\pi=345\pi$ (cm^2)

★ワンポイントアドバイス★

出題構成に変化はないが，〔5〕(2)の図形問題はややむずかしかった。基礎をしっかり固めて，いろいろな問題を解いておきたい。

＜英語解答＞

Ⅰ Part 1 1. a　2. d　Part 2 1. d　2. b　Part 3 1. c　2. b　3. a
Part 4 1. (1) c　(2) c　2. (1) b　(2) a

Ⅱ 問1 A オ　B ウ　C エ　D イ　E ア　問2 ア　問3 イ

Ⅲ 問1 (A) (... on my finger,) I got the idea to show him what the sky looked like(.)
(D) (But) I was not able to believe her words(.)　問2 (B) him to
(C) which had　問3 (E) ア　(G) エ　問4 (F) ウ　(H) イ
問5 ① saying　② grew　③ watching　④ found
問6 1. disappeared, not　2. same

Ⅳ 問1 ① (例) Have you decided which club to join(?)
② (例) It may be more interesting to try another sport in high school(.)
③ (例) Why don't we go to see the tennis club after school(?)
問2 ④ (例) music　⑤ (例) Well, we got together three times a week. We practiced singing for the school festival. Everybody said that our chorus was so beautiful.

○推定配点○

Ⅰ 各2点×11　Ⅱ 各3点×7　Ⅲ 問3・問4・問5 各2点×8　問1 各3点×2
他 各4点×4　Ⅳ 問1 各4点×3　問2 7点　計100点

＜英語解説＞

Ⅰ　（リスニング）

（Part 1）　写真を最も適切に説明しているものを選びなさい。

1.　a.　She is waiting for a bus.
　　b.　She is talking with her friends.
　　c.　She is walking her dog.
　　d.　She is reading a book.

2.　a.　This animal is bigger than a car.
　　b.　This animal is smaller than a finger.
　　c.　This animal is as large as a dog.
　　d.　This animal is as big as a hand.

1.　a.　彼女はバスを待っている。
　　b.　彼女は彼女の友達と話をしている。
　　c.　彼女は彼女の犬を散歩させている。
　　d.　彼女は本を読んでいる。

2.　a.　この動物は車より大きい。
　　b.　この動物は指より小さい。
　　c.　この動物は犬と同じくらい大きい。
　　d.　この動物は手と同じくらい大きい。

（Part 2）　それぞれの質問に対し，最も適切な答を選びなさい。

1.　When did you meet Tony?

2.　How long have you been interested in dolphins?

1.　いつあなたはトニーに会ったか。
　　a.　私たちは公園で会った。
　　b.　私たちは先週会いたかった。
　　c.　私たちは毎週火曜日に会う。
　　d.　私たちは2年前に会った。

2.　どのくらいの期間，あなたはイルカに興味があるか。
　　a.　私は水族館でのイルカショーを見るのが大好きだ。
　　b.　私は3歳からずっとイルカが大好きだ。
　　c.　私はいつかイルカと一緒に泳ぎたい。
　　d.　イルカは私の好きな動物だ。

（Part 3）　対話とその内容についての質問を聞き，質問に対する最も適切な答を選びなさい。

1.　A：What did you do during spring vacation?
　　B：I went to Italy with my family.
　　A：That sounds fun. Did you get anything special there?
　　B：Yes. I bought a mask in Venice.
　　Question：What did he buy on his trip?

2.　A：Would you like to get some ice cream?
　　B：Yes, I would! It's so hot today!!
　　A：Great, I think I will get strawberry ice cream.
　　B：I'm going to get chocolate.

Question：Why are they going to get ice cream?

3. Tom ：When you were at home alone today, what were you doing, Mike?
Mike：I was cooking dinner for my family.
Tom ：Really!? How long did it take you?
Mike：It took me 4 hours!
Question：What did Mike do in his house today?

1. A：春休みにあなたは何をしましたか。
B：私は家族と一緒にイタリアへ行きました。
A：それは面白そうですね。そこで何か特別なものを手に入れましたか。
B：はい。ベニスで仮面を買いました。
質問：旅行で彼は何を買いましたか。
a. 彼の家族　b. 春休み　c. 仮面　d. ベニス

2. A：アイスクリームをいかがですか。
B：はい，いただきます。今日はとても暑いです。
A：良いですね。私はイチゴのアイスクリームにしようと思います。
B：私はチョコレート風味にします。
質問：なぜ彼らはアイスクリームを買おうとしているか。
a. 彼らは空腹だから。　b. 暑い日だから。　c. 無料だから。　d. 彼の誕生日だから。

3. トム ：マイク，今日，一人で自宅にいたとき，君は何をしていたの？
マイク：家族のために夕食を調理していたよ。
トム ：本当に？ どのくらい時間がかかったの？
マイク：4時間かかったよ。
質問：今日，マイクは自宅で何をしたか。
a. 彼は食事を調理した。　b. 彼は夕食を食べた。
c. 彼は4時間テレビを見た。　d. 彼は自分の家族に会った。

(Part 4) 短い物語とその内容についての2つの質問を聞き，質問に対する最も適切な答を選びなさい。

1. How much do you think is the most expensive bottle of wine in the world? 1,000,000 yen? 2,000,000 yen? No! It is around 3,000,000 yen! Yes, really, that's right. In Las Pedroneras, Spain, winemaker Hilario Garcia makes his amazing wines, often using secret ways. The name of the wine is called Aurum Red Gold, and only 300 bottles are made every year. Of these, only 150 bottles are put on sale. Wow!
Question 1：What is the price of the most expensive bottle of wine in the world?
Question 2：How many bottles of Aurum Red Gold are sold every year?

2. How much sleep do you need? While it is a little different for each person, most healthy people over 20 years old need between 7 to 9 hours every night to do their best. Children and teenagers need even more. Some people think that we don't have to sleep so much when we get older, most older people still need more than 7 hours of sleep each night. If you don't get enough sleep, you can't think clearly or keep in good health.
Question 1：Who needs between 7 to 9 hours of sleep every night?
Question 2：What happens when you don't sleep enough?

1. 世界で最も高額のボトル1本あたりのワインはいくらだと思うか。100万円？ 200万円？ いいえ！　およそ300万円だ！　そう，本当にそうなのだ。スペインのラス・ペドロニェラス地方のワイン製造業者ヒラリオ・ガルシアは，しばしば秘密の製法を用いて，彼の驚くべきワインを製造する。そのワイン名前は，オーラム・レッド・ゴールドと呼ばれ，毎年わずか300本しか作られない。それらの中で，150本のみが販売されるのである。何ということだ！

質問1：世界で最も高額なワイン1本の値段はいくらか。

a.　約100万円　　b.　約200万円　　c.　約300万円　　d.　約400万円

質問2：毎年何本のオーラム・レッド・ゴールドが販売されるか。

a.　300本　　b.　300万本　　c.　150本　　d.　150万本

2.　どのくらい睡眠は必要だろうか。各人で少し異なるが，ほとんどの20歳より年長で健康な人は，最善の状態であるには，毎晩，7時間から9時間を必要とする。子供や10代ならばさらにもっと睡眠が必要だ。年をとるにつれて，そんなに寝る必要はないという人もいるが，年長者のほとんどは，それでも毎晩7時間以上の睡眠が必要だ。十分に寝ないと，明確に考えることや健康を維持することができない。

質問1：誰が毎晩，7時間から9時間の睡眠を必要とするのか。

a.　子供たちと10代。　　b.　20歳以上の健康な人々のほとんど。

c.　赤ん坊。　　d.　8時間。

質問2：十分に眠らないと，どうなるか。

a.　明確に考えられなくなる。　　b.　健康を維持することができる。

c.　十分に睡眠をとらなければいけない。　　d.　年長者は9時間以上眠らなければならない。

Ⅱ　〔長文読解問題・エッセイ：語句補充・選択〕

〔全訳〕　私がカリフォルニアのローンデールに1962年11月に引っ越したとき，まだ，牛乳配達人が，毎朝，各家庭へ牛乳瓶を配達していた。牛乳配達人の1人がベンと呼ばれていて，私は彼と話すことを楽しんだ。

しかし，ある朝，ベンが私の家に牛乳を配達したとき，彼は悲しそうに見え，私に話をしたいという様子ではなかった。長い沈黙の後，6人の子供をもつ女性が，79ドルを払わずに町を出て行ってしまったことを，彼は私に話した。彼女は彼に新しい住所を告げなかったのである。

「それを聞いて，とても残念です」としか，私は返答できなかった。

しかし，ベンが去ってから，彼の問題に関して私はよく考えてみた。A(オ)この問題が彼のような快活な人を不幸せにさせたり怒らせたりすることについて，私は残念に思った。そのとき，クリスマスが近づいていたので，私が若かったとき，私の祖母が話していたことを思い出した。「誰かがあなたから何かを取りあげたときには，それをその人に与えたことにすれば，誰もあなたから何かを奪うことにはなりません」

翌朝，ベンが牛乳を配達しにきたときに，79ドルについて，彼の気分が良くなるある方法を伝えた。

「女性にあの牛乳をさしあげましょう。それを子供たちへのクリスマスプレゼントにするのです」

「冗談ですよね？」と彼は答えた。「自分の妻に対してでさえ，そんな高価なクリスマスプレゼントをあげたことはありません！」

私はその考えについてそれ以上話をしなかったが，B(ウ)それでも，それが最良の方法だと信じていた。

その日以降，彼は私たちの家に来ると，私は彼に「もう彼女に牛乳をあげましたか」といつも尋ねた。毎朝私がその質問を何度も何度も繰り返すと，その都度，少しずつ彼の喜びは増しているように見えた。

そしてクリスマスの6日前に，彼は満面の笑みを浮かべてやって来た。「やりましたよ！ C(エ)クリスマスプレゼントとして彼女に牛乳をさしあげました。簡単ではありませんでしたが，私は何を失わなければならなかったでしょうか？ [失わなければならなかったものはありませんでした]」

クリスマスの祝日が訪れ，過ぎていった。1月のある晴れた朝に，ベンは私の元へ走り寄り，「昨日何が起こったかわかりますか？」と言った。

その日の朝，別の牛乳配達人が病床に伏していたため，彼は別のルートについていた。そのとき，誰かが彼の名前を呼んだ。彼は，手にお金を持ち，通りを走って来る女性を見た。その女性は79ドルを彼に支払わずに町を去った人であることに，彼は気づいた。

「ベン！　ちょっと持って！」と彼女は叫んだ。「本当にごめんなさい」と彼女は言った。「本当は，お金を支払いたかったのです」ある晩，彼女の夫が帰宅すると，より安いアパートを見つけたことを告げたのだ，と彼女は言った。彼女らはすぐに新しいアパートに引っ越しをしなければならなかったので，彼女は新しいアパートの住所をベンに伝えることを忘れてしまったのだ。

「でも，D(イ)あなたへのお金をとっておいたのです。ここに79ドルがあります」

「それならもういいですよ」とベンは答えた。「それはすでに支払われています」

「支払われた？！」彼女は叫んだ。「どういうことですか？　誰が支払ったのですか？」

「①(ア)私が支払いました」

彼女は驚いて彼を見て，それから，泣き始めた。

「それで」ベンが話を終えると，私は尋ねた。「あなたは何をしたのですか？」

「私は何をしたら良いかわからなかったので，E(ア)私は片腕で彼女を抱きしめました。私も泣きだしましたが，なぜ泣いているのか自分でもわかりませんでした。そのときに，シリアルに牛乳を注ぐ子供たちのことを思ったのです」

「あなたはその79ドルを受け取ったのですか？」

「②(イ)もちろん，受け取りませんでした」と彼は言った。「私はその牛乳をクリスマスプレゼントとして彼女にさしあげた，そうですよね」

やや難 問1　A　牛乳代の未払いという悩みをベンから打ち明けられて，筆者が，その問題について考えている場面なので，「彼」と「問題」の双方に言及している(オ)が適切。〈make ＋人＋形容詞〉「人を～[形容詞]の状態にする」，前置詞 like「～のように，～に似た」　B　直前の the idea が何を指しているのかを考える。前で，筆者はベンに「その牛乳をクリスマスプレゼントとしてあげなさい」と提案しており，さらにその日以降も筆者は「もう牛乳をあげましたか」と繰り返し尋ねているので，筆者は自分の考えが正しいと思っていたことがわかる。よって，(ウ)が適切。(ウ)の it ＝ the idea(牛乳をあげてしまうこと)である。　C　空所直前の I did it! の it が具体的に何を指すかを考える。その前までで，筆者がベンに対して繰り返し「もう牛乳をあげましたか」と尋ねていたことに対する返答なので，(エ)が適切。前置詞 as「～として」　D　女性は牛乳代を支払うのを忘れてしまっていたが，「ここに79ドルがあります」と，すでにお金を用意し，支払う意志を見せている。以上の文脈より，(イ)が適切。save「～をとっておく」　E　直前で，ベンは「何をしたら良いかわからなかった」のだと言っている。女性が泣きだしたとき，適切な言葉が見つからず，気持ちを行動で示したことが推測されるので，(ア)が適切。〈what ＋不定詞[to ＋動詞の原形]〉「何を～するか，すべきこと」

基本 問2　直前の Who paid it?「誰がそれ(牛乳代)を支払ったのか」に対する応答文を考える。最終文でベンが「クリスマスプレゼントとして，私は牛乳を彼女にさしあげた」から考えること。正解は，ベン自身が負担したことを示す(ア)「私が払いました」。

基本 問3　直前の Did you take the $79?「79ドルを受け取ったのですか」に対する応答文を考える。

直後に「私は彼女にその牛乳をクリスマスプレゼントとしてさしあげた」とあることから，そのお金を受け取っていないと判断できる。正解は，(イ)「もちろん，受け取っていません」。Of course, not. ← Of course, I did not.

Ⅲ **(長文読解問題・物語文：語句整序，言い換え・書き換え，指示語，語句補充・選択，英問英答)**

(全訳) 1956年，アリゾナ，フェニックスは，広大な青空の広がる都市だった。ある日，私の姉のキャシーの新しいインコ，‘パーキー’を自分の指にとめて，家の周囲を歩いているうちに，(A)私は空とはどのようなものかを彼に見せようという考えを思いついた。(B)おそらく屋外のそこなら，彼は小鳥の友達をつくることができるのではないか，と私は考えた。私は彼を庭に連れて行くと，数秒で，パーキーは際限なく広大な青空へと飛び立ってしまった。突然，(C)美しい羽をもつ姉の青色の宝物は消えてしまったのだ。

キャシーは私のことを許そうとしてくれた。「パーキーは新しい住処を見つけるから，心配しないで」と言いながら，彼女は私のことを励まそうとさえしてくれた。でも，(D)私は彼女の言葉を信じることができなかった。私はとても悲しかった。時が経った。しばらくして，私の最大の後悔は，私の人生のより重要な出来事の中に小さな位置を占めて，そして，私たちはみんな成長した。

何年もの後，私は自分の子供たちと多くの時間を過ごした。私たちの子供の友人の両親であるキッセル夫妻と子供たちがサッカーをしているときに，彼らを見るのが私の楽しみだった。その2つの家族は，一緒にアリゾナ周辺へキャンプをしにいった。私たちは，一緒に劇場へ映画を観にいった。私たちは親友になった。ある晩，私たちはあるゲームをした。(E)そこで，私たちは“素晴らしいペットの話”をしなければならなかった。ある者は最古の生きる金魚について語った。他の者は，神秘的な犬を飼っていた。(F)そして，もう一方の家族の父親バリーが，彼の青いインコ，スイーティー・パイについて語り始めた。

彼は言った。「スイーティー・パイに関して最も素晴らしいことは」「いかにして私たちが(G)彼を手にしたかということです。ある日，私が8歳くらいのときに，小さな青いインコが青空から下降してきて，私の指にとまったのです」

ようやく私が口をきけるようになったとき，私たちはある驚くべき事実を発見した。日にち，場所，そして，鳥の写真がすべて，一致していたのだ。私たちが互いに知り合う(H)以前から，私たち2つの家族は特別な絆で結ばれていたのである。パーキーが飛び去った40年後に，私は姉のところへ走っていき，叫んだ。「お姉ちゃんは正しかった！　パーキーは生きていたんだ！」

重要 問1 (A) I got the idea to show him what the sky looked like(.) 〈名詞＋不定詞[to ＋原形]〉「～するための[するべき]名詞」不定詞の形容詞的用法。疑問文が他の文に組み込まれる(間接疑問文)と，〈疑問詞＋主語＋動詞〉の語順になる。← What did the sky look like?

(D) (But) I was not able to believe her words(.) 〈be動詞＋ able to ＋動詞の原形]〉「～できる」否定文はbe動詞の後に not を入れる。

重要 問2 (B) 〈want ＋人(動物)＋不定詞〉「人(動物)に～してほしい」を利用して，「屋外のそこで，私は彼に小鳥の友達をつくってほしかった」の意味を表す英文を完成させる。 (C) 〈A with B〉「Bを有しているA」を〈A＋関係代名詞＋動詞〉に置き換える。

基本 問3 (E) 「ある晩，私たちはあるゲームをした。(E)そこでは，私たちは“素晴らしいペットの話”をしなければならなかった」の意。したがって，it は，a game を指す。 (G) 「もう一方の家族の父親バリーが彼の青いインコであるスイーティー・パイについて語り始めた。彼は言った。『スイーティー・パイに関して最もすばらしいことは，いかにして私たちが(G)彼を手にしたかという点です』」の文脈より，him は，インコの Sweetie Pie を指す。

基本 問4 (F) 「素晴らしいペットの話」に関して，「最古の生きている金魚」「神秘的な犬」と順番に述べられて，そして今度は，バリーが「インコのスイーティー・パイ」について語り出した，という文の流れなので，正解は，Then「そして，それから」である。 (H) 互いに知り合う前に，実は同一のインコを飼っていたことがわかり，特別な絆があったと感じている，という文脈が読み取れる。したがって，正解は，before「～の前に」。

重要 問5 ① 〈前置詞＋動名詞[動詞のing形]〉より，正解は，by saying「～言うことで」となる。 ② 正解は，過去形 grew である。grow up「成長する」 ③ 〈enjoy ＋動名詞〉「～することを楽しむ」から，正解は，watching である。 ④ 過去形にする。find → found

やや難 問6 1. 「質問：1956年に，なぜ作者は悲しかったのか。／答え：彼女が悲しかったのは，彼女のお姉さんのインコが(　　)，戻ら(　　)た。」 以上と本文より，下線部を「逃げて，戻ってこなかった」という趣旨の英文にすること。come back「帰ってくる，戻る」 2. 「質問：この物語の結末で，キャシーの‘パーキー’とバリーの‘スイーティー・パイ’について何が言えるか。／答え：それは(　　)インコだった。」 第5段落2文目に「日付，場所，写真などすべてが同じ」，あるいは，最終文の「姉のところへ走っていき叫んだ。『パーキーは生きていた！』」から，同じインコだとわかったことが明らかである。

Ⅳ （文法・作文：和文英訳，条件英作文）

（全訳） ルーシー：①どこの部活に入るかもう決めた？

カオリ　：まだ決めていないの。知ってのとおり，中学では，私はバドミントン部の一員だった。②高校では別のスポーツをやる方が面白いかも。

ルーシー：そうね，では，テニス部はどう？　この学校には素晴らしいテニスコートがあるということを知っている？

カオリ　：知っているわ。

ルーシー：③放課後に一緒にテニス部を見に行かない？

（アユミが部屋に入ってきた）

アユミ　：あっ，こんにちは，ルーシーとカオリ。何を話しているの？

ルーシー：私たちは部活動について話をしているの。

アユミ　：あっ，私は④音楽部について考えているわ。中学では，私は④音楽部の一員だったでしょう。高校でも，それを練習するつもり。

カオリ　：中学では，あなたの部活はどのようだったの？

アユミ　：⑤そうね，私たちは週に3回集まっていた。学校祭に向けて，歌う練習をしたの。私たちの合唱は素晴らしいとみんなが言ってくれたわ。

ルーシー：それは面白そうね。なぜあなたがそれを高校でも行いたいのかがわかるわ。

やや難 問1 ① 「もうすでに～した」現在完了〈have[has]＋過去分詞〉「～することをもう決めたか」〈Have you decided ＋不定詞[to ＋原形]～？〉 ② 「～かもしれない」〈may ＋原形〉 ③ 「～しないか」〈Why don’t we ＋原形～？〉

やや難 問2 ④・⑤ 中学時代に入っていた部活を書き，さらに「選択した部活が中学時代どのようだったか」を3文以上で書く問題。アユミは「高校でもやりたい」と言っているので，そう思える根拠となるような文を考える。you see「知ってのとおり」，〈What ～ like?〉「～はどのようであるか」

★ワンポイントアドバイス★

Ⅱはすべて語句補充問題。問1は空所5か所に5つの選択肢が用意されていて，問2と問3は，1か所の空所に5つの選択肢が与えられている。文脈，論旨の展開，キーワードなどに注意しながら，適語を選ぶこと。

<国語解答>

一 問一 a 癖 b 吐(いて) c めがしら d 濃密 e ほうけん

問二 ① ウ ② ア 問三 具体的な動きや順序のこと 問四 エ

問五 (例) お茶の全体像が見えるようになり，何か言いたそうにしながらも目元で微笑むだけの先生の様子に気づいたから。 問六 イ 問七 ウ 問八 エ

問九 (例) 相手が自分で答えを発見するように，あえて教えたり説明したりしないこと。

問十 (例) 制限時間の中で正しい答えを出さなければならないと学校で教えられていたのに対し，それとは全く反対の自由な答えの探し方を，お茶の稽古を通して知ったということ。(77字)

二 問一 a うわやく b 接触 c はばつ d 候補 e 適用 問二 ① ア ② イ 問三 (例) 一人の人間が一人称として自分の世界を述べ，背負う主体となること。 問四 A 私 B あなた 問五 エ 問六 両方ともお互いに，相手に対して二人称になってしまっている(関係)(28字) 問七 (例) 全ての人が法律のもとで平等に扱われ，各自が持っている価値や能力を純然と発揮できる社会。

三 問一 A イ B ウ 問二 ア 問三 ア 問四 (例) 小柄で百足を刺そうとしたところ，百足が振り向いて小柄にかみついたこと。 問五 (例) 百足が恐れをなすはずの赤銅の小柄が実際には役に立たなかったとき，「小柄がにせものではなく，百足がにせものなのだ」と悪知恵を働かせて百足のせいにして自己を正当化しているところ。

四 問一 ① ア ② エ ③ ウ 問二 柔らかな・静かに

○推定配点○

一 問一 各1点×5 問二・問四 各2点×3 問十 6点 他 各4点×6

二 問一 各1点×5 問二・問四 各2点×4 他 各4点×4

三 問一 各2点×2 他 各4点×4 四 各2点×5 計100点

<国語解説>

一 (随筆−主題・表題，内容吟味，文脈把握，漢字の読み書き，語句の意味，ことわざ・慣用句)

問一 a 無意識のうちに身についた行動。 b 音読みは「ト」で，「吐息」「吐露」などの熟語がある。 c 目の鼻に近い方の端。「頭」の他の訓読みは「あたま」。 d 密度などが濃いこと。 e 個人の自由より上下関係を重視すること。「封」の他の音読みは「フウ」。

問二 ① 判子を何度押しても同じ印影になることからできた言葉。 ② 「わかるまで質問しなさい」と教育されてきた「私」が，「理屈なんか，どうでもいいの」と先生に言われた時の心情にふさわしいものを選ぶ。

問三 先生が言うのは，どのようなことだけなのかを考える。後に「お湯は，底の方からくみなさいね」「あ，もうちょっと，上から注いだほうがいいわ」という先生の言葉を挙げた後，「ずっと

具体的な動きや順序のことばかりなのだ」とある。

問四　十年が一日のように思われるという意味の「十年一日(じゅうねんいちじつ)」を選ぶ。

やや難　問五　直後の段落で「何かに耳をすますように軽く目を閉じ，動かなかった先生の体がわずかに揺れる。目を開けた瞬間，今にも何か言いそうな表情をすることがある。だけど……目元で微笑んでいるだけ」と先生の様子を描写している。この先生の様子に気づいたからだとまとめる。

問六　先生が何も言わないことについて「私も，何も言えなかったのだ……。」と言っている。傍線部3の直後「言えばきっと，言葉の空振りになるのが分かる。思いや感情に，言葉が追いつかないのだ。だから無言のまま，わが身と同じ大きさのたぎる思いを，ぐっと飲み込んで，座っているしかなかった」という描写にふさわしいものを選ぶ。

問七　茶道で「黙って座っている」ときに起こっていることは何かを考える。前に「だから無言のまま，わが身と同じ大きさのだぎる思いを，ぐっと飲み込んで，座っているしかなかった」から，お点前で「黙って座っている」ときに，目には見えなくても心が大きく動いていることをいっているとわかる。

問八　直後の「けれど，『あっ，そうか！』とわかった瞬間，それは私の血や肉になった。」に着目する。時間をかけて自分の体全体で理解できるようになることを「本当に知る」と言っている。

やや難　問九　「余白」は，紙面で文字や絵などが描かれていない白く残っている部分を言う。直前の「初めから先生が全部説明してくれたら，私は，長いプロセスの末に，ある日，自分の答えを手にすることはなかった」や，直後の「『もし私だったら，心の気づきの楽しさを，生徒に全て教える』……それは，自分が満足するために，相手の発見の喜びを奪うことだった」から，ここでの「余白」はどういうことなのかを読み取る。相手が自分で答えを発見できるように，あえて教えたり説明したりしないこと，などとまとめる。

重要　問十　「オセロ・ゲームの『黒』『白』がグルリと反転した」は，「私の意識」が今までとは全く違ってしまったことを表している。お茶のお稽古を通して，「私の意識」がどのように変化したのかをまとめる。指定語の「自由」「答え」「時間」が書かれている「学校では」で始まる段落以降の内容に着目する。筆者は，「学校では決められた時間内に，決められた『正解』を導き出す」ことが大切であったのに，お茶の世界では，全く反対の「自由」に「答え」を探すことが大切だということを知ったということ，などとまとめる。

二　(論説文—大意・要旨，内容吟味，文脈把握，脱文・脱語補充，漢字の読み書き，語句の意味)

問一　a　職場で，自分よりも地位が上の人。「上」を「うわ」と読む熟語には，他に「上着」「上背」などがある。　b　つきあうこと。「接」の訓読みは「つ(ぐ)」。「触」の訓読みは「ふ(れる)」「さわ(る)」。　c　ある集団の内部で出身や利害関係によって結びついた小集団。　d　ある地位を得る資格があるものとして，選択の対象と「候」の訓読みは「そうろう」。「補」の訓読みは「おぎな(う)」。　e　法律や規則などをあてはめて用いること。

問二　①　ひもなどを幾重にも巻きつけて縛ることからできた言葉。　②「しゃく」は腹立たしくて気分がむしゃくしゃすること。「癇(かん)に障る」などとも言う。

問三　同じ段落の後半に，言い換えの意味を表す「すなわち」という接続語があり，その後に，指定語の「一人称」を含む「人間が自分を主体として，第一人称として，自分の世界を述べ，それを背負って行くこと」とある。この内容を簡潔にまとめる。

問四　A　直前の「第一人称」に相当する語が当てはまる。「一人称」は，話し手が自分を指して言うもの。　B　直前の文の「二人称」を述べている部分。直前の「『お前』とか『君』とか」と同様の語が当てはまる。

問五　直前の「日本人においては人間の一人一人が，つまり他人と区別された自分として，充分に独立的に，独立的な主体として自覚されてない」や，直後の文の「その『私』は『あなた』に対してのみ『私』なのです」から，「他人と自分との間の区別が，はっきりしていない」とはどういうことなのかを読み解く。

やや難 問六　直前の段落の「一人称というものがほんとうに成立するためには，同時にその人は他に向かっては，三人称でなければなりません」というために，先生と生徒の関係を例として挙げている。先生から愛されたり，先生が生徒をきらったりするのは，先生と生徒がお互いに「二人称」になってしまっている関係を意味し，この関係を「先生の絆」と表現している。

重要 問七　傍線部4「そういう社会」が指し示す内容を読み取る。傍線部4の「ほんとうの第一人称が生まれてくる」と同様の内容を，直前の段落で「自分の中にある自分が，ほんとうの自分のものとして持っている才能とか，天分とかが純然と現わせる，すなわち第一人称として，自分を発揮することができる」と述べ，その後で「その場合には，社会全体が第三人称の集りである社会になっていなくてはいけません。その典型的な現われは，法律です。法の前にはすべての人が平等です」と付け加えている。ここから，「ほんとうの第一人称が生まれてくることのできる社会」について述べている部分を読み取り，簡潔にまとめる。

三 **(古文―主題・表題，内容吟味，文脈把握，語句の意味，文と文節，口語訳)**

〈口語訳〉　ある人(たちが)四，五人寄り集まり，座敷で涼んでいたところに，「それにしても，本物の赤銅(というもの)は不思議なものだ。百足が恐れる(ものだ)」と言うと，中でも見栄っ張りな男が，小刀をゆっくりと抜いて，「恥ずかしながら，この小刀は，赤銅で出来ているということだけではなくそれに加えて，残念なことには，昔田原藤太がお持ちであれば，弓矢を使わなくても，相手を打ち負かすことができるのだが」と，自慢たらたらのところへ，天井から，長さ五，六寸の百足が，ぽとりと落ち(てき)たので，人々ははっと驚く。中でも，機転のきく男が，「いや，騒いではいけない。先ほどの小刀で成敗してやりましょう」と言ったので，(見栄っ張りな男は)承知したと，小刀を抜いて百足の胴に，ぴたりと押さえると，百足はふり返り，すぐに小刀をがっしりと噛んだので，どうしようもなく，金火箸ではさんで捨てたのだった。「これは一体，本物の赤銅とお聞きしたが，どうした事だろうか」と言うと，「いやいや，赤銅は本物だが，今のは百足が，偽物だろう。取り調べてみなさい」。

問一　A 「平ぐ」は，敵や反抗する者を討つこと。　B　漢字で書くと「是非なく」。善悪に関係がなく，しかたがなく，という意味になる。

基本 問二　直後の「百足が恐るる」が，赤銅の「奇妙」な点にあたる。

重要 問三　「弓矢いらずに」は弓矢を必要とせず，「手柄」は相手を倒す，という口語訳になる。

問四　前の「小刀をぬいて百足の胴中，しかと押へければ，百足ふり返り，やがて小柄をしつかと噛みければ」に対して，「どうした事じやの」と言っている。

やや難 問五　「僭上な男」が，百足が恐れをなすはずの赤銅を取り出したが，実際には百足にはきかず，赤銅がにせものなのではなく，百足の方がにせものなのだ言ったという内容から，おもしろみを読み取る。「僭上な男」が悪知恵を働かせて自己を正当化しているところ，などとまとめる。

四 **(品詞・用法)**

問一　①　自立語で活用がなく主語になれるので，名詞。　②　自立語で活用が無く「はげ落ちた」という用言を修飾しているので，副詞。　③　自立語で活用があり言い切りの形が「い」で終わるので，形容詞。

問二　形容動詞は，自立語で活用があり，言い切りの形が「だ」で終わる。「柔らかな」と「静かに」の言い切りの形は，「柔らかだ」と「静かだ」。

★ワンポイントアドバイス★

自由記述の問題が多い。ふだんから，形式段落を要約したり，人物の心情をまとめたり，五十字程度の記述の練習を重ねておこう。

MEMO

大切なことはメモしておこうネ！

2019年度

★★★★★★★★★★★★★★★★★★★★★★★★

入　試　問　題

2019年度

宮城学院高等学校入試問題（A日程）

【数　学】（50分）　＜満点：100点＞

〔1〕 次の計算をしなさい。

(1) $-3^2+8\div(-2)^2$

(2) $\frac{7}{3}-\frac{4}{3}\div\frac{4}{5}\times\left(-\frac{2}{3}\right)$

(3) $(12a^2b-15ab^2)\div(-3ab)$

(4) $\frac{x+2y}{4}-\frac{2x-y}{6}$

(5) $\frac{6}{\sqrt{2}}-\sqrt{8}+\frac{\sqrt{6}}{\sqrt{3}}$

(6) $4(x+2y)^2-(2x+3y)(2x-3y)$

〔2〕 次の問いに答えなさい。

(1) $2a^3b-12a^2b^2+18ab^3$ を因数分解しなさい。

(2) 2次方程式 $5x^2-6x+1=0$ を解きなさい。

(3) 右の立体は，半球と円柱を組み合わせたものです。この立体の体積を求めなさい。ただし，円周率はπとします。

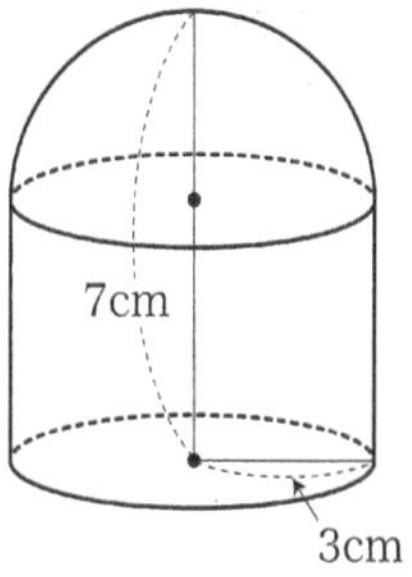

(4) 右の図で，$\angle x$の大きさを求めなさい。

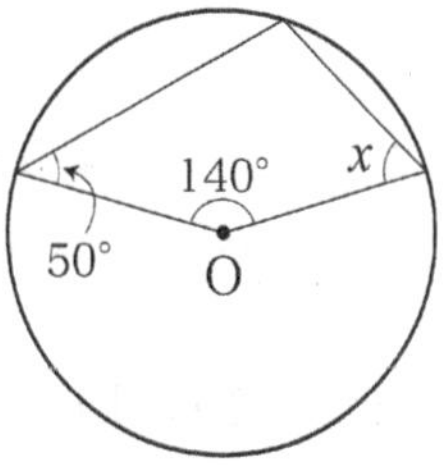

(5) 1つの内角が156°である正多角形は，正何角形ですか。

(6) あるクラス30名で10点満点のテストを行ったところ，平均点は7点でした。このとき，次のA，Bは必ず正しいといえますか。下の**ア**～**エ**の中から適切なものを1つ選び，記号で答えなさい。

A：得点が7点である生徒が最も多い。

B：得点が7点より低い生徒と高い生徒の人数は等しい。

ア　A，Bともにいえる。　　**イ**　Aはいえるが，Bはいえない。

ウ　Bはいえるが，Aはいえない。　　**エ**　A，Bともにいえない。

〔3〕 ある学校の全校生徒450人のうち，バスを利用して通学しているのは227人です。また，バスを利用しているのは男子生徒の40％，女子生徒の60％です。

次の問いに答えなさい。

(1) この学校の男子生徒の人数を x 人，女子生徒の人数を y 人として，連立方程式をつくりなさい。

(2) この学校の男子生徒の人数と女子生徒の人数をそれぞれ求めなさい。

〔4〕 下の図のように，2つの直線 $y=2x$…①と $y=\frac{1}{8}x$…②が，関数 $y=\frac{a}{x}$ $(x>0)$ …③のグラフとそれぞれ点A，Bで交わっていて，その x 座標はそれぞれ2，8です。

次の問いに答えなさい。

(1) a の値を求めなさい。

(2) 点PはOを出発して，①，③，②のグラフ上を順に，A，Bを通ってOまで動きます。点Pから x 軸に引いた垂線と x 軸との交点をQとし，OQの長さを x，△OPQの面積を S とします。

(ア) 点PがOを出発してAまで動くとき，S を x の式で表しなさい。

(イ) 点PがOを出発して，Aを通ってBまで動くときの，△OPQの面積 S の変化を表すグラフをかきなさい。

(ウ) 点PがOを出発して，A，Bを通ってOまで動くとき，$S=2$ となるような x の値をすべて求めなさい。

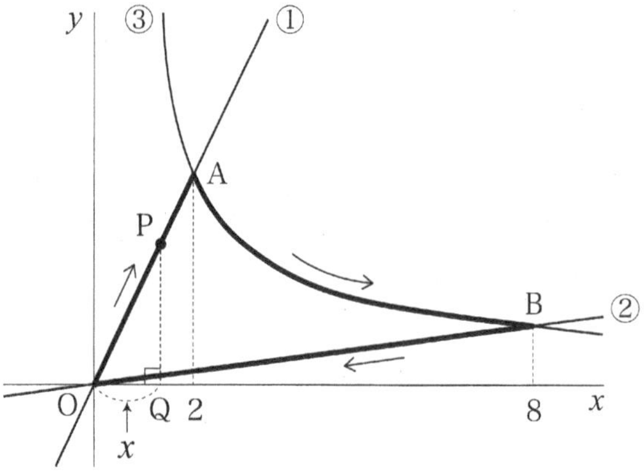

〔5〕 右の図のように，平行四辺形ABCDの辺DAの延長上にAE＝2㎝となる点Eをとり，線分ECと辺ABとの交点をFとします。また，辺AD上にAE＝AHとなる点Hをとり，線分BHとECとの交点をGとします。AF：FB＝2：3であるとき，次の問いに答えなさい。

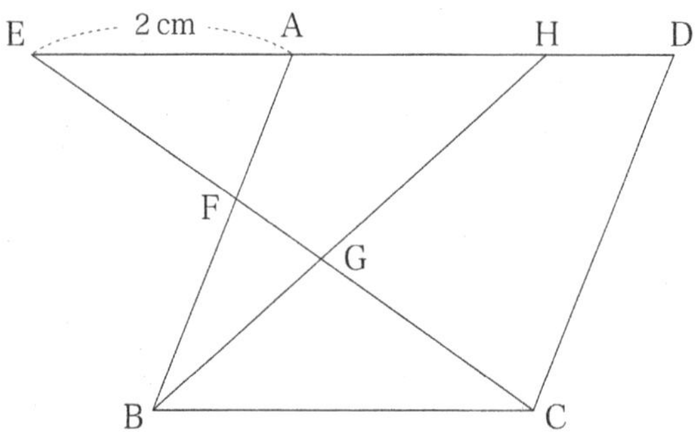

(1) HDの長さを求めなさい。

(2) BG：GHをもっとも簡単な整数の比で表しなさい。

(3) FG：GCをもっとも簡単な整数の比で表しなさい。

(4) △BCGと四角形BCDHの面積の比を，もっとも簡単な整数の比で表しなさい。

〔6〕 右の図のように，底面の1辺が13cmである正四角柱ABCD-EFGHの内部に，半径が5cmの球O_1と半径が4cmの球O_2が互いに接して入っています。

O_1が面ABCD，面ABFE，面ADHEに，O_2が面BCGF，面CDHG，面EFGHにそれぞれ接しているとき，次の問いに答えなさい。

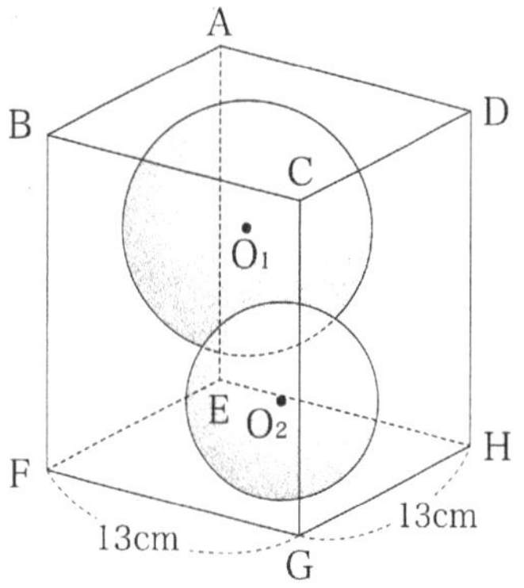

⑴ ACの長さを求めなさい。

⑵ この立体を4点A，C，G，Eを通る平面で切ったときの切り口の図として正しいものを，下の**ア**～**エ**の中から1つ選び，記号で答えなさい。

ア

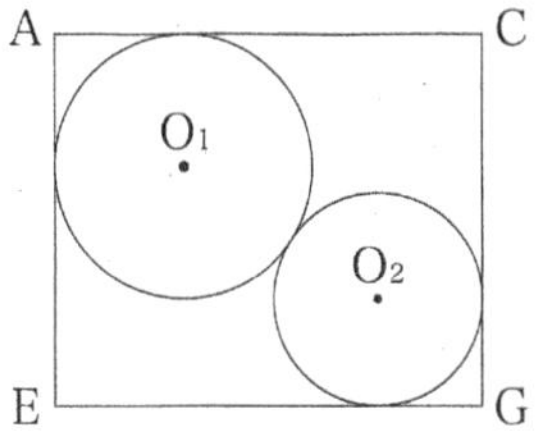

イ

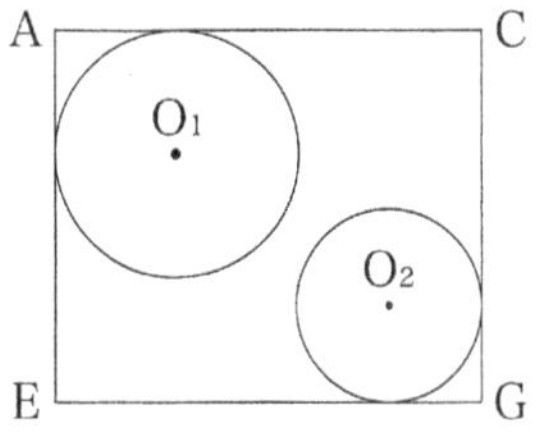

ウ

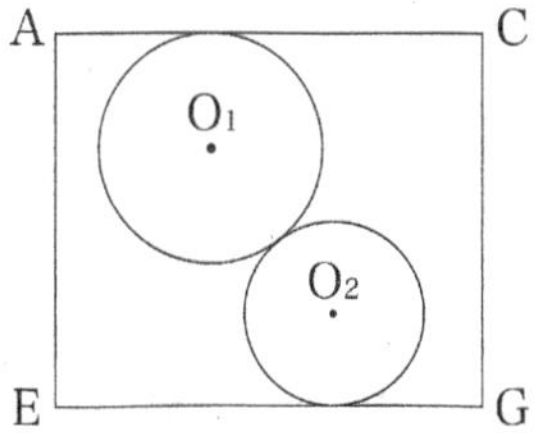

エ

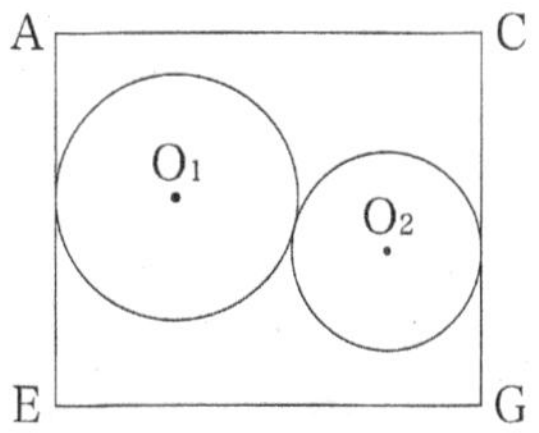

⑶ AEの長さを求めなさい。

【英　語】（50分）　＜満点：100点＞　※リスニングテストの音声は弊社HPにアクセスの上，音声データをダウンロードしてご利用ください。

Ⅰ．リスニングテスト：放送の指示に従い，問題に答えなさい。

(Part1)

1．

2.

(Part2)

1．a．My mom enjoys reading.
　b．I'm not too bad, thank you.
　c．This *ramen* tastes good.
　d．I can swim well.

2．a．My favorite sport is soccer.
　b．I love running with my friends.
　c．It was really exciting.
　d．I don't like playing outside in the rain.

(Part3)

1．a．2.　b．3.　c．4.　d．5.

2．a．At seven.　b．At seven thirty.　c．At eight.　d．At nine.

3．a．Basketball.　b．Soccer.　c．Tennis.　d．Volleyball.

(Part4)

1．⑴　a．America.　b．Canada.　c．Denmark.　d．Norway.

⑵　a．Airplane pilot.　b．Banking.　c．Fishing.　d．Teaching.

2．⑴　a．2.　b．22.　c．880.　d．1 million.

⑵　a．No language.　b．Hindi.　c．Telugu.　d．English.

Ⅱ．次の英文を読んで，後の質問に答えなさい。

Maui was mischievous with fire. One day he put out every fire in the village. Now the people had no fire to cook with. They had no fire to keep themselves warm. Maui's mother told him, "You must go to the old woman, Mahuika, and ask her for some fire."

So Maui traveled to the underworld and found Mahuika. She was very hungry because she couldn't eat by herself. Everything she touched was burned by fire. Even her food was burned. Maui gave some food to Mahuika and she ate and ate.

When she finished eating, Mahuika told Maui that he was careless in the world of light. But because Maui was kind to her, Mahuika gave him fire. She pulled off one of her fingernails and handed it to Maui. Her fingernail was burning with fire. Mahuika told Maui to take the fire into his world, light his fires, then bring back her fingernail.

Maui took the fingernail and left. As he carried it away, the fingernail was too hot to hold and he decided to drop the fingernail into a river. The fire went out. He went back to Mahuika. "I fell and lost your fingernail in a river," he said. So Mahuika gave him another fingernail of fire to take back to his village.

But again Maui dropped the fingernail into a river and the fire went out. He returned to Mahuika for another. Maui did the same thing with each fingernail. Mahuika became angry. "You have wasted my fire for the last time!" and she threw the last fingernail at Maui.

Maui jumped into the air and changed himself into a big bird when the burning fingernail exploded. He flew out of the underworld, but the burning fingernail followed him all the way home.

The gods came to Maui to help by making wind, cold rain, and an earthquake. With the help of the gods, Maui could run away from Mahuika's fire.

When Maui arrived home safely, he changed back into a boy and held a stick in his hand. He had fire, but people could not go to the underworld to find it anymore. From that day, they could only make fire by rubbing sticks together.

mischievous いたずら好きな　put out 消す　underworld 黄泉の国　pull off はがす
fingernail 爪　light 火をつける　waste 無駄にする　explode 爆発する　rub こする

問１ 以下の各文を物語の流れに従って並べ，記号で答えなさい。ただし，下線の文は，場所が指定されています。

ａ．Maui got a fire from Mahuika.
ｂ．Burning fingernail exploded.
ｃ．No one could enter the underworld, so people had to make fire by rubbing sticks.
ｄ．Maui's mother told him to go to the underworld to get fire.
ｅ．Maui returned to Mahuika and asked her to give him another fingernail of fire.
ｆ．Maui was kind enough to give food to Mahuika.
ｇ．Mahuika gave her last fingernail to Maui.
ｈ．Maui dropped the fire into a river because it was too hot to hold.
ｉ．Maui changed into a big bird and tried to fly away.
ｊ．The gods helped Maui to fly away from the fire of the fingernail.
ｋ．All the fire in the village disappeared.

問２ 質問の答えとして最も適切なものをａ～ｄから選び，記号で答えなさい。

１．Why did Maui's mother tell him to go to Mahuika and ask her for some fire?
ａ．Because people were warm enough.
ｂ．Because Mahuika wanted to see him.
ｃ．Because people need no fire to cook with anymore.
ｄ．Because Maui was mischievous and put out every fire in the village.

２．What did Mahuika tell Maui to do?
ａ．To go to the underworld and get a fire.
ｂ．To drop the fingernail in a river and put out the fire.
ｃ．To take her fingernail to the village to light the fire and bring it back.
ｄ．To change into a bird and fly back to his village in the world of light.

３．How could he fly away from the burning fingernail?
ａ．The gods helped him.
ｂ．He changed back into a boy.
ｃ．The burning fingernail exploded.
ｄ．The burning fingernail followed him all the way home.

４．Why couldn't the people go to the underworld anymore?
ａ．Because Maui arrived home safely with a fire on a stick.
ｂ．Because they thought Mahuika was still very angry.
ｃ．Because they could make fire by rubbing sticks together.
ｄ．Because the burning fingernail followed them all the way.

問3　次の質問に英語で答えなさい。

1．Why was Mahuika very hungry before Maui came?

2．Why did Mahuika become angry?

Ⅲ．次の英文を読んで，後の質問に答えなさい。

In the future, you may not always have the same friends or family that you have now. But you will always be you. Now you, boys and girls, are growing up to be men and ladies. So now is the time for you to become the person that you want to live with for all your life.

One warm evening in Lisbon, when I was really sad after I ①(break) up with my boyfriend, I was walking around the beach near my house. I felt lonelier when I saw other people there. They were drawing, dancing salsa, or playing the guitar. They all looked happy. They were far away from my reality. I didn't really have anything to do to join ②the scene. All I could do ③(be) to sit there with my water bottle and write in my diary.

But suddenly, just suddenly, I realized that I could build a bridge to that reality. ④I realized that [be / could / dances salsa / I / a person / who] before the audience, or a person who plays guitar on a warm evening in a park. I began with my guitar lessons. I started many classes. I started to make myself into a lady that I want to be. ⑤I began to create myself.

After I tried many things, I decided to be a person who painted with watercolors for fun because ⑥it looked really relaxing. So I decided to paint one picture every day with an old paint set that I once used in junior high school. ⑦[art / an artist / I / made / making / myself / only by].

The great gift of heartbreak is that it gives you the power and the energy to stop ⑧(hope) you will be happy some other time and start making yourself happy now. If you want to make yourself into the person you have ⑨(choose) to be, learn from every experience in your life.

Keep trying, keep changing (　⑩　), and keep having fun!

diary　日記　　watercolor　水彩絵の具

問1　①，③，⑧，⑨の（　）内の動詞を適切な形で書きなさい。

問2　下線部②について英語で質問があります。空欄に適切な英語を入れて，質問に対する答えを完成しなさい。

Q：What was "the scene" like?

A：People ________________________________ on the beach.

問3　下線部④，⑦が次の日本文の意味になるように，[　] 内の語句を並べかえなさい。ただし文頭の語も小文字で示してあります。

④　私は自分が観客の前でサルサを踊る人間になれることに気付いたのです。

⑦　私はただ芸術作品を作り出すことによって，芸術家になったのです。

問4　下線部⑤，⑥について英語で質問があります。空欄に適切な語を入れて，それぞれの質問に対する答えを完成しなさい。

下線部⑤について

Q：What does she mean, when she says “I began to create myself?”

A：She means to make (　) into a lady that (　) wanted to be.

下線部⑥について

Q：What does “it” mean?

A：“It” means (　) with watercolors for fun.

問5（⑩）に入る語を下から選び，記号で答えなさい。

a．art　　b．me　　c．time　　d．yourself

Ⅳ．中学生のアキさんはアメリカからの留学生Maryさんと夏休みについて教室で話をしています。二人の会話を読み，あとの問いに答えなさい。

Mary: Hi!　How was your vacation?

Aki: I had a wonderful time in Hakodate.

Mary: Oh, you went to Hakodate.　How did you go there?　Did you go there by plane?

Aki: No, by Shinkansen.　We don't have to take a plane any more to go to Hokkaido.

Mary: How long did it take?

Aki: It took about three and a half hours.

Mary: That's it?

Aki: Yes.　We left Sendai around 8 a.m.　and arrived at Hakodate Station around 11:30.　①[私は昼食に魚介類（**seafood**）を食べるのを楽しみました] **at Hakodate Fisherman's Market**.

Mary: Wow!　That sounds great.　②[私は函館に行ったことがありません].　I'd like to visit there someday.

Aki: You should!　I'll show you some pictures.　These are my parents and me in front of red brick warehouses.

Mary: So, ③[だれがこの写真を撮ったの]？

Aki: That's a good question.　A woman walked to us and asked, “Shall I take a picture for you?” in English.　We were a little surprised because we thought she was Japanese.　Then, she took a picture for us.

Mary: Did you talk with her in English?

Aki: Yes, a little.　④**I thanked her and** [彼女がどこから来たのか尋ねました].　She said, “I'm from China.”　Then I said to her, “Have a nice trip in Japan.”　After that, I saw many tourists from foreign countries in Hakodate.

Mary: These days, more and more foreigners visit Japan.　I saw so many foreigners when I visited Kyoto last year.　While I walked around the city, I heard Chinese, Korean, French and other languages.

Aki: Did you have a chance to talk with them?

Mary: Yes, an Italian family asked me the way to a temple in English. ⑤**But** [私はそこに初めて行ったので答えることができませんでした].

Aki: I see. Many of foreign tourists use English to communicate in Japan, even if they are not from English speaking countries.

Mary: That's interesting. In 2020, more foreigners will visit Japan because of the Tokyo Olympics. Some of them will visit Miyagi, too. We'll have chances to communicate with them.

Aki: Yes. I'd like to make friends with them and show them around Miyagi if I can.

Mary: Where do you want to take them?

Aki: ＿＿＿＿＿＿＿＿⑥＿＿＿＿＿＿＿＿

Mary: That sounds interesting. I'm sure they'll have a good time.

Aki: Why don't we go there this weekend?

Mary: Great! I can't wait!

問1　下線部①～⑤について，[　] 内の日本語を英語に直し，英文を完成しなさい。

問2　会話の内容に合うように，下線部⑥に入るアキさんのせりふを5文以上の英語で書きなさい。

ウ　辻斬りと久平はたばこ屋で出会ったことに感動し、辻斬りは久平のもとに弟子入りをした。

エ　久平の出会った辻斬りは剣術の達人と呼ばれていたが、久平の強さを見込んで弟子とした。

四　次の１～３の――線部の言葉と同じ意味・用法のものを後から選び、それぞれ記号で答えなさい。

１　このごろはあまり本を読まない。

①多く食べる必要はない。
②今日はそれほど寒くない。
③梅雨なのに雨が降らない。
④昨日ほど忙しくない。

２　廊下には花が飾られている。

①一人で服が着られた。
②小学校の時が思いだされた。
③先生が話をされた。
④初めて父にほめられた。

３　おばあさんは買い物に行ったそうだ。

①クラスの皆は賛成だそうだ。
②この問題は難しそうだ。
③今にも雨が降りそうだ。
④このみかんはすっぱそうだ。

りしにそのままにてａ押行くに、かのもの後《あと》じさりして天神の崖上《がけうえ》より真逆さまに谷へｂ落《おち》けるゆゑ、久平はわが宿へ帰りぬ。かの者は所々大怪我して暫《しばら》くＢ悩みしが、快くなりて近き町家のたばこ屋へ来たり。(注4)たばこを調《ととの》へしに、久平も同じくたばこ調へて帰りけるを、かの悪徒よくよく見て、「彼こそこの間中《あひだぢゅう》牛天神にて出合《であひ》し老人なり」と１怖ろしく思ひ、たばこ屋にその名を尋ねければ、「あれこそ剣術の達人と呼ばれし久平なり」といふゆゑ、始めて驚き、「２げにもさあるべし」と始めて、わが悪意を翻《ひるがへ》して、たばこ屋にさる時の事語りて、「なにとぞ世話なして弟子になりたし」と乞《こ》ひ望みし故《ゆゑ》、その事申し通じて弟子になりぬ。それより久平武芸の(注5)大事等伝授なして、後は(注6)質実の武士となりしとなり。

（『耳嚢《みみぶくろ》』より）

(注1)　牛天神……菅原道真《すがわらみちざね》をまつる神社。
(注2)　所用……用事。
(注3)　晴眼に構へ……刀の先を相手の目に向けて。
(注4)　たばこを調へしに……キセル（パイプに似た喫煙具）で吸うために葉たばこを細くきざんだりして準備している時に。
(注5)　大事等伝授なして……大事な事柄を伝え授けて。
(注6)　質実……まじめなさま。

問一　～～～線部ａ「押行く」、～～～線部ｂ「落ける」の主語を次の中から選び、それぞれ記号で答えなさい。

ア　大男　　イ　久平　　ウ　たばこ屋　　エ　牛天神

問二　═══線部Ａ「こらへ難く」、═══線部Ｂ「悩みしが」の意味として最もふさわしいものを次の中から選び、それぞれ記号で答えなさい。

Ａ　こらへ難く
ア　我慢できなく
イ　理由がなく
ウ　ふさぎこんで
エ　好みではなく

Ｂ　悩みしが
ア　考えていたが
イ　困っていたが
ウ　体調を崩していたが
エ　ふさぎ込んでいたが

問三　――線部１について「怖ろしく思」ったのはなぜですか。わかりやすく説明しなさい。

問四　――線部２「げにもさあるべし」は「本当にそうであるようだ」という意味ですが、「そうである」とはこの場合どのようなことを指していますか。最もふさわしいものを次の中から選び、記号で答えなさい。

ア　久平は弟子を求めているということ。
イ　久平が本当の辻斬りであったということ。
ウ　久平もまたたばこ屋に来るということ。
エ　久平はまさに剣術の達人であるということ。

問五　本文の内容と合うものとして最もふさわしいものを次の中から選び、記号で答えなさい。

ア　切りかかった辻斬りは、久平ともみ合いながら崖から落ちたが、それほどの怪我もなかった。
イ　久平は天神付近で辻斬りに会ったが、その場で戦って勝ち、何事もなくそのまま家に帰った。

とですませてしまうのでない姿勢をもちたいものです。

（中村桂子《なかむらけいこ》『ゲノムが語る生命』より）

（注1）生命誌……自然科学的な立場からだけではなく、人文科学的な視点も取り入れて総合的に理解しようとする、自然についての筆者の見方。
（注2）大和言葉……日本固有の言葉。
（注3）第四の革命……筆者の述べる自然科学の展開の一つ。
（注4）愛づる……かわいがる、大切にする、いつくしむなどの意味を持つ古語。
（注5）市川浩……哲学者（一九五四～二〇〇二。『〈身〉の構造』で「身体」と「精神」の関係について考察した。
（注6）二元論……物事を対立する二つの要素に基づいて捉える立場。
（注7）この本……この文章の出典である『ゲノムが語る生命』を指す。
（注8）立川昭二……歴史学者（一九二七～二〇一七）。

問一　＝＝線部a～eのカタカナの部分を漢字に直し、漢字には読みがなをつけなさい。

問二　――線部1について、「『愛づる』という言葉」を、筆者はどのような働きをする言葉だと考えていますか。それを表している部分を十字以内で抜き出しなさい。

問三　A に入る文として最もふさわしいものを次の中から選び、記号で答えなさい

ア　今までは心の時代だったが、これからはものの時代だ
イ　今まではものの時代だったが、これからは心の時代だ
ウ　これからは今まで以上に心を大切にしていく時代になった
エ　これからは今まで以上にものと心を分けて考える時代になった

問四　――線部2について、筆者が「生物」ではなく「生きもの」という言葉を使ったのはなぜですか。筆者の考える「生物」と「生きもの」の違いに触れながらわかりやすく説明しなさい。

問五　1 ～ 4 にはどのような言葉が入りますか。次の中からふさわしいものを選び、それぞれ記号で答えなさい。

ア　荷物　　イ　物品　　ウ　書物　　エ　物体　　オ　偽物
カ　物諮

問六　B に入る文として最もふさわしいものを次の中から選び、記号で答えなさい。

ア　心を大切にしたモノづくりを排除する時代
イ　心に響くモノとブツをつくる時代
ウ　心を込めたモノづくりの時代
エ　心にかなうブツづくりの時代

問七　――線部3について、「大和言葉に眼を向けると面白い」とありますが、筆者はなぜ面白いと考えているのですか。わかりやすく説明しなさい。

三　次の文章は、辻斬《ぎ》り（武士が自分の剣術の力量を試すために、不意に路上で人を斬ること、また斬る人）がしばしば行われていた（注1）牛《うし》天神《てんじん》のあたりを、久平という男が通りかかった時の話です。よく読んで後の問いに答えなさい。一部表記を変えた個所があります。

久平（注2）所用《しょよう》ありて夜中牛天神の坂を上りしに、大男一人刀を抜きて久平に打ちかけしに、久平いささかも騒がず短刀を抜きて（注3）晴眼《せいがん》に構《かま》へ、かの悪徒に立向ふに、A こらへ難《がた》くや有りけん、段々跡《あと》へしさ

本では「生きもの」という言葉を使ってきました。「生物」というと、研究室の中にいる、分析やa還元の対象物に見えてきますが、「生きもの」と言ったときには、自然界で動き回っていたり、身近にいて心を慰めてくれるものになって、分析や還元の対象ではなくなり、ときには掌《てのひら》にのせたり頭を撫《な》でたくなります。

医学史の(注8)立川昭二先生が、「物」をブツ、モツ、モノに分けて興味深い視点を出しています。物質、[1]、物件、[2]、薬物、廃棄物、建築物と言うと、まったく客観的な存在になり、私との関係があるものにはなりにくいのです。なんだか犯罪bソウサを思い出したりします。それがモツになると、[3]、食物、作物、[4]、貨物、進物など、ちょっと個人に近くなります。「これ、私の荷物よ」とか、「書物は大切にしましょう」などのように。それがモノになると、さらに日常的で身近になると同時に心との関わりが生まれます。食物と言うより食べものと言った方がおいしそうに響きます。cユウハンのお菜は何にしようと考えるときは「食べもの」です。誰と一緒に食べようとか、思いっきりおいしくお料理しようと言う場合も、思い浮かぶのは「食べもの」であって「食物」ではありません。着物、d履き物。建築物と言うととても無機的ですが、建てものと言うと人が住んでいる場所というイメージで、壁に絵が掛かっている様子まで浮かびます。

「もの」と言っているときは、心が入っています。物という字をブツと読んだら、物と心になるけれど、実は物と心は分かれているものではなくて、心の込もった物が大切なわけです。モノづくりの時代は終わって心だと言ってみても、物は必要です。モノづくりを止めたら、暮らしていけません。ブツを作らずに、モノを作ればいいわけです。ブツ作りは、効率よく一律にどんどん作ればいいわけですが、モノづくりは一品一品心を込めて作るのです。だから、たぶん次の時代に私たちがやるべきことは、物か心かと分けて、物の時代でなく心の時代だと言ったり、いや物が大事だと言ったりするのではなく、[B]にすることでしょう。物や身という大和言葉は、二元論ではなく、また単に一元論でもなくて、ある種のつながりをeフクんだ言葉です。だから、身も物も実体は物質でありながら、どこかに心が絡んでいるのです。「愛づる」は反対に心の側からものへとつながる言葉です。

大和言葉の中には日本人の気持ちや、それを動かす日本の自然が反映されています。今注目しなければならないのは自然であり、自然の中に生きものを見ることです。たとえば山を見るにしても、山を無機的なものとして見るのではなく、木が生えて、川が流れている動的な姿を見ていきます。生態系です。川の中には必ず生きものがいます。その川がきれいか、どう流れているか、それはすべてそこにいる動物たち、そこに生えている草などでき上がっています。ですから、山も川も生きものという切り口で見て、生命を基本にする価値観を作っていくことが重要です。言葉は必ず社会や文化を反映していますし、文化は必ず自然を反映していますから、自然のことを考えよう、生きもののことを考えようとしたら、言葉にこだわるのは当然です。

西洋のものを徹底的に学ぶには、西洋の言葉で学ぶのが速いので、これまでの科学はそのような言葉を使ってきました。しかし、これからは日本の豊かな自然の中で考えた生命観を発信していく時代ですから、3大和言葉に眼を向けると面白いと思います。もちろんすべてをそれで語ることにこだわるものではありませんが、外国語を片仮名表記するこ

問三　――線部1について、ニュートンが「ときどき珍しい小石や貝を見つけて喜んでいる」とありますが、これはどのようなことをたとえていますか。説明しなさい。

問四　[　　]に入ることわざとして最もふさわしいものを次の中から選び、記号で答えなさい。

ア　好きこそ物の上手なれ　　イ　人事を尽くして天命を待つ

ウ　先んずれば人を制す　　エ　初心忘るべからず

問五　――線部2について、「折返し点をまわらないで突っ走る」とは具体的にどのようにすることですか。文中の言葉を用いて説明しなさい。

問六　――線部3について、「他人に整理をゆだねられない」のはなぜですか。筆者の述べている「整理」の意味をふまえながら、わかりやすく説明しなさい。

問七　――線部4について、「知識」が「力になる」とはここではどのようなことですか。最もふさわしいものを次の中から選び、記号で答えなさい。

ア　どんなに手間がかかったとしても、蔵書を整理することは、自分の知識を整理するのに役立つということ。

イ　頭の中で飽和状態に達した知識を整理することにより、自分の知識欲がいっそう高まっていくということ。

ウ　自分にとって必要かどうかを吟味して整理された知識は、新しいものを生みだすことができるということ。

エ　知識を自分の個性に基づいて取捨選択することで、自分の仕事の能率を上げることができるということ。

二　次の文章を読んで、後の問いに答えなさい。

　何かを考えるときに、言葉の問題は決しておろそかにできません。言葉は思考に大きな影響を与えます。(注1)生命誌では生きものを知るという原点から(注2)大和言葉で考えてみるということも、大事なのではないかと思っています。

　これまでの科学は、西欧から取り入れたと位置づけてきましたから、内容を説明するにも西欧の言葉の方が適していました。ですから、翻訳した言葉だけで考えてきましたが、ここで(注3)第四の革命と言っている変化を求めるなら、自分たちの言葉で、自分たちで考えて、自分たちで発信していくことが必要です。その場合、中心に「(注4)1愛《め》づる」という言葉を置くことができるのではないかと思っています。

　哲学者の(注5)市川浩先生が、精神と身体という(注6)二元論があるが、日本語の「身《み》」という言葉はその両者をつなぐことができると語っています。著書『〈身〉の構造』の身は、身体論から世界を捉えたときの哲学用語ですが、おそらく「愛づる」は生命誌の中で身と心をつなぐ言葉になると思います。

　実際、生物学者を見ていると、その対象を愛でていない研究者はいません。科学技術となるとちょっと違うでしょうが。大和言葉を用いながら考えを綴《つづ》っていくことは、科学を踏まえながら、全体と分析とをつないで考えていく方法論になるかもしれないと思っています。

　たとえば「もの」という言葉があります。これも、つなぐ意味をもっています。科学技術文明への反省として、[　A　]という話がよくありますが、実は「もの」となると心とまったく別ではありません。漢字で書いて物《ぶつ》と読むと、これは心とは無関係です。2私は(注7)この

をすて、どうでもいいものを残す愚をくりかえすであろう。

かりに、価値のものさしがあっても、ゴムでできていて、時によって、伸び縮みするようなら、これまた(注13)没価値的整理と選ぶところがない。こどもには整理をまかされない。こどもだけではない。3他人に整理をゆだねられないのはこのためである。

すてるには、その人間の個性による再e吟味が必要である。これは(注14)没個性的に知識を吸収するのに比べてはるかに(注15)厄介である。

本はたくさん読んで、ものは知っているが、ただ、それだけ、という人間ができるのは、自分の責任において、本当におもしろいものと、一時の興味との区分けをする②労を惜しむからである。

たえず、在庫の知識を再点検して、少しずつ慎重に、臨時的なものを捨てて行く。やがて(注16)不易《ふえき》の知識のみが残るようになれば、4その時の知識は、それ自体が力になりうるはずである。

これをもっともはっきり示すのが、蔵書の処分であろう。すてるのではないが、本を手放すのがいかに難しいか。試みた人でないとわからない。ただ集めて量が多いと言うだけで喜んでいてはいけない。

（外山滋比古《とやましげひこ》『思考の整理学』より）

(注1) ニュートン……イギリスの物理学者（一六四三～一七二七）。
(注2) ベーコン……イギリスの哲学者（一五六一～一六二六）。
(注3) 逓減……片方が増えるにつれて、もう一方が減っていくこと。
(注4) 資本と労力……商売や事業を行っていく特に必要な資金と働き手。
(注5) 黄金律……最も正しい方法。
(注6) 多々益々弁ず……多ければ多いほどよい。
(注7) 忘却の要については、すでにのべた……筆者がこの文章より前の所で「頭をよく働かせるには、この〝忘れる〟ことが、きわめて大切である。」と述べていることを指す。
(注8) 屑に払ってしまう……トイレットペーパーなどと交換するために古雑誌や古新聞などを「チリ紙交換」の業者に出してしまう。
(注9) うそぶいて……えらそうなことを言ったりして。
(注10) 骨である……大変なことである。
(注11) カードづくり……知識を項目ごとにカードに書いて整理すること。
(注12) 同心円……中心が同じで大きさの違う円。
(注13) 没価値的……物事に対して良いか悪いかの判断をしないさま。
(注14) 没個性的……個人を特徴づける性格が弱いさま。
(注15) 厄介である……手間がかかる。
(注16) 不易……いつまでも変わらないさま。

問一　＝＝線部a～eのカタカナの部分を漢字に直し、漢字には読みがなをつけなさい。

問二　～～線部①・②の語の文中での意味として、最もふさわしいものを次の中から選び、それぞれ記号で答えなさい。

①目星をつけた
ア　正解を見つけた
イ　しるしをつけた
ウ　ねらいを定めた
エ　判断をくだした

②労を惜しむ
ア　苦労を迷惑に思う
イ　苦労を嫌がる
ウ　苦労を避けようとしない
エ　苦労を後悔する

ンレースにおいても、折返し点をまわらないで突っ走るランナーがすくなくない。

　折返し点以後では、ただ、知識をふやすだけではいけない。不要なものはどんどんすてる。(注7)忘却の要については、すでにのべたが、これによって、思考に活力をもたらすことができる。

　ここでは、いったんは習得した知識をいかにしてすて、整理するか、について考える。

　家庭でガラクタがふえてくると、すてる。古新聞古雑誌がたまって場ふさぎになる。たまってくると、(注8)屑《くず》に払ってしまう。これにためらいを感じる人はあるまい。そんなものをとっておいたのでは、人間の住むところがなくなってしまう。

　一般に年寄りはガラクタを大事にする傾向がある。菓子折りの杉箱がみごとだと言って空箱を保存する。空箱が山のようになる。若い人はそれをすてようというが、老人はもったいないといって譲らない。

　新聞雑誌なら古いものはゴミにする人も、書物だと、かんたんにチリ紙交換に出したりしない。ひょっとするといるかもしれないという気持が手伝うのであろう。しかし、いよいよ本があふれてくると、パニック状態にbオチイって、なんでもかんでもすててしまえ、という衝動にかられる。よく考えもしないで、手当たり次第に整理する。

　さっぱりしたと思っていると、調べものをしていて、あの本に、と①目星をつけた本が、売払ってしまったあとだったりする。やっぱり、めったなことでは本を売ってはならない。大は小を兼ねる、などと(注9)うそぶいて、またなんでも保存するようになる。

　こういう後悔をしなくてはならないのは、日ごろ整理の方法を考えたことがないからである。集めるのも(注10)骨であるけれども、すてる、整理するのは、さらにいっそう難しい。

　知識について言っても、習得については、記憶、ノート、(注11)カードづくりなどいろいろ考えられているのに、整理についてはほとんど何も言わない。学校なども、知識の学習にはやかましく言うけれども、いっぱいになった頭の掃除についてはまったく教えるところがない。忘却というのが、学習にcオトらず、あるいは、それ以上に難しいことを知らずに学校を出てしまうのは、決して幸福なことではない。

　ガラクタの整理ですら、あとになって、残しておけばよかったと後悔することがある。まして、知識や思考についての整理であるから、ひょっとしたら、あとで役に立つのではないかと考え出したら、整理などできるものではない。それでも、知識のあるものはすてなくてはならない。それを自然に廃棄して行くのが忘却である。意識的にすてるのが整理である。

　いまかりに、Ａの問題について、カードをとったのが一〇〇〇枚になったとしよう。こんなに多くては身動きができない。まず、いくつかの項目に分類する。分類できないものを面倒だからというので、片端から棄《す》てるのは禁物。

　この分類されたものを、じっくり時間をかけて、検討する。急ぐと、d潜んでいる価値を見落とすおそれがある。ひまにまかせてゆっくりする。忙しい人は整理に適しない。とんでもないものをすててしまいやすい。整理とは、その人のもっている関心、興味、価値観（これらはだいたいにおいて(注12)同心円を描く）によって、ふるいにかける作業にほかならない。価値のものさしがはっきりしないで整理すれば、大切なもの

【国　語】（五〇分）〈満点：一〇〇点〉

一　次の文章を読んで、後の問いに答えなさい。

知識は多ければ多いほどよい。いくら多くのことを学んでも、無限といえるほどの未知が残っている。

万有引力の(注1)ニュートンは次のように言ったと伝えられている。

「1世間ではわたくしのことをどう思っているか、知らないが、自分では、自分のことを浜辺で遊んでいるこどもみたいだと思っている。ときどき珍しい小石や貝を見つけて喜んでいるが、向こうはまったく未知の真理の大海が横たわっているのだ」。

この真理の大海をきわめつくすことはできないにしても、知識は多ければ多いほどよいのははっきりしている。お互い小学校へ入ってから、つねに、知識の不足にひそかに悩んできた。とにかく、知識を仕込まなくてはならない。

それに気をとられていて、頭の中へ入った知識をどうするか、についてはあまり考えることがない。それでもの知りができる。もの知りは知識をただ保有しているだけ、ということがすくなくない。

「知識それ自体が力である。」（(注2)ベーコン）

と言うけれど、ただ知識があるだけでは、すくなくとも、現代においては力になり得ない。知識自体ではなく、組織された知識でないとものを生み出すはたらきをもたない。

そればかりではない。知識の量が増大して一定の限度を越すと、飽和状態に達する。あとはいくらふやそうとしても、流失してしまうのである。だいいち、その問題に対する好奇心がうすれてきて、知識欲も低下する。

収穫《しゅうかく》(注3)逓減《ていげん》の法則、というのがある。

一定の土地で農作物を作るとき、それに投じられる(注4)資本と労力の増加につれて生産高は上がっていくが、ある限界に達すると、こんどは生産が伸びなくなって行く現象を支配する法則のことである。

似たことが知識の習得についても見られるように思われる。はじめは勉強すればするほど知識の量も増大して能率があがるが、かなり精通してくると、壁につき当たる。もう新しく学ぶべきことがそれほどなくなってくる。なによりもはじめてのころのような新鮮な好奇心が失われる。［　　］、などと言うのは無理である。

二十年、三十年と一つのことに打ち込んでいる人が、そのわりには目ざましい成果を上げないことがあるのは、収穫逓減を示している証拠である。この一筋につらなる、というのがかならずしも、(注5)黄金律でないのもそのためだ。

知識ははじめのうちこそ、(注6)多々益々弁ず、であるけれども、飽和状態に達したら、逆の原理、aケズり落とし、精選の原理を発動させなくてはならない。つまり、整理が必要になる。はじめはプラスに作用した原理が、ある点から逆効果になる。そういうことがいろいろなところでおこるが、これに気付かぬ人は、それだけで失敗する。

たとえて見れば、マラソンのレースのようなものである。前半は、スタート地点から遠くへ行けば行くほどよいが、後半は、逆に、スタート地点へ向って走る。スタートのところにゴールがあるからだ。折返し点がある。そこをまわったら反対の方向を走る。折返し点をまわらずに、まっすぐ走り続ければ、いつまでたってもゴールはない。2知的マラソ

MEMO

大切なことはメモしておこうネ！

T·G

A日程

2019年度

解　答　と　解　説

《2019年度の配点は解答欄に掲載してあります。》

＜数学解答＞

〔1〕　(1)　-7　　(2)　$\frac{31}{9}$　　(3)　$-4a+5b$　　(4)　$\frac{-x+8y}{12}$　　(5)　$2\sqrt{2}$

(6)　$16xy+25y^2$

〔2〕　(1)　$2ab(a-3b)^2$　　(2)　$x=1,\ \frac{1}{5}$　　(3)　$54\pi\ \mathrm{cm}^3$　　(4)　60度

(5)　正十五角形　　(6)　エ

〔3〕　(1)　$x+y=450,\ 0.4x+0.6y=227$　　(2)　男子生徒　215人，女子生徒　235人

〔4〕　(1)　$a=8$　　(2)　(ア)　$S=x^2$　　(イ)　解説参照　　(ウ)　$\sqrt{2},\ 4\sqrt{2}$

〔5〕　(1)　1cm　　(2)　3：4　　(3)　2：5　　(4)　9：28

〔6〕　(1)　$13\sqrt{2}$ cm　　(2)　ウ　　(3)　16cm

○推定配点○

各4点×25　　　計100点

＜数学解説＞

基本 〔1〕 (正負の数，式の計算，平方根)

(1)　$-3^2+8\div(-2)^2=-9+8\div4=-9+2=-7$

(2)　$\frac{7}{3}-\frac{4}{3}\div\frac{4}{5}\times\left(-\frac{2}{3}\right)=\frac{7}{3}+\frac{4}{3}\times\frac{5}{4}\times\frac{2}{3}=\frac{21}{9}+\frac{10}{9}=\frac{31}{9}$

(3)　$(12a^2b-15ab^2)\div(-3ab)=-\frac{12a^2b}{3ab}+\frac{15ab^2}{3ab}=-4a+5b$

(4)　$\frac{x+2y}{4}-\frac{2x-y}{6}=\frac{3(x+2y)-2(2x-y)}{12}=\frac{3x+6y-4x+2y}{12}=\frac{-x+8y}{12}$

(5)　$\frac{6}{\sqrt{2}}-\sqrt{8}+\frac{\sqrt{6}}{\sqrt{3}}=3\sqrt{2}-2\sqrt{2}+\sqrt{2}=2\sqrt{2}$

(6)　$4(x+2y)^2-(2x+3y)(2x-3y)=4(x^2+4xy+4y^2)-(4x^2-9y^2)=4x^2+16xy+16y^2-4x^2+9y^2=16xy+25y^2$

基本 〔2〕 (因数分解，2次方程式，体積，角度，資料の整理)

(1)　$2a^3b-12a^2b^2+18ab^3=2ab(a^2-6ab+9b^2)=2ab(a-3b)^2$

(2)　$5x^2-6x+1=0$　　解の公式を用いて，$x=\frac{-(-6)\pm\sqrt{(-6)^2-4\times5\times1}}{2\times5}=\frac{6\pm4}{10}=1,\ \frac{1}{5}$

(3)　$\frac{4}{3}\times\pi\times3^3\times\frac{1}{2}+\pi\times3^2\times(7-3)=18\pi+36\pi=54\pi\ (\mathrm{cm}^3)$

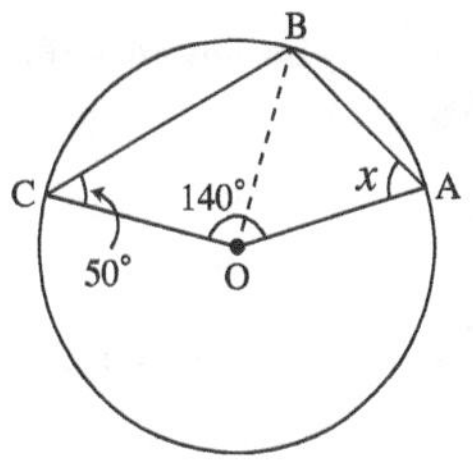

(4)　右の図で，OB＝OCより，∠OBC＝∠OCB＝50°　　よって，∠BOC＝180°－50°×2＝80°より，∠AOB＝140°－80°＝60°　　したがって，$\angle x$＝(180°－60°)÷2＝60°

(5)　1つの外角の大きさは，180°－156°＝24°　　よって，360°÷24°＝

15より，正十五角形

(6) 平均点だけでは，分布の様子がわからないので，A，Bともにいえない。よって，エ

[3] (連立方程式の利用)

(1) 全校生徒は450人だから，$x+y=450$…①　バスを利用している生徒は227人だから，$0.4x+0.6y=227$…②

(2) ①×4－②×10より，$-2y=-470$　$y=235$　これを①に代入して，$x=215$　よって，男子生徒は215人，女子生徒は235人

[4] (図形と関数・グラフの融合問題)

基本 (1) $y=2x$に$x=2$を代入して，$y=4$　よって，A(2，4)　$y=\frac{a}{x}$に$x=2$，$y=4$を代入して，$4=\frac{a}{2}$　$a=8$

(2) (ア) OP$=x$，PQ$=2x$より，S$=\frac{1}{2}\times x\times 2x=x^2$

(イ) $0\leqq x\leqq 2$のとき，S$=x^2$　$2\leqq x\leqq 8$のとき，PQ$=\frac{8}{x}$より，S$=\frac{1}{2}\times x\times\frac{8}{x}=4$　よって，グラフは右のようになる。

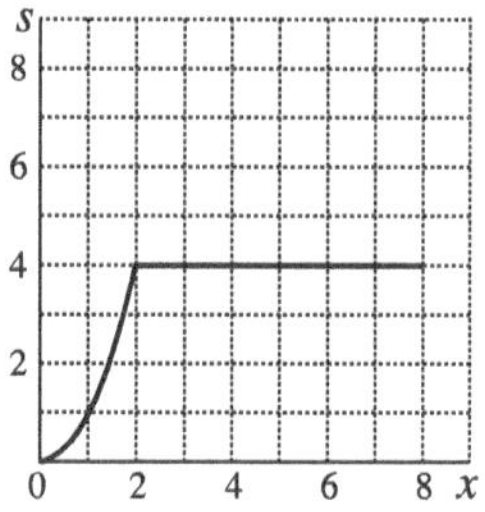

(ウ) 点PがOA上を動くとき，S$=x^2$にS$=2$を代入して，$x^2=2$　$x>0$より，$x=\sqrt{2}$　点PがBO上を動くとき，PQ$=\frac{1}{8}x$より，S$=\frac{1}{2}\times x\times\frac{1}{8}x=\frac{1}{16}x^2$　S$=\frac{1}{16}x^2$にS$=2$を代入して，$2=\frac{1}{16}x^2$　$x^2=32$　$x>0$より，$x=4\sqrt{2}$

[5] (平面図形の計量)

基本 (1) 平行線と比の定理より，AE：BC＝AF：FB＝2：3　AE＝2だから，AD＝BC＝3　よって，HD＝3－2＝1(cm)

基本 (2) BG：GH＝BC：HE＝3：(2＋2)＝3：4

重要 (3) EF：FC＝AF：FB＝2：3　EG：GC＝HG：GB＝4：3　よって，FG：GC$=\left(\frac{4}{4+3}-\frac{2}{2+3}\right):\frac{3}{4+3}=\left(\frac{4}{7}-\frac{2}{5}\right):\frac{3}{7}=\frac{6}{35}:\frac{15}{35}=2:5$

重要 (4) △BCG：△BCF＝CG：CF＝5：(2＋5)＝5：7　△BCF：△ABC＝BF：BA＝3：(2＋3)＝3：5　よって，△BCG$=\frac{5}{7}$△BCF$=\frac{5}{7}\times\frac{3}{5}$△ABC$=\frac{3}{7}$△ABC　ここで，平行四辺形ABCDの面積をSとすると，△ABC$=\frac{1}{2}$Sより，△BCG$=\frac{3}{7}\times\frac{1}{2}S=\frac{3}{14}$S　四角形BCDH＝△BCH＋△CDH＝△ABC$+\frac{1}{3}$△ACD$=\frac{1}{2}S+\frac{1}{3}\times\frac{1}{2}S=\frac{2}{3}$S　よって，△BCG：四角形BCDH$=\frac{3}{14}:\frac{2}{3}=9:28$

[6] (空間図形の計量)

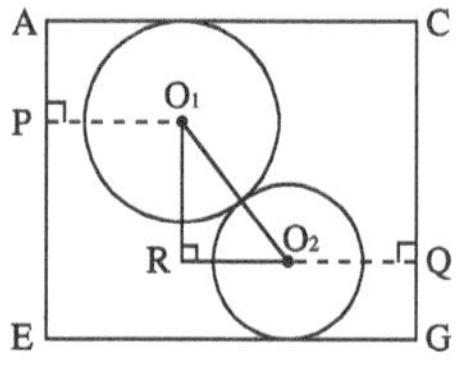

基本 (1) AC$=\sqrt{\text{AB}^2+\text{BC}^2}=\sqrt{13^2+13^2}=13\sqrt{2}$(cm)

基本 (2) 円O_1は辺AEに，円O_2は辺CGにそれぞれ接していないから，正しいのはウ

重要 (3) AE$=x$cmとすると，右の図で，$O_1O_2=5+4=9$，O_1P$=5\sqrt{2}$，O_2Q$=4\sqrt{2}$，O_1R$=x-5-4=x-9$，O_2R$=13\sqrt{2}-5\sqrt{2}-4\sqrt{2}=4\sqrt{2}$

△O_1O_2Rに三平方の定理を用いて，$(x-9)^2+(4\sqrt{2})^2=9^2$　$x^2-18x+81+32=81$　$x^2-18x+32=0$　$(x-16)(x-2)=0$　$x>9$より，$x=16$(cm)

★ワンポイントアドバイス★

関数や図形の大問では，各小問は関連しているので，ミスのないように考えていこう。時間配分を考えてできるところから解いていこう。

<英語解答>

Ⅰ　Part 1　1　b　2　a　Part 2　1　d　2　c　Part 3　1　c　2　b　3　d

Part 4　1　(1)　b　(2)　c　2　(1)　b　(2)　a

Ⅱ　問1　k→d→f→[a]→h→e→g→[b]→i→j→c

問2　1　d　2　c　3　a　4　b

問3　1　(例)　Because every food she touched was burned by fire. [Because she couldn't eat by herself.]　2　(例)　Because Maui dropped her fingernail in a river.

Ⅲ　問1　①　broke　③　was　⑧　hoping　⑨　chosen

問2　(People) were drawing, dancing salsa, or playing the guitar (on the beach.)

問3　④　(I realized that) I could be a person who dances salsa (before ....)

⑦　I made myself an artist only by making art(.)

問4　下線部⑤　herself, she　下線部⑥　painting　問5　d

Ⅳ　問1　①　(例)　I enjoyed eating seafood for lunch (at Hakodate Fisherman's Market.)

②　(例)　I have never been to Hakodate (before)(.)

③　(例)　Who took this picture(?)

④　(例)　(I thanked her and) asked where she was from(.)

⑤　(例)　(But) I could not answer because it was my first time to go there(.)

問2　(例)　I will take them to Matsushima. It is one of the most beautiful places in Japan. I will first go to Shiogama by train, and get on a boat there. We can enjoy going around many small islands on the boat. After we arrive at Matsushima, we can enjoy eating delicious seafood for lunch. After lunch, we will go to Zuiganji. It is an old temple. In autumn, we can enjoy beautiful red and yellow leaves there. We can enjoy tea ceremony there, too.

○推定配点○

Ⅰ　各2点×11　Ⅱ，Ⅲ　各3点×17　Ⅳ　問1　各4点×5　問2　7点　計100点

<英語解説>

Ⅰ　(リスニング)

(Part 1)　写真を最も適切に説明しているものを選びなさい。

1．a.　The boy is reading.

b.　The boy is sleeping.

c.　His father is a doctor.

d. He plays soccer on weekends.
2. a. The bridge goes over the water.
b. People swim under the bridge.
c. The pool is very big.
d. The tunnel is very long.
1. a. その少年は読書をしています。
b. その少年は眠っています。
c. 彼の父親は医者です。
d. 彼は週末にサッカーをします。
2. a. その橋は水の上にかかっています。
b. 人々は橋の下で泳ぎます。
c. そのプールはとても大きいです。
d. そのトンネルはとても長いです。

(Part 2) それぞれの質問に対し，最も適切な答を選びなさい。

1. What are you good at?
2. How was the sports day?

1. あなたは何が得意ですか。
   a. 私の母は読書を楽しんでいます。
   b. 私はそれほど悪い状態ではありません，ありがとう。
   c. このラーメンはおいしいです。
   d. 私は上手に泳ぐことができます。
2. 運動会の日はどうでしたか。
   a. 私のいちばん好きなスポーツはサッカーです。
   b. 私は友人たちと一緒に走るのが大好きです。
   c. それはとてもわくわくしました。
   d. 私は雨の中外で遊ぶのが好きではありません。

(Part 3) 対話とその内容についての質問を聞き，質問に対する最も適切な答を選びなさい。

1. A：Do you have any pets?
B：Yes I have a dog, two cats, and a fish.
A：Wow, that is a lot of animals!
Question：How many pets does she have?

1. A：あなたはペットを飼っていますか。
B：はい，イヌを1匹，ネコを2匹，そして魚を1匹飼っています。
A：うわあ，動物がたくさんいますね！
質問：彼女はペットを何匹飼っていますか。
a. 2匹。 b. 3匹。 c. 4匹。 d. 5匹。

2. A：How about eating at the new Chinese restaurant tonight?
B：Sounds good. I finish work at seven, so let's meet at eight.
A：Well, the restaurant closes at nine, so how about meeting at seven thirty?
B：All right. Let's meet in front of the restaurant then.
Question：What time will they meet tonight?

2. A：今夜，新しい中華レストランで食べるのはどうですか。

B：いいですね。私は7時に仕事が終わるので，8時に会いましょう。

A：うーん，そのレストランは9時に閉まるから，7時半に会うのはどうですか。

B：いいですよ。それではレストランの前で会いましょう。

質問：彼らは今夜，何時に会いますか。

a. 7時に。　b. 7時半に。　c. 8時に。　d. 9時に

3. A：In our school, volleyball is more popular than basketball. How about in yours, Mike?

B：Tennis is the most popular sport in our school.

A：Yes, tennis is popular in our school too, but volleyball is the most popular of the three.

B：Actually I like basketball the best!

Question：What is the most popular sport in her school?

3. A：私たちの学校では，バスケットボールよりもバレーボールの方が人気があります。あなたの学校ではどうですか，マイク。

B：私たちの学校ではテニスがいちばん人気のあるスポーツです。

A：はい，テニスは私たちの学校でも人気がありますが，バレーボールが3つの中でいちばん人気があります。

B：実は，私はバスケットボールがいちばん好きなんです！

質問：彼女の学校でいちばん人気のあるスポーツは何ですか。

a. バスケットボール。　b. サッカー。　c. テニス。　d. バレーボール。

(Part 4) 短い物語とその内容についての2つの質問を聞き，質問に対する最も適切な答を選びなさい。

1. Do you know about Greenland? Greenland is the largest island in the world. It is near Canada. Greenland is not part of Canada, though. It is not a country either. Greenland is part of Denmark! Most of Greenland is covered with ice, so not many people live there. Many people who live in Greenland are fishermen. Fishing is a very important job in Greenland.

Question 1：What country is Greenland near?

Question 2：What job is important in Greenland?

1. グリーンランドについて知っていますか。グリーンランドは世界でいちばん大きな島です。それはカナダの近くにあります。でも，グリーンランドはカナダの一部ではありません。それは国でもありません。グリーンランドはデンマークの一部なのです！　グリーンランドのほとんどは氷で覆われているので，そこにはあまり多くの人は住んでいません。グリーンランドに住んでいる多くの人々は漁師です。グリーンランドでは，釣りはとても重要な仕事です。

質問1　グリーンランドはどの国の近くにありますか。

a. アメリカ。　b. カナダ。　c. デンマーク。　d. ノルウェー。

質問2　グリーンランドではどんな仕事が重要ですか。

a. 飛行機のパイロット。　b. 銀行業。　c. 釣り。　d. 教えること。

2. Have you ever been to India? There are 880 languages spoken by people living in India. 22 are major languages, which are spoken by more than 1 million people each. However, there is no national language of India. English and Hindi are the 2 official languages of India. How many languages can you speak?

Question 1 : How many major languages are there in India?
Question 2 : What is the national language of India?

2. インドに行ったことはありますか。インドに住んでいる人々が話す言語は880語あります。22語が主要な言語で，それらはそれぞれ100万人を超える人々によって話されています。しかし，インドの国語というものはありません。英語とヒンディー語がインドの2つの公用語です。あなたは何か国語を話すことができますか。

質問1 インドには主要な言語がいくつありますか。

a. 2語。 b. 22語。 c. 880語。 d. 100万語。

質問2 インドの国語は何ですか。

a. ない。 b. ヒンディー語。 c. テルグ語。 d. 英語。

Ⅱ （長文読解問題・物語文：内容吟味，英問英答）

（全訳） マウイは火でいたずらをすることが好きだった。ある日，彼は村の火をすべて消してしまった。今や，人々には料理をするための火がなかった。彼らは体を暖める火がなかった。マウイの母親は彼に，「お前はマフイカのばあさんのところへ行って，火をくれるように頼まなくてはいけないよ」と言った。

そこでマウイは黄泉の国へ行ってマフイカを見つけた。彼女は自分では食べることができなかったので，とても空腹だった。彼女が触れるものは何でも火で燃やされた。彼女の食べるものさえ燃やされた。マウイがマフイカに食べ物を与えると，彼女は大いに食べた。

食べるのを終えると，マフイカはマウイに，彼は光の世界で不注意だと言った。しかし，マウイが彼女に親切にしたので，マフイカは彼に火を与えた。彼女は爪の1つをはがしてマウイに渡した。彼女の爪は火で燃えていた。マフイカはマウイにその火を彼の世界に持って行って，火をつけて爪を返しに戻って来るように言った。

マウイは爪を持って出て行った。彼がそれを持ち運んでいるとき，爪があまりに熱くて持っていられなかったので，彼はそれを川に落とすことにした。火は消えてしまった。彼はマフイカのところへ戻った。彼は，「ぼくは転んであなたの爪を川でなくしてしまいました」と言った。そこでマフイカは彼に村へ持ち帰るための爪をもう1つ与えた。

しかし，マウイはまたその爪を川に落として火は消えてしまった。彼はマフイカのところへ戻ってもう1つ頼んだ。マウイはそれぞれの爪で同じことをした。マフイカは怒った。彼女は「お前は私の最後の火を無駄にしてしまったな！」と言って，マウイに最後の爪を投げつけた。

その燃える爪が爆発したとき，マウイは宙に跳び上がって大きな鳥に姿を変えた。彼は飛んで黄泉の国を出たが，燃える爪は家までずっと彼の後についてきた。

神々がマウイのところへやって来て，風を起こし，冷たい雨を降らせ，地震を起こして彼を助けた。神々の助けによって，マウイはマフイカの火から逃げることができた。

マウイが無事家に戻ったとき，彼は少年の姿に戻り，手には棒切れを握っていた。彼は火を持っていたが，人々はもはや火を見つけに黄泉の国へ行くことができなくなった。その日から，彼らは棒切れをこすり合わせて火をおこすことしかできなくなった。

問1 全訳を参照。 k「村のすべての火がなくなった」→d「マウイの母親は，彼に火をもらいに黄泉の国へ行くように言った」→f「マウイは親切なことにマフイカに食べ物を与えた」→a「マウイはマフイカから火をもらった」→h「マウイは熱くて持っていられなかったので，火を川へ落とした」→e「マウイはマフイカのところへ戻って，もう1つ火の爪をくれるように頼んだ」→g「マフイカはマウイに最後の爪を与えた」→b「燃えている爪が爆発した」→i「マウイは大きな鳥に姿を変えて飛び去ろうとした」→j「神々がマウイを助けて爪の火から飛んで逃げさせた」→

c「だれも黄泉の国へ入ることができなくなったので，人々は棒切れをこすり合わせて火をおこさなくてはならなかった」

問2　1　質問は，「マウイの母親はなぜ彼に，マフイカのところへ行って火をくれるように頼むようにと言ったのですか」という意味。第1段落を参照。マウイがいたずらをして村の火をすべて消してしまって村から火がなくなってしまったために，彼の母親は黄泉の国へ行ってマフイカに火をくれるよう頼むように彼に言った。この内容を表している d「マウイがいたずら好きで，村のすべての火を消してしまったから」が正解。a は「人々は十分に暖かかったから」，b は「マフイカが彼に会いたがっていたから」，c は「人々はもはや料理用の火を必要としていなかったから」という意味。　2　質問は，「マフイカはマウイにどうするように言いましたか」という意味。第3段落最終文を参照。マフイカはマウイに，爪を彼の世界に持って行って火をつけ，爪を彼女に戻しに来るように言っている。c「自分の爪を村へ持って行って火をつけ，爪を彼女に戻しに来るように」が正解。a は「黄泉の国へ行って火をもらうように」，b は「爪を川に落として火を消すように」，d は「鳥に姿を変えて光の国にある自分の村へ飛んで帰るように」という意味。
3　質問は，「彼はどのようにして燃える爪から飛んで逃げることができましたか」という意味。第6段落に，マフイカの最後の爪が爆発し，鳥に変身して逃げるマウイを追ってきたことが書かれているが，次の第7段落に，神々が風を起こし，雨を降らせ，地震を起こして彼を助けたことが書かれている。a「神々が彼を助けた」が正解。b は「彼は少年の姿に戻った」，c は「燃える爪が爆発した」，d は「燃える爪が家までずっと彼の後をついて来た」という意味。　4　質問は「人々はなぜもはや黄泉の国へ行くことができなくなったのですか」という意味。最終段落第2文に，村の人々がもはや黄泉の国へ火をもらいに行くことができなかったことが書かれており，その結果，最終文に人々は棒切れをこすり合わせて火をおこすことしかできなくなったことが書かれている。a「マウイが棒切れに火をつけて無事に家に着いたから」では再び火が消えたときに黄泉の国へ行かなくては火が手に入らないことになるので不適切。村人はそれまでのように黄泉の国へ行けなくなったことで，棒切れをこすり合わせて火をおこさなくてはならないという不便を強いられるようになったのだから，可能であれば黄泉の国へ火をもらいに行きたかったはずである。したがって，c「彼らは棒切れをこすり合わせて火をおこすことができたから」も不適切。d「燃える爪がずっと彼らの後について来たから」については本文中に記述がない。最も適切なのは，b「彼らはマフイカがまだとても怒っていると思ったから」。

やや難　問3　1　質問は，「マフイカはなぜマウイが来る前とても空腹だったのですか」という意味。第2段落第2文を参照。She was very hungry「彼女(＝マフイカ)はとても空腹だった」の直後の because 以下 she couldn't eat by herself「彼女は自分では食べることができなかった」がその理由になる。また，直後の Everything she touched was burned by fire. Even her food was burned.「彼女が触れるものは何でも火で燃やされた。彼女の食べるものさえ燃やされた」ことが，マフイカが自分で食べ物を食べることができなかったことにつながるので，この内容を理由として答えてもよい。解答例は，「彼女が触れるすべての食べ物が火で燃やされたから[彼女は自分で食べることができなかったから]」という意味。　2　質問は。「マフイカはなぜ怒ったのですか」という意味。第5段落第4文に Mahuika became angry.「マフイカは怒った」とあり，その直後に「お前は私の最後の火を無駄にしてしまったな！」というマフイカの言葉がある。具体的には，マウイがマフイカからもらった燃える爪を川へ落としたことを指しているので，それがマフイカが怒った理由となる。解答例は，「マウイが彼女の爪を川に落としたから」という意味。第5文のマフイカの言葉を使って，Because Maui wasted her fire.「マウイが彼女の火を無駄にしたから」などと答えてもよい。

Ⅲ　**(長文読解問題・エッセイ：語形変化，英問英答，語句整序，語句選択補充)**

(全訳)　将来，あなたたちには今の友人たちや家族がいるとは限りません。しかし，自分は常に自分です。さて，少年少女のみなさん，あなたたちは成長して大人の男性，女性になります。だから今は，みなさんが生涯ずっと一緒に生きていきたいと思う人物になる時なのです。

リスボンである暖かい晩，ボーイフレンドと別れた後，本当に悲しい気持ちでいたとき，私は家の近くの浜辺を歩いていました。そこで他の人たちを見ると，私はさらに孤独に感じました。彼らは絵を描いていたり，サルサを踊ったり，ギターを弾いていたりしていました。彼らはみな幸せそうに見えました。彼らは私の現実から遠く離れたところにいました。私には本当にその光景の1人になるものは何もありませんでした。私には，水筒を持ってそこに座り，日記を書くことしかできませんでした。

しかし，突然，まさに突然に，私はその現実にかかる橋を建てることができることに気付いたのです。私は，自分が観衆の前でサルサを踊る人間に，あるいは暖かい晩に公園でギターを弾く人間になれることに気づいたのです。私はギターのレッスンを始めました。私は多くの講義を受け始めました。私は自分を自分がなりたい女性にし始めたのです。私は自分自身を創造し始めたのです。

いろいろなことをやってみて，私はそれが本当にくつろげるように見えたので，楽しみに水彩絵の具で絵を描く人になろうと決めました。だから私はかつて中学校で使った古い画材を使って毎日1枚の絵を描くことにしました。私はただ芸術作品を作り出すことによって，芸術家になったのです。

心の傷のすばらしい贈り物は，いつか幸せになれたらいいなと思うことをやめて，今，自分自身を幸せにし始める力とエネルギーを与えてくれるということです。みなさんがなろうと選んだ人間になりたいと思うのならば，人生のあらゆる経験から学ぶのです。

挑戦し続け，⑩自分自身を変え続け，そして楽しみ続けてください！

基本　問1　①　恋人と別れた過去の時点のことを言っているので，過去形にする。break は break － broke － broken と変化する。break up with ～「～と別れる」。　③　主語は all「すべてのこと」だが，この場合の all は全体としてさまざまなことをまとめて1つと捕える用法で単数として扱う。また，過去のことを言っているのでbe動詞は was を用いる。　⑧　stop ～ing「～することをやめる」。　⑨　直前に have があるので現在完了〈have [has]＋過去分詞〉にする。choose は choose － chose － chosen と変化する。

問2　1　質問は，「『その光景』とはどのようなものですか」という意味。恋人と別れて悲しい思いでいたときに浜辺で見た光景を指す。具体的には，第2段落第3文にある，「彼らは絵を描いていたり，サルサを踊ったり，ギターを弾いていたりしていた」光景のこと。

重要　問3　④　(I realized that) I could be a person who dances salsa (before the audience,)　直後に続く a person who plays guitar … と同じ形にして I could be から続ける。who dances salsa が a person を後ろから修飾している。　⑦　I made myself an artist only by making art.　made は「～を…にする」の意味の make の過去形。「自分自身を芸術家にした」＝「芸術家になった」ということ。「～することによって」は by ～ing で表す。

問4　⑤　質問は，「『私は自分自身を創造し始めました』と言うとき，彼女はどのようなつもりで言っているのでしょうか」という意味。下線部は直前の「私は自分を自分がなりたい女性にし始めたのです」を別の表現で言いかえた文。直前の文の make myself into a lady that I wanted to be を，主語を3人称にして表す。　⑥　質問は，「it はどういう意味ですか」という意味。この it は looked really relaxing に対する主語。このとき筆者にとって「くつろげるように見え」たために始めたことは，下線部を含む文の前半にある「水彩絵の具で絵を描く」ことである。

問5　第4段落第1文から，筆者はさまざまなことをやってみて，楽しみのために水彩絵の具で絵を描くことにしたと述べている。「さまざまなことをやってみる」→「自分自身を変える」と考えて，yourself を入れる。

Ⅳ　〔英作文問題：和文英訳，条件英作文〕

（全訳）メアリー：こんにちは！　休暇はどうでしたか。

アキ　　：函館でとても楽しく過ごしました。

メアリー：まあ，函館に行ったのですか。そこまでどうやって行ったのですか。そこまで飛行機で行ったのですか。

アキ　　：いいえ，新幹線で行きました。函館に行くのにもう飛行機は必要ないのです。

メアリー：時間はどれくらいかかりましたか。

アキ　　：3時間半くらいかかりました。

メアリー：そうなんですか。

アキ　　：はい。私たちは仙台を午前8時ころに出て，函館駅に11時半ころに着きました。私は昼食に，函館魚市場で魚介類を食べるのを楽しみました。

メアリー：うわあ！　いいですね。私は函館に行ったことがありません。いつかそこを訪ねたいです。

アキ　　：そうするべきですよ！　写真を何枚か見せましょう。これはレンガの倉庫の前の両親と私です。

メアリー：では，だれがこの写真を撮ったの？

アキ　　：それはよい質問です。ある女性が私たちのところへ歩いて来て，「あなたたちの写真を撮りましょうか」と英語で聞いたのです。彼女は日本人だと思っていたので，私たちは少し驚きました。それから，彼女が私たちの写真を撮ってくれたんです。

メアリー：彼女と英語で話したのですか。

アキ　　：はい，少し。私は彼女にお礼を言って，彼女がどこから来たのか尋ねました。彼女は，「私は中国から来ました」と言いました。それから私は彼女に，「日本でよい旅を」と言いました。その後，私は函館で多くの外国人旅行者を見ました。

メアリー：最近，ますます多くの外国人が日本を訪れています。私は去年京都を訪れたときにとても多くの外国人を見ました。町を歩いていると，中国語，韓国語，フランス語，そして他の言語が聞こえました。

アキ　　：彼らと話す機会はありましたか。

メアリー：はい，あるイタリア人の家族が英語である寺への行き方を尋ねてきました。でも，私はそこに初めて行ったので答えることができませんでした。

アキ　　：なるほど。外国人旅行者の多くが，英語を話す国の出身でなくても日本でコミュニケーションをとるときに英語を使いますね。

メアリー：それは興味深いです。2020年には東京オリンピックのためにさらに多くの外国人が日本を訪れるでしょう。彼らの中には宮城を訪れる人もいるでしょう。私たちには彼らとコミュニケーションをとる機会があるでしょうね。

アキ　　：はい。私はできれば彼らと友だちになって，宮城を案内して回りたいです。

メアリー：彼らをどこに連れて行きたいですか。

アキ　　：⑥私は彼らを松島へ連れて行きます。そこは日本で最も美しい場所の1つです。まず電車で塩釜に行って，そこで船に乗ります。船でたくさんの小さな島を回って楽しむことができます。松島に着いたら，昼食においしい魚介類を食べて楽しむことができます。昼食後は，瑞巌寺に行きます。それは古いお寺です。秋には，そこできれいな赤や黄色の葉を楽しむことができます。そこでは茶道も楽しむこともできます。

メアリー：おもしろそうですね。彼らはきっと楽しく過ごせると思いますよ。

アキ　　：今週末にそこへ行ってみませんか。

メアリー：いいですね！　待ちきれません！

問1　①「～するのを楽しむ」は enjoy ～ing で表す。「昼食に～を食べる」は eat ～ for lunch で表す。　②「～に行ったことがない」は have [has] been to ～ の否定形で表す。　③ 疑問詞 who を主語にする。疑問詞が主語の場合は〈疑問詞(＝主語)＋動詞～？〉の語順になるので，Who の後に took this picture と続ける。　④「彼女がどこから来たのか」は間接疑問〈疑問詞＋主語＋動詞～〉で表し，asked「尋ねた」の後に続ける。　⑤「私は答えることができませんでした」(結果)と「そこに初めて行った」(理由)を because または so でつなぐ。so を使う場合は，so の前に理由を表す文を置く。「そこへ初めて行った」は I went there for the first time と表すこともできる。

やや難　問2　最初に自分が外国人観光客を連れて行きたいと思う場所を I want to take them to ～，I will take them to ～ などの形で答え，その後に，その場所の特徴，そこへの行き方，そこで楽しめることなどを加えて行く。

★ワンポイントアドバイス★

Ⅳの問2では，外国人観光客を連れて行く場所を1か所に絞る必要はない。「5文以上」という条件があるので，2か所ほど選んで，その場所について簡単に説明を加えると書きやすいだろう。

＜国語解答＞

一　問一　a　削(り)　b　陥(って)　c　劣(らず)　d　ひそ(んで)　e　ぎんみ

問二　①　ウ　②　イ　問三　(例)　未知の世界が広がる大自然の中で，小さな真理の発見を無邪気に喜び，心をおどらせている様子。　問四　エ　問五　(例)　知識を取捨選択したり整理したりすることなく，ただひたすら増やし続けようとすること。

問六　(例)「整理」とは，その人の興味関心により自分に必要なものかそうでないのかを判断して取捨選択することなので，価値観の異なる人に判断してもらうと自分にとって大切なものを捨てられたり，どうでもよいものを残されたりするから。　問七　ウ

二　問一　a　かんげん　b　捜査　c　夕飯　d　は(き)　e　含(んだ)

問二　身と心をつなぐ言葉(9字)　問三　イ　問四　(例)「生物」は科学的な分析や還元の対象であるのに対して，「生きもの」は身近にいて心を慰めてくれるものであり，心のかかわりが重視される「生きもの」の方が，筆者の生命誌の考え方に近いから。

問五　1　エ　2　イ(1と2は順不同)　3　ウ　4　ア(3と4は順不同)　問六　ウ

問七　(例)　大和言葉には，日本の豊かな自然の中で産み出された生命を基本とする文化や価値観が反映されているから。

三　問一　a　イ　b　ア　問二　A　ア　B　ウ　問三　(例)　久平を見て牛天神のあたりで組み合った時に自分を崖から落とした老人であることに気付き，また痛めつけられる

のではないかと思ったから。　問四　エ　問五　イ

四　1　③　2　④　3　①

○推定配点○

一　問一　各1点×5　問二・問四　各2点×3　他　各6点×4

二　問一・問五　各1点×9　他　各6点×5

三　問一・問二　各2点×4　他　各4点×3　四　各2点×3　計100点

＜国語解説＞

一　**(論説文―大意・要旨，内容吟味，文脈把握，漢字の読み書き，語句の意味，ことわざ・慣用句)**

問一　a　音読みは「サク」で，「削除」「削減」などの熟語がある。　b　他の訓読みは「おとしい(れる)」。音読みは「カン」で，「陥没」「欠陥」などの熟語がある。　c　音読みは「レツ」で，「優劣」「劣悪」などの熟語がある。　d　他の訓読みは「もぐ(る)」。音読みは「セン」で，「潜在」「潜伏」などの熟語がある。　e　物事を念入りに調べること。「吟」を使った熟語は，他に「吟遊」「苦吟」などがある。

問二　①　「目星」は「めぼし」と読み，目当てや見当の意味がある。　②　「ろう(を)お(しむ)」と読む。苦労を出し惜しむ，と考える。

問三　「未知の真理の大海」の手前，というのであるから，「珍しい小石や貝」は小さな真理の一つ一つをたとえている。ニュートンが，未知の大自然の中の小さな真理の発見を喜び，心おどらせている様子をたとえているとまとめる。

基本　問四　直前の「なによりもはじめてのころのような新鮮な好奇心が失われる」に着目する。このような感覚から，どのように言うのが「無理」だとしているのかを読み取る。何事も始めた頃の気持ちを忘れてはならない，という意味のことわざが入る。

問五　――線部2の冒頭に「たとえて見れば」とあるので，直前の段落に着目する。マラソンのレースで折返すことは，「知識は……飽和状態に達したら，逆の原理，ケズり落とし，精選の原理を発動させなくてはならない。つまり，整理が必要になる」ことをたとえたものであるから，「折返し点をまわらないで突っ走る」は，具体的には知識を取捨選択したり，整理したりすることなく，ただひたすら増やし続けることを言っているとわかる。

やや難　問六　「このため」とあるので，前の内容に着目する。直前の段落に「整理」について，「整理とは，その人のもっている関心，興味，価値観……によって，ふるいにかける作業にほかならない」と述べた後，「価値のものさしがはっきりしないで整理すれば，大切なものをすてて，どうでもいいものを残す愚をくりかえすであろう」と述べている。まず，「整理」の意味を述べた後，この後半の部分の表現を使ってまとめるとよい。

重要　問七　同じ段落の「在庫の知識を再点検して，少しずつ慎重に，臨時的なものを捨てて行」った結果残った「不易の知識」の力によって生み出されるのは，どのようなものかを考える。

二　**(論説文―文脈把握，脱文・脱語補充，漢字の読み書き)**

問一　a　物質を元の状態に戻すこと。「還」を使った熟語には，他に「還付」「返還」などがある。　b　警察などが捜して調べること。「捜」の訓読みは「さが(す)」。　c　夕食のこと。「飯」の訓読みは「めし」。　d　音読みは「リ」で，「草履」「履歴」などの熟語がある。　e　音読みは「ガン」で，「含有」「含蓄」などの熟語がある。

問二　直後の段落で，「『愛づる』は生命誌の中で身と心をつなぐ言葉」と述べている。

問三　直前の「科学技術の反省」としてふさわしいものを考える。同じ文に「『もの』となると心

とまったく別ではありません」とあるのに着目する。「科学技術」を意味する「もの」よりも，これからは「心」を大事にしようという意味合いの文を選ぶ。

問四　直後の「『生物』というと，研究室の中にいる，分析や還元の対象物に見えてきますが，『生きもの』と言ったときには，自然界で動き回っていたり，身近にいて心を慰めてくれるものになって，分析や還元の対象ではなくなり」と「生物」と「生きもの」の違いについて述べている。「生きもの」の「もの」が大和言葉であることから，大和言葉について述べている冒頭の段落「生命誌では生きものを知るという原点から大和言葉で考えてみるということも，大事なのではないか」に着目する。筆者は心のかかわりが重視される「生きもの」の方が，生命誌の考え方に近いと考えていることをまとめて理由とする。

基本　問五　直前の文「『物』をブツ，モツ，モノに分けて」に着目。1，2は，前に「物質」「物件」とあるので，「物」を「ブツ」と読む言葉が入る。3，4は，後に「食物」「作物」「貨物」「進物」とあるので，「物」を「モツ」と読む言葉が入る。

やや難　問六　同じ文の「次の時代に私たちがやるべきこと」は，どのような時代にすることかを考える。直前の文の「モノづくりは一品一品心を込めてつくるのです」を意味する文が入る。

重要　問七　「大和言葉」について述べている部分を探す。直前の段落に「大和言葉の中には日本人の気持ちや，それを動かす日本の自然が反映されています。今注目しなければならないのは自然であり，自然の中に生きものを見ることです」と筆者の考えを述べている。ここから，「大和言葉」に関する部分を「～から。」に続くようにまとめる。

三　(古文―内容吟味，文脈把握，語句の意味，文と文節，口語訳)

〈口語訳〉　久平が用事があって夜中に牛天神の坂を上っていたところ，大男が一人刀を抜いて久平に打ちかかったのだが，久平はまったく騒がず短刀を抜いて刀の先を相手に向けて，その悪党に立ち向かうと，(大男は)我慢できなくなったのであろうか，段々と後ろへ下がり(久平は)そのまま押して行くと，その大男は後ずさりして天神の崖の上から真っ逆さまに谷へ落ちたので，久平は自分の家へ帰った。その大男はあちこち大怪我をしてしばらくの間体調を崩していたが，(体調が)良くなって近所の町屋のたばこ屋へ来た。たばこを準備している時に，久平も同じようにたばこを準備して帰ったのを，その悪党はよくよく見て，「あの人こそこの間牛天神で出会った老人だ」と怖ろしく思って，たばこ屋にその名前を尋ねると，(たばこ屋は)「あの人こそは剣術の達人と呼ばれている久平だ」と言うので，(大男は)初めて驚いて，「本当にそうであるようだ」と初めて，自分の悪意を反省して，たばこ屋にその時のことを話して，「何とかお世話をいただいて弟子になりたい」と乞い望んだので，そのことを申し通じて(大男は久平の)弟子となった。それから久平は武芸の大事な事柄を伝え授けて，その後(大男は)まじめな武士となった。

問一　a 「かの悪党に立向」かって「そのままにて押行く」のは，「久平」。　b 久平に押されて「後じさりして天神の崖上より」落ちたのは，「大男」。

問二　A 「こらへ」は漢字で書くと「堪へ」。堪えることが難しい，と考える。　B 「悩む」には，病気で苦しむ，苦労する，非難するなどの意味がある。前の「所々大怪我して」や後の「快くなりて」から，意味を判断する。

やや難　問三　直前で「彼こそこの間中牛天神にて出合し老人なり」と言っている。大男は，久平を見て，牛天神のあたりで組み合った時に自分を崖から落とした老人であることに気付き，また痛めつけられるのではないかと思って「怖ろしく思」ったのである。

問四　前の「あれこそ剣術の達人と呼ばれし久平なり」というたばこ屋の言葉を聞いて，「げにもさあるべし」と言っている。

重要　問五　文章の前半「久平所用ありて夜中牛天神の坂を上りしに，大男一人刀を抜きて久平に打ちかけしに，久平いささかも騒がず短刀を抜きて晴眼に構へ……かのもの後じさりし天神の崖上より真逆さまに谷へ落ちけるゆゑ，久平はわが宿へ帰りぬ」と，イが合う。

四 (品詞・用法)

1は否定の意味を表す助動詞，2は受け身の意味を表す助動詞，3は伝聞の意味を表す助動詞。

★ワンポイントアドバイス★

昨年度より小問数は減っているが，記述式の分量が多いのでやはり時間配分が重要だ。最後の文法問題までしっかりと解き切りたい。

MEMO

大切なことはメモしておこうネ！

解答用紙集

○月×日　△曜日　天気（合格日和）

◆ご利用のみなさまへ

＊解答用紙の公表を行っていない学校につきましては、弊社の責任において、解答用紙を制作いたしました。

＊編集上の理由により一部縮小掲載した解答用紙がございます。

＊編集上の理由により一部実物と異なる形式の解答用紙がございます。

人間の最も偉大な力とは、その一番の弱点を克服したところから生まれてくるものである。　――カール・ヒルティ――

※データのダウンロードは 2024 年 3 月末日まで。

東京学参株式会社

宮城学院高等学校（A日程）　2023年度

◇数学◇

※ 145％に拡大していただくと，解答欄は実物大になります。

第　一　問

1		
2		
3		
4		
5		
6		
7		〔cm²〕
8	(1)	{
	(2)	姉　〔円〕，妹　〔円〕

第　二　問

1	(1)	
	(2)	
	(3)	△ＡＢＣ：△ＯＡＢ＝　：
2	(1)	〔cm〕
	(2)	〔cm³〕
3	(1)	〔回〕
	(2)	

第　三　問

1	(1)	〔通り〕
	(2)	
2	(1)	〔cm〕
	(2)	〔図〕 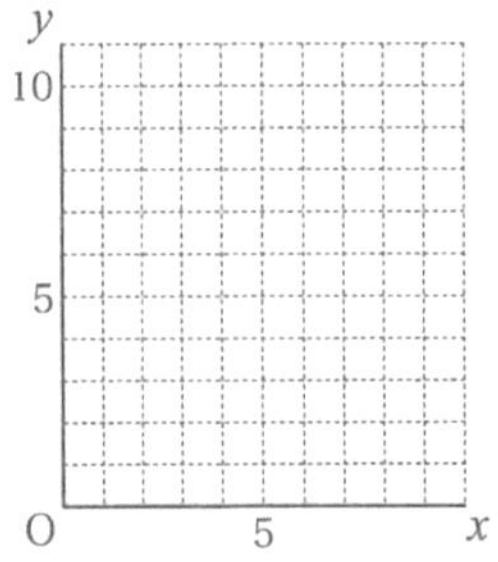
	(3)	〔回〕

第　四　問

1		
2	(1)	〔cm〕
	(2)	〔cm²〕
	(3)	〔cm〕

※ 152%に拡大していただくと，解答欄は実物大になります。

I.　Part 1　1.(a b c d)　2.(a b c d)

Part 2　1.(a b c d)　2.(a b c d)

Part 3　1.(a b c d)　2.(a b c d)　3.(a b c d)

Part 4　1. (1)(a b c d)　(2)(a b c d)

2. (1)(a b c d)　(2)(a b c d)

II.　1. [　　]　2. [　　]　3. [　　]　4. [　　]　5. [　　]

III.　問1 [　　]　問2 [　　]　問3 [　　]　問4 [　　]

問5 ⑥[　　]　⑧[　　]

問6 [　　]　問7 [　　]　問8 [　　]

問9 [　　] [　　]

IV.　問1

		Agree / Disagree	Reason
1	Yumi	(1)	(2)
2	Ken	(3)	(4)
3	Christen	(5)	(6)

問2 [　　]

問3 1. ______

2. ______

問4 ______

V.　問1 ① ______

問2 ② [　　　　]

③ ______

______

______

______

◇国語◇

宮城学院高等学校（A日程）　２０２３年度

※１６１％に拡大していただくと、解答欄は実物大になります。

一

問一　a 潤い　b ユズる　c 愛憎　d イドむ　e サけて

問二　①　②

問三

問四

問五

問六

問七

問八

問九　Ⅰ　Ⅱ

二

問一　a タンシュク　b 稼が　c ショウレイ　d ウスい　e 葛藤

問二　①　②

問三

問四

問五

問六

問七　1　2

三

問一　①　②　③

問二　i　ii

問三

問四

問五

四

記号	正しい表現	記号	正しい表現

宮城学院高等学校（B日程）　2023年度

◇数学◇

※ 143％に拡大していただくと，解答欄は実物大になります。

第　一　問

1		
2		
3		
4		
5		
6		
7		〔cm^2〕
8	(1)	{
	(2)	中学生　〔円〕，大人　〔円〕

第　二　問

1	(1)	
	(2)	
	(3)	
2	(1)	〔cm〕
	(2)	〔cm^3〕
3	(1)	範囲　〔点〕，四分位範囲　〔点〕
	(2)	

第　三　問

1	(1)	〔通り〕
	(2)	
2	(1)	〔cm^2〕
	(2)	〔図〕 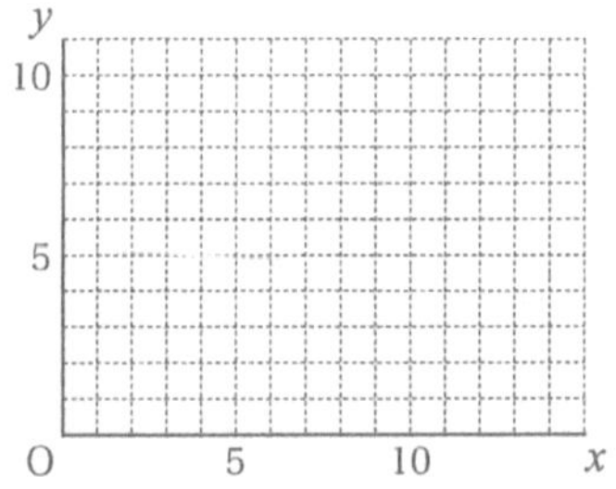
	(3)	〔秒後〕

第　四　問

1		
2	(1)	〔cm〕
	(2)	〔cm〕
	(3)	〔cm^2〕

宮城学院高等学校（B日程）　2023年度

◇英語◇

※ 152%に拡大していただくと，解答欄は実物大になります。

Ⅰ. Part 1　1.(a b c d)　2.(a b c d)

Part 2　1.(a b c d)　2.(a b c d)

Part 3　1.(a b c d)　2.(a b c d)　3.(a b c d)

Part 4　1. (1) (a b c d)　(2) (a b c d)　2. (1) (a b c d)　(2) (a b c d)

Ⅱ. 問1　1. [　　]　2. [　　]　3. [　　]　4. [　　]　5. [　　]

Ⅲ. 問1　[　　]

問2　＿＿＿＿＿＿＿＿＿＿

問3　A [　　]　B [　　]　C [　　]　D [　　]

問4　＿＿＿＿＿＿＿＿＿＿

Ⅳ. 問1　Yoko－(　　)　Takashi－(　　)　Kate－(　　)　Mike－(　　)

問2　[　　] [　　] [　　]

問3　1. ＿＿＿＿＿＿＿＿＿＿

2. ＿＿＿＿＿＿＿＿＿＿

＿＿＿＿＿＿＿＿＿＿

問4　1. They have to know ＿＿＿＿＿＿＿＿＿＿ themselves.

2. [　　]

Ⅴ. 問1　① By the way, ＿＿＿＿＿＿＿＿＿＿

問2　②（1文目）　But I want to study abroad because ＿＿＿＿＿＿＿＿＿＿

＿＿＿＿＿＿＿＿＿＿

（2文目）＿＿＿＿＿＿＿＿＿＿

＿＿＿＿＿＿＿＿＿＿

（3文目）＿＿＿＿＿＿＿＿＿＿

＿＿＿＿＿＿＿＿＿＿

◇国語◇

宮城学院高等学校（B日程）　２０２３年度

※ １６４％に拡大していただくと、解答欄は実物大になります。

一

- 問一　a タグイ　b 軽 やか　c スイジュン　d キワ み　e 編 つた
- 問二　①　②
- 問三　A　B　C
- 問四　最初　最後
- 問五
- 問六
- 問七
- 問八　1　2
- 問九

二

- 問一　a 携 わる　b コウケン　c カエリ みる　d 規模　e ハクガイ
- 問二　①　②
- 問三
- 問四
- 問五
- 問六　1　2
- 問七

三

- 問一　①　②
- 問二　Ⅰ　Ⅱ
- 問三
- 問四
- 問五
- 問六

四

- 問一
- 問二　1　2　3

※ 130％に拡大していただくと，解答欄は実物大になります。

〔1〕	
(1)	
(2)	
(3)	
(4)	
(5)	
(6)	

〔2〕	
(1)	
(2)	
(3)	
(4)	
(5)	cm^2
(6)	

〔3〕		
(1)	{	
(2)	男子	人
	女子	人

〔4〕	
(1)	$a=$
(2)	
(3)	
(4)	：
(5)	

〔5〕	
(1)	
(2)	
(3)	
(4)	

〔6〕	
(1)	面体
(2)	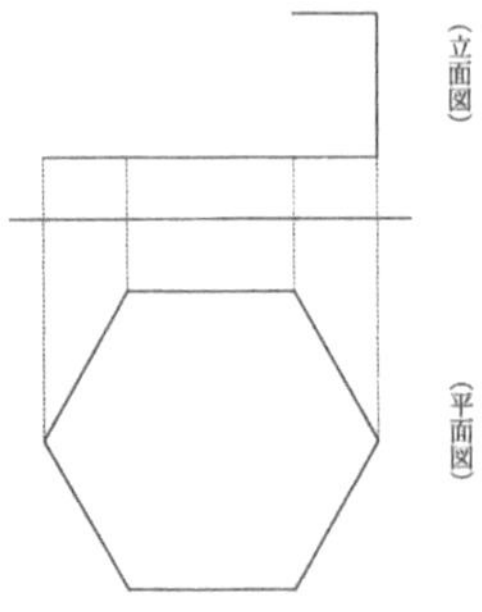
(3)	cm^3
(4)	cm^2

宮城学院高等学校(A日程)　2022年度　　◇英語◇

※ 152%に拡大していただくと，解答欄は実物大になります。

I．Part 1　1.(a b c d)　2.(a b c d)

Part 2　1.(a b c d)　2.(a b c d)

Part 3　1.(a b c d)　2.(a b c d)　3.(a b c d)

Part 4　1. (1) (a b c d)　(2) (a b c d)　2. (1) (a b c d)　(2) (a b c d)

II．問1 [　　]

問2 [　　]

問3 [　　]

問4 [　　]

問5 [　　]

問6 [　　]

問7 [　　]

問8 [　　] [　　]

III．問1　① I ______ down from

③ ..., and a boy and ______ .

④ I ______ and decided to sleep

問2　② (　　)　⑤ (　　)　⑥ (　　)

問3　ア [　　]　イ [　　]　ウ [　　]　エ [　　]

問4　⑦ (　　)　⑧ (　　)

IV．問1　①______

②______

③______

問2　④ [　　]

⑤______

______

______

______

◇国語◇

宮城学院高等学校（A日程）　２０２２年度

※１６１％に拡大していただくと，解答欄は実物大になります。

一

問一　a 象徴　b 湧 かない　c シュウロク　d シゲキ　e キュウクツ

問二

問三

問四

問五

問六　1　2

問七

問八

問九

二

問一　a ソナ える　b カカ えて　c 辛 い　d 唯一　e タガヤ し

問二　①　②

問三

問四

問五

問六

問七

三

問一　a　b

問二

問三

問四

問五

四

1　2　3　4　5

宮城学院高等学校（B日程）　2022年度

◇数学◇

※ 130％に拡大していただくと，解答欄は実物大になります。

〔1〕	
(1)	
(2)	
(3)	
(4)	
(5)	
(6)	

〔2〕	
(1)	
(2)	
(3)	度
(4)	度
(5)	
(6)	

〔3〕		
(1)	{	
(2)	Aさんの時速	km
	Bさんの時速	km

〔4〕	
(1)	
(2)	A（　　　，　　　）
(3)	$a=$
(4)	
(5)	

〔5〕	
(1)	度
(2)	
(3)	
(4)	

〔6〕	
(1)	
(2)	cm^2
(3)	cm^3
(4)	cm^2

宮城学院高等学校(B日程)　2022年度

◇英語◇

※ 149%に拡大していただくと，解答欄は実物大になります。

Ⅰ. Part 1　1. (a b c d)　2. (a b c d)

Part 2　1. (a b c d)　2. (a b c d)

Part 3　1. (a b c d)　2. (a b c d)　3. (a b c d)

Part 4　1. (1) (a b c d)　(2) (a b c d)　2. (1) (a b c d)　(2) (a b c d)

Ⅱ. 問1　1. ______________________________.

2. ______________________________.

問2　1. [　　]　2. [　　]

問3　[　　]

問4　ア. [　　]　イ. [　　]　ウ. [　　]　エ. [　　]

問5　ア. [　　]　イ. [　　]　ウ. [　　]　エ. [　　]

Ⅲ. 問1　① [　　]　⑥ [　　]　⑨ [　　]　⑩ [　　]

問2　② (　　　　)　⑤ (　　　　)　⑦ (　　　　)　⑧ (　　　　)

問3　③ ... about ______________________________ wounded soldiers.

④ ... was that ______________________________ these volunteers.

Ⅳ. 問1　①______________________________

②______________________________

③______________________________

問2　④______________________________

____

____

____

◇国語◇

宮城学院高等学校（B日程）　２０２２年度

※ １６１％に拡大していただくと、解答欄は実物大になります。

一

問一　a 沢山　b 見据え　c フクザツ　d クセ　e オチイり

問二　①　②

問三　A　B

問四

問五

問六

問七

問八

二

問一　a 卑下　b 侮蔑　c ジョジョに　d ショウメツ　e ナガめ

問二　①　②

問三　1　2

問四　1　2

問五

問六

三

問一

問二

問三

問四

問五

四

1　2　3　4　5

宮城学院高等学校（A日程）　2021年度

◇数学◇

※ 135％に拡大していただくと，解答欄は実物大になります。

〔1〕	
(1)	
(2)	
(3)	
(4)	
(5)	

〔2〕		
(1)		
(2)		
(3)		
(4)	cm^2	
(5)	度	
(6)		
(7)	番号	正しい答え

〔3〕			
(1)	{		
(2)	100円玉　枚	50円玉　枚	10円玉　枚

〔4〕	
(1)	
(2)	$a=$　　　，$b=$
(3)	
(4)	：

〔5〕	
(1)	cm
(2)	cm
(3)	cm^2
(4)	cm^2

〔6〕	
(1)	
(2)	cm^2
(3)	cm^3

宮城学院高等学校（A日程）　2021年度　　◇英語◇

※ 152%に拡大していただくと，解答欄は実物大になります。

Ⅰ. Part 1　1. (a b c d)　2. (a b c d)

Part 2　1. (a b c d)　2. (a b c d)

Part 3　1. (a b c d)　2. (a b c d)　3. (a b c d)

Part 4　1. (1) (a b c d)　(2) (a b c d)　2. (1) (a b c d)　(2) (a b c d)

Ⅱ. 問1 [ ]

問2 [ ]

問3 [ ]

問4 [ ]

問5 [ ]

問6 [ ]

問7 [ ]

問8 (1) ( )　(2) ( )　(3) ( )

(4) ( )　(5) ( )

Ⅲ. 問1 (A) The largest of all penguins, ______

______ of Antarctica.

(B) Now the female is tired ______.

問2 ① ( )　② ( )　③ ( )　④ ( )

問3 (C) [ ]　(D) [ ]　(E) [ ]　(F) [ ]

Ⅳ. 問1 ①______

______

②______

______

問2 ③

______

______

______

______

______

______

◇国語◇

宮城学院高等学校（A日程）　２０２１年度

※１６４％に拡大していただくと、解答欄は実物大になります。

一

問一　a 絶世　b タイジョウ　c カジョウ　d ヒタ って

問二　①　②

問三

問四

問五

問六　A　B

問七

問八

問九　ⓐ　ⓑ　ⓒ

二

問一　a 生易 しい　b ショウゲキ　c ダマ って　d ハアク　e イキオ い

問二　①　②

問三　A　B

問四

問五

問六

問七

問八

問九

三

問一

問二

問三

問四

問五

四

1　2　3　4　5

宮城学院高等学校(B日程)　2021年度

◇数学◇

※ 135%に拡大していただくと，解答欄は実物大になります。

〔1〕	
(1)	
(2)	
(3)	
(4)	
(5)	

〔2〕		
(1)		
(2)		
(3)	$x=$	
(4)	$\angle x=$　　度	
(5)		
(6)		
(7)	番号	正しい答え

〔3〕	
(1)	$\left\{\begin{array}{l} \\ \end{array}\right.$
(2)	$x=$　　，$y=$

〔4〕	
(1)	$a=$
(2)	
(3)	
(4)	：
(5)	$b=$

〔5〕	
(1)	：
(2)	$x=$
(3)	$y=$

〔6〕	
(1)	cm
(2)	cm^3
(3)	cm^2

宮城学院高等学校(B日程)　2021年度

◇英語◇

※ 152％に拡大していただくと，解答欄は実物大になります。

Ⅰ．Part 1　1.（ a　b　c　d ）　2.（ a　b　c　d ）

Part 2　1.（ a　b　c　d ）　2.（ a　b　c　d ）

Part 3　1.（ a　b　c　d ）　2.（ a　b　c　d ）　3.（ a　b　c　d ）

Part 4　1. (1)（ a　b　c　d ）　(2)（ a　b　c　d ）　2. (1)（ a　b　c　d ）　(2)（ a　b　c　d ）

Ⅱ．問1　①［　　］　②［　　］　③［　　］　④［　　］

問2　A［　　］　B［　　］　C［　　］　D［　　］

問3　E［　　］→［　　］→［　　］　F［　　］→［　　］→［　　］

問4　＿＿＿＿＿＿＿＿＿＿

Ⅲ．問1　(あ)（　　）　(い)（　　）　(う)（　　）

問2　①（　　）　③（　　）　④（　　）　⑥（　　）

⑦（　　）

問3　② When I look back to the first day at this school, I ＿＿＿＿ in several ways.

問4　⑤ ... while I ＿＿＿＿ I did.

問5　⑧＿＿＿＿

問6　⑨ The only way ＿＿＿＿

＿＿＿＿ this experience that you gave me.

問7　＿＿＿＿

Ⅳ．問1　① Well, I like English and ＿＿＿＿

②＿＿＿＿

③＿＿＿＿

問2　④＿＿＿＿

◇国語◇

宮城学院高等学校（B日程）　２０２１年度

※１６４％に拡大していただくと、解答欄は実物大になります。

一

問一　a ウ　もれて　b 殴　られた　c ユウガ　d ゾウショク　e コンナン

問二　①　②

問三　A　B

問四

問五

問六

問七

二

問一　a ビミョウ　b 易　しい　c サビ　しさ　d モホウ　e 手綱

問二　①　②

問三　1　2

問四　〜

問五

問六

問七

問八

三

問一　a　b

問二　①　②

問三

問四

問五

四

1　2　3　4　5

宮城学院高等学校(A日程)　2020年度

◇数学◇

※151％に拡大していただくと，解答欄は実物大になります。

〔1〕	
(1)	
(2)	
(3)	
(4)	
(5)	
(6)	

〔2〕	
(1)	
(2)	
(3)	
(4)	
(5)	
(6)	$\angle x=$　　　　度

〔3〕	
(1)	$\left\{ \begin{array}{l} \\ \\ \end{array} \right.$
(2)	人

〔4〕	
(1)	A (　　　,　　　)
(2)	
(3)	$a=$
(4)	

〔5〕		
(1)		cm
(2)	①	cm
	②	cm
	③	cm

〔6〕	
(1)	cm^3
(2)	cm
(3)	cm^2

宮城学院高等学校（A日程）　2020年度

◇英語◇

※169％に拡大していただくと，解答欄は実物大になります。

Ⅰ．
Part 1　1.（ a　b　c　d ）　2.（ a　b　c　d ）

Part 2　1.（ a　b　c　d ）　2.（ a　b　c　d ）

Part 3　1.（ a　b　c　d ）　2.（ a　b　c　d ）　3.（ a　b　c　d ）

Part 4　1. (1)（ a　b　c　d ）　(2)（ a　b　c　d ）　2. (1)（ a　b　c　d ）　(2)（ a　b　c　d ）

Ⅱ．
問1　A［　　］　B［　　］　C［　　］　D［　　］　E［　　］

問2　［　　］

問3　［　　］

Ⅲ．
問1　(A) ... on my finger, ______________________________.

(D) But ______________________________.

問2　(B) I wanted (　　　　　)(　　　　　) make a little bird friend out there.

(C) ..., my sister's blue treasure (　　　　　)(　　　　　) beautiful wings disappeared.

問3　(E)（　　）　(G)（　　）

問4　(F)（　　）　(H)（　　）

問5　①（　　　　）　②（　　　　）　③（　　　　）　④（　　　　）

問6　1. She was sad because her sister's parakeet (　　　　　) and did (　　　　　) come back.

2. It was the (　　　　　) parakeet.

Ⅳ．
問1　① ______________________________

______________________________?

② ______________________________

______________________________.

③ ______________________________

______________________________?

問2　④（　　　　　　　）

⑤

____

____

____

____

____

____

◇国語◇

宮城学院高等学校（A日程）　２０２０年度

※１６３％に拡大していただくと，解答欄は実物大になります。

一

問一	a クセ	b ハいて	c 目頭	d ノウミツ	e 封建
問二	①	②			
問三					
問四					
問五					
問六		問七		問八	
問九					
問十					

二

問一	a 上役	b セッショク	c 派閥	d コウホ	e テキヨウ
問二	①	②			
問三					
問四	A	B	問五		
問六	関係				
問七					

三

問一	A	B	問二	問三
問四				
問五				

四

問一	①	②	③	問二

宮城学院高等学校(A日程)　2019年度

◇数学◇

※この解答用紙は135％に拡大していただくと，実物大になります。

〔1〕	
(1)	
(2)	
(3)	
(4)	
(5)	
(6)	

〔2〕	
(1)	
(2)	
(3)	cm^3
(4)	$\angle x=$　　　　度
(5)	正　　　　角形
(6)	

〔3〕		
(1)	{	
(2)	男子生徒	人
	女子生徒	人

〔4〕		
(1)	$a=$	
(2)	(ア)	$S=$
	(イ)	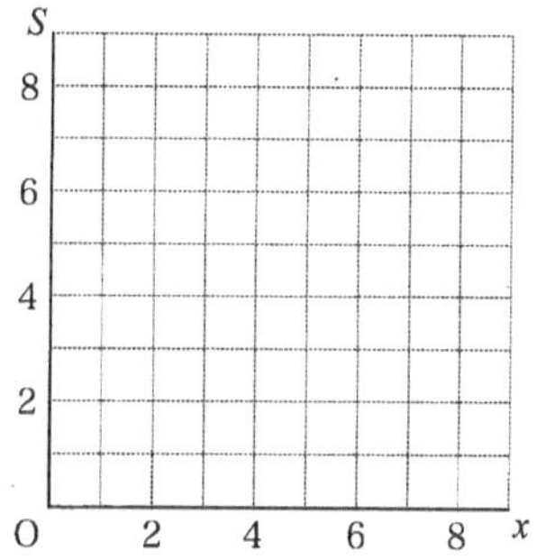
	(ウ)	

〔5〕	
(1)	cm
(2)	：
(3)	：
(4)	：

〔6〕	
(1)	cm
(2)	
(3)	cm

宮城学院高等学校(A日程)　2019年度　　◇英語◇

※この解答用紙は147%に拡大していただくと，実物大になります。

Ⅰ．Part 1　1.(a b c d)　2.(a b c d)

Part 2　1.(a b c d)　2.(a b c d)

Part 3　1.(a b c d)　2.(a b c d)　3.(a b c d)

Part 4　1.(1)(a b c d)　(2)(a b c d)　2.(1)(a b c d)　(2)(a b c d)

Ⅱ．問1　[ ] → [ ] → [ ] → [a] → [ ] → [ ] → [ ] → [b] → [ ] → [ ] → [ ]

問2　1.( )　2.( )　3.( )　4.( )

問3　1.＿＿＿＿＿＿＿＿＿＿.

2.＿＿＿＿＿＿＿＿＿＿.

Ⅲ．問1　①( )　③( )　⑧( )　⑨( )

問2　People＿＿＿＿＿＿＿＿＿＿on the beach.

問3　④ I realized that＿＿＿＿＿＿＿＿＿＿before...

⑦＿＿＿＿＿＿＿＿＿＿.

問4　下線⑤ She means to make ( ) into a lady that ( ) wanted to be.

下線⑥ "It" means ( ) with watercolors for fun.

問5　( )

Ⅳ．問1　①＿＿＿＿＿＿＿＿＿＿at Hakodate Fisherman's Market.

②＿＿＿＿＿＿＿＿＿＿.

③＿＿＿＿＿＿＿＿＿＿?

④ I thanked her and＿＿＿＿＿＿＿＿＿＿.

⑤ But＿＿＿＿＿＿＿＿＿＿

＿＿＿＿＿＿＿＿＿＿.

問2

◇国語◇

宮城学院高等学校（A日程）　２０１９年度

※この解答用紙は１６４％に拡大していただくと、実物大になります。

一

問一	a ケズり	b オチイって	c オトらず	d 潜んで	e 吟味
問二	①	②			
問三					
問四					
問五					
問六					
問七					

二

問一	a 還元	b ソウサ	c ユウハン	d 履き	e フクんだ
問二					
問三					
問四					
問五	1	2	3	4	問六
問七					

三

問一	a	b	問二	A	B
問三					
問四		問五			

四

1	2	3

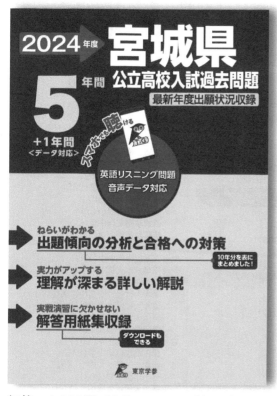

東京学参の

中学校別入試過去問題シリーズ

＊出版校は一部変更することがあります。一覧にない学校はお問い合わせください。

東京ラインナップ

あ　青山学院中等部(L04)
麻布中学(K01)
桜蔭中学(K02)
お茶の水女子大附属中学(K07)
か　海城中学(K09)
開成中学(M01)
学習院中等科(M03)
慶應義塾中等部(K04)
晃華学園中学(N13)
攻玉社中学(L11)
国学院大久我山中学
　(一般・CC)（N22)
　(ＳＴ)（N23)
駒場東邦中学(L01)
さ　芝中学(K16)
芝浦工業大附属中学(M06)
城北中学(M05)
女子学院中学(K03)
巣鴨中学(M02)
成蹊中学(N06)
成城中学(K28)
成城学園中学(L05)
青稜中学(K23)
創価中学(N14)★
た　玉川学園中学部(N17)
中央大附属中学(N08)
筑波大附属中学(K06)
筑波大附属駒場中学(L02)
帝京大中学(N16)
東海大菅生高中等部(N27)
東京学芸大附属竹早中学(K08)
東京都市大付属中学(L13)
桐朋中学(N03)
東洋英和女学院中学部(K15)
豊島岡女子学園中学(M12)
な　日本大第一中学(M14)
日本大第三中学(N19)
日本大第二中学(N10)
は　雙葉中学(K05)
法政大学中学(N11)
本郷中学(M08)
ま　武蔵中学(N01)
明治大付属中野中学(N05)
明治大付属中野八王子中学(N07)
明治大付属明治中学(K13)
ら　立教池袋中学(M04)
わ　和光中学(N21)
早稲田中学(K10)
早稲田実業学校中等部(K11)
早稲田大高等学院中等部(N12)

神奈川ラインナップ

あ　浅野中学(O04)
栄光学園中学(O06)
か　神奈川大附属中学(O08)
鎌倉女学院中学(O27)
関東学院六浦中学(O31)
慶應義塾湘南藤沢中等部(O07)
慶應義塾普通部(O01)
さ　相模女子大中学部(O32)
サレジオ学院中学(O17)
逗子開成中学(O22)
聖光学院中学(O11)
清泉女学院中学(O20)
洗足学園中学(O18)
捜真女学校中学部(O29)
た　桐蔭学園中等教育学校(O02)
東海大付属相模高中等部(O24)
桐光学園中学(O16)
な　日本大中学(O09)
は　フェリス女学院中学(O03)
法政大第二中学(O19)
や　山手学院中学(O15)
横浜隼人中学(O26)

千・埼・茨・他ラインナップ

あ　市川中学(P01)
浦和明の星女子中学(Q06)
か　海陽中等教育学校
　(入試Ⅰ・Ⅱ)（T01)
　(特別給費生選抜)（T02)
久留米大附設中学(Y04)
さ　栄東中学(東大・難関大)（Q09)
栄東中学(東大特待)（Q10)
狭山ヶ丘高校付属中学(Q01)
芝浦工業大柏中学(P14)
渋谷教育学園幕張中学(P09)
城北埼玉中学(Q07)
昭和学院秀英中学(P05)
清真学園中学(S01)
西南学院中学(Y02)
西武学園文理中学(Q03)
西武台新座中学(Q02)
専修大松戸中学(P13)
た　筑紫女学園中学(Y03)
千葉日本大第一中学(P07)
千葉明徳中学(P12)
東海大付属浦安高中等部(P06)
東邦大付属東邦中学(P08)
東洋大附属牛久中学(S02)
獨協埼玉中学(Q08)
な　長崎日本大中学(Y01)
成田高校付属中学(P15)
は　函館ラ・サール中学(X01)
日出学園中学(P03)
福岡大附属大濠中学(Y05)
北嶺中学(X03)
細田学園中学(Q04)
や　八千代松陰中学(P10)
ら　ラ・サール中学(Y07)
立命館慶祥中学(X02)
立教新座中学(Q05)
わ　早稲田佐賀中学(Y06)

公立中高一貫校ラインナップ

北海道　市立札幌開成中等教育学校(J22)
宮　城　宮城県仙台二華・古川黎明中学校(J17)
市立仙台青陵中等教育学校(J33)
山　形　県立東桜学館・致道館中学校(J27)
茨　城　茨城県立中学・中等教育学校(J09)
栃　木　県立宇都宮東・佐野・矢板東高校附属中学校(J11)
群　馬　県立中央・市立四ツ葉学園中等教育学校・
市立太田中学校(J10)
埼　玉　市立浦和中学校(J06)
県立伊奈学園中学校(J31)
さいたま市立大宮国際中等教育学校(J32)
川口市立高等学校附属中学校(J35)
千　葉　県立千葉・東葛飾中学校(J07)
市立稲毛国際中等教育学校(J25)
東　京　区立九段中等教育学校(J21)
都立大泉高等学校附属中学校(J28)
都立両国高等学校附属中学校(J01)
都立白鷗高等学校附属中学校(J02)
都立富士高等学校附属中学校(J03)
都立三鷹中等教育学校(J29)
都立南多摩中等教育学校(J30)
都立武蔵高等学校附属中学校(J04)
都立立川国際中等教育学校(J05)
都立小石川中等教育学校(J23)
都立桜修館中等教育学校(J24)
神奈川　川崎市立川崎高等学校附属中学校(J26)
県立平塚・相模原中等教育学校(J08)
横浜市立南高等学校附属中学校(J20)
横浜サイエンスフロンティア高校附属中学校(J34)
広　島　県立広島中学校(J16)
県立三次中学校(J37)
徳　島　県立城ノ内中等教育学校・富岡東・川島中学校(J18)
愛　媛　県立今治東・松山西(J19)
福　岡　福岡県立中学校・中等教育学校(J12)
佐　賀　県立香楠・致遠館・唐津東・武雄青陵中学校(J13)
宮　崎　県立五ヶ瀬中等教育学校・宮崎西・都城泉ヶ丘高校附属中学校(J15)
長　崎　県立長崎東・佐世保北・諫早高校附属中学校(J14)

公立中高一貫校「適性検査対策」問題集シリーズ

総合編　作文問題編　資料問題編　数と図形編　生活と科学編　実力確認テスト編

私立中・高スクールガイド

THE《ザ》 私立

私立中学＆高校の学校生活がわかる！

〈リスニング問題の音声について〉

本問題集掲載のリスニング問題の音声は、弊社ホームページでデータ配信しております。

現在お聞きいただけるのは「2024年度受験用」に対応した音声で、2024年3月末日までダウンロード可能です。弊社ホームページにアクセスの上、ご利用ください。

※本問題集を中古品として購入された場合など、配信期間の終了によりお聞きいただけない年度がございますのでご了承ください。

高校別入試過去問題シリーズ

宮城学院高等学校　2024年度

ISBN978-4-8141-2682-8

発行所　東京学参株式会社
〒153-0043　東京都目黒区東山2-6-4
URL　https://www.gakusan.co.jp

編集部　E-mail　hensyu@gakusan.co.jp

※本書の編集責任はすべて弊社にあります。内容に関するお問い合わせ等は、編集部まで、メールにてお願い致します。なお、回答にはしばらくお時間をいただく場合がございます。何卒ご了承くださいませ。

営業部　TEL　03 (3794) 3154
FAX　03 (3794) 3164
E-mail　shoten@gakusan.co.jp

※ご注文・出版予定のお問い合わせ等は営業部までお願い致します。

2023年9月21日　初版